JUSTIÇA E SOCIEDADE

JUSTIÇA E SOCIEDADE

COORDENADORES
RUI RANGEL
JOSÉ EDUARDO SAPATEIRO

JUSTIÇA E SOCIEDADE

CONJUNTO DE TEXTOS E DESENHOS ORGANIZADOS
PELA AJPC – ASSOCIAÇÃO DE JUÍZES PELA CIDADANIA

COORDENADORES
RUI RANGEL E JOSÉ EDUARDO SAPATEIRO

EDITOR
EDIÇÕES ALMEDINA, SA
Av. Fernão Magalhães, n.º 584, 5.º Andar
3000-174 Coimbra
Tel.: 239 851 904
Fax: 239 851 901
www.almedina.net
editora@almedina.net

PRÉ-IMPRESSÃO | IMPRESSÃO | ACABAMENTO
G.C. – GRÁFICA DE COIMBRA, LDA.
Palheira – Assafarge
3001-453 Coimbra
producao@graficadecoimbra.pt

Julho, 2009

DEPÓSITO LEGAL
296822/09

Os dados e as opiniões inseridos na presente publicação
são da exclusiva responsabilidade do(s) seu(s) autor(es).

Toda a reprodução desta obra, por fotocópia ou outro qualquer
processo, sem prévia autorização escrita do Editor, é ilícita
e passível de procedimento judicial contra o infractor.

Biblioteca Nacional de Portugal – Catalogação na Publicação

Justiça e sociedade
ISBN 978-972-40-3927-5

CDU   34
      316

INTRODUÇÃO

Rui Manuel de Freitas Rangel
Juiz Desembargador do Tribunal da Relação de Lisboa
Presidente da ADJC – Associação de Juízes pela Cidadania

JUSTIÇA E SOCIEDADE

"É urgente reconciliar a Justiça com a sociedade e com as pessoas.
Em todos os textos que se seguem o leitor poderá viajar por diferentes visões, por ideias não convergentes, polémicas, críticas, e por preocupações também similares. Mas, apesar disso, existe um denominador comum e um catálogo de preocupações que está presente, de forma transversal, em todos eles".

Falar de justiça e sociedade é falar de vida, de felicidade, de tristeza, de sofrimento, de esperança e de angústia. É falar de educação, de formação, de desenvolvimento económico, de atracção de investimento, de protecção do meio ambiente e de outros recursos finitos. É o mesmo que falar de Estado Democrático de Direito, de liberdade, de igualdade, do sistema constitucional e político, do princípio da separação de poderes. É o mesmo que falar da ciência e das suas descobertas que devem ter no fim da linha a dignidade da pessoa humana, do património genético, da clonagem, da biodiversidade, da eutanásia e da alimentação artificial. É falar, da xenofobia, do racismo, da exclusão social, dos direitos dos imigrantes. É falar de confiança e do papel do juiz, como uma espécie de última instância na terra, o defensor e garante da lei e dos direitos de cada um, o protector dos fracos e o árbitro de conflitos. É o mesmo que falar dos novos desafios da globalização, da crise financeira internacional, do papel do Estado na regulação do mercado e dos novos desafios impostos pela sociedade de comunicação, onde os média assumem uma função decisiva. É, em suma, tudo isto, ou seja, toda esta teia complexa de valores, de princípios e de interesses, que cumpre regular e pacificar, na tarefa de administrar a justiça em nome do povo.

Mas é esta nova ordem de interesses e de conflitos, esta nova dimensão a que a justiça é chamada a pronunciar-se, que lhe confere uma maior visibilidade e uma acrescida responsabilidade, amplificada pela cobertura dos média. Esta maior visibilidade, esta montra gigante em que se transformou a justiça, onde tudo aparece exposto, com virtudes e fraquezas, é o maior desafio da justiça.

A justiça não está nem nunca foi pensada, e muito menos preparada, para responder a estes grandes desafios. E os juízes também não estão preparados para semelhante tarefa.

Então o que fazer?

Nada fazer, privatizando, de vez, a justiça, com a eleição dos juízes, ou deitar mãos à obra e reformar seriamente o sistema de justiça e o sistema legislativo e político?

Nessa nova ordem, assente no primado do Direito e da Lei, sem dúvida que só interessa o segundo caminho apontado.

Esta nova ordem exige um novo paradigma de justiça e um novo juiz, não na idade, mas no saber.

Um novo paradigma de justiça, que a ligue através de vasos comunicantes com carácter de continuidade e de permanência, aos outros saberes, desde a medicina, à sociologia, à filosofia, à psicologia e psicologia forense, etc. E que abandone a visão do tribunal distante de tudo e todos, isolado, fechado numa ilha, que não comunica e que, ao fazer justiça, se sirva, apenas, dos conhecimentos jurídicos, esquecendo, as outras ciências, que estudam o comportamento humano.

Um novo paradigma de juiz, com melhor e actual formação, que saiba decidir, ouvindo, os outros pensamentos, que aceite pensar, em termos interdisciplinares, que seja amigo da justiça, sendo imparcial, isento e independente, abandonando a figura do juiz magestático, autoritário, prepotente e distante. Do juiz insensível e que vê na lei os seus músculos, para fazer uma justiça, que não é compreendida pelo cidadão. Que traga um novo modelo de juiz, não aquele que vive isolado, que decide sozinho, que vai "morrendo" aos poucos, atulhado, com o excesso de tarefas burocráticas, que não tem uma secretária, nem um assessor. E que ensine que o juiz é titular de um poder de soberania, que não é funcionário público e que não pode nem deve agir com medo. Que tem uma legitimidade democrática reforçada, por via constitucional e por derivação genuína do Estado de Direito, para fazer justiça, justa, e para pacificar o conflito.

Este novo juiz, já não precisa de ser aquele que tem a pretensão de que sabe tudo, de que nos fala Francisco Fernandes Araújo, em "A Parcialidade dos Juízes":

"Para que o juiz tenha excelência pessoal é preciso que seja historiador, filósofo, economista, administrador, sociólogo, futurólogo, psicólogo, etc, porque o Direito, na verdade, é ciência universal por excelência. Ser magistrado é ser cidadão muito especial, na sua missão de bem servir a comunidade. O exercício da magistratura não é um emprego qualquer, mas uma sublime missão de distribuir justiça."

"O juiz porque humano, com todos os seus vícios e defeitos, maiores ou menores, jamais poderá ser integralmente imparcial, porque a sua cultura, a sua formação, ambiente onde nasceu e cresceu, costumes da sociedade em que vive, sua ideologia política, religião, raça, etc, constituem factores que não permitem relação diversa. Juiz absolutamente imparcial seria anjo e não juiz".

Mas aquele que, com inteligência e bom senso, procura a partilha de conhecimentos e do saber, sem medo de que pareça estar a abdicar de uma parte do seu poder, que só faz sentido ter para melhor servir as pessoas.

É esta justiça e este juiz que eu gostaria de ter ao serviço da sociedade e do indivíduo.

Mas, para isso acontecer, é necessário que os responsáveis políticos tomem a justiça como a prioridade das prioridades e que esta não faça parte das agendas de acção política-partidária, nem sirva de arma de arremesso, nem esteja ao serviço dos jogos e dos golpes da má política, como tem acontecido.

E é fundamental que os juízes sejam ainda melhores, melhorem a sua actividade, o seu rendimento e a sua eficácia. Sejam mais juízes e mais cidadãos de corpo inteiro, e, menos, juízes majestáticos, déspotas e autoritários. Só faz sentido ser juiz se for para servir os outros e não para servir poder. Infelizmente estes tiques existem e permanecem geneticamente no corpo e na alma de alguns juízes portugueses.

Também se exigem regras mais claras e transparentes de funcionamento interno da função de juiz, quer por via da selecção, recrutamento e formação, quer por via do funcionamento dos Conselhos Superiores, eliminando-se a opacidade existente e algum excesso de corporativismo. O segredo é regra, quando devia ser a publicidade.

Temo que se estas alterações não se operarem, haverá uma contínua degradação da imagem da justiça e dos juízes, com uma acentuada e preocupante perda de confiança, a que se juntará uma quebra irremediável da sua legitimidade democrática.

E, como sabemos, estes fenómenos, a manterem-se, potenciam e legitimam distorções no sistema de justiça, que não são boas e que passam por fazer emagrecer as suas competências, retirando dos tribunais certas acções, por via da desjudicialização dos casos, com o argumento de que tal acontece porque aqueles não dão resposta em prazo razoável. E mesmo que se esteja a falar de matérias que mexem com direitos, liberdades garantias do cidadão, como aconteceu com a acção executiva e com a cassação da carta de condução e a consequente medida de inibição de conduzir, e, agora, com as partilhas judiciais.

A desjudicialização, e consequente administrativização da justiça, sempre foi e será um mau remédio para curar os males de que padece o funcionamento da justiça. E sempre foi utilizada pelos maus motivos, resultando da incapacidade do Estado em não conseguir dotar o sistema de justiça de todas as condições.

A sociedade muda muito rapidamente. Não queremos uma justiça que mude todos os dias, ao sabor dos ventos que sopram. Mas também não queremos uma justiça que seja ultrapassada pelas curvas da vida, que fique anquilosada, nos seus conceitos, nos seus princípios e que perca eficácia e sentido de ser ou razão para existir. A justiça só faz sentido se tiver vida, se tiver eficácia, se acompanhar o desenvolvimento social e económico e se resolver os conflitos em prazo razoável. Esta é a sua essência.

Queremos uma justiça actualizada, preparada, e que, de certa forma, vá acompanhando a evolução da vida em sociedade, não obstante sabermos que a sedimentação de conhecimentos, a consolidação dos conceitos jurídicos e a interpretação e aplicação das leis precisam de tempo, tempo esse que, por vezes, não é compatível com uma sociedade em mudança.

Na verdade, a justiça que temos tido não serve para esta sociedade em mudança rápida.

A sociedade necessita de uma justiça célere, eficaz, reconhecida, que mereça a confiança das pessoas e que tenha os mecanismos adequados na procura da verdade. A procura da verdade é um distintivo de qualidade que distingue a justiça, que a faz respeitada e que garante e assegura a pacificação do conflito, fazendo com que o individuo se reveja na justiça feita, porque nela confia.

A sociedade começa a caminhar para terrenos perigosos porque está a perder confiança na justiça e nos juízes. Mas não é menos verdade que a sociedade está a perder confiança nela própria, nos valores que apregoa, porque ela própria introduz factores de injustiça social, de desigualdade e de concorrência desleal.

Estes efeitos perturbadores acabam por complicar, ainda mais, a vida da justiça. Este é o caminho do caos, de que temos que fugir.

Já Moisés, a propósito do governo do Povo de Israel, pretendeu ter gente idónea, moralmente credível, que estivesse perto das pessoas, as escutasse nas suas dissensões e problemas, a todos por igual, e apurasse a verdade, porque a Justiça tem de assentar na verdade, devendo ser ela, aliás, uma expressão da verdade.

De facto, o que interessa é o caminho da ordem e da justiça, sem o qual não é possível viver em sociedade.

Uma sociedade que ame e estime a igualdade, a liberdade, a fraternidade, a dignidade, a equidade, a humildade e a segurança, é uma sociedade justa que facilita a acção da justiça.

Quantos mais forem os problemas sociais e económicos maiores são as dificuldades de acção da justiça.

Desde o nascimento da democracia e da consolidação da nossa ordem constitucional, que se espera por um melhoramento sólido e considerável da justiça. Nunca se atingiu esse desiderato por culpa de muita gente, desde o sistema político ou partidário, dos governos que temos tido, passando, também, em certa medida, pelos juízes, magistrados do Ministério Público e funcionários judiciais.

O Governo e os partidos políticos deveriam compreender que, com uma justiça menos eficaz, como a nossa, a liberdade e a democracia ficam postas em causa. O Estado de Direito fica amputado na sua virtude e, consequentemente, limitados os direitos e deveres do cidadão.

Sem dúvida que a justiça tem de ser melhor do que a sociedade, pois só assim alcança a sua legitimidade, ela tem o dever de ajudar a melhorar a nossa vida colectiva.

Não é alheia, a todas estas vicissitudes, a degradação do edifício legislativo, quer no seu processo de criação, quer nas variadas reformas legislativas que têm vindo a ser feitas. A legislação é de má qualidade, com erros dogmáticos e de exegese, sem critério, sem lógica sistémica, desarmoniosa e feita sob o comando dos interesses e dos lobbies. Legisla-se não no interesse do Estado e das pessoas, mas para satisfazer clientelas parditárias. Não se estuda, ou estuda-se mal, o impacto negativo das alterações legislativas na vida do indivíduo e os estrangulamentos económico--financeiros que estas podem provocar.

Por outro lado, os actores da justiça, os que fazem a justiça funcionar, também se acomodaram irremediavelmente a estes vícios sistémicos, com eles pactuam e, por vezes, são os contribuintes activos, quer por acção, quer por omissão, da crise da justiça. Acomodaram-se à almofada da morosidade e aceitam trabalhar sem condições e sem meios e com leis que lhes dificultam a aplicação do Direito. Aceitam continuar a ser, no séc. XXI, o juiz da idade média, que trabalha sozinho e isolado do mundo. Esta visão primitiva e periférica do funcionamento da justiça, também tem contribuído para a sua deslegitimação e para a diminuição dos patamares de confiança.

Sem dúvida que a crise do Direito e da Justiça acompanham e alimentam-se da crise da Sociedade. O próprio homem está em crise de valores, de personalidade e de afectos. Os valores hodinistas podem agravar este estado de coisas levando-o a duvidar de tudo e de todos.

O Direito e a Justiça estão em contradição com o modelo de sociedade moderna que temos; vivem nas franjas da sociedade. A sociedade e as pessoas andam zangadas com a justiça. A sociedade e as pessoas não se revêem na justiça.

É por tudo isto que o juiz não se deve remeter ao silêncio, tentando apagar ou atenuar as falhas da justiça. Só deixa de ser cúmplice se exigir responsabilidades a quem de direito e se tiver consciência da soberania, que é incompatível com o funcionalismo público.

A maior falência do regime democrático está neste pilar essencial que se chama justiça.

De facto, a nossa democracia, tem vindo a fragilizar a justiça, o que representa uma contradição genética, já que a essência do regime democrático assenta no fortalecimento do sistema de justiça.

Ninguém ganha com uma justiça fragilizada.

Não precisamos de um homem novo, de um profeta ou de um sábio. Do que precisamos é de vontade, espírito de missão, entrega, estímulo, confiança e mais sentido de responsabilidade.

É urgente reconciliar a Justiça com a Sociedade e com as pessoas.

Em todos os textos que se seguem o leitor poderá viajar por diferentes visões, por ideias não convergentes, polémicas, críticas, e por preocupações também similares. Mas, apesar disso, existe um denominador comum e um catálogo de preocupações que está presente, de forma transversal, em todos eles.

A consciência desta realidade, da necessidade de reconciliação e da introdução dos valores de equidade, tornou, para mim, muito gratificante coordenar esta obra colectiva, dedicada ao tema "Justiça e Sociedade", estando seguro que, pela elevadíssima qualidade intelectual dos participantes, a quem, desde já, agradeço penhoradamente, e pela substância das questões tratadas, a minha tarefa ficou facilitada.

D. DUARTE DE BRAGANÇA

O bom funcionamento da justiça é um dos pilares de qualquer regime democrático, e em Portugal existe a percepção generalizada de que a justiça está a funcionar mal. Essa percepção contribui para o descrédito do Estado, para a tentação de contornar as leis, para a crescente insegurança pública e para criar um espírito de impunidade.

A incapacidade dos tribunais resolverem os assuntos em prazos razoáveis prejudica gravemente a nossa economia, fazendo com que Portugal seja considerado um país de risco elevado para os investidores estrangeiros.

JOSÉ EDUARDO SAPATEIRO

Numa sociedade que se pretende cada vez mais democrática e participativa, não basta ao cidadão de hoje, numa atitude cómoda e, muitas vezes, cínica e hipócrita, exigir da Justiça que lhe dê este mundo e muitos outros (por vezes, impossíveis) mas questionar-se também relativamente ao que pode ele fazer pela Justiça, quer quando contacta com o sistema judiciário propriamente dito, quer quando se posiciona a montante ou a jusante do mesmo.

JORGE DUARTE PINHEIRO

O interesse do menor é demasiado forte para que possa tolerar ou perpectuar actos e omissões dos pais que atinjam gravemente os filhos. À lei não interessa se algo é ou não imputável aos pais. Basta-se com a situação de perigo.

Deste modo, há fundamento para a inibição do exercício do poder paternal (ou responsabilidades parentais) quando qualquer dos pais, por inexperiência, enfermidade, ausência ou outras razões, não se mostrem em condições de cumprir os deveres para com os filhos, com grave prejuízo destes.

MOISÉS ESPÍRITO SANTO

Falando de pecado entramos num terreno dos mais movediços. O conceito de pecado é o que há de mais relativo histórica e culturalmente. Mudando as épocas, as culturas e as civilizações, mudam o pecado e a virtude. O que era pecado no Antigo Testamento pode não ser hoje. A Palavra de Deus que, teórica e logicamente, é eterna e imutável, tem valor diferente duma época a outra.

Caminhamos para sociedades em que o conceito de pecado é uma relíquia do passado. Talvez as sociedades do futuro sejam cada vez mais injustas e complexas.

A. M. NUNES DOS SANTOS

Uma melhor compreensão da justiça levaria decerto ao estabelecimento de relações mais harmoniosas e pacíficas entre os seres humanos, já que a justiça e a paz andam de mãos dadas, pois a justiça interrompe o ciclo interminável de violência-ódio-vingança, que além de corroer o corpo, corrói, sem dúvida a alma. E isto leva-nos a perguntar: "O que é uma Sociedade justa?". Quais serão as estratégias que permitem alcançar uma tal sociedade? Como se pode ser actor – no sentido de agir – na construção dessa sociedade? Como se pode ser espectador imparcial e não testemunha activa? O que é ser-se imparcial?

CARLOS ALBERTO POIARES

Ao Direito falta, frequentemente, a possibilidade de, com natureza científica, explicar as condutas que proscreve e penaliza; apesar de vocacionado para agir face aos quadros comportamentais em que se movem os Homens e as Mulheres, o Direito não dispõe de meios próprios que lhe permitam avaliar personalidades, decifrar atitudes, encontrar os motivos por que determinado sujeito transgride as regras e põe em causa a disciplinação social, o que determina a lógica do recurso necessário à intercontribuição com as disciplinas científicas, tais como a Psicologia Forense.

MARIA FILOMENA MÓNICA

Por razões diferentes, tanto a República quanto o Estado Novo desprezaram o regime do constitucionalismo monárquico, o que levou a que os estudos sobre este período tenham sido subalternizados. (...) Infelizmente, a maneira como funcionavam os tribunais não foi objecto de atenção, de onde resulta desconhecermos hoje qual a origem social dos juízes, a influência dos partidos no quotidiano judicial ou a forma como decorriam as audiências.

JOSÉ ANTÓNIO BARREIROS

O sistema social dominante, pois que aberto, apresenta hoje quanto à percepção da criminalidade sintomas análogos às síndromes psico-patológicas dos indivíduos. Esta situação implica, por seu turno, perturbações a nível do processo decisório e a nível dos sistemas de combate ao crime. O que neste artigo se diz a este respeito não tenta ser um paradigma, antes uma metáfora.

Epistemologicamente é, como tal, uma heurística.

O comportamento do sistema social formal está numa relação directa com a psicologia social do crime.

MENDO CASTRO HENRIQUES

A constante e perpétua procura da justiça tem como alvo dar a cada um segundo as respectivas necessidades e a cada um segundo as respectivas possibilidades. Isto é, a sociedade ideal é aquela comunidade muito imperfeita de pessoas que procura realizar ambos os princípios, com aquele impulso esperitual e diga-se mesmo, aquela força subversiva que inscreve o direito natural no coração dos homens. Quem aceita a realidade das desigualdades fecundas entre homens, tem de pensar na equidade como justiça e denunciar o falso igualitarismo e o falso elitismo, que conduzem à servidão voluntária, de que falou La Boétie.

FERNANDO NOBRE

Um dos fenómenos sociais mais paradigmáticos da segunda metade do séc. XX no que à Justiça, no sentido lato da palavra, concerne, foi, incontestavelmente, a vontade expressa, por vezes, violentamente, por parte da sociedade civil mundializada de querer ser parte activa, senão mesmo determinante, na resolução dos graves problemas que atingem e flagelam a humanidade. Até então, as corporações profissionais, e, mais tarde, os movimentos sindicais, as associações femininistas ou as instituições humanistas, eram ainda muito sectoriais, não tinham verdadeira expressão transversal em todos os sectores socias e não dispunham dos meios que lhes permitissem uma acção transfronteiriça global.

FERNANDA CÂNCIO

O sistema judicial e a judicatura portugueses cultivam e consideram adequada uma imagem imperial, superior, intocável, despersonalizada (no sentido de ser colectivizada, pretensamente objectiva, sem sujeito nem rosto), a imagem de quem não deve jamais satisfações – nem sequer a satisfação mais básica, a de se fazer compreender, descodificar – muito menos desculpas. O cultivar desta imagem, mais notório publicamente em situações em que as decisões judiciais são debatidas e criticadas – o que invariavelmente tem conduzido a uma crispação dos actores do sistema, nomeadamente através dos seus representantes corporativos, sejam eles o

Conselho Superior da Magistratura ou a Associação Sindical dos Juízes –, está presente em cada pormenor do ritual tribunalício.

CHRISTOPHER AURETTA

Pensar é um acto que supre carências. Existe uma inquietação que nos atinge, uma preocupação que nos parece enraízada no cerne do mundo em si, desse mesmo mundo que simultaneamente nos alberga e criamos. Aqui o acto de pensar é um processo de busca e de tentativa de aquietação de um mal-estar radical, de uma preocupação fundamental (metafísica) que nos rodeia e permeia.

O pensar torna-se, neste contexto, irmão gémeo do sentir. Juntos, o pensar e o sentir – em partitura dupla – permitem que o ser humano seja um ser que cresce ao modo de uma composição musical constituída de um entrelaçado de acordes cada vez mais complexos.

O APELO

D. Duarte de Bragança
Representante da Casa de Bragança

"O bom funcionamento da justiça é um dos pilares de qualquer regime democrático, e em Portugal existe a percepção generalizada de que a justiça está a funcionar mal. Essa percepção contribui para o descrédito do Estado, para a tentação de contornar as leis, para a crescente insegurança pública e para criar um espírito de impunidade.
A incapacidade dos tribunais resolverem os assuntos em prazos razoáveis prejudica gravemente a nossa economia, fazendo com que Portugal seja considerado um país de risco elevado para os investidores estrangeiros".

Convidado pelo eminente Juiz Desembargador Rui Rangel, a escrever para o presente livro com tantos contributos de especialistas, entendo que o meu testemunho deve ser um apelo por uma Justiça melhor, porque a ineficácia da Justiça põe em causa a Democracia.

O bom funcionamento da Justiça é um dos pilares de qualquer regime democrático, e em Portugal existe a percepção generalizada de que a Justiça está a funcionar mal. Essa percepção contribui para o descrédito do Estado, para a tentação de contornar as leis, para a crescente insegurança pública e para criar um espírito de impunidade.

As vítimas do mau funcionamento da Justiça, em geral não percebem as causas, e julgam que os juízes são conivents com essa situação; ignoram as legítimas queixas dos magistrados quanto a deficientes condições de trabalho, uma malha legislativa que impõe absurdos, e sobretudo a morosidade imposta por numerosas possibilidades de recurso.

Tendo a legislação judicial como objectivo aquela "incessante e voluntária vontade de dar a cada um o que lhe é devido" – é isso a justiça – deveria estar redigida de modo mais inteligente, por forma a que os "advogados do diabo" não se aproveitem das incoerências da legislação para dificultar o funcionamento da justiça, beneficiando clientes desonestos.

Se vivêssemos numa sociedade utópica, nem seria necessária a presença de advogados em tribunal. Devidamente apoiados na investigação, os juízes decidiriam quem tem razão. Mas vivemos no país que vivemos, sendo de estranhar a introdução do sistema de jurados num país onde predominam os comportamentos emocionais e pouco lógicos!

A juventude e inexperiência de alguns juízes é outro factor que parece explicar decisões desonestas, ainda que lícitas de um ponto de vista estritamente legal. Um juiz deveria ser alguém com uma boa experiência de vida, que tenha trabalhado no campo jurídico vários anos.

Assistimos ainda a factos muito desmoralizantes: indivíduos perigosos que são soltos devido a detalhes processuais, (mesmo quando confessaram os seus crimes), narco-traficantes e assaltantes sistematicamente mandados em liberdade, (destruindo assim todo um árduo e perigoso trabalho da polícia), vigaristas que prejudicam gravemente quem trabalha...

A incapacidade dos tribunais resolverem os assuntos em prazos razoáveis prejudica gravemente a nossa economia, fazendo com que Portugal seja considerado um país de risco elevado para os investidores estrangeiros.

Não sei se tem havido juízes condenados por grave negligência ou incompetência, mas a aparente impunidade com que são tomadas decisões que contrariam frontalmente a verdade e o bom senso não contribui para o prestígio da nossa justiça...

São notórias as péssimas condições de trabalho dos juízes, a falta de secretários capazes que os ajudem e até de instalações minimamente suficientes. As fortunas investidas pelo Estado na construção de Palácios de Justiça não impedem uma arquitectura desajustada das necessidades, com átrios enormes e inúteis mas onde faltam os gabinetes de trabalho para magistrados e seus auxiliares e até as salas de audiências, poderiam ser utilizadas bem melhor! Todas as pessoas reconhecem este problema, excepto os arquitectos responsáveis por essas barbaridades, que são sempre os mesmos. Além disso esses monstruosos edifícios estragaram a beleza paisagística de muitas cidades e vilas, uma mania que já vem da Segunda República como se pode verificar pelo estilo "fascista – modernista" dominante...

Numa Democracia melhor, o Estado investiria na eficácia dos serviços públicos e não em tantas obras públicas inúteis. O nosso Estado já foi várias vezes condenado em instâncias e tribunais internacionais por esta ineficácia. Só não estamos ainda no "terceiro mundo" porque felizmente os nossos juízes são exemplarmente honestos.

Estamos todos à espera de ouvir os representantes da classe dos magistrados denunciar em público os motivos pelos quais a Justiça funciona mal, até porque sabemos que a ineficácia da Justiça põe em causa a Democracia.

Para que seja possível a tão ansiada reforma da Justiça devemos todos, de modo organizado exigir coerência às pessoas e instituições que nos governam. Os juízes, magistrados e advogados e suas Ordens e Associações deveriam liderar esse movimento nacional pois são as entidades que têm autoridade moral e experiência para assim proceder.

Portugal está à vossa espera ...

SOCIEDADE E CIDADANIA

José Eduardo Sapateiro
Juiz Desembargador do Tribunal da Relação de Lisboa
Membro fundador da AJPC – Associação de Juízes pela Cidadania

"Numa sociedade que se pretende cada vez mais democrática e participativa, não basta ao cidadão de hoje, numa atitude cómoda e, muitas vezes, cínica e hipócrita, exigir da Justiça que lhe dê este mundo e muitos outros (por vezes, impossíveis) mas questionar-se também relativamente ao que pode ele fazer pela Justiça, quer quando contacta com o sistema judiciário propriamente dito, quer quando se posiciona a montante ou a jusante do mesmo".

A – *Levante-se a justiça ...*

A Justiça, diz a voz do povo, está pelas ruas da amargura, como se fosse uma meretriz no crepúsculo da carreira. E das esquinas da vida. Ou uma puta nova e desajeitada, com excesso de clientes. Insatisfeitos.

Bateu no fundo, brada este povo de marinheiros, como se fosse uma Nau Catrineta de papel selado, abalroada por um iceberg de litigância. De fé duvidosa. De agendas sobrecarregadas. E de calendários curtos.

Para muitos, se antes era uma senhora que vivia paredes-meias com a irmã, a Injustiça, numa vizinhança indesejável mas necessária, agora, mudou-se, com armas e bagagens, para casa dela, onde fazem uma panelinha indecente e ruidosa.

Come, descarada e contente, da e à mesa dos ricos e possidónios, dizem os fracos e os oprimidos. E deixa-lhes as migalhas, caritativa mas elitista, cega somente aos seus queixumes, sofrimentos e interesses.

A Justiça está, de facto, na berlinda da polémica e na cave das sondagens, nas parangonas dos jornais e nas juras dos outros poderes, na boca das anedotas e na mira (também e por vezes, das armas) do cidadão comum.

Leva, constantemente, porrada por aquilo que fez e não fez, por aquilo que lhe é estranho e de que é responsável, por aquilo que é seu e que é dos outros.

Todos os dias surgem notícias e comentários nos órgãos de comunicação social, ouvem-se conversas e discussões na via pública, nos cafés, nos transportes, nos diálogos dos amigos, em que se criticam decisões judiciais, questionam-se regalias e privilégios dos juízes, invectivam-se as suas comissões de serviço, insinuam-se ligações ao poder político e outros, contestam-se a sua presença nos órgãos do futebol, duvida-se da actuação disciplinadora e inspectiva do CSM.

O que é natural e saudável. Faz parte da própria essência da nossa sociedade democrática. Ninguém – a começar pelos juízes – se deve sentir melindrado com o mero exercício da liberdade de opinião e expressão. Ainda que, por vezes, pareça que se acredita cada vez menos no funcionamento e na bondade do sistema e dos seus cabeças de cartaz.

O problema é que, nesta matéria, a perspectiva acerca do sistema muda substancialmente, consoante a posição do observador.

Na visão dos juízes trabalha-se demasiado e sob pressão. E sem o avisado conselho do tempo. E o mínimo e estimulante reconhecimento público do esforço e do sacrifício, pessoal e familiar, desenvolvidos. A deturpação do seu trabalho e empenhamento, sem que lhe possam responder à altura, desalentam-nos e fazem-nos duvidar do seu papel social e da sua posição na estrutura política do Estado, enquanto titulares de órgãos de soberania. Os juízes vivem, desde há alguns anos, à defesa, desconfiados do que o futuro lhes reserva.

No ponto de vista da comunicação social, julga-se, as mais das vezes, pouco, mal e a passo de tartaruga velha e coxa. Os jornais, rádios e televisões, com base em algumas dezenas de processos que, anualmente, lhes parecem mediáticos, socialmente polémicos ou, simplesmente, infelizes, alimentam generalizações que são sempre perigosas e injustas.

Os juízes, umas vezes são censurados por prenderem de menos, outras por encherem as prisões de presos preventivos e condenados. Quando absolvem, é com base em absurdas formalidades, quando condenam é porque não respeitaram os direitos, liberdades e garantias do cidadão.

Na ideia dos actuais poderes político e económico, parece que a justiça está nas mãos de uma classe conluiada em seita, apostada em ser uma força vigilante ou de bloqueio, contaminada pelo vírus da independência a mais e que não presta, nem está disposta a prestar, contas a ninguém.

A opinião pública, dividida entre os inúmeros fazedores de opinião e a necessidade que sentem de acreditar na única justiça que têm, vai resvalando para o desânimo, a desconfiança, quando não mesmo para atitudes de desrespeito e confronto típicos das repúblicas das bananas, muito embora, quando o litígio lhe bate à porta, ainda continue a matar a sede de justiça nos tribunais.

Quando essa república das bananas não chega, houve-se agitar a república dos juízes, ameaçando-se o Estado e o povo com esse novo fantasma, como se atrás de cada coluna do Terreiro do Paço ou da Assembleia da República estivesse escondido um juiz armado com o Código Penal e uma brigada da Polícia Judiciária.

Se tal não surte todo o efeito desejado, sempre há a velha questão da ilegitimidade dos juízes, porque não foram directamente eleitos e colocados em cada um dos seus gabinetes pelo voto popular, tendo antes usurpado as respectivas cadeiras do poder judicial de uma forma sorrateira e traiçoeira.

Resta finalmente, para completar o programa dessas agendas políticas escondidas, falar do espírito de corja, vulgarmente conhecido por corporativismo, bem como dos privilégios, dos vencimentos e das reformas de nababos que os juízes auferem.

E pronto.

Está instalada a inveja nacional e a luta colectiva para retirar aos juízes algumas das poucas garantias de independência que possuem.

Tenho para mim que já chega de tanta confusão de narizes, areia para os olhos e nuvens de fumo! Está na hora de deixar de andar à deriva. Em círculos viciosos. E em constantes bolandas. E parar. Para chamar, ao invés, os bois pelos nomes. Separar o trigo do joio. Pôr o ponto no lugar certo do Jota. Colocar alguma ordem na casa. Da Justiça.

Sob pena de, em última análise, ser o próprio Estado de Direito que é posto em causa, dado a Justiça constituir um dos seus pilares fundamentais.

Como diz o Dr. Luís Filipe Carvalho, advogado, em artigo de opinião que publicou no Semanário Expresso, embora referindo-se às intervenções públicas do actual Bastonário da Ordem dos Advogados, Dr. António Marinho: *"Este modo de usar a voz pública pode levar quem é investigado, acusado, julgado ou condenado, a sentir-se legitimado para afrontar os magistrados e para desrespeitar as decisões judiciais. O que bem poderá degenerar na perda da autoridade do Estado. Em 2008, já assistimos, como nunca se tinha presenciado, a agressões a juízes (Feira), a tentativa de agressões a magistrados (Santarém), a sequestros, a invasões e a barricadas em tribunais (Vila Nova de Gaia, Covilhã e Matosinhos), a insultos a juízes por multidão em fúria (Leiria), a assaltos a caixas de Multibanco (Almada, Cascais e Loures), a furto de computador de magistrado (Elvas) e a assalto no Tribunal de Sabrosa. As casas da Justiça estão banalizadas e a ser vandalizadas*" (1).

Se olharmos a Justiça como um baralho de cartas, muitas delas provém de distintas mãos e são distribuídas por basta e diversa gente, reclamando a participação de muitas profissões, actividades, homens, mulheres e mesmo crianças, não sendo a maior parte dessas pessoas jogadores profissionais encartados ou sequer frequentadores assíduos dos ambientes judiciários.

A Justiça, destinando-se a ajudar os cidadãos dela carenciados a saber a quantas andam, em termos de direitos, liberdades e garantias e de defesa do seu espaço vital e interesses, não se reduz ao formal e sequencial inquérito e/ou processo judicial mas estende-se, como um rio, muito a jusante da queixa/ participação/petição inicial e muito para além da foz que é a sentença.

Podemos compará-la a um relógio, num mecanismo complicado composto, na sua essência, por meia dúzia de grandes peças básicas (sendo as decisões judiciais uma delas) e por uma infinidade de porcas e parafusos, molas e rodas, pequenos gestos e nadas invisíveis que se articulam e encadeiam e lhe dão estrutura, consistência e sentido.

Ora, sendo esses grandes ou insignificantes actos praticados por diversos artífices e muitos ajudantes, o inesperado pauzinho na engrenagem, que emperra e sabota o funcionamento ideal do sistema de Justiça, pode surgir em qualquer altura e momento e ser da (maior ou menor) responsabilidade de qualquer um dos actores ou figurantes chamados ao palco.

Convirá, portanto, dar o seu a seu dono.

B – *A Justiça na boca do lobo*

A Justiça, mais do que na boca do povo, está, cada vez mais, na boca do lobo. Como o capuchinho vermelho. O que as pessoas comuns dizem, para além das eventuais experiências negativas que as marcaram, são, muitas vezes, simples ecos do que os diversos poderes ocultos e manifestos vão, insidiosa, intencional e com objectivos muito precisos, disseminando pelas diversas vias de informação oficiais e oficiosas.

Para além do fogo-de-artifício dos blogues ou de uma certa comunicação social que sobrevive à custa do escândalo e da afirmação bombástica, mesmo que inverdadeiros, da boa-fé convicta mas pouco preparada e profissional de alguns outros ou da prossecução de algum ajuste de contas mesquinho e privado, nada me parece haver de ingénuo na grande maioria desses ataques, afirmações, insinuações, suspeitas, porque, em rigor, como já é visível noutros países [atente-se no caso paradigmático da Itália, com Sílvio Berlusconi (2) ou em França, com Nicolas Sarkosy (3)] pretende-se "muscular" a autonomia do Ministério Público e "quebrar a coluna vertebral aos juízes" e, dessa maneira, domesticar e controlar a organização e funcionamento da Justiça, bem como as acusações, pronúncias, acções e decisões finais que dela emergem, que, por serem desfavoráveis ou simplesmente morosas, atraem má publicidade, causam prejuízos e imiscuem-se, insolentes, na esfera dos poderes económico e político (em rigor, quem acelerou em Portugal esse muito pouco subtil jogo de cadeiras, protagonizado pelo Partido Socialista e pelo respectivo Governo – quem não se recorda do primeiro discurso do Chefe deste Governo na Assembleia da República, num claro ajuste de contas com os juízes? – foi o já famoso processo "Casa Pia", ao fazer incidir a sua atenção sobre algumas altas figuras daquele partido).

Face a este discurso orquestrado ou simplesmente desaustinado, mas constante, de que os órgãos de comunicação social e outros meios de informação são, com frequência, meras caixas de ressonância e que, sem grandes resistências, vão convencendo o público anónimo, que podem fazer os profissionais que fazem funcionar o sistema judiciário?

Podem unir-se em torno das suas associações representativas de classe e reivindicar respeito e melhores condições de vida e trabalho, a contingentação processual e o preenchimento das vagas de oficial de justiça. Bem como a criação de eficazes meios alternativos de resolução de conflitos que, estando integrados na estrutura judiciária e articulados e hierarquizados relativamente aos outros órgãos (mal se compreende que os julgados de paz, sendo verdadeiros tribunais, não se achem inseridos no mapa e organização judiciários bem como os seus juízes não se encontrem debaixo da alçada do Conselho Superior da Magistratura), ganhem a confiança do cidadão e atraiam para si os pequenos conflitos e casos afins, sem prejuízo do direito de recurso para o tribunal de comarca. Podem e devem reclamar isso e tudo o mais que seja adequado e razoável a uma melhor, mais célere e eficiente resposta da máquina justiceira.

Tenho sérias dúvidas e receios quanto à bondade e consequências (para todos nós juízes, para os cidadãos e para o próprio Estado de Direito) dessa ideia cada vez mais propalada entre os magistrados judiciais de que a Associação Sindical dos Juízes Portugueses, sua única organização representativa, deve despir as suas vestes sindicais e assumir-se antes como entidade congregadora dos titulares dos órgãos de soberania que são os tribunais. Tudo isso é muito bonito mas quando quiserem continuar a nos pôr o pé em cima, o que fazemos, vamos vestidos com a beca, de baraço ao pescoço e de mão pedinte, apresentar-nos perante o Ministro da Justiça ou o Primeiro-Ministro?

Podem também, a título individual ou colectivo, pronunciar-se, desejavelmente na fase prévia à sua publicação, sobre as muitas leis que, como cogumelos (alguns venenosos) todos os dias brotam do Diário da República e respeitam à área da Justiça e que, por vezes, não só devido ao seu deficiente português e falta de rigor técnico mas também às próprias soluções consagradas, de obscuros alcance e sentido sociais, determinam paragens forçadas nos processos (recorde-se a exigência de cumprimento das obrigações fiscais ou a obrigatoriedade de tentativa de conciliação prévia, ao nível laboral, já desaparecidas ou o registo da acção ou reconvenção, que ainda se mantém e que, em tempos idos, implicava demoras de vários meses) ou esforços inglórios e evitáveis por parte da jurisprudência, ocupada em deslindar minudências, contradições e conteúdos constitucionais e razoáveis.

Penso contudo que a eventual vitória da guerra que foi desencadeada contra a Justiça não se ganha somente no terreno político (sendo que a que envolve o cidadão seu utente não se vence certamente aí) mas também e muito no quotidiano das polícias, dos DIAP e delegações, nas secretarias dos tribunais e nos gabinetes dos juristas.

Importa dizer que uma percentagem indeterminada dos chamados operadores judiciários – autoridades policiais e de investigação criminal, oficiais de justiça, magistrados do Ministério Público, juízes e advogados – ajudam, muitas vezes, à festa e vão, com as suas omissões ou acções, alimentando a fera.

Existem formas displicentes ou negligentes de exercer as funções ou atitudes irreflectidas e reactivas às deficientes condições de trabalho e ao clima de desagrado, desconfiança e descrédito que grassa e impera (num jantar comemorativo dos cem anos do Liceu Pedro Nunes ouvi um ex-aluno médico, desconhecedor de que, por acaso, estava na presença de um, dizer para um advogado, divertido com a conversa, que só ia para juiz quem não sabia fazer mais nada, já para não falar do baixo astral que atinge as nossas polícias – o caso Maddie fez mais por isso do que muita campanha orquestrada –, da pecha infamante de "aldrabões" que pesa popularmente sobre os advogados ou da suspeição em construção relativamente à bondade da autonomia do Ministério Público!), que emperram o normal funcionamento do sistema e prejudicam ainda mais a sua imagem.

Por outro lado, os próprios interessados e demais intervenientes ocasionais (testemunhas, peritos, avaliadores, fiéis-depositários, terceiros) contribuem também (e muito) para a lentidão e morte inglória dos processos que os levam a tribunal, não sabendo estar à altura da atenção, perspicácia e sentido de justiça que exigem aos advogados e profissionais das duas magistraturas.

Muitas acções caem pela base porque os clientes não contaram a história toda aos seus advogados (às vezes, porque estes não a souberam sacar daqueles) ou porque esses ilustres causídicos, embora munidos dos factos todos e tendo estudado juridicamente ou não a matéria, articulam mal a situação ou simplesmente, ainda que a aleguem bem, não conseguem fazer depois a correspondente prova, porque nunca houve prova para tal ou a testemunha principal falta militantemente ou limitou-se a morrer, também de uma forma permanente, não sendo, noutras ocasiões, juntos os elementos ordenados pelo tribunal, completada a peça processual convidada a aperfeiçoar, respeitado o prazo para juntar a contestação, o rol de testemunhas ou o requerimento de interposição de recurso (umas vezes por falta de elementos ou indicações fornecidas pela parte e doutras por descuido, distracção ou desleixo de patrocínio).

São por demais conhecidos os exércitos arregimentados, curiosamente, por género, que se formam de cada lado do corredor central da sala de Audiências, num caso de divórcio litigioso (hoje, sem o consentimento de um dos cônjuges), de alimentos ou de menores, numa contagem de espingardas que desvirtua, as mais das vezes, a isenção e objectividade dos depoimentos ou as visitas aos escritórios de alguns advogados para aí lhes ser dada a letra da música que daí a alguns dias irão cantar ao juiz ou juízes do julgamento.

Também os restantes agentes judiciários revelam manchas na radiografia do sistema, bastando recordar aquele processo-crime em que, tendo-se chegado ao dia marcado para o respectivo julgamento, as testemunhas fizeram chegar ao juiz, através do oficial de justiça a sua estranheza relativamente ao arguido presente, que não tinha sido aquele unanimemente identificado por elas em fase de inquérito como o autor da agressão à porta da discoteca mas um outro, também ali porteiro, não vindo os órgãos de polícia criminal, apesar dessa indicação, a mudar a orientação da sua agulha investigatória, como se impunha, tendo o magistrado do Ministério Público persistido em deduzir acusação contra a pessoa errada.

Na área criminal, tudo depende da averiguação e recolha de indícios e elementos de prova, impondo-se, nesse plano, uma formação especializada de base, bem como uma orientação mais atenta e intensa por parte do Ministério Público (aí havendo que vencer muitas resistências activas e passivas), sob pena de muitas acções de natureza penal chegarem pobres e mal instruídas à sua fase final, gastando recursos e degenerando, muitas vezes, em evitáveis absolvições.

Atente-se naquele julgamento por crime de lenocínio em que os agentes da autoridade, em vez de aguardarem pelo contacto pessoal entre o arguido e as muito jovens raparigas que se prostituíam por sua conta, resolveram surgir prematuramente a todos os envolvidos, tendo cada um fugido para seu lado, sem que até aí os factos ocorridos fossem concludentes quanto à prática da infracção em questão, tendo valido à GNR a circunstância do réu já ter sido anteriormente condenado por idêntico crime e de, na altura, ter sido encontrado na sua posse ou dentro da sua viatura, um bilhete de identidade de uma das menores, bem como os sapatos de outra, para além de produtos de higiene pessoal que apontavam igualmente nesse sentido.

Valerá a pena aguardar também pelo inquérito que certamente estará a ser feito no seio das autoridades policiais a quem foi solicitada pelo Tribunal Judicial de Torres Novas a notificação dos agora denominados "pais afectivos" da Esmeralda e que nunca a lograram fazer, apesar do elemento masculino do casal ser membro das Forças Armadas e ter, certamente desempenhado funções, durante o longo período em que as múltiplas e correspondentes diligências notificatórias foram seguramente desenvolvidas.

Os oficiais de justiça, por muitas e variadas razões – desconhecimento, falta de formação, negligência, desinteresse ou cansaço – emperram, com alguma frequência, o andamento dos processos, ao efectuarem uma citação incorrecta, por exemplo, ou ao não fazerem uma notificação de um articulado ou de uma testemunha, bem como ao não acompanharem devidamente a gravação dos depoimentos produzidos em Audiência Final, com a sua eventual repetição em momento posterior.

Existem, finalmente, juízes que são especialistas em abortar os processos à nascença, espiolhando-os à lupa e descortinando sempre uma qualquer imperfeição formal ou substancial que os impede de vingar no mundo judiciário, ou, em contrapartida, peritos em *"encaziná-los"* até à quinta casa, chutando-os para canto, onde ficarão adormecidos por uma temporada ou obrigando-os a uma corrida cansativa de obstáculos que, meticulosa e sucessivamente, lhes vão erguendo no seu percurso, para muitas vezes, na parede do fundo, os fuzilarem com uma tese peregrina, em rajada rápida, precipitada e pouco convincente e na qual muitas vezes persistem, mesmo sabendo que não foi nem nunca irá ser secundada pelos tribunais superiores (4).

Os advogados, os funcionários judiciais, os magistrados do Ministério Público e os juízes têm de compreender a exacta natureza e importância do serviço que é prestado pela Justiça e actuarem em conformidade com o correspondente estatuto funcional e simbólico.

Nessa medida, não se compreende nem aceita igualmente que alguns juízes, ao abrigo do seu muito pessoal e elástico estatuto de independência, se permitam descortesias, faltas de respeito, pesporrências, prosápias e abusos do tempo e da paciência dos outros, sem uma justificação, uma satisfação, um acto de contrição que, ao contrário do que pensam, não os enfraquece nem diminui mas honra-os aos olhos dos outros (5).

Haverá talvez aí a insegurança e inabilidade próprias da juventude da profissão mas, provavelmente, também carências de educação (mais difíceis de atalhar) e de formação, ao nível profissional e deontológico, bem como de relacionamento com as outras classes profissionais e com os cidadãos em geral (e que, na altura em que frequentei o CEJ, as sessões de Ciência Judiciária do Direito dadas pelo Dr. Laborinho Lúcio procuravam suprir).

C – *E o sistema move-se, apesar de tudo...!?*

Quem olhe a nossa realidade judiciária apenas pelos olhos, as mais das vezes mal informados, tendenciosos ou encomendados pelos interesses económicos, políticos ou partidários do costume, de muitos fazedores de opinião, acreditará convicta e de boa fé, que tudo está podre no reino da Justiça e que, consequentemente, todas as medidas se justificam, mesmo as mais radicais e subversivas. Dos princípios básicos do Estado de Direito. E da estrutura democrática da nossa sociedade.

Para quem conheça o dia a dia do sistema de justiça através dos ecrãs de televisão, das parangonas dos jornais, dos noticiários radiofónicos ou das sínteses internéticas, parecerá que os tribunais se debatem apenas com alguns milhares, senão mesmo centenas de processos (a maioria deles relativos a gente mediática ou poderosa, porque o povo anónimo gosta que mordam nas canelas aos que têm ou, pelo menos, aparentam ter mais do que ele) que se arrastam, feitos tartarugas, pelos tortuosos e incompreensíveis corredores das casas da justiça onde moram (ou visitam) e conhecem, as mais das vezes, sentenças aberrantes, escandalosas, numa palavra, injustas.

Esquecem-se, nessa voragem mal quista, de todas as outras centenas de milhares de processos (1.700.000 no final do ano em 2005) (6) que são tramitados, quotidiana e actualmente, por 1935 juízes **(7)** nos 337 tribunais comuns e 48 Círculos Judiciais existentes (8), realizando-se, todos os dias, diversas centenas de julgamentos e sendo proferidas muitas sentenças sem história e polémica públicas, independentemente de poderem ser ou não objecto de recurso.

E os recursos sobem aos tribunais superiores e aí, em regra, são julgados com isenção e objectividade, revogando ou alterando, amiúdes vezes, o despacho ou sentença impugnados, em correspondência com as divergências expressadas pelas partes relativamente ao teor de tais decisões judiciais ou por iniciativa oficiosa dos próprios juízes desembargadores ou conselheiros, quando a lei lhes permite tal atitude processual e substantiva.

E se anteriormente o sistema tinha, para muitos, a pecha de não permitir uma reapreciação dos factos dados como assentes pelo tribunal da 1.ª instância, tal deixou, desde 1995 **(9)**, de constituir óbice a uma revisão das duas vertentes da actividade jurisdicional do tribunal, a saber, da valoração da prova produzida em Audiência de Discussão e Julgamento e constante do processo, de acordo com as regras e limitações legais, e sua transposição para a matéria de facto considerada demonstrada (verdadeiro nó górdio de qualquer acção e do valor ou desvalor do julgador) e da aplicação do direito aquela factualidade.

O erro judiciário, quando existe, é, dessa forma e as mais das vezes, corrigido sem hesitações nem vislumbre de atitudes proteccionistas ou corporativas dos juízes dos tribunais superiores para com os seus colegas dos tribunais inferiores.

São essas as regras do jogo, com que juízes, procuradores e advogados contam e que são, em regra, respeitadas por todos eles, sem prejuízo do respeito pelo trabalho de cada um e pela tese vencida a final.

O cidadão exterior a esta dinâmica, a própria comunicação social bem como muitos juristas, estranha a frequência com que casos similares recebem por parte da jurisprudência dos nossos tribunais respostas muito diversas e por vezes opostas, encarando esse cenário como injusto e injustificado.

Convirá perceber que a realidade social é muito imaginativa, assaz criativa e bastante habilidosa, nessa medida surgindo, todos os dias, nos nossos tribunais da 1.ª instância questões inéditas e originais, aí introduzidas e equacionadas pelos advogados e magistrados do Ministério Público, que os juízes de comarca ou de círculo têm de defrontar, estudar e decidir, aí se desenhando muitas vezes teses diversas, senão mesmo antagónicas, que podem ser ou não reapreciadas em sede de recurso (tudo dependendo do valor da acção e da natureza das matérias abordadas), importando recordar o papel importante que, também neste plano, é, por vezes, desempenhado pelo Tribunal Constitucional, apesar das suas decisões parecerem depender, em questões social, económica e politicamente sensíveis, da sua composição, de génese essencialmente partidária (é o único tribunal onde se contam pública e abertamente as espingardas, a favor e contra uma determinada posição, em função dos Partidos que nomearam os respectivos conselheiros).

Constroem-se, a esse nível primário de decisão, muitos conceitos e soluções para os litígios que são colocados aos tribunais e que não encontravam na lei resposta expressa e/ou imediata, bem como se dá conteúdo, espessura e profundidade a muitas noções legais de teor indefinido ou indeterminado (pensem-se, nomeadamente, naquelas que foram introduzidas pela nova Lei do Divórcio (10), tais como "consideravelmente superior", "forma excessiva" e "prejuízos patrimoniais importantes" do novo artigo 1676.º do Código Civil), perspectivas judiciais essas que são rejeitadas ou apuradas, alteradas ou dirimidas, em caso de divergência, pelos tribunais superiores, acabando o Supremo Tribunal de Justiça ou o Supremo Tribunal Administrativo por uniformizar a jurisprudência quanto a algumas dessas temáticas (intervenção pacificadora essa que pecará somente por defeito).

Existem mesmo casos em que ocorreu uma sucessão de Acórdãos Uniformizadores, de sentido oposto ou diverso, como foi o da integração da expressão legal: "terceiros para efeitos de registo predial" (11).

Assiste-se ainda, ao nível das correspondentes decisões, ao que se poderia designar como um conflito (naturalmente, ideológico) de gerações, espelhado nas díspares posturas e visões sobre um mesmo problema, mais ou menos atentas e sensíveis às realidades sociais, económicas e políticas que o enquadram, circunstanciam e suportam.

A este propósito pode falar-se no preenchimento da definição legal contida no artigo 822.º, número 1, alínea f) do Código de Processo Civil, na sua redacção original (impenhorabilidade "dos utensílios imprescindíveis a qualquer economia doméstica") que, para a geração de juízes, anterior ou contemporânea desse diploma legal, se reduzia à cama para dormir, à mesa e cadeiras para comer, ao fogão para cozinhar e ao tanque para lavar roupa, numa interpretação do preceito algo miserabilista e contrária à dignidade mínima da pessoa humana e da instituição familiar e que para as gerações que ingressaram na magistratura judicial após o 25 de Abril ganhou um âmbito de aplicação muito mais abrangente e consentâneo com a sociedade de bem estar em que vivemos e com os direitos e princípios constitucionais, aí se passando a incluir, por exemplo, o esquentador, o frigorífico, a máquina de lavar roupa e mesmo a televisão (12).

Também a construção do direito de ocupação efectiva, no silêncio da lei, é, em grande medida, de inspiração jurisprudencial e visou responder a situações de não atribuição de quaisquer funções aos trabalhadores que as entidades empregadoras queriam dispensar mas que estavam legalmente impedidas de despedir, colocando-os, muitas vezes, sozinhos ou juntos em salas mobiladas só com mesas e cadeiras, aí permanecendo durante semanas e meses, perante o vazio das paredes e/ou o jornal do dia, numa estratégia de cansaço e desgaste emocional e psicológico dos visados que os levasse, por sua exclusiva iniciativa, a abandonar as empresas.

Um exemplo nítido de distanciamento ideológico entre tribunais e respectivos juízes é o que acontece relativamente à forma como, em regra, os tribunais de 1.ª e 2.ª instância, por um lado, e o Supremo Tribunal de Justiça, por outro, têm encarado os contratos de trabalho a termo celebrados com trabalhadores à procura do primeiro emprego, defendendo aqueles que estes só podem ser assim considerados desde que nunca tenham anteriormente prestado serviço para terceiros ao abrigo de um contrato de trabalho a termo ou por tempo indeterminado, ao passo que o nosso mais alto tribunal pugna por uma interpretação restritiva da norma, qualificando como tal todos aqueles que nunca tenham antes laborado para outros como trabalhadores efectivos (13).

Sem prejuízo dos mecanismos processuais tendentes à uniformização das decisões judiciais antagónicas, certo é que tal disseminação de opiniões judiciais, pelo menos numa primeira fase de surgimento da temática pluralmente decidida, é mais uma característica do sistema que deve ser aplaudida, porque assegura, nesse confronto de posições e argumentos (que acabam por ser igualmente esgrimidos pela doutrina), um aprofundamento desejável das questões e das possíveis interpretações das normas e princípios jurídicos aplicáveis e, nessa medida, a definição de correntes doutrinais e jurisprudenciais maioritárias ou uma aproximação mais rigorosa e exacta à solução adequada e justa por parte do Supremo Tribunal de Justiça, quando profere o competente Acórdão Uniformizador de Jurisprudência.

Bastará pensar nas duas correntes jurisprudenciais que debateram os pressupostos legais do direito de regresso titulado pelas Seguradoras sobre os seus segurados, intervenientes em acidentes de viação e alcoolizados no momento da sua verificação, presumindo uma parte dos nossos tribunais o nexo causal entre esse estado de embriaguez e a verificação do acidente ao passo que outra entendia que, apesar do dito condutor conduzir sob a influência do álcool, tal não significava necessariamente que a colisão ou o atropelamento tinham sido devidos aos eflúvios etílicos, acabando o Supremo Tribunal de Justiça por vir uniformizar tal polémica no segundo sentido propugnado e que também era o por nós defendido (bastava pensar naqueles casos em que ambos os condutores vinham alcoolizados ou em que o que estava embriagado estava parado num sinal vermelho e era batido por detrás pelo outro, que vinha distraído) (14).

Precise-se, finalmente, o seguinte: a Justiça, ao contrário do que muitas vozes desencontradas afirmam, define-se e evidencia-se muito mais pelas decisões absolutórias que profere do que pelas sentenças condenatórias que dos tribunais emanam, pois aí se defrontam, com frequência, por um lado, o convencimento subjectivo do homem de que está perante o culpado do crime que está a julgar e, por outro, a apreciação pelo julgador da prova produzida no processo, que ele igualmente sabe que não é suficiente para sustentar, em consciência e objectivamente, uma condenação, não lhe restando outra atitude processual que não seja aplicar o princípio da presunção de inocência do arguido e, considerando que a acusação pública ou particular não logrou demonstrar suficientemente a prática da dita infracção por aquela pessoa, absolver o acusado (um exemplo académico mas expressivo dessa postura que o julgador sempre tem de assumir, por mais que lhe custe e doa ela a quem doer, é a da absoluta desconsideração da conversa que, involuntariamente e no café onde se encontra a tomar o pequeno-almoço, um juiz escuta na mesa ao lado entre duas pessoas, que se apercebe serem um arguido e o seu advogado de defesa, em que este ordena ao seu cliente que se remeta ao silêncio no julgamento a que irá ser sujeito, ao passo que o mesmo quer confessar o dito crime, vindo depois a confrontar-se com ambos na sua sala de audiências e absolver o indivíduo em causa, face à prova débil ou duvidosa aí produzida).

D – *Justiça popular*

É uma máxima estafada mas não deixa de ser uma verdade incontornável: é mil vezes preferível absolver dez culpados do que condenar um só inocente, aí se evidenciando o juiz, com a sua formação e competência técnica e humana, que, para o efeito, no recato do seu íntimo e na formação interior da sua convicção, deve ignorar e distinguir-se, quando assim o reclamam as regras legais aplicáveis e o seu sentido de rectidão, da justiça popular e anónima, frequentemente tendenciosa, reaccionária e vingativa, que faz ouvir e amplifica mesmo a sua voz através das diversas vias de comunicação disponíveis, procurando influenciar e condicionar as decisões judiciais.

É voz comum que os tribunais portugueses são muito benevolentes (a polícia prende-os para os juízes depois os soltarem, é uma máxima que mesmo os nossos políticos, comentadores de serviço e as forças de autoridade utilizam) mas esse julgamento é, quase sempre televisivo, parcial e realizado com base num conhecimento que nem sequer chega a ser superficial e que provém de declarações dos ofendidos e das opiniões e palpites das pessoas que ali também se encontram e que não serão nunca ouvidas em Audiência de Discussão e Julgamento, porque em rigor nada sabem.

As sentenças devem encontrar-se afeiçoadas à realidade do processo (que só coincide, em traços muito gerais, com a mediaticamente publicada) e não podem perseguir somente a punição retributiva do infractor (olho por olho, dente por dente) mas também atender a outros factores e fins que estão legalmente previstos e que nunca são ponderados pela fúria, indignação e a irracionalidade populares, que tais decisões têm de ter a coragem de pedagogicamente afrontar, contradizer e desdizer.

O juiz tem a obrigação jurídica e ética de enfrentar e rejeitar essas vozes de burro, que também soam muitas vezes dentro de si (o juiz é homem, cidadão, pai, marido e filho, antes de tudo o mais) e procurar substituí-las pelas que emanam dos factos dados como provados e dos princípios (nomeadamente constitucionais) e normas que se lhes aplicam.

Deus nos livre da denominada justiça popular (que de Justiça não tem, aliás e em regra, nada!), ainda que a gostemos de ver em filmes como "1900" (15) ou "O Nome da Rosa" (16).

Não me esqueço da execução sumária perpetrada, há muitos anos, por populares, na zona da Malveira, sobre um elemento das FP-25, que tinha assaltado um banco ou tentara fazê-lo ingloriamente e que ficara para trás, ferido, crime esse cometido por uma chusma enraivecida, cruel e bárbara (dispenso o leitor aos pormenores da agressão, que, infelizmente, não pesarão na consciência dos seus autores) ou, na área de Vila Franca de Xira, do castigo exemplar de um ladrão noctívago, apanhado por uma populaça descontrolada e justiceira, quando tentava assaltar um supermercado e que recuperou especialmente para ele a pena de morte ou, finalmente, para os lados de Santarém, do "internamento", compulsivo e definitivo, levado a cabo por cidadãos vulgares e anónimos sobre um deficiente perigoso, que havia cometido um crime grave sobre uma ou várias pessoas.

Se nos sentarmos à mesa de um café ou num banco de autocarros apercebemo-nos que, de acordo com as conversas que aí se fazem ouvir, metade do país devia estar morto ou preso, em prisão preventiva ou em cumprimento de pesadas penas de prisão, fosse por ter furtado um auto-rádio de um carro, atropelado um peão na passadeira ou se apropriado de mil Euros, num golpe exímio de carteirista.

Mesmo em situações que não são do foro criminal, as pessoas deixam-se levar facilmente pela voz do coração, recusando-se a distanciar-se do problema e a olhar de longe o cenário global, a ouvir os ditames da razão, a conhecer o que a lei determina, defendendo, nessa medida e muitas vezes, o indefensável, o impensável, o insensato, perseguindo mesmo a abertura da caixa de Pandora (o denominado caso Esmeralda é um exemplo paradigmático disso!).

Não se ignora o velho provérbio popular quando diz *"faz o que eu digo, não faças o que eu faço!"*, que é como quem diz, os portugueses são muita garganta e pouca "chegança" (da roupa ao pelo, nomeadamente), vindo ao de cima, com frequência, o nosso bom coração e os propalados brandos costumes, quando o cidadão comum é confrontado com uma dessas situações em concreto (muito embora dependa da natureza da mesma).

Recordo-me, a este propósito, da condenação de um velhote numa pena curta de prisão suspensa sob condição de se tratar e abster das condutas que se tinham provado e que, no meu entender, eram objectiva e subjectivamente graves – praticamente todas as noites, desde há diversos meses, o arguido chegava a sua casa a altas horas da noite, normalmente embriagado e, intencional e maldosamente, fazia barulho com o propósito de acordar o ofendido e a família, seus vizinhos de cima, e não os deixar mais dormir – e da reacção do queixoso face à minha sentença: "Mas senhor doutor juiz, eu não queria que o homem fosse para a cadeia...!".

Apesar desse exemplo, parece-me que as pessoas têm geralmente a mão mais pesada do que o juiz de carreira, reagindo negativamente a algumas das penas que são aplicadas (os acidentes de viação mortais são um bom exemplo dessa discordância, o que é explicado, fora dos casos de injustiça relativa que também acontecem, pela recondução da negligência, mesmo que grosseira, à intenção de matar e pela dolorosa perda do familiar ou amigo, que encontrará na prisão do condutor um eventual consolo) e revelando-se, segundo julgo, quando membros de um júri penal, bem mais castigadores do que os magistrados judiciais, tendo estes de aí ter uma intervenção moderadora e de chamada à realidade e razoabilidade (foi essa a impressão com que fiquei, quando participei, como juiz adjunto, de um júri que julgou crimes de tráfego de droga).

Sempre senti que o cidadão comum não tem a exacta noção – a não ser depois de passar lá dentro uma temporada, ainda que reduzida – do sacrifício pessoal que estar preso implica, como se a mera privação da nossa liberdade, da possibilidade de nos deslocarmos para onde quisermos e na medida dos nossos desejos e vontade, fosse uma coisa de somenos importância, de que se pode prescindir sem dificuldade e sem que tal não constitua um preço elevado a pagar pelos crimes cometidos, ainda que se tenha, numa visão ainda mais mesquinha da situação, televisão na cela, saídas precárias, contactos sexuais, trabalho remunerado e outras pretensas regalias e privilégios (é sempre a mesma conversa e nem os presos estão livres dela!).

E – *Justiça compassiva*

Recordo aqui um texto de Miguel Sousa Tavares no semanário "O Expresso" que condenava a justiça portuguesa, por ter sido, na sua perspectiva, insensível e implacável para com um jovem de 15 anos que se tinha tornado conhecido no Porto como um especialista no furto de automóveis, onde, mais uma vez, não me revi e não reconheci muitos dos juízes portugueses. (17)

Veio-me logo à memória aquele colega da Praia da Vitória que, confrontado com vários menores (não preciso o número, para não faltar à verdade) sem pai ou pais que deles cuidasse e que não podendo continuar com a mãe, não tinham, por outro lado, instituição de cariz social onde ser colocados, decidiu levá-los consigo para a sua casa de função, onde passaram com ele a noite.

Ou aquele outro juiz, presidente do Círculo de Loures que, deparando-se com um rapaz ainda muito novo (à volta dos 20 anos, se não me falha a memória) que vinha a sofrer sucessivas condenações e cúmulos jurídicos sempre em crescendo, por furtos qualificados que não valiam dois caracóis (eram apropriações pouco valiosas, por vezes formigueiras ou ridículas, sem grande relevância económica) e com uma história pessoal e familiar carregada de infortúnios, decidiu, se bem que dentro dos limites da lei, baixar drasticamente a pena final a aplicar ao Réu, num acto de justiça indiscutível!

Ou ainda aqueles dois juízes que, na comarca de Mafra, desenvolveram contactos e diligências para manter junta uma família problemática, tendo falado com o Presidente da Câmara para readmitir o pai (tinha um processo disciplinar por faltas injustificadas), com a EDP e os serviços municipalizados para lhe manterem os respectivos fornecimentos de água e luz, com os serviços camarários competentes para reporem a habitação familiar em condições mínimas de higiene e conforto, esforços esses que mereceram a compreensão das entidades e forças vivas da comarca envolvidas (com excepção do pároco que nem sequer conhecia a situação de miséria desse agregado, com vários filhos menores), esforços esses que, contudo se goraram, por falta de colaboração do pai e impossibilidade da mãe cuidar e prover ao sustento dos menores.

Estou em crer que, fora de situações graves, como é o caso dos crimes de sangue, poucos magistrados, quer da judicatura, como do Ministério Público retiram satisfação pessoal e/ou funcional em mandar os arguidos para a cadeia, quer seja em termos preventivos, como para efeitos de cumprimento de pena, procurando as mais das vezes e quando lhes é legal e factualmente possível fazê-lo, alternativas e soluções eficazes e não privativas da liberdade.

Muitos juízes, magistrados do Ministério Público, advogados, oficiais de justiça e outros intervenientes judiciários desenvolvem, naturalmente, "simpatia" e compaixão por muitos casos humanos que lhes aparecem e que eles procuram salvar e recuperar, muitas vezes, sem sucesso.

Lembro-me daquele moço de raça cigana, com 17 anos, apanhado nas malhas da droga (ao contrário do que muita gente julga, a heroína vai tratando de minar também esse povo orgulhoso, já lhes tendo levado para sempre alguns dos seus filhos) que, embora manhoso e muito inteligente, recusei a prender preventivamente pela prática de roubo, assim secundando a posição da Fátima, a magistrada do Ministério Público com quem fiz o primeiro interrogatório e que, curiosamente, tinha sido colega de carteira do arguido na Escola Primária, tendo depois acompanhado o seu percurso dentro e fora dos muros do Tribunal, que foi tentando ser benevolente para ele, considerando a sua juventude e a circunstância de ter constituído família e ter tido um filho (que num dia em que ia ser julgado me veio mostrar, ainda com meses) e que acabei por vir a encontrar uma terceira vez em Torres Vedras, num julgamento colectivo em que era asa e em que mais uma vez o censurei, num registo próximo e pessoal, por não ter ainda conseguido vencer o seu vício, para espanto dos meus colegas e do próprio advogado de defesa.

A própria prisão preventiva, desde que legalmente permitida, foi mesmo utilizada como um meio de auxílio à recuperação da situação de toxicodependência de um rapaz com pouco mais de 20 anos (que depois de ter sido detido no sábado, por furto de um veículo, no domingo seguinte tinha logo reincidido, numa ousadia e desfaçatez sem limites), tendo a mesma sido levantada quando o arguido arranjou lugar num centro de recuperação, sendo esperado às portas da cadeia pelos técnicos daquele, que para ali o levaram e onde esteve bastante tempo, tendo-se aguentado durante alguns anos sem problemas até presenciarmos, amargurados, o seu retorno às anteriores companhias, ambientes e hábitos, numa recaída de que perdemos a continuação.

Finalmente, não posso deixar de recordar aquele homem, de 40 ou 50 anos de idade, que, por razões nunca reveladas, se entrincheirou dentro de casa onde vivia com a família, depois de lhe ter provocado grandes estragos exteriores e interiores, ameaçando que se suicidava, tendo sido decidido, com fundamento no crime de dano qualificado e com base nesse quadro de risco para a própria vida do visado, prender preventivamente o indivíduo e alertar o estabelecimento prisional para os necessários acompanhamento e tratamento psicológicos, o que o conservou vivo nos 3 meses em que esteve detido mas não o conseguiu, ainda assim, demover da sua intenção de pôr termo à vida, o que veio a concretizar três dias após ser solto, por ser legalmente impossível mantê-lo naquela situação.

Logo, sem prejuízo da existência de juízes ou sentenças desapiedadas, castigadoras e exemplares, que os há (o que, por vezes, é exigido pela própria realidade), pensamos que, apesar de tudo, a balança da justiça, em termos genéricos, olha, até onde os factos em concreto e a legislação aplicável lhe permite, para os homens, mulheres e crianças que julga com muito mais benevolência e compreensão do que acrimónia e espírito de rejeição e exclusão.

F – *As armas dos juristas*

Os juristas (verdadeira grandeza, os juízes), face ao império da lei e caso fosse nula ou excessivamente reduzida a sua margem de manobra, em termos de interpretação e aplicação da mesma ao caso concreto, ao se sentirem manietados para além do social e moralmente aceitável e sob pena de violentar a sua consciência ética, não teriam outra saída que não fosse adoptarem a solução menos gravosa para o visado (ainda que tal significasse a absolvição e libertação de um homicida).

A este propósito é paradigmático o que refere Maurice Cusson (18): *"Em França, sob a influência de Beccaria, o Código Penal de 1791 prescreve penas fixas para cada categoria de delitos. Mas os efeitos perversos de uma legalidade estrita, que retira ao juiz todo e qualquer poder de apreciação, depressa se tornam evidentes, Como a lei impede que sejam consideradas a dimensão do prejuízo causado e as circunstâncias agravantes ou atenuantes, o acusado ou é insuficiente ou excessivamente punido. A menos que não o seja de todo: horrorizados pela severidade da pena, que decorria automaticamente de um veredicto de culpabilidade, os juízes e os jurados preferem muitas vezes absolver o acusado que sabem ser culpado (Carbasse, 1990, 324)"*. (19)

Um cenário como o descrito justifica, naturalmente, a criação pelo legislador (muitas vezes apoiado na doutrina e jurisprudência que já abriram anteriormente no sistema jurídico essas portas das traseiras ou escavaram esses túneis de fuga) de mecanismos de segurança e válvulas de escape que permitam ao advogado, ao magistrado do Ministério Público e ao juiz moldar e adequar a resposta do sistema legal à situação especial ou muito particular que tem de enquadrar ou julgar, por forma a não submeter esta última a uma solução jurídica cega, desfasada e irrealista, com sacrifício intolerável dos direitos, liberdades e garantias do cidadão.

Assim se compreende e aceita a consagração de molduras penais alargadas, bem como os correspondentes instrumentos correctivos e atenuativos (legítima defesa, estado de necessidade, acção directa, causas de justificação ou de exclusão de culpa, atenuantes especiais, etc.). Ou ao nível do direito civil, os vícios na formação da vontade ou o erro na declaração. A proibição da usura, A invalidade dos actos ou contratos. O primado da boa fé em toda a vida jurídica. O princípio da tutela da aparência. O abuso de direito. A fraude à lei. Ou ao nível laboral, a irrenunciabilidade e indisponibilidade dos direitos do trabalhador, nomeadamente ao nível dos acidentes de trabalho. Ou o princípio do seu tratamento mais favorável (muito embora actualmente desvirtuado pelo artigo 4.º do Código do Trabalho).

As regras processuais também têm vindo a caminhar no sentido dessa maleabilidade e adaptabilidade à concreta paisagem que cada acção judicial apresenta, com o reforço dos poderes oficiosos do juiz, quer na sanação de vícios formais como na averiguação dos factos e recolha dos pertinentes meios probatórios. Podendo ainda levar à matéria de facto provada factos não alegados mas que tenham resultado da discussão da causa, num contágio recente do processo de trabalho. Passando ainda pela possibilidade de alteração da tramitação legalmente prevista, desde que obtenha o acordo das partes (artigo 265.º-A do Código de Processo Civil). Ou pela condenação para além do pedido no direito do trabalho (artigo 74.º do Código de Processo de Trabalho). Sendo ainda importante realçar, muito embora num outro plano, a intervenção do Ministério Público, quer ao nível do processo de acidentes de trabalho e doenças profissionais, como aconselhando e patrocinando os trabalhadores.

Aluda-se, finalmente, à inconstitucionalidade ou ilegalidade das regras jurídicas, à aplicação do direito internacional e comunitário ou à utilização do reenvio prejudicial para o TJCE.

Este quadro, meramente exemplificativo, de institutos e instrumentos jurídicos que foram estabelecidos pelo nosso sistema legal para permitir a adequada, devida e plástica aplicação do direito às variegadas situações da vida social que ocorrem e que, muitas vezes, desaguam nos nossos tribunais constitui uma das garantias fundamentais para o cidadão de que o seu caso será apreciado e julgado pelo que é e vale e não com base em figurinos abstractos e fórmulas vazias de sentido para aquele problema específico.

A Justiça do caso concreto só se faz, muitas vezes, através dessas cartas fora do baralho, que constituem a sã excepção à regra e procuram fazer reentrar a execução das normas jurídicas dentro das baias do senso e da razoabilidade.

Escutam-se por vezes vozes críticas relativamente ao modesto recurso a, pelo menos, algumas dessas figuras e meios correctivos, sendo certo que um bom jurista se revela também na ponderada mas descomprometida utilização dessa panóplia jurídica.

Pensamos que os nossos tribunais, se têm vindo a lançar mão, cada vez mais, a alguns desses contrapesos (nulidade, abuso de direito e boa fé, designadamente), ainda deixam na sombra outros de grande relevância como a fraude à lei, o princípio da tutela da aparência, o reenvio prejudicial, havendo ainda que reforçar a aplicação do direito comunitário e a prévia análise constitucional das disposições legais envolvidas no caso concreto.

G – *O tempo da justiça*

A principal crítica à Justiça, na boca pequena do povo, é a sua lentidão. Anda a passo de lesma ou caracol, diz-se! É, em parte, verdade, com referência, em particular, aos processos mais trabalhosos, volumosos ou complexos, assistindo-se, por outro lado, a um outro fenómeno que é a emergência em todas as jurisdições – com especial relevo para a penal, sendo o chamado processo da Casa Pia um caso limite, bem como para o comercial, na área dos processos de insolvência – dos denominados megaprocessos, que ao implicarem uma acentuada e prolongada concentração de recursos humanos e materiais, afectam ou inviabilizam mesmo a normal tramitação e julgamento dos restantes processos, mais simples e céleres, sem que o sistema saiba responder, muitas vezes, com a prontidão e eficácia exigidas, a tais bloqueios funcionais (muito embora se verifique, nestes últimos anos, uma relevante melhoria nessa capacidade de resposta, designadamente, por parte dos Conselhos Superiores das diversas magistraturas).

Vivemos numa sociedade em que o tempo, nesta última década, tem vindo a encolher e a ganhar uma velocidade estonteante, não sendo preciso, para exemplificar uma afirmação como essa, referir mais do que a invasão de todos o tipo de espaços pelos computadores, com acesso à Internet e aos quase instantâneos meios de comunicação electrónica.

Não nos apercebemos mas o bem mais precioso que nos tem vindo a ser roubado é o tempo – pessoal, privado, familiar, profissional – exigindo-se hoje que se faça num dia o que há 10 ou 20 anos teria de ser feito em 3 ou 4 dias, senão mais (pense-se, por exemplo, na enorme evolução das vias de comunicação, no desenvolvimento dos meios de transporte, públicos e privados e nas estratégias das empresas e profissionais liberais relativamente à sua utilização).

Não resistimos a este propósito em transcrever um excerto de uma obra juvenil de Michael Ende (20), intitulada "Momo" (21) onde, de uma maneira extraordinária, se descreve essa lenta apropriação do nosso tempo pelos senhores de cinzento: *"Há um grande segredo, que apesar de tudo é diário. Todas as pessoas participam dele, todos o conhecem, mas só poucos reflectem sobre ele. A maior parte limita-se a aceitá-lo sem o questionar. Esse segredo é o tempo.*

Há calendários e relógios para o medir, mas pouco significado têm, pois todos sabem que uma única hora pode parecer uma eternidade ou então passar como um instante – consoante aquilo que se vive nela.

Porque o tempo é vida. E a vida mora no coração.

E isto sabiam-no melhor que ninguém os senhores cinzentos. Ninguém sabia tão bem quanto eles o valor de uma hora, um minuto, até cada segundo da vida. É claro que viviam dele, como uma sanguessuga vive do sangue, agindo em consonância com ele.

Tinham os seus planos para o tempo das pessoas. Eram, aliás, planos dissimulados e cuidadosamente elaborados. O mais importante era que ninguém desse pela sua actividade. Tinham-se estabelecido na vida da grande cidade e dos seus habitantes sem ninguém perceber. E passo a passo, sem que alguém desse por isso, continuaram a avançar diariamente e ganhando posse das pessoas. Conheciam todas as pessoas que lhes interessavam muito antes de os atingidos darem por isso. Esperavam apenas o momento certo para as poderem apanhar. E tudo faziam para que esse momento chegasse. Era, por exemplo, o caso do senhor Fusi, o barbeiro (...)

E pegou novamente no seu lápis cinzento para escrever o número no espelho: 26 910 720 000 segundos.

– O senhor pode ver, senhor Fusi, com os seus próprios olhos – disse então e sorriu levemente pela primeira vez – seria mais que dez vezes todo o seu tempo de vida original. E isto poupando apenas duas horas por dia. Ora veja lá se esta não é uma oferta que valha a pena.
– Lá isso é! – disse o senhor Fusi cansado. – É-o sem qualquer sombra de dúvida! Sou mesmo um azarento por não ter começado a poupar há mais tempo. Só agora é que me apercebo disso, tenho de confessar; estou confuso!
– Não há razão para isso – retorquiu suave o senhor cinzento. – Nunca é tarde de mais. Se quiser pode começar ainda hoje. Vai ver que vale a pena.
– Ai não, que não quero – gritou o senhor Fusi. – O que é preciso fazer?
– Mas meu caro – respondeu o agente soerguendo as sobrancelhas –, deve com certeza saber como poupar tempo! Tem, por exemplo, de trabalhar mais depressa e abandonar tudo o que é supérfluo. Em vez de dedicar uma meia hora a um cliente, dê-lhe apenas um quarto de hora do seu tempo. Evite conversas que lhe roubem tempo. Reduza a hora que passa junto da sua mãe para meia hora. O melhor a fazer é pô-la num bom lar barato para a terceira idade, onde tratem dela e então terá ganho diariamente uma hora inteirinha. Acabe com o seu periquito inútil! Visite a menina Daria apenas uma vez em quinze dias, se é que tem de a visitar. Deixe de fazer esse quarto de hora de retrospecção do que se passou durante o dia e acima de tudo não desperdice o seu tempo precioso com coros, leituras e com os seus amigos. Aconselho-o além disso a pendurar um grande relógio, que funcione bem, na sua loja, para controlar com precisão o trabalho do seu aprendiz.
– Está bem – ponderou o senhor Fusi –, posso fazer isso tudo, mas o tempo que me vai sobrar dessa maneira... o que lhe hei-de fazer? Tenho de o entregar? E onde? Ou devo guardá-lo? Como se processam as coisas?
– Com isso – disse o senhor cinzento, e sorriu levemente pela segunda vez – não precisa de se preocupar. Isso é connosco. Pode

estar certo de que nem um bocadinho do tempo que poupar nos escapará. Em breve se aperceberá de que nada lhe restará.

– Então está bem – retorquiu o senhor Fusi boquiaberto –, confio nisso.

– Isso mesmo, fique descansado, meu caro – disse o agente e ergueu-se. – Posso então cumprimentá-lo, em nome da grande comunidade dos Poupadores de Tempo, como novo membro. O senhor, senhor Fusi, é agora também um homem verdadeiramente moderno e progressista. Os meus cumprimentos!

Com estas palavras pegou no chapéu e na mala.

– Um momento, por favor! – gritou o senhor Fusi. – Não é preciso fazer nenhum contrato? Não tenho de assinar? Não recebo nenhum documento?

O agente n.º XYQ/384/b girou sobre si próprio ao pé da porta e mirou o senhor Fusi levemente contrariado.

– Para quê? – perguntou. – A poupança de tempo não pode ser comparada com nenhum outro tipo de poupança. Trata-se de um assunto de total confiança, de ambas as partes! A nós chega-nos a sua palavra. É definitiva. E ocupamo-nos das suas poupanças. Quanto é que o senhor poupará, isso depende apenas de si. Não lhe impomos qualquer tipo de obrigação. Passe muito bem, senhor Fusi!

Com estas palavras o agente meteu-se no seu elegante automóvel cinzento e com um bramido, afastou-se.

O senhor Fusi ficou a vê-lo afastar-se, passando a mão pela testa. Lentamente deixou de ter frio, embora se sentisse doente e enjoado. O fumo azul do pequeno charuto do agente mantinha-se ainda em nuvens espessas no interior da sala e não se queria espalhar.

Só depois de o fumo se ter desvanecido é que o senhor Fusi conseguiu sentir-se melhor. Mas à medida que o fumo ia desaparecendo, desvaneciam-se igualmente os números escritos no espelho. E quando tinham desaparecido por completo, apagara-se também na memória do senhor Fusi a visita cinzenta – a recordação da visita, mas não a sua resolução! Só que agora considerava-a uma ideia sua. O propósito de dali em diante

poupar tempo, para mais tarde no futuro poder começar uma nova vida, estava firme na sua alma como a ponta de uma farpa.
   Chegou então o primeiro cliente dessa manhã. O senhor Fusi atendeu-o carrancudo, não fez nada do que era supérfluo e de facto tinha a sua tarefa terminada em vinte minutos em vez da meia hora que costumava demorar.
   E foi exactamente assim que passou a atender todos os clientes. O seu trabalho, feito desta maneira, já não lhe dava qualquer prazer, mas mesmo isso já não tinha qualquer importância. Arranjou mais dois ajudantes, para além do seu aprendiz, e prestava muita atenção para que eles não perdessem nem um segundo. Cada movimento da mão estava calculado segundo um plano de tempo rigorosíssimo. Na loja do senhor Fusi encontrava-se agora pendurado um letreiro com a inscrição: TEMPO POUPADO É TEMPO A DOBRAR!
   Escreveu uma curta carta à menina Daria, explicando que por falta de tempo não poderia ir visitá-la nunca mais. Vendeu o seu periquito a uma loja de animais. Meteu a mãe num lar para a terceira idade bom e barato. E no demais seguiu os conselhos do senhor cinzento, julgando agora serem decisões suas.
   Tornou-se cada vez mais nervoso e inquieto, pois algo muito estranho se passava: de todo o tempo que poupava, nunca lhe restava nada. Desaparecia pura e simplesmente de um modo misterioso. Os seus dias tornaram-se primeiro indistintos e depois notoriamente cada vez mais curtos. Sem que desse por isso, passara já outra vez uma semana, um mês, um ano e mais um ano, e outro.
   Mas como já não se lembrava da visita do senhor cinzento, fora forçado a perguntar-se seriamente o que seria feito do seu tempo. Mas fizera-o tão poucas vezes, como aliás todos os outros poupadores de tempo. Era como se se tivesse abatido sobre ele uma cega obsessão. E quando por vezes reconhecia assustado o que realmente se passava, como os seus dias se sucediam uns aos outros numa corrida vertiginosa, lançava-se a poupar ainda mais encarniçadamente."
   Este uso acelerado do tempo reflectiu-se, evidentemente, no espaço da Justiça, assistindo-se à criação, em grande parte artificial, de um fosso cada vez maior entre o tempo judiciário e o tempo social, sendo um lugar comum confrontar-se, como exemplo paradigmático dessa distanciação entre a realidade e o alienado mundo judiciário, o tempo em câmara lenta deste último e o imediato e directo da comunicação social.

Caem aparentemente por terra os velhos provérbios e aforismos como *"devagar se vai ao longe"* ou *"depressa e bem não há quem"*, ultrapassados por todos os lados por recuperadas velhas máximas como *"atar e pôr ao fumeiro"* ou novas, do género *"trabalhas, não trabalhavas?"* ou *"de manhã casados, de tarde desatados!"*.

Tenho para mim que uma genuína e verdadeira justiça tem um limite obrigatório de velocidade, que deve ser baixo, sob pena de, formalmente, se ter uma justiça pronta e célere mas, materialmente, se espezinhar os direitos de defesa e de pronúncia dos cidadãos e se decidir a quente, à primeira impressão ou sensação, sem a necessária reflexão ou ponderação, num trabalho mortífero de encher estatísticas e impressionar a inspecção, que, no final, desabona muito mais a imagem do judiciário do que a velha questão da sua lentidão (contaram-me um desabafo de um inspector judicial para um seu amigo advogado na comarca, relativamente ao juiz que se achava inspeccionar: "Ele decide bem mas atrasa, por vezes, as sentenças!", ao que o causídico lhe respondeu, pronto: "Esqueça lá os atrasos que a nós, o que nos interessa, é que os processos sejam bem decididos!").

Importa voltar a recolocar o comboio nos carris certos (ainda que mais oleados, directos e com menos curvas), que é como quem diz, olhar para o problema na perspectiva correcta, mesmo que isso seja politicamente incorrecto e afronte muitas ideias entranhadas no imaginário popular e nos comentários dos nossos encartados fazedores de ideias.

Interessa mais a um queixoso esperar, ainda que por um período temporal, por ele considerado excessivo, por uma decisão judicial devidamente pensada, fundamentada (sem prejuízo dos exageros a que se chegou nesta matéria em Portugal, com os inevitáveis desperdícios e desvios de tempo, que importa atalhar) e substantiva e juridicamente adequada ou receber, num curto espaço de tempo, essa mesma sentença, que reclama a interposição de recurso, por motivos que podem ir desde a nulidade da mesma a um mau julgamento dos factos ou das questões de direito, podendo degenerar, em determinadas circunstâncias, no regresso à estaca zero, com o retorno dos autos à primeira instância, para novo julgamento e sentença?

Fala-se, por exemplo, do tempo excessivo que os tribunais de família e menores demoram a decretar a adopção das crianças, queixa que se pode compreender, quer na perspectiva dos futuros adoptantes, ansiosos pela definitividade jurídica do vínculo afectivo como dos próprios menores, que não deixam de crescer e de sofrer, eventualmente, durante esse período de espera, mas esquece-se, nessa censura, que de "boas intenções está o Inferno cheio" e que nem toda a gente que quer adoptar o faz por boas e sãs razões (a maldade está em todo o lado) e, ainda que tal aconteça, nem sempre reúnem as condições emocionais e psicológicas mínimas (que não somente económicas, pois muitas gerações de pobres, apesar das suas dificuldades, não deixaram de criar e bem os seus filhos) para cuidar e acompanhar os adoptandos (a confirmá-lo está o facto de 70 crianças terem sido restituídas aos serviços de Segurança Social nos últimos 3 anos), impondo-se, nessa medida, uma avaliação rigorosa, prolongada e suficiente da interacção entre os adoptantes e o adoptado, por forma a ganhar certezas nessa matéria tão sensível e delicada.

O tempo da justiça corresponde, quer queiramos, quer não (melhor dizendo, quer gostemos ou não), a um respirar próprio, inevitável, necessário, se não mesmo inerente ao seu funcionamento, equilíbrio e eficácia, pois só a maturação ponderada das realidades que se lhe deparam e dos interesses que ali conflituam lhe permite uma resposta adequada e equitativa.

Recordo-me, a este respeito, de três acções laborais que julguei e que me ensinaram que os julgamentos – momento chave de todo o processo, onde se procuram levar à boca da Audiência os dramas ou as comédias que se acham escritos nos articulados das partes e onde, em rigor, se revelam e distinguem os bons dos maus juízes – não podem ser conduzidos a matacavalos, como se de um conta-relógio se tratassem e o taxímetro estivesse sempre a pingar, acabando o julgador, as mais das vezes irreflectida ou inconscientemente, por se refugiar na sua sacro santa posição imparcial e equidistante e resguardar-se, a final, nas salvadoras regras do ónus da prova ("Não provaste? Paciência!"), dessa forma se demitindo do papel de actor principal e quedando-se pelo de mero figurante.

Num primeiro caso, discutia-se uma situação de trabalho por turnos rotativos, com referência a três enfermeiras, e a prova que estava a ser feita em julgamento encontrava-se dessincronizada com os factos alegados pelas partes, o que reclamou da minha parte uma intervenção mais acesa e constante, até me aperceber da razão do mencionado desfasamento e conseguir sintonizar finalmente com todo o quadro temporal e laboral que me estavam a tentar explicar, permanecendo na minha memória um comentário espontâneo das Autoras, entre elas e a meia voz, que me deu o sinal inequívoco dessa minha tardia compreensão da realidade litigiosa: "Ele percebeu...!".

Numa outra acção, em que estava em discussão a existência ou não de um contrato de trabalho e se o mesmo, numa primeira fase, tinha sido estabelecido com uma sociedade irregular, uma testemunha, já após ter terminado o seu depoimento e no fim de uma já longa sessão de julgamento, perguntou-me o seguinte: " – O Sr. Dr. Juiz permite-me que eu diga ainda uma coisa?"

Tenho que dizer que, cansado, estive tentado a lhe negar esse desejo de dizer mais qualquer coisa, que eu e os advogados presentes ignoravam o que fosse e que não visava satisfazer nenhuma dúvida pendente, mas, num impulso, decidi-me a conceder-lhe a palavra e o tempo correspondente de audiência, vindo a mesma, nas declarações prestadas, a dar o contributo único mas fundamental para a convicção que formei acerca do efectivo funcionamento de uma relação societária irregular.

A última situação prende-se com uma repetição de um julgamento no âmbito de um acidente de trabalho, em que fui eu a realizar ambas as Audiências e a proferir as duas sentenças, tendo do primeiro julgamento resultado uma (aparência de) realidade, que, com as mesmas testemunhas, foi desmentida na essência dos factos pelo segundo, numa reviravolta probatória e factual que me surpreendeu e veio dar origem a uma decisão final fulcralmente diversa.

Várias leituras são possíveis – a começar pela minha inépcia em me aperceber do cenário oculto por detrás das meias-palavras, hesitações e omissões das testemunhas – mas, do confronto entre os dois momentos, que não distaram aliás muito um do outro, fiquei com a sensação de que as testemunhas são, por vezes, como as cebolas e que, nessa medida, precisam de ser descascadas, com jeito e tempo, das diversas camadas de preconceitos, ideias feitas, favores e invenções de que vêm revestidas.

As testemunhas – sem se ignorar os cuidados e caldos de galinha que a apreciação e valoração dos seus depoimentos reclama da parte do juiz – são todas diferentes umas das outras, com maneiras de estar, de responder e de narrar o que sabem, muito diversas, bastando uma palavra agreste, apressada ou somente mal compreendida para, ao fechar a fundamental porta da vontade e disponibilidade pessoais, "estragar" a sua memória e travesti-la num "não me recordo" constante ou, ainda que assim não aconteça, pode inibi-la, prejudicar o seu raciocínio ou diminuir drasticamente a sua capacidade descritiva e explicativa, precipitando assim, inglória e injustamente, o desfecho do litígio em julgamento.

Quando se fala em tempo da justiça importa compreender que esse conceito cobre uma realidade complexa, multifacetada e pulverizada no espaço e também no tempo, formada não só pelos ritmos adjectivos impostos pelo legislador mas pelas cadências diversas e específicas de cada interveniente processual, que variam aliás de processo para processo, quer em função do trabalho material como da dimensão e dificuldade das questões, de facto e de direito, suscitadas, reclamando, por vezes, uma simples acção sumaríssima de algumas centenas de Euros ou uns autos de meia dúzia de folhas, muito maior dispêndio de tempo e esforço – intelectual e substancial – do que alguns outros mais qualificados ou espessos (os processos, como alguns homens, nem sempre se medem aos palmos das resmas de papel e não é pela circunstância de serem volumoso – como dizia o Dr. Almeida em despacho característico e castiço, "este processo já vai alto, abra segundo volume" – que significam, necessariamente, mais serviço e demora).

António Alçada Batista, num artigo que escreveu para uma revista, contava a seguinte história, passada em terras do Brasil:

"Uma vez, o padre Anchieta pediu aos carregadores índios que o acompanhavam que andassem depressa porque tinha urgência em chegar a um certo lugar. Eles assim fizeram durante dois dias mas, ao terceiro, sentaram-se à beira do caminho e recusaram-se a andar. O Padre Anchieta perguntou-lhes: «Então eu tinha-vos dito que estava com pressa de chegar, vocês, durante estes dois dias, andaram tão bem e agora ficam aqui parados?!» Os índios responderam: «Pois é. Nós viemos depressa demais e a nossa alma ficou muito para trás. Temos que esperar aqui um tempo até que a nossa alma encontre outra vez o corpo para podermos continuar.» (22)

H – *A ditadura dos peritos*

O célebre caso "Esmeralda" fez vir ao de cima uma realidade cada vez mais presente nos nossos dias: existe cada vez mais gente, à imagem do Grão-Vizir, que queria ser Califa em vez do Califa (23), que quer ser juiz em vez do juiz ou, pelo menos, quer mandar nas decisões dos juízes.

Não queremos enveredar, nesta altura do texto, por esse terreno profundamente armadilhado mas falar antes desta tese peregrina que parece desenhar-se no horizonte, a coberto das badaladas impreparação, insensibilidade ou mesmo incompetência dos juízes para julgarem causas que demandem conhecimentos técnicos, especializados e não jurídicos, no sentido de procurar impor ao julgador as opiniões e pareceres provenientes dessas outras áreas não jurídicas, quando não mesmo a de colocar as mesmas a aplicar, como juízes, o direito ao caso concreto (aqui, para além das pressões que tem havido no sentido da alteração da Lei do CEJ no sentido da abertura das magistraturas a outras licenciaturas (24), não posso deixar de ter presente o processo da Esmeralda, onde forças públicas poderosas, apoiadas nos pareceres das técnicas sociais e das diversas valências da psicologia e psiquiatria, procuraram e procuram ainda condicionar fortemente as decisões dos tribunais envolvidos).

Convirá frisar que entendemos como fundamental a colaboração científica e/ou especializada de todos os saberes não jurídicos para uma conhecedora, rigorosa e adequada administração da justiça ao caso concreto, numa desejável interpenetração multidisciplinar, dado não haver ninguém que saiba tudo acerca de tudo e de os juristas serem chamados, com cada vez maior frequência, a patrocinarem ou pronunciarem-se sobre litígios específicos e com implicações técnicas mais ou menos profundas, existindo diversos mecanismos legais que contemplam essa intervenção, como os que se acham previstos nos artigos 265.º, 519.º, 535.º, 568.º a 591.º e 649.º do Código de Processo Civil.

Permitam-me, contudo, discordar dessas modernas teses, não só porque tenho uma enorme dificuldade em ver um não jurista a ser juiz, magistrado do Ministério Público ou advogado, como ainda porque, para além dos interesses próprios e egoístas que essas outras áreas do conhecimento defendem e perseguem, pretendendo, as mais das vezes, dar uma passada bem mais larga do que a perna permite, a palavra final em qualquer litígio tem e deve ser do juiz, por, para além de conhecer o direito, ter uma visão abrangente e total do conflito, em todas as suas vertentes (inclusive, a jurídica), dessa maneira assegurando uma apreciação e decisão global do pleito concreto que se lhe apresenta.

Impõe-se recordar que, mesmo ao nível científico, muitas das verdades de hoje são, com alguma frequência e naturalmente, as mentiras de amanhã (apesar da convicção com que na respectiva época são propaladas e defendidas) e que os técnicos e especialistas, apesar da sua profissão e da alegada exactidão do seu saber, por razões muito díspares, que não é oportuno aqui dissecar mas que se prendem, designadamente, com as relações de dependência existentes entre os mesmos e os poderes económico, político ou militar, nem sempre assumem (ou lhes é possível fazê-lo) uma posição equidistante, isenta e rigorosa relativamente às questões sobre que são chamados a pronunciar-se ou a examinar, bem como às partes em confronto.

Bastará, a este propósito, olhar para o caso de Cesare Lombroso e da sua teoria do L'Uomo delinquente, conforme nos é relatado por Maurice Cusson (25): *"Olhando mais atentamente, o percurso de Lombroso não parece ser nem indutivo nem experimental. Mal começara os seus estudos e já havia tirado as suas conclusões. Estas ficam a dever-se mais às ideias que circulam na época do que à observação dos crânios. É precisamente por isso que não chega a refutar nenhuma das suas hipóteses, limitando--se a acumular, ao longo das reedições de L'Uomo delinquente, uma vasta recolha de medições, de aspectos anedóticos e de ideias acolhidas acriticamente. (...) Em Le Crime, causes et remèdes (1899), Lombroso passa em revista as múltiplas causas do crime: o meio ambiente, a pobreza, o preço dos cereais, o álcool, a civilização, a raça, a imigração, o clima, a educação, a prisão, as associações criminosas, o desemprego... Tudo, ou quase tudo, é considerado. O sistema do líder dos positivistas tem de particular precisamente o facto de evoluir por adições sucessivas, nunca por subtracção de hipóteses que tenham sido refutadas. O criminoso-nato não é abandonado, mas passa a coabitar com o passional, o louco, o ocasional, etc. O atavismo não é abandonado, mas tem de conviver com uma série de factores físicos, antropológicos e sociais. Resultado: com a multiplicação de factores, as edições sucessivas de L'Uomo delinquente tornam-se mais volumosas e a teoria é cada vez menos parcimoniosa. A primeira edição da obra tinha 252 páginas e a última totalizaria 1903. Entretanto o catálogo multifactorial alonga-se: na edição de 1906 de Le Crime, causes et remèdes, é possível cortar 129 causas do crime".*

Também Bill Bryson, (26), a respeito do "Chumbo, o fiel inimigo" nos diz o seguinte: *"(...) Quase ao mesmo tempo, os trabalhadores começaram a exibir a forma de andar cambaleante e a confusão mental características de envenenamento recente. Quase imediatamente, a Ethyl Corporation lançou-se numa política de desmentido calmo mas firme, que manteve durante várias décadas. Como comenta Sharon Bertsch Mcgrayne, na sua história da química industrial, Prometheans in the Lab, quando os empregados de uma determinada fábrica exibiam alucinações irreversíveis, o porta-voz da empresa rapidamente informava os repórteres: "Estes homens enlouqueceram, provavelmente, por excesso de trabalho." No total, pelo menos 15 homens morreram nos primeiros tempos da produção de gaso-*

lina com chumbo, e inúmeros ficaram doentes, muitas vezes com gravidade; não se conhecem os números exactos, já que a companhia conseguia quase sempre abafar as notícias de fugas, derramamentos e intoxicações, pouco convenientes para o negócio. Às vezes, contudo, era impossível evitar as notícias, particularmente em 1924, quando, numa só sala mal ventilada, morreram em poucos dias cinco operários da produção e 35 ficaram transformados em farrapos humanos cambaleantes.

Como começavam a correr rumores sobre os perigos do novo produto, o entusiástico inventor do etilo, Thomas Midgley, resolveu fazer uma demonstração para os repórteres, a fim de acabar com as preocupações. Enquanto ia falando sobre a preocupação da empresa com a segurança dos seus trabalhadores, entornou chumbo tetraetilo sobre as mãos, depois pegou numa proveta cheia do mesmo produto e respirou os seus vapores durante um minuto, declarando que podia repetir o processo todos os dias sem qualquer problema. Mas a verdade é que estava farto de saber os perigos do envenenamento pelo chumbo: ele próprio tinha ficado seriamente doente uns meses antes por exposição ao produto, e, quando não tinha de fazer estas encenações para acalmar os jornalistas, fugia dele como o diabo da cruz."

Numa aproximação à nossa realidade caseira, constitui um triste exemplo dessa falta de rigor ético e deontológico a maneira como alguns dos médicos das Companhias de Seguros, nos grandes centros urbanos, actuam nas Juntas Médicas dos processos de acidente de trabalho, puxando sempre para baixo as desvalorizações dos sinistrados, ainda que objectivamente desfasadas da situação clínica do visado e assumindo um papel preponderante e uniformizador do parecer dos três médicos em presença (27).

A este propósito recordo-me também de vários processos em que a opinião dos técnicos da Segurança Social ou do IRS iam num determinado sentido, tendo eu acatado o seu parecer, para vir a constatar que, afinal, a decisão correcta era a oposta ou, pelo menos, diversa da inicial.

Num primeiro caso, a posição do técnico era no sentido da retirada de uma filha à mãe, prostituta, e a sua entrega ao pai (com quem já estava um irmão), tendo-se verificado, afinal, que aquela tratava muito melhor os dois filhos, apesar da sua profissão alegadamente infamante, do que o pai, padeiro, que forçava as duas crianças, com idades situadas ao redor dos 10 anos, a distribuir o pão com ele, desde as primeiras horas da manhã.

Numa outra situação, o relatório social veio denunciar a prática de abusos sexuais do pai sobre a filha, com 12 ou 13 anos, tendo eu, naturalmente, determinado a retirada da menor ao progenitor e a sua entrega à progenitora, para depois, numa conversa com a miúda e um pedido complementar ao IRS, vir a repor a situação original, por tais abusos sexuais, que a alegada vítima, de uma forma pungente e convincente, me negou, não passarem de invenções da mãe, devidamente disseminadas pela vizinhança em boatos e rumores.

Finalmente, num daqueles casos que, por vezes e numa das comarcas por onde passou, deixam marcas indissolúveis em qualquer juiz que se preze (perdoe-se-me a imodéstia passageira), tive um processo tutelar de menores (que, depois, veio a dar origem a, pelo menos, dois processos- -crime de tráfego de droga, com a prisão do pai e, posteriormente, da mãe), onde teve de ser dado destino a 4 menores (havia mais um, que entretanto atingiu a maioridade), tendo sido eu, com o auxílio da instituição onde um deles, rapariga com 16 anos e deficiente profunda, ficava durante a semana e na sequência de diversos telefonemas pessoais dirigidos a várias instituições de natureza assistencial e privada, que consegui arranjar uma que, possuindo as condições mínimas desejadas, aceitasse receber, de imediato, a menina, o que veio efectivamente a acontecer, tudo isto perante a inoperância e mais do que isso, oposição dos serviços da Segurança Social competentes (de que, aliás, fiz queixa formal), sendo certo que a mãe da menor veio a ser presa muito pouco tempo depois.

Não posso deixar, finalmente, de trazer à colação o que Javier Urra, psicólogo clínico espanhol escreve (28): *"Prado e J. Amaya (2004) explicam também, na sua última obra, "as diferenças geracionais que a família sofreu, que vão desde a transformação da "geração ouvinte" dos nossos avós (com a chegada da rádio às casas), à "geração visual" (produto da televisão), que é a actual. Outras mudanças socioculturais contribuíram também estas diferenças, cujos resultados são três gerações que mudaram a dinâmica da família, nomeadamente: a geração silenciosa, a geração de pais obedientes (ou baby boomers) e a geração de filhos tiranos.*

A primeira é a geração de pessoas nascidas entre 1935 e 1950; é a "geração silenciosa", que viveu uma disciplina estrita e procriou seres obedientes, incapazes de questionar decisões, tanto na área laboral, como no seio familiar. Na família, os filhos obedeciam sempre e respeitavam tanto os pais como os avós e os tios. Em suma, trata-se de uma geração na qual tanto os pais como os filhos eram silenciosos. São aquelas pessoas que aprenderam a poupar, com base no seu trabalho, a ser empregados obedientes e a aceitar uma disciplina estrita.

Por volta de 1960 começaram as transições sociais. As pessoas nascidas entre 1951 e 1984, os baby boomers, cresceram numa época de rebeldia, com o rock and roll, a televisão, a libertação da mulher e o grande impacto da informação e da tecnologia; tudo isso provocou grandes mudanças nos valores e o pragmático substituiu a lealdade e o compromisso. Ao grupo de pessoas que nasceram durante estes anos e que hoje são pais chamámos a geração de pais obedientes. Isto é, nesta geração, identificamos filhos rebeldes que agora são pais obedientes.

Porquê geração de pais obedientes?

Chamamos-lhe assim porque quando eram pequenos obedeciam aos seus pais e às outras pessoas adultas, como familiares próximos e professores. Agora que são pais, obedecem e submetem-se ao mínimo capricho dos seus filhos. Pais permissivos, submissos, volúveis e indecisos.

A partir de 1985, iniciou-se o nascimento da geração que denominámos "geração de filhos tiranos". As famílias destas crianças já não têm necessariamente a forma tradicional de família nuclear, isto é, aquela composta por pai, mãe e filhos; agora, na generalidade dos casos, pai e mãe trabalham, ou então a cabeça de família é constituída pelo pai ou mãe solteiros, divorciados ou separados; algumas crianças vivem mesmo com outros familiares próximos (...). Estas crianças "esperam ser orientadas, mas não controladas ou obrigadas a obedecer sem uma razão; o trabalho é visto como um mal necessário e a vida como algo que deve ser desfrutado em cada momento e que realizar coisas exija o mínimo esforço. Para elas, o futuro está no presente e o passado não interfere ou não influi decisivamente no hoje".

A criança tirana vive em famílias pequenas, costuma ser intolerante, individualista, exigente de acção imediata, tendendo para o isolamento e para o hedonismo. E os pais, ao preocuparem-se com a satisfação de qualquer capricho dos filhos, convertem-se em "pais obedientes dos seus filhos".

Os "pais obedientes" preferem ser vistos como amigos e companheiros e não impõem regras por receio que os seus filhos "sofram" e "se frustrem", sem valorizar as implicações que isso possa ter na formação das crianças.»

Este longo excerto reflecte, para além das inúmeras e sucessivas alterações que ocorreram, em termos sociais globais, em todas as vertentes do nosso quotidiano, pessoal, familiar e social, também as profundas mudanças ideológicas, em parte suportadas, no que concerne ao crescimento e desenvolvimento das crianças e ao seu relacionamento com os pais e com o meio social, nas diversas escolas psicológicas que foram emergindo e se digladiando, substituindo-se umas pelas outras, no decorrer destas últimas décadas, evidenciando, nessa perspectiva, o que há de profundamente relativo, passageiro e falível em todas essas teorias que, óbvia e naturalmente, se reclamam sempre de absolutas e definitivas.

A regra, quer ao nível do processo civil (artigo 591.º do Código de Processo Civil), como do processo penal (artigos 127.º e 163.º do Código do Processo Penal), é de que a prova pericial e opiniões técnicas são de livre apreciação pelo julgador, que as poderá aceitar ou não, sem prejuízo da necessidade de fundamentação dessa sua divergência, princípio fundamental esse que deve ser mantido no nosso sistema jurídico.

I – *Que esperam os cidadãos da justiça?*

As pessoas aspiram a uma Justiça exacta, telescópica, certeira. Que aponte bem ao centro do alvo. E que acerte sempre. Bem no coração. Da iniquidade. O cidadão comum reclama essa certeza. De que (só) os culpados são sempre condenados. E (todos) os inocentes, absolvidos. Inevitavelmente. A maioria silenciosa exige, no fundo, o impossível. Mesmo uma justiça aplicada por essas enigmáticas máquinas que são os computadores, de vez em quando bloquearia. Ou daria erro naquele temido ecrã azul. Ficaria irremediável e definitivamente parada a meio de uma douta e eloquente sentença. E teria de ser deitada abaixo e reiniciada de novo. Com o risco de repetição do julgamento. Caso se tivessem perdido na estratosfera informática os dados não guardados.

A Justiça, como tudo o resto na vida, é feita por homens e para homens. E em função do homem. Logo, na sua constituição genética existe sempre um cromossoma defeituoso que, aqui e acolá, faz emergir o erro, a desatenção, a ignorância, a incompetência, a encomenda, a maldade.

Nesta matéria, recorda-me sempre a cínica prática popular de agradecer à santa quando acontece a cura de uma maleita e de amaldiçoar o médico sempre que alguém morre, apesar de, num e noutro caso, ser este que, em regra, está à cabeça dos forçados. Disposto a pegar a doença pelos cornos. E a rabejar a morte.

Exigem-se mundos e fundos a todos os agentes da estrutura de justiça, as mais das vezes, por puro desconhecimento das realidades vividas quotidianamente no terreno mas também numa atitude hipócrita, de vícios privados e públicas virtudes, quando não mesmo cínica, por se saber da real impossibilidade do reclamado ou prometido, em função de agendas económicas e políticas ou de interesses escondidos, proveitosos e/ou ilícitos.

A comunicação social faz-se muitas vezes eco dessas vozes irrealistas, de verdadeira ficção científica, de uma forma amorfa e acrítica, feita Maria tonta, quando não Maria vendida, servindo e perseguindo intencionalmente tais fins, dessa maneira satisfazendo as encomendas dos clientes ou simplesmente obedecendo à voz do dono.

Não se pode pedir aos agentes de qualquer uma das nossas forças policiais que, armando-se em heróis de série televisiva, avancem de peito feito e arma travada e muito educada, no fundo, mera carne para canhão oferecendo-se em sacrifício no altar da nossa indiferença ou inconsciência, quando tal não lhes é exigível, mesmo na sua qualidade de homens e mulheres ao serviço da comunidade (a justificação do serem pagos para isso nem sequer é digno de comentários!), para mais sem um treino adequado (designadamente, em situações públicas de "stress" e confronto armado, em meio urbano ou não), que lhes dê uma garantia suficiente de que a sua actuação será verdadeiramente eficiente, eficaz e anódina, quer para si (quanto mais não seja, enquanto investimento de avultados dinheiros públicos), quer para o vulgar cidadão (aqui o Estado, à imagem do que também acontece ao nível da segurança pessoal de pessoas ameaçadas ou que, em razão das funções exercidas, demandam protecção personalizada, lava hipocritamente as suas mãos, criando uma falácia, que, em rigor, não visa garantir a integridade e a vida dos cidadão em questão mas simplesmente enganar a opinião pública e sacudir a água do capote).

Igualmente não pode um cidadão exigir ao balcão de uma qualquer secção de processos de muitos dos tribunais das áreas urbanas que se dê o andamento, acompanhamento e atenção desejados à sua acção específica (fora dos casos em que a mesma é urgente) quando ela é uma entre muitas centenas de outras, cada vez mais complexas e o quadro de pessoal não está completo, existindo, ainda assim, muitos funcionários judiciais que prestam serviço muito para além do seu horário e período normal de trabalho.

No futebol, toda a gente gosta de ser treinador de bancada e de insultar a árvore genealógica do árbitro, mas o jogo, no campo judiciário, não é, como ali, meramente desportivo (quando o é...), recreativo e praticamente inócuo para a vida do cidadão, sendo dispensáveis, nessa medida, as bocas irreflectidas, os palpites maldosos, os *bitates* sem substância, os prognósticos precipitados.

Os cidadãos devem (têm de) ser exigentes para com as estruturas, serviços e agentes judiciários (e estes últimos têm de se habituar a aceitar e lidar com essa postura crítica e reivindicativa, acatando-a no que tiver de positivo e razoável), manifestando o seu justo e objectivo descontentamento relativamente à sua deficiente estruturação e organização, anormal capacidade de resposta e lentidão na apresentação de resultados mas devem fazê-lo com realismo, noção das proporções e compreensão das dificuldades existentes.

A melhor forma de se fazer uma justa avaliação das situações é munirmo-nos do conhecimento mínimo que elas demandam e colocarmonos na pele dos outros, procurando, por empréstimo e de acordo com os elementos recolhidos, tentar perceber até onde é funcional e humanamente exigível um comportamento diverso a esses actores do palco da justiça.

Não se pode condicionar e espartilhar de tal maneira a acção, a força anímica, a convicção e a predisposição dos diversos operadores que, diariamente, estão em campo, em guerra mais ou menos evidente contra muitas das injustiças visíveis, sob pena dos mesmos acabarem por não saber qual é ponto cardeal que devem seguir ou caminharem a medo, receosos de pisar terreno juridicamente minado ou de singrarem num labirinto pejado de Minotauros trajados de preto. Podendo mesmo correr-se o risco de, frustrados, se convencerem de que o próprio sistema judiciário e a sociedade que servem não desejam verdadeiramente que a mencionada guerra seja efectivamente travada e ganha ou, pelo menos, reconduzida a limites socialmente toleráveis e expectáveis.

Fiz, muito recentemente, um curso sobre armas na Polícia Judiciária e o que mais me impressionou não foi o contacto directo com as mesmas mas as diversas situações simuladas de "stress" em que os dois inspectores daquela instituição me colocaram e que me fizeram confrontar com uma realidade muito mais complexa do que, algo simplisticamente, concebia, tendo-me essa experiência forçado a rever muitos conceitos, preconceitos, certezas e ideias feitas que tinha acerca das múltiplas circunstâncias que envolvem e condicionam a utilização de uma arma, quer por um vulgar e anónimo cidadão, quer por um agente policial.

Não se entenda este discurso como desculpabilizante de quem quer que seja. Ou defensor do celibato da culpa, quando esta falece. Ou proclamador de um estado autoritário, pidesco e repressivo, em que andaríamos a toque de caixa do braço armado do poder político e do martelo submisso do juiz. O sistema de justiça tem de estar estruturado de maneira a reduzir ao máximo e até onde lhe for humanamente possível essa eventualidade do surgimento da falha. Tolerável ou inaceitável. Involuntária, negligente ou intencional. Mas que sempre acontecerá, por mais voltas à cabeça que demos (recordo aqui a irritação do Dr. Laborinho Lúcio, numa aula da Ciência Judiciária do Direito, com a aplicação, por um jovem juiz, de uma pena de 7 meses de prisão efectiva pela prática de um mero crime de desobediência, o que, sendo manifestamente excessivo, revelava, antes de mais, inexperiência e falta de criação de uma mão ponderada e sintonizada com a gravidade relativa, em termos sociais e jurídicos, de cada infracção criminal).

Existe, nessa medida e para o caso concreto, o regime das nulidades processuais. Bem como o das nulidades, aclaração e reforma da sentença. E ainda o sistema de recursos. Ordinários ou extraordinários. Como o recurso de revisão da sentença. Ou o Habeas Corpus.

Válvulas de segurança essas que, contudo e no nosso entender, têm de ser enquadradas e complementadas por outras garantias, de carácter mais geral e abrangente. A começar pela escorreita, acessível e sã feitura das leis. Passando depois pela escolha e formação inicial e permanente dos diversos operadores judiciários, numa visão de complementaridade do que, necessariamente, já se aprendeu nas Faculdades e de multidisciplinaridade com os outros saberes que mais entroncam com a justiça. E pela criação, em simultâneo, das indispensáveis condições de trabalho para estes exercerem digna, oportuna e eficientemente as suas funções. Para se chegar, numa outra vertente do problema, aos poderes de avaliação e punição de que são detentores os diversos órgãos de controlo e fiscalização das correspondentes profissões judiciárias. Como os Conselhos Superiores, o Conselho dos Oficiais de Justiça, a Ordem dos Advogados ou a Câmara dos Solicitadores. E ao regime da responsabilidade civil extracontratual do Estado e dos seus agentes.

Este quadro preventivo ficará, contudo, inevitavelmente coxo se não reclamar também uma intervenção cívica mais aturada e interessada dos portugueses na área da Justiça. Quer no plano das prerrogativas e obrigações políticas, legais e éticas de que estão investidos, como no desenvolvimento de adequadas atitudes reactivas e proactivas, como finalmente nas suas contribuições para o correcto, humano e optimizado funcionamento daquela.

J – *A justiça omnisciente e omnipresente*

A Justiça, ao contrário do que muita gente propala, não está em toda a parte e não sabe tudo o que se passa e faz. Tais características são próprias de Deus e não da Justiça (mesmo da divina, a julgar pelo estado do Mundo), ainda que saibamos que uma tal afirmação vai contar com a franca oposição de alguns juízes, firmemente convictos de que estão investidos de um poder divino. Paciência. Santos da casa não fazem milagres.

Não pode haver um polícia em cada casa e em cada porta, como não pode haver um tribunal em cada rua para julgar e sancionar todas as patifarias, mesquinhas ou grandiosas, que muitas almas de má catadura ou simplesmente alheias às leis ou talvez distraídas cometem todos os dias.

Importa, talvez, recordar o óbvio mas que, por ser pouco mencionado, parece estar sempre a ser olvidado: muitos crimes e outro tipo de ilícitos são praticados sem ninguém ver ou sequer saber e de entre aquelas infracções que chegam ao nosso conhecimento, uma percentagem indeterminada agita-se, somente, na gaveta da memória e nas queixas de café, por *"não se querer ter chatices"* ou porque *"os gajos não vão fazer nada"*, restando, finalmente, a outra parte, a que é transmitida nos balcões da polícia ou dos tribunais e vertida em processos e que se perde nos corredores da justiça, amnésica dos seus autores, anoréctica de prova, quando não perdoada por uma desenvencilhada amnistia ou por uma temporada prescricional.

Quantos cidadãos cumpridores, existem ou não olhos indiscretos, já não transpuseram convictamente traços contínuos ou se alvoraçaram em excessos de velocidade ou mesmo se desbocaram em ofensas verbais a outros condutores ou peões, sem se apresentarem, logo a seguir, pressurosos, na esquadra mais próxima? Ou já fumaram uma "ganza", pela experiência da sensação ignorada? Ou deram uma palmada num magano, numa cena de gajas, ciúmes e "bejecas" a mais? Ou riscaram ou amolgaram, ligeira e involuntariamente, entenda-se, o carro do lado e desarvoraram, desentendidos e para sempre anónimos agressores do património alheio? Ou palmaram num grande espaço comercial um disco ou um livro, pelo simples gozo de serem, momentaneamente, meliantes de trazer por casa? Ou, simplesmente, insultaram, a família inteira do árbitro de futebol que, na sua perspectiva, está a roubar, descaradamente, a sua equipa de eleição?

Clamar pela perseguição e punição de todas essas infracções e zurzir no sistema de justiça pela falência desse objectivo não é sequer ingenuidade ou utopia, é mais conversa fiada e não séria ou, as mais das vezes, hipócrita e direccionada a fins particulares, a que nem sequer vale a pena responder.

Passemo-nos agora para o outro lado da barricada e coloquemos o nosso comezinho cidadão, nesta época do audiovisual, em situações de "apanhados" televisivos, contando-se certamente pelos dedos de uma só mão as vezes em que ele, quando confrontado com situações que reclamam a sua intervenção cívica, se decide a cumprir o seu dever legal ou, simplesmente, moral ou ético. Quanto às outras, pernas para que te quero, que se faz tarde e o jogo do Benfica está a começar na televisão por cabo.

Quantas pessoas é que, apesar de presenciarem, ouvirem ou, pelo menos, suspeitarem de actos de violência doméstica (43 mulheres mortas ao longo do ano de 2008) (29) ou de agressão e maus tratos sobre crianças agem, tentando parar as ofensas físicas ou verbais pela via mais adequada à situação, oferendo auxílio e apoio às vítimas e/ou participando tais situações às autoridades policiais ou ao Ministério Público?

Quantas pessoas, ao presenciarem um simples acidente de viação, se oferecem, como testemunhas, aos condutores envolvidos ou à autoridade policial chamada ao local?

Quantas, quando assistem a uma disputa física ou verbal, na rua ou entre vizinhos se dispõem, por sua livre e espontânea vontade, a comparecer numa sala de audiências de um dos nossos tribunais para narrar, com a memória, objectividade e imparcialidade possíveis, o que viram e ouviram?

Vislumbro muito poucos braços levantados...! E tanta gente a assobiar para o lado, falsamente desatenta...!

Lembro-me sempre, a este propósito, de uma história contada pelo agora Juiz-Conselheiro Laborinho Lúcio, quando era Director e docente do Centro de Estudos Judiciários, acerca de um velhote que compareceu, por diversas vezes, como testemunha de acidentes rodoviários, numa fartura de generosidade e disponibilidade que fez desconfiar o juiz (quando a esmola é muita, o pobre desconfia!) acerca da seriedade, fidedignidade e gratuitidade do respectivo depoimento, quando mais não significava senão uma vida pacata e sem horizontes para além daquele cruzamento de estradas, onde aconteciam frequentes colisões entre veículos, acompanhados atentamente por aquele homem, todo o santo dia sentado à sua varanda, quando as condições climáticas o permitiam.

E mesmo aqueles que tem de aturar essa chatice que, segundo o sentimento popular, é a de testemunhar, primeiro na polícia, depois e por vezes na Delegação do Ministério Público ou perante o Juiz de Instrução e, finalmente, no julgamento, onde às vezes só se despacham à segunda ou terceira deslocação, não levam esse seu exercício de cidadania, falível mas fundamental, a sério, encarando-o de forma displicente, emocional, aleatória (não custa nada registar por escrito, logo em cima do sucedido, os factos e acontecimentos constatados e pertinentes, ainda que, em termos meramente telegráficos ou sintéticos, num auxiliar de memória que, oportunamente e no momento da verdade, pode revelar-se decisivo).

Alguém pensa, através de comportamentos simples e acessíveis à vontade de qualquer cidadão, em contribuir para diminuir os potenciais riscos quotidianos e sociais derivados das nossas condutas em sociedade?

Lembro aqui um julgamento, em meados dos anos oitenta, que na minha formação como Auditor de Justiça, assisti no Tribunal da Boa-Hora e em que se pretendia provar a prática de um crime de furto qualificado, consistente no estilhaçar do vidro de um automóvel e na subsequente retirada do seu interior de um blusão de cabedal que estava em cima do assento de trás, bem à vista da tentação.

O juiz que presidia ao colectivo questionava, com alguma veemência, o ofendido, censurando-lhe o facto de ter deixado aos olhos e mãos de semear a dita peça de vestuário, numa actuação que tinha objectivamente contribuído para o cometimento da infracção criminosa.

Dir-me-ão que a causa última do furto foi a apropriação indevida por parte do arguido do aludido blusão e que, nessa medida, a censura do juiz foi despropositada, por dever incidir essencialmente sobre o agente e não sobre a vítima, mas, recordando que o autor do crime foi condenado, também não podemos ignorar uma realidade insofismável: actos delituosos sempre existirão enquanto houver homens, sendo quimérico pensar-se que se consegue acabar com eles, por mais penas pesadas que se prevejam e apliquem, bastando olhar para o exemplo dos Estados Unidos da América, onde vigora em muitos dos Estados a pena de morte, para se constatar que não é a dimensão brutal das mesmas que desencoraja o cometimento de crimes, muitos deles violentos e praticados com armas de fogo.

Um velho e sensato provérbio português diz que a *"tentação faz o ladrão"* (outro que poderia ser adaptado a esta problemática é o que diz que *"olhos que não vêem, coração que não sente"*), bastando alguns simples cuidados na guarda dos objectos e uma selectiva reserva no que concerne à sua exibição para obstar ao desencadeamento de muitas actuações como a acima referida.

Precauções de segurança simples (*"Cautelas e caldos de galinha nunca fizeram mal a ninguém…!"*) como não circular com muito dinheiro, evitar determinadas zonas isoladas e escuras a horas mortas, atravessar nas passadeiras quando existam, não beber para além da medida quando se conduz, usar capacete quando se anda de motorizada ou quando se trabalha numa obra, para além do demais equipamento de segurança que as específicas condições de trabalho reclamam, já para não falar do cinto de segurança de todos os ocupantes dos veículos automóveis, diminuem, certamente, a ocorrência de crimes ou, pelo menos, de acidentes e suas consequências mais gravosas.

Todos nós conhecemos casos lamentáveis e trágicos em que as pessoas acabaram por se deitar na cama que, irreflectida ou levianamente, foram fazendo (e para onde, as mais das vezes foram e se deixaram empurrar pelo nosso sistema de relações sociais), deslizando a sua vida sobre o fio da navalha, numa caminhada periclitante à beira do abismo, atraídas, por um lado, pelo canto estridente das sereias e, por outro, confiantes em excesso no seu anjo da guarda ou na varinha da sua fada madrinha.

Bastará passear pelas ruas das nossas cidades e aldeias para constatar como as pessoas arriscam a sua vida e a dos outros nas estradas, se empoleiram, destemidos, nos andaimes e telhados em construção, abrem buracos e valas como se fossem as suas próximas sepulturas, caçam, afoitos, à beira das casas e estradas (quando não guardam ou limpam as armas carregadas, ali à mão de semear de qualquer puto mais curioso) ou deixam os filhos aos tropeções, soltos, na parte de trás dos automóveis, convencidos de que são os maiores condutores do mundo e que as desgraças só acontecem aos outros aselhas.

O que tem tudo isto a ver com a Justiça?

Tudo para alguns (poucos) e nada para os restantes…! A estes últimos, altamente demissionários mas, as mais das vezes, fortemente contestatários do sistema judiciário nas palestras de mesa de café, valerá a pena apelar ao seu sentido patriótico e participativo e recordar-lhes que a **"Justiça precisa deles!"** ou **"Que não vale a pena perguntar o que a Justiça pode fazer por eles mas sim o que podem eles fazer pela Justiça!"** (quem substituiria o Tio Sam no cartaz respectivo, deixo à livre imaginação do leitor!).

K – *Que espera a justiça dos seus concidadãos?*

A pergunta é, normalmente, a oposta, ou seja, toda a gente questiona a justiça em função do que, sectorial e individualmente, esperam dela (e que, convirá dizê-lo, difere muito, consoante nos encontramos face a senhorios ou inquilinos, empregadores ou trabalhadores, empresas de fornecimento de bens e serviços ou consumidores, mães e pais divorciados, etc.). Fala-se muito dos direitos, liberdades e garantias dos cidadãos de que os tribunais, dizem, são (deveriam ser, para alguns) os derradeiros defensores. Mas raramente esses mesmos cidadãos fazem o percurso inverso, a saber, qual o seu lugar, o seu papel, a sua contribuição para um mais célere, eficaz e certeiro funcionamento da justiça, edifício vasto e complexo de que a máquina judiciária constitui, convirá realçar, somente uma parte – embora importante.

Ora, se a não efectividade do direito e da sua aplicação pelos tribunais pode ser encontrada também na excessiva e injustificada morosidade dos processos que neles correm os seus termos – apesar de se ignorar, em rigor, o seu número ou percentagem exactas – e na ineficaz execução coerciva das respectivas decisões (desembocando-se, então, nos bloqueios provocados por uma irrazoável e irrealista reforma da acção executiva que, só por si, anulam a rapidez e /ou a oportunidade das sentenças dos tribunais ou dos títulos executivos extrajudiciais, obtidos particularmente ou por via injuntiva), importa dizer que as causas para a não realização de uma justiça pronta, afeiçoada à verdade possível dos factos e moldada sobre as normas legalmente previstas para essa realidade não se esgotam aí. Longe disso.

O cidadão comum, neste campo minado, costuma tirar o corpo fora, pois é mais fácil fazer-se de vítima do que assumir, no tempo do "crepúsculo do dever" (30), as suas responsabilidades nessa matéria.

Não nos esquecemos, ao fazer tal afirmação, da participação das pessoas enquanto jurados ou juízes sociais nos julgamentos – crime ou de menores (ao nível dos julgamentos de natureza laboral ou de arrendamento rural, tal intervenção caiu em desuso ou é muito rara) ou como, partes, assistentes, peritos ou testemunhas, mas mesmo aí a vontade, a disponibilidade e a consciência do exercício de um dever cívico não pagam, as mais das vezes, as despesas da sua presença em tribunal ou noutro local de cariz judiciário (embora tenhamos de temperar fortemente essa realidade com as deficiências, desconsiderações, ingratidões e abusos do próprio sistema).

Existe, efectivamente e em geral, uma sonolência ou demissão da cidadania, nas sociedades actuais, em tudo que não mexa, para mais ou para menos, no bolso onde se guarda o dinheiro, havendo muito pouca adesão a outras causas que, afectando igualmente o seu estatuto pessoal e sócio-cultural, os obrigue a levantar do sofá e as descalçar as suas tamanquinhas, pois está sempre a decorrer um jogo de futebol, a choramingar uma telenovela, a saltitar um concurso ou a passear-se uma jovenzinha com muito pouca ou nenhuma roupa (31).

As pessoas ainda gostam menos de ir aos tribunais do que aos hospitais. Ou talvez mesmo do que aos cemitérios. Desde que, claro, não se desloquem para aí deitados. Mas, também, diga-se, aí já não se preocuparão certamente com o estado da Justiça. Sendo certo que muitas delas nunca lá puseram os pés, bem como os olhos, os ouvidos e o seu próprio espírito crítico.

Quantos amigos e conhecidos não me perguntaram, ao longo dos anos, se eu, quando fazia julgamentos, não usava cabeleira ou não batia com o martelo na mesa, quando lhes era tão simples sabê-lo, através de uma simples e rápida visita ao tribunal do seu concelho ou comarca.

Mesmo gente ilustre disserta e censura, lauta e profundamente, a coisa da justiça, mesmo quando se encontra mergulhada numa profunda e displicente ignorância – nunca me hei-de esquecer, há já um ror de anos, dos comentários justiceiros e definitivos feitos por António Barreto e José Pacheco Pereira num célebre programa da SIC, apresentado por Miguel Sousa Tavares, com base numas curtas e meras imagens televisivas ou numa fugaz presença em tribunal como testemunha –, contribuindo com a sua palavra influente, conceituada e, por vezes, militante para o permanente estado de desinformação em que vivemos acerca do que se passa no mundo da Justiça.

Muitos ilustres juristas não praticantes e jornalistas com idêntica formação ou, pelo menos, com o dever de fazerem bem o trabalho de casa confundem a magistratura judicial com a magistratura do Ministério Público, nunca acertam nas penas de prisão com execução suspensa (são sempre penas suspensas de x anos!), imputam sempre as falhas e barbaridades aos juízes (Manuela Moura Guedes, num crime de homicídio cometido por um individuo, declarado pelo tribunal colectivo como penalmente inimputável, com base no relatório médico pericial, limitou-se a informar, indignada: "O Juiz perdoou-lhe!").

Será talvez altura de os cidadãos mudarem essa atitude e passarem a procurar informar-se por si próprios ou a reclamarem junto das entidades responsáveis pela área da Justiça, dos agentes judiciários e dos órgãos de comunicação social a prestação de uma informação séria, objectiva, aprofundada e fidedigna (nesta matéria, a AJPC desde há um ano e meio que tem perseguido esse objectivo com colóquios, conferências, intervenções televisivas e rubricas radiofónicas).

Numa outra linha de actuação e após se dotarem do conhecimento mínimo acerca dos problemas vários que o sistema de Justiça vivencia e das razões que estão na sua raiz, poderão exigir aos diversos poderes com preponderância nessa matéria que, finalmente e de uma vez por todas, abandonem as meras preocupações contabilísticas e propagandísticas e se focalizem no que é essencial e realizem no terreno judiciário o que este verdadeiramente reclama, fazendo-o de uma forma convicta, honesta e estruturada.

Poderão igualmente ler na Internet as decisões produzidas pelos nossos tribunais ou sentar-se nas suas salas de Audiência e assistir aos julgamentos que aí se realizem, formando a sua própria convicção e confrontando-a, se tiverem oportunidade, com a espelhada na sentença final, bem como acompanhar a maneira como os juízes, os magistrados do Ministério Público, os advogados, os oficiais de justiça, os peritos, as testemunhas e os demais intervenientes se comportam e contribuem para a descoberta da verdade possível.

Deverão também voltar-se para dentro do sistema, tal como se acha instituído, e fazer ouvir a sua voz, nos livros de reclamações e, oralmente, perante os juízes, magistrados do Ministério Público e oficiais de justiça, de maneira a não continuarem a ser desrespeitados, mal tratados e penalizados pelas estruturas onde compareçam e com quem colaboram e que, muitas vezes, os faz esperar horas infindas, sem uma explicação ou justificação (ainda que seja um dever cívico, não possui tanta elasticidade temporal e espacial nem pode significar um sacrifício excessivo e inexigível!).

Finalmente, não podem voltar as costas aos dramas e problemas dos outros nem sequer alimentar as cifras negras do pequeno crime, podendo desenvolver ainda comportamentos preventivos e de diminuição dos riscos vários e previsíveis com que todos os dias podemos nos deparar ou de apoio e acompanhamento às vítimas e lesados, num vasto campo de actuação pessoal ou colectiva que alivia, liberta e fortalece o sistema, agilizando-o ou obrigando-o a adoptar esquemas e soluções que respondam às reclamações e reivindicações da sociedade civil.

Depois, será já ingenuidade ou lirismo da minha parte, em nome do aumento da civilidade geral, lembrar o cumprimento quotidiano dos limites de velocidade, da paragem nas passadeiras, da colocação dos cintos de segurança, dos capacetes e das protecções nos andaimes, de não se endividar para além do sensato, de pagar os alimentos aos filhos, de não bater na mulher...bem, será talvez pedir demais, a um povo com as nossas características, em que contrabalança os brandos costumes e as conformadas mansidões com as desafiantes desobediências e as "revolucionárias" violações da lei...!

L – *Sem moralismos de trazer por casa*

Entendamo-nos!
O autor deste texto (pelo qual assume inteira, pessoal e exclusiva responsabilidade) é, para além de juiz, homem e cidadão como toda a gente. E como eles sente-se, porque se não o fizesse, não seria filho de boa gente. Como magistrado judicial enervo-me, irrito-me, saio do sério e, no recolhimento da minha casa, devolvo, impotente, à procedência, com uns outros tantos de resposta, muitos dos insultos e injustiças praticadas contra a Justiça e os seus diversos actores, com natural e especial prevalência para aqueles que têm por enfoque os juízes.

Sou o primeiro a compreender a enorme dificuldade que, bastas vezes, enfrentamos na busca da justiça (possível) do caso concreto, quer na objectiva e rigorosa apreciação da prova, de forma a não inventarmos uma realidade paralela à verdadeira, quer na adequada, correcta e competente aplicação do direito, com os pés muitas vezes assentes sobre uma frágil e estreita linha de factos e sem rede de protecção que nos ampare a queda no abismo do arbitrário.

Sou o primeiro a aceitar, por inevitáveis, muitos dos atrasos na tramitação das acções, assim como alguns desabafos desabridos e incontrolados que por vezes assolam a boca dos juízes, bem como pontuais irritações e murros na mesa que, por vezes, na refrega do julgamento, não conseguem conter, desvios de agulha da boa prática judicial que só quem não anda todos os dias nestas coisas dos tribunais não consegue compreender e desculpar.

Já lá estive e ainda posso vir a estar, mais vezes do que gostaria e por mais cauteloso que tente ser, nunca estando livre de me enganar ou deixar enganar, de me desorientar e rumar a destinos sem futuro, de embarcar em teorias e posições que estão condenadas a juridicamente naufragarem.

Mas, é preciso dizê-lo, também muitas vezes me impaciento, revolto ou entristeço, numa sensação de igual impotência por ser alheio mas, ao mesmo tempo, cúmplice das mesmas, relativamente a muitas situações que surgem relatadas em conversas de pessoas amigas e conhecidas e nos órgãos de comunicação social.

Talvez essa seja a principal razão para pertencer a uma família cívica como a Associação de Juízes pela Cidadania, por entender que, se muitas alarvidades, despautérios e iniquidades são feitas ao sistema de Justiça, também do outro lado do tabuleiro existem diversos peões carregados de razão nas suas queixas e revolta, a que se impõe dar uma resposta séria, compreensiva e eficaz, dado ser para eles que o dito sistema funciona e é a eles que o mesmo deve prestar, em última análise, um esclarecimento, quando não uma justificação, um simples acto de contrição.

Não posso deixar de me questionar, como juiz e/ou cidadão, perante várias decisões judiciais proferidas pelas nossas diferentes instâncias, duvidando ou indignando-me mesmo relativamente ao teor de algumas, por revelarem, aparentemente, uma leitura dos factos e/ou das normas aplicáveis distorcida, desfasada e insensível à realidade humana, social, económica e política que julgam ou que enquadra e circunstancia o litígio.

Não consigo aceitar facilmente a existência de atrasos processuais excessivos e injustificados, a necessidade de sentenças gigantescas para conflitos liliputianos, a prolação de despachos ao lado ou em prestações, para fingir que se anda mas não anda ou a elaboração de decisões precipitadas ou, formais, assentes em minudências, destinadas a rachar pendências e a abater estatísticas.

Finalmente, tolero muito mal atitudes arrogantes e despropositadas, actuações prepotentes e desnecessárias, faltas de respeito frequentes, independentemente do seu destinatário (muito embora, nesta matéria, me preocupem especialmente as partes, peritos e testemunhas), já para não falar de abusos de poder, reis na barriga, pedras no sapato e vacas sagradas, que todos conhecemos e que, se não são precocemente travadas, sancionadas e controladas, contaminam outros e correm as bocas do mundo, dando ainda mais mau nome ao que não é especialmente bem quisto. (32)

Nisto, também aprendi com os meus erros, com o bom exemplo e conselho de muitos e mais experientes colegas, magistrados do Ministério Público, advogados e funcionários de justiça, e também com o conhecimento privilegiado e confidencial que os 4 anos de Conselho Superior da Magistratura me permitiram, abalançando-me, por isso, a estas banais, comezinhas, acientíficas e nada originais reflexões, sobre tais aspectos para esta obra colectiva.

REFERÊNCIAS

(1) Semanário Expresso, número 1882, de 22/11/2008, página 36;
(2) Remete-se o leitor, para além da aprovação de uma lei que coloca o primeiro-ministro italiano Sílvio Berlusconi a coberto da actuação do poder judicial durante o seu actual mandato, ainda para o conjunto de escritos de Umberto Eco, compilados na obra "A Passo de Caranguejo", DIFEL, 2007, com especial relevância para aqueles que abordam a situação política vivida em Itália no anterior mandato de Sílvio Berlusconi e a sua problemática relação com os juízes e tribunais;
(3) Diário de Notícias, n.º 51 002, de 22/11/2008, página 31: "IRA DOS JUÍZES – Nunca tal se vira em França: 534 magistrados assinaram uma moção contra a Ministra da Justiça, Rachida Dati. Os juízes reagem assim à convocação, de noite, de uma das deles após o suicídio de um jovem na prisão. Uma atitude que chocou. Os magistrados exigem desculpas públicas. Consideram que a atitude da ministra é, como a do Presidente, justificada pela pressão mediática".
(4) Remete-se o leitor, em termos de actuação do Conselho Superior da Magistratura nestas matérias do perfil funcional do juiz, para a consulta, quer das Circulares que são remetidas por esse órgão aos juízes, quer do próprio Boletim do CSM, que tem divulgado ao longo dos últimos 10 a 15 anos muitos elementos respeitantes aos aspectos focados no texto, quer finalmente da página do mesmo: www.conselhosuperiordamagistratura.pt;
(5) Remete-se igualmente o leitor, em termos de actuação do Conselho Superior da Magistratura nestas matérias de natureza inspectiva e disciplinar, para a consulta, quer dos Relatórios Anuais que, desde 1999, têm sido remetidos por esse órgão à Assembleia da República e que são publicados no respectivo Diário, quer do próprio Boletim do CSM, que tem divulgado ao longo dos últimos 10 a 15 anos muitos elementos respeitantes aos aspectos focados no texto, quer finalmente da página do mesmo: www.conselhosuperiordamagistratura.pt;
(6) Dados oficiais constantes da Estatística do Ministério da Justiça
(7) Dados oficiais fornecidos pelo Conselho Superior da Magistratura, com referência a 24/11/2008;

(8) Dados oficiais fornecidos pelo Conselho Superior da Magistratura, com referência a 24/11/2008;
(9) Introdução do regime de reapreciação da matéria de facto no nosso sistema jurídico com o Código de Processo Penal de 1987 (aprovado pelo Decreto-Lei n.º 78/87 de 17/02) e com a reforma do Código de Processo Civil ocorrida em 1995/1996 (Decreto-Lei n.º 329-A/95 de 12/12 e Decreto-Lei n.º 180/96 de 25/09), sendo certo que já havia sido publicado anteriormente o Decreto-Lei n.º 39/95 de 15/02.
(10) Lei n.º 61/2008, de 31/10/2008, com início de produção de efeitos no dia 30/11/2008;
(11) Acórdãos do Supremo Tribunal de Justiça, números 15/97 e 3/99, de, respectivamente, 4/07/1997 e 10/07/1999 e publicados no DR, Série I-A, números 152/97 e 159/99;
(12) Remete-se o leitor, por exemplo, para a revista "Tribuna da Justiça", publicação jurídica editada, nos anos oitenta, pelo Jornal do Fundão e de que era director o Juiz-Conselheiro Ricardo da Velha, onde era possível conhecer algumas inovadoras decisões judicias da 1.ª instância;
(13) Cfr., por exemplo, os Acórdão do Tribunal da Relação de Lisboa de 4/12/2006, processo n.º 4239/2006-4, em que foi relator Duro Mateus Cardoso e o Acórdão do Supremo Tribunal de Justiça de 26/09/2007, processo n.º 07S1934, onde foi relator Pinto Hespanhol, podendo ambos ser encontrados em www.dgsi.pt, nas páginas electrónica dos correspondentes tribunais;
(14) Acórdão do Supremo Tribunal de Justiça número 6/2002, publicado no DR – I.ª Série-A, de 18/07/2002;
(15) "1990" (Novecento), filme de Bernardo Bertolucci, estreado em 1976, numa produção conjunta da Alemanha, França e Itália, com diversos actores conhecidos como Roberto de Niro, Gerard Depardieu, Burt Lancaster, Donald Sutherland e outros e já editado em DVD, no nosso país;
(16) "O Nome da Rosa", filme de Jean Pierre Annaud, baseado no livro com o mesmo nome de Umberto Eco (editado em Portugal pela Editora DIFEL, no final de 1983), tendo sido estreado em 1986, numa produção conjunta da Alemanha, França e Itália, com diversos actores conhecidos como Sean Connery, F. Murray Abraham e outros e já editado em DVD, no nosso país;
(17) Miguel Sousa Tavares, em artigo publicado no Semanário Expresso, durante os anos de 2008 ou 2007, em número e data que não conseguimos apurar;
(18) Maurice Cusson, "Criminologia – só pelo conhecimento se pode evitar a criminalidade", Colecção Comportamentos, Casa das Letras, Janeiro de 2006, páginas 51 e 52;
(19) Cfr., também, as páginas 47 a 51 da mesma obra e autor referidos na Nota anterior;

(20) Escritor alemão tornado famoso pelo seu livro "Uma história interminável", editado, por exemplo, pelo Círculo de Leitores, Lda., Março de 1985;
(21) Michael Ende, "Momo", Colecção "À descoberta", número 11, Editorial Presença, 3.ª Edição, 1994, páginas 51 a 62 (Capítulo 6 – A conta está errada mas é divisível);
(22) António Alçada Batista, "Depressa demais...", Homem Magazine, página 162;
(23) "As aventuras do Grão-Vizir Iznogoud", banda desenhada criada por René Goscinny (argumento) e Tabary (desenhos) e publicada, actualmente, pelas Edições ASA, tendo sido já editados 5 álbuns;
(24) No entanto, o novo regime legal introduzido pela Lei n.º 2/2008, de 14/01/2008 e Portaria n.º 905/2008, de 29/08, que aprova os Estatutos do CEJ, só permite o acesso às carreiras da magistratura judicial e do Ministério Público a licenciados em Direito;
(25) Maurice Cusson, obra identificada na Nota (18), páginas 58 e seguintes;
(26) Bill Bryson, "Breve História de Quase Tudo – uma viagem pela ciência, divertida, prática e muito bem documentada", Quetzal Editores, Lisboa, 2006, páginas 157 e seguintes;
(27) Remete-se o leitor, acerca das incertezas, subjectividades, avanços e recuos, mudanças de agulha e resistências várias, quer do ponto de vista estritamente científico como médico, para os livros identificados nas duas Notas anteriores, bem como para as obras seguintes: Meyer Friedman e Gerald W. Friedland, "Grandes Descobertas da Medicina", Círculo de Leitores, Agosto de 2002, e Jeffrey Masson e Susan McCarthy e "Quando os elefantes choram – a vida emocional dos animais", Sinais de Fogo, 2001;
(28) Javier Urra, "O Pequeno Ditador – Da criança mimada ao adolescente agressivo – Quando os pais são vítimas", A Esfera dos Livros, Fevereiro de 2007, páginas 139 e 140;
(29) Segundo uma reportagem publicada no semanário Expresso, n.º 1882, de 22/11/2008, páginas 20 e 21, onde se dá nome a todas essas vidas perdidas às mãos do marido ou ex-cônjuge;
(30) Gilles Lipovetsky, "O Crepúsculo do Dever – a ética indolor dos novos tempos democráticos", Dom Quixote, 2004;
(31) Muito embora, importe dizê-lo, tenham ocorrido na nossa história recente, diversas excepções a este quadro letárgico, como foi o caso do 25 de Abril de 1974 ou o apoio popular à independência de Timor-Leste.
(32) Remete-se o leitor para o texto intitulado "Ser Juiz hoje", por mim escrito e que pode ser encontrado, quer na página da AJPC (www.juizespelacidadania.eu), quer no livro, com o mesmo título, publicado pela Almedina neste ano de 2008, aí podendo ser lidos os textos relativos ao mesmo tema, do médico e professor universitário João Lobo Antunes e do Juiz-Conselheiro e antigo Procurador Geral da República Cunha Rodrigues.

DA CONFIANÇA A PESSOA IDÓNEA À CONFIANÇA COM VISTA A FUTURA ADOPÇÃO

JORGE DUARTE PINHEIRO
Doutor em Direito e Professor Associado,
Faculdade de Direito da Universidade de Lisboa

"O interesse do menor é demasiado forte para que possa tolerar ou perpetuar actos e omissões dos pais que atinjam gravemente os filhos. À lei não interessa se algo é ou não imputável aos pais. Basta-se com a situação de perigo. Deste modo, há fundamento para a inibição do exercício do poder paternal (ou responsabilidades parentais) quando qualquer dos pais, por inexperiência, enfermidade, ausência ou outras razões, não se mostrem em condições de cumprir os deveres para com os filhos, com grave prejuízo destes"

(Observações suscitadas pela sentença do 2.º Juízo do Tribunal Judicial da Comarca de Caldas da Rainha, processo n.º 222/06.0TBCLD, proferida em 1/9/2007, e pelo acórdão da 2.ª Secção do Tribunal da Relação de Lisboa, Recurso de Apelação n.º 2685/08, proferido em 10/7/2008, ambos publicados nesta obra)

SUMÁRIO: 1. Um *crescendo* rumo à adopção. 2. Confianças? Há muitas! 3. Quem é pobre, perde tudo? 3.1. A natureza de certas situações jurídicas que cabem aos pais na relação com os seus filhos menores. 3.2. A insuficiência económica dos pais legitima a intervenção para promoção e protecção dos filhos ou a confiança destes a terceiros com vista a futura adopção? 4. A "família de protecção" legitimamente *entronizada* como família adoptiva?

1. Um crescendo rumo à adopção

As decisões judiciais que suscitam as presentes observações ocupam-se do destino de uma menor que nasceu em Janeiro de 1999, fruto de uma relação esporádica.

Nunca houve qualquer contacto da menor com o pai e com a família alargada.

Após o nascimento, a progenitora levou a criança consigo. Mas, para isso, foi necessário que um terceiro se responsabilizasse pela menor.

Durante os primeiros três anos de vida, eram os padrinhos que contribuíam para o sustento da criança, que lhe davam banho e jantar. Quando ficava directamente aos cuidados da mãe, a menor era mal alimentada, não chegava a tomar banho durante três dias, ficava sozinha em casa ou permanecia em lugares que não eram adequados para a sua idade até horas bastante tardias.

Em Julho de 2003, na sequência da intervenção de uma comissão de protecção de crianças e jovens em perigo, foi celebrado acordo de promoção e protecção. Nos termos do acordo, foi aplicada a medida de confiança a pessoa idónea, tendo a criança ficado à guarda dos padrinhos; no mesmo acordo, foi fixado um regime de visitas para a progenitora.

Em Janeiro de 2004, atendendo ao estado da relação entre a menor e a progenitora, a medida de confiança a pessoa idónea foi prorrogada e o regime de visitas foi revisto, tendo sido reduzido o número de contactos entre a criança e a mãe.

Em Janeiro de 2005, a comissão de protecção enviou o processo de promoção e protecção da criança para o tribunal.

Em Março de 2005, os padrinhos e a mãe foram notificados judicialmente para comparecerem numa conferência de pais, no âmbito de um processo de regulação do poder paternal. A mãe faltou. Nessa conferência, a menor foi confiada aos padrinhos; foi ainda determinada a suspensão do regime de visitas da mãe à criança, no pressuposto de que eram prejudiciais para esta os contactos com aquela.

Posteriormente, após diversas vicissitudes documentadas no processo de regulação do poder paternal, os padrinhos requereram que fosse decretada a seu favor a confiança com vista a futura adopção. O mesmo foi promovido pelo Ministério Público.

Em Setembro de 2007, a confiança judicial com vista a futura adopção foi decretada, tendo os padrinhos sido nomeados curadores provisórios da menor.

A mãe da criança recorreu para o Tribunal da Relação de Lisboa, recurso que foi julgado improcedente em Julho de 2008.

Dentro da linha do percurso ora descrito, é previsível a constituição do vínculo de adopção entre os padrinhos e a menor, que, em Janeiro de 2009, completa os 10 anos de idade.

2. Confianças? Há muitas!

Nas decisões judiciais em apreço, alude-se a *duas confianças*: confiança a pessoa idónea e confiança com vista a futura adopção. No entanto, estas figuras foram intercaladas por algo que se assemelha a uma terceira confiança: nos termos do artigo 180.°, n.° 1, da Organização Tutelar de Menores, a menor foi *confiada* à guarda de terceiras pessoas, por sentença que regulou o exercício do poder paternal.

As *três confianças* referidas não são as únicas: há também a confiança a pessoa seleccionada para a adopção ou a instituição com vista a futura adopção (artigo 35.°, n.° 1, alínea g), da Lei de Protecção das Crianças e Jovens em Perigo); e a confiança administrativa com vista a futura adopção (artigo 8.° do Decreto-Lei n.° 185/93, de 22/5).

As *cinco confianças* não se confundem entre si. Elas distinguem-se por uma conjugação de critérios: forma de processo, competência, pressupostos substanciais e efeitos.

A *primeira confiança* a que foi submetida a criança foi a confiança a pessoa idónea. Trata-se de uma medida de promoção e protecção (que "consiste na colocação da criança ou do jovem sob a guarda de uma pessoa que, não pertencendo à sua família, com eles tenha estabelecido relação de afectividade recíproca" – artigos 35.°, n.° 1, c), e 43.° da Lei de Protecção das Crianças e dos Jovens em Perigo), que tanto pode ser aplicada por uma comissão de protecção de crianças ou jovens como pelo tribunal (artigo 38.° da Lei de Protecção das Crianças e dos Jovens em Perigo). A aplicação ocorre no processo de promoção e protecção (artigos 77.° e s. da Lei de Protecção das Crianças e dos Jovens em Perigo). A medida pressupõe uma situação de perigo, delimitada ao abrigo do artigo 3.° da Lei de Protecção das Crianças e dos Jovens em Perigo. Por aplicação analógica do artigo 1919.°, n.° 1, do Código Civil, os pais conservam o poder paternal (ou responsabilidades parentais) em tudo o que se não mostre inconciliável com a confiança a pessoa idónea.

Quando o menor for confiado à guarda de qualquer dos pais, de terceira pessoa ou de estabelecimento de educação ou assistência, no âmbito de um processo de regulação do exercício do poder paternal (ou responsabilidades parentais), está-se perante uma providência tutelar cível, que é necessariamente decretada por um tribunal, num processo com natureza tutelar cível (artigos 146.°, alínea d), e 174.° e s. da Organização Tutelar de Menores). A providência é fruto da ponderação dos interesses do menor. Se o filho for confiado a terceira pessoa ou a estabelecimento de educação ou assistência, um dos progenitores conserva exercício do poder paternal (ou responsabilidades parentais) na parte não abrangida pelos poderes e deveres que àqueles deverão ser atribuídos para o adequado desempenho das suas funções (cf., em particular, o artigo 180.º, n.º 4, da Organização Tutelar de Menores).

Uma terceira hipótese é a confiança administrativa para futura adopção (artigo 8.º do Decreto-Lei n.º 185/93, de 22/5). A confiança, que incumbe ao candidato a adoptante, resulta da decisão do organismo de segurança social, proferida na fase inicial do processo de adopção. A confiança administrativa só pode ser atribuída se, após a audição do representante legal e de quem tiver a guarda de direito e de facto do menor e, ainda, do menor com idade superior a 12 anos, resultar, inequivocamente, que estes não se opõem a tal decisão. Com a confiança administrativa, os candidatos a adoptantes ficam com o menor "a seu cargo". As prerrogativas inscritas no poder paternal (responsabilidades parentais) incumbem aos candidatos a adoptantes, embora formalmente os pais biológicos mantenham a titularidade do dito poder.

No caso, não houve confiança administrativa. Houve, sim, confiança com vista a futura adopção, confiança que é decretada pelo tribunal, no âmbito de um processo tutelar cível (artigos 146.º, alínea c), e 162.º e s. da Organização Tutelar de Menores). A confiança com vista a futura adopção implica o preenchimento do disposto no artigo 1978.º do Código Civil. Na hipótese em apreciação, estabeleceu-se a verificação das circunstâncias previstas no n.º 1, alíneas d) e e) do mencionado artigo do Código Civil. O efeito desta confiança é a inibição dos pais biológicos do exercício do poder paternal ou das responsabilidades parentais (artigo 1978.º-A do Código Civil), cabendo às pessoas a quem foi confiada a criança a qualidade de curadores provisórios (cf., em especial, o artigo 167.º da Organização Tutelar de Menores), o que implica o exercício de todas as funções contidas no poder paternal (responsabilidades parentais) até ser decretada a adopção ou instituída a tutela.

Embora tivesse sido inicialmente aplicada a confiança a pessoa idónea, a derradeira confiança foi a confiança com vista a futura adopção e não a confiança a pessoa seleccionada para a adopção ou a instituição com vista a futura adopção. A confiança a pessoa idónea e a confiança a pessoa seleccionada para a adopção ou a instituição com vista a futura adopção são, ambas, medidas de promoção e protecção (cf. artigo 35.º, n.º 1, alíneas c) e g), da Lei de Protecção de Crianças e Jovens em Perigo), sujeitas, portanto, ao processo de promoção e protecção. A confiança a pessoa seleccionada para a adopção ou a instituição com vista a futura adopção apresenta os mesmos pressupostos substanciais (artigo 38.°-A da Lei de Protecção de Crianças e Jovens em Perigo) e efeitos (cf. artigos 62.°-A da Lei de Protecção de Crianças e Jovens em Perigo e 1978.°-A do Código Civil) da confiança com vista a futura adopção; e também só pode ser decretada pelo tribunal (artigo 38.° da Lei de Protecção de Crianças e Jovens em Perigo).

Por que motivo não se aplicou a confiança a pessoa seleccionada para a adopção, em vez da confiança com vista a futura adopção?

A confiança a pessoa idónea assume carácter temporário (cf. artigo 60.° da Lei de Protecção das Crianças e dos Jovens em Perigo), pelo que não podia subsistir indefinidamente. Mas os elementos recolhidos até Março de 2005 não pareciam recomendar que se substituísse logo a medida de confiança a pessoa idónea pela de confiança a pessoa seleccionada para a adopção ou a instituição com vista a futura adopção.

Era inevitável a cessação da medida de confiança a pessoa idónea, restando tomar uma decisão em procedimento cível.

Deslocado o caso para o domínio tutelar cível, com a regulação do exercício do poder paternal, a revelação de um conjunto de factos que fundava já a invocação do artigo 1978.° do Código Civil, tornou natural que a *confiança preparatória de adopção* fosse tomada num processo tutelar cível, e não num processo de promoção e protecção.

3. Quem é pobre, perde tudo?

A esmagadora maioria dos menores que são adoptados ou submetidos a medidas de promoção e protecção provêm de famílias com baixos recursos económicos.

No recurso, a mãe sugere que está a ser discriminada por causa da sua situação económica:

"É manifesto que o salário mínimo nacional é sempre insuficiente para as necessidades básicas de um qualquer ser humano (como renda de casa, consumos mínimos possíveis de água, electricidade e gás e alimentação) [13.ª conclusão];

"Seguindo a lógica da decisão ora recorrida, não tendo a recorrente grandes condições financeiras – o que sucede a mais de 50% da população portuguesa –, não tendo condições de alojamento (obviamente, decorrentes daquelas), tendo empregos precários – o que é real para um leque relevante da população portuguesa, e extremamente usual em trabalhadores não qualificados, com contratos a termo certo [14.ª conclusão];

"– e suspeitando-se que não teve comportamentos adequados enquanto progenitora, então deve a menor ser confiada a terceiros, aos ora recorridos – o que não é admissível [15.ª conclusão]".

Na fundamentação do acórdão do Tribunal da Relação, afirma-se que "os pais gozam de um direito subjectivo à não privação dos filhos (artigo 36.º da Constituição da República Portuguesa)"

Será que quem é pobre, *perde os seus filhos*?

Trata-se de uma pergunta cruel, que leva à consideração de dois assuntos:

– Qual a natureza de certas situações jurídicas que cabem aos pais na relação com os filhos menores, *v.g.*, do poder paternal (ou responsabilidades parentais) e das visitas?
– A insuficiência económica dos pais legitima a intervenção para promoção e protecção dos filhos ou a confiança destes a terceiros com vista a futura adopção?

3.1. *A natureza de certas situações jurídicas que cabem aos pais na relação com os seus filhos menores*

Em primeiro lugar, importa lembrar que está totalmente afastado um dos possíveis sentidos da questão formulada. Numa óptica de senso comum, só se perde o que se tinha. Ora, perguntar se alguém perde os *seus* filhos não pode significar que os seres humanos com idade inferior a 18 anos pertençam, em regra, aos seus pais.

Não obstante alguns momentos terminológicos infelizes da lei portuguesa em vigor, que se vislumbram, por exemplo, no artigo 1887, n.º 2, do Código Civil[1], e nos artigos 191.º, 192.º, 193.º e 199.º da Organização

---

[1] No preceito lê-se que "qualquer dos pais e, em caso de urgência, as pessoas a quem eles tenham confiado o filho podem reclamá-lo..."

Tutelar de Menores[2], o ser humano com idade inferior a 18 anos é, desde a altura em que ocorreu o seu nascimento completo e com vida, uma pessoa (artigo 66.º, n.º 1, do Código Civil).

No actual período, filiocêntrico, é líquido que o filho menor é sujeito de direitos[3] e não um objecto ou uma coisa que se encontra em poder daqueles que o geraram.

Mas será indiferente a posição dos pais? Será que eles não passarão de meros *criados* do filho ou *funcionários de facto* do Estado incumbidos de proteger o menor e promover o respectivo desenvolvimento?

O artigo 36.º da Constituição da República Portuguesa, no respectivo n.º 5, não se limita a impor deveres aos pais: "os pais têm o direito e o dever de educação e manutenção dos filhos". E o n.º 6 do mesmo artigo acrescenta que "os filhos não podem ser separados dos pais, salvo quando estes não cumpram os seus deveres fundamentais para com eles e sempre mediante decisão judicial". Paralelamente, o artigo 4.º, alínea i), da Lei de Protecção de Crianças e Jovens em Perigo, consagra o princípio da audição obrigatória e participação, nos termos do qual é reconhecido que os pais da criança ou jovem "têm o direito a ser ouvidos e a participar nos actos e na definição da medida de promoção dos direitos e de protecção", princípio que vale também para as providências tutelares cíveis, por força do artigo 147.º-A da Organização Tutelar de Menores.

Mais: a exposição de motivos da proposta de lei que esteve na génese da Lei de Protecção de Crianças e Jovens em Perigo admite que os pais são titulares de direitos fundamentais na relação com os filhos, "nomeadamente do direito à educação e manutenção dos filhos"[4]. E é patente a rele-

---

[2] Estes artigos consagram os processos de "entrega judicial" e de "depósito" do menor.

[3] Cf. Convenção sobre os Direitos da Criança. É emblemático do período que vivemos o famoso Parecer da Procuradoria-Geral da República n.º 8/91, de 16/1/1992 (publicado no *Diário da República* II série, n.º 216, de 18/9/1992, p. 8820 *(44 e s.)*), que abre com as seguintes palavras de Kahil Gibran: "Teus filhos não seu teus filhos/são filhos e filhas da vida".

Nem sequer oferece dúvidas o entendimento de que a criança ou adolescente é um sujeito dotado de uma relativa autonomia, ao qual cabe um interesse próprio (o "interesse do menor"), que o ordenamento contempla de forma prioritária: cf., nomeadamente, o artigo 1878.º do Código Civil.

[4] Cf. Proposta de Lei n.º 265/VII, Exposição de Motivos, n.º 2, último parágrafo.

vância do poder paternal (ou responsabilidades parentais) enquanto instrumento de realização da personalidade dos seus titulares.

No entanto, o poder paternal (ou responsabilidades parentais) não é, em rigor, um direito subjectivo, como já demonstrámos noutro local[5]. E ainda que fosse um direito subjectivo nunca teria natureza idêntica à de um direito comum; seria, quando muito, um direito subjectivo funcional, predominantemente ao serviço do interesse do menor.

É verdade que o poder paternal (ou responsabilidades parentais) corresponde a uma situação jurídica activa na titularidade dos pais, mas é igualmente verdade que o interesse dos pais é atendível apenas na medida em que não colida com o interesse do menor. Deste modo, é inadequada a ideia de que a privação do poder paternal (ou responsabilidades parentais) corresponda a uma amputação da esfera jurídica do titular comparável à perda relativa ou absoluta de outra qualquer situação jurídica activa (*v.g.*, de um direito de crédito, de um direito real ou de um direito oponível à Segurança Social).

E raciocínio análogo se estende à privação do convívio dos pais com os menores. Os pais não são titulares de um *direito subjectivo de visita*; estamos de novo perante uma situação jurídica predominantemente ao serviço da criança ou do jovem. O convívio com os pais visa tutelar a posição dos filhos. É o interesse do menor que determina a formação e a extinção dos chamados "direitos de visita" (cf. artigo 1905.º, n.º 2, do Código Civil, na redacção da Lei n.º 84/95, de 31/8, e artigo 1906.º, n.º 5, do mesmo código, na redacção da Lei n.º 61/2008, de 31/10).

3.2. *A insuficiência económica dos pais legitima a intervenção para promoção e protecção dos filhos ou a confiança destes a terceiros com vista a futura adopção?*

A insuficiência económica dos pais não é expressamente referida no elenco exemplificativo de situações em que se considera que a criança ou o jovem está em perigo (e que, portanto, autorizam a intervenção para promoção e protecção), constante do artigo 3.º, n.º 2, da Lei de Protecção de Crianças e Jovens em Perigo, nem na enumeração legal de situações que

---

[5] DUARTE PINHEIRO, *O Direito da Família Contemporâneo*, Lisboa, AAFDL, 2008, p. 295.

fundamentam a confiança com vista a futura adopção, vertida no artigo 1978.º, n.º 1, do Código Civil.

Contudo, muitas das situações enunciadas têm como causa ou concausa as dificuldades económicas dos pais. Se alguém não dispõe de recursos para se sustentar a si próprio, como se pode esperar que cuide condignamente de mais uma pessoa, que é a criança? Se alguém se situa, devido à sua condição económica, numa área marginal da sociedade, como se pode esperar que assuma comportamentos *exemplares* relativamente a outrem, o seu filho? A dinâmica (ou estática) da indigência não propicia o abandono dos filhos, a falta de prestação de cuidados, a imposição de actividades ou trabalhos excessivos à criança, a exposição desta a "comportamentos desviantes", a passividade dos pais para com os próprios "comportamentos desviantes" do filho, o desinteresse quanto à função parental, associado ao desânimo e à revolta de quem se sente excluído?

Mas o legislador não se emociona com ineficiências e injustiças sociais. O interesse do menor é demasiado forte para que se possa tolerar ou perpetuar actos e omissões dos pais que atinjam gravemente os filhos. À lei não interessa se algo é ou não imputável aos pais. Basta-se com a situação de perigo. Deste modo, há fundamento para a inibição do exercício do poder paternal (ou responsabilidades parentais) quando qualquer dos pais, por inexperiência, *enfermidade*, ausência ou outras razões, não se mostre em condições de cumprir os deveres para os filhos, com grave prejuízo destes (artigo 1915.º, n.º 1, do Código Civil); e a confiança com vista a futura adopção pode ser decretada se os pais, *mesmo que por manifesta incapacidade devida a razões de doença mental*, puseram em perigo grave a segurança, a saúde, a formação, a educação ou o desenvolvimento do menor (artigo 1978.º, n.º 1, alínea d), do Código Civil).

Apesar de tudo, o ideal de protecção da infância (verbalizado no artigo 69.º da Constituição da República Portuguesa) não faz do ordenamento português um ordenamento totalmente *frio ou draconiano* para com os pais que, por motivos objectivos ou subjectivos, demonstram ser *menos competentes*.

Há todo um arsenal de medidas de promoção e protecção que *investem* na conservação da criança em perigo junto dos pais ou no regresso do menor à família biológica (cf. artigo 35.º, n.º 1, alíneas a) a f), da Lei de Protecção de Crianças e Jovens em Perigo).

Uma dessas medidas é o apoio junto dos pais, que "consiste em proporcionar à criança ou jovem apoio de natureza psicopedagógica e social e, quando necessária, ajuda económica" (artigo 39.º da Lei de Protecção de Crianças e Jovens em Perigo). Como decorre dos princípios orientadores da intervenção tutelar cível e de promoção/protecção (*v.g*., intervenção mínima, proporcionalidade e actualidade, responsabilidade parental e prevalência da família), inscritos no artigo 4.º da Lei de Protecção das Crianças e Jovens em Perigo, o apoio junto dos pais deve ser uma das medidas mais importantes, designadamente, no campo estatístico. Paradoxalmente, foi preciso esperar cerca de 10 anos até que a execução de tal medida fosse regulamentada[6]. Ou seja, a efectividade da medida de apoio junto dos pais, em geral, foi algo problemática durante todo o período de vida da criança a que se referem as decisões judiciais que inspiram estas páginas. Essa medida nem chegou a ser aplicada. Na prática, o apoio foi dado à mãe, informalmente, por terceiros (os padrinhos), durante os primeiros três anos de vida da menor[7], e não pelos serviços do Estado.

4. A "família de protecção" legitimamente entronizada como família adoptiva

Os padrinhos da criança foram, *de facto*, a sua "família de protecção e promoção" durante os primeiros anos de vida da menor e, a partir de Julho de 2003, na sequência da aplicação da medida de confiança a pessoa idónea, converteram-se, *de direito*, numa "família de protecção e promoção".
A "família de protecção" demarca-se da família adoptiva.
A "família de protecção" substitui temporariamente outra família; forma-se para permitir a (re)organização da família biológica e extingue-se quando a última está em condições de (voltar a) cuidar do menor (cf. artigos 4.º, 60.º, 62.º e 63.º da Lei de Protecção das Crianças e dos Jovens em Perigo).
Em contrapartida, a família adoptiva substitui definitivamente a família biológica (cf., designadamente, artigos 1986.º e s. do Código Civil).

---

[6] A Lei de Protecção de Crianças e Jovens em Perigo foi aprovada pela Lei n.º 147/99, de 1/9, mas a regulamentação das medidas a executar no meio natural de vida só se produziu com o Decreto-Lei n.º 12/2008, de 17/1.

[7] Cf., designadamente, o acórdão do Tribunal da Relação de Lisboa, sob consideração, II – Factos, alíneas e), i) e j).

No caso concreto, a "família de protecção" foi *promovida* a futura família adoptiva. É o interesse do menor que dita a solução. Verificada a ruptura dos "vínculos afectivos próprios da filiação" entre a filha e a mãe, deixa de haver qualquer expectativa razoável quanto a uma reintegração sã da criança na família biológica. O princípio da prevalência da família, contido no artigo 4.º, alínea g), da Lei de Protecção de Crianças e Jovens em Perigo, não justifica a experiência intermédia do acolhimento familiar ou em instituição, tanto mais que a criança vive com dois adultos que foram reconhecidos como sendo suficientemente capazes para o desempenho das funções parentais, havendo entre o casal e a criança aquela relação que é suposto existir entre pais e filhos. A decisão de confiança com vista a futura adopção parece, portanto, ajustada.

Fica, porém, no ar a seguinte questão: o trânsito, imediato ou mediato, da confiança a pessoa idónea para a confiança com vista a futura adopção, quando os titulares das confianças sejam os mesmos, não compromete o perfil específico da confiança a pessoa idónea enquanto instrumento de protecção e promoção de crianças ou jovens em perigo?

Qual a colaboração que se pode exigir aos pais biológicos, se eles *desconfiarem* que a criança pode vir a ser integrada irreversivelmente na família da "pessoa idónea"? Qual o estímulo que terão as "pessoas idóneas", chamadas a cumprir a obrigação de assegurar condições para o fortalecimento das relações da criança ou do jovem com os pais (cf. artigo 29.º, n.º 2, alínea a), do Decreto-Lei n.º 12/2008, de 17/1), se tiverem consciência que, na ausência de ligação entre a criança e a família biológica, elas poderão adquirir a qualidade de pais adoptivos?

Todavia, o dramatismo questionador esbate-se à luz de uma perspectiva mais atenta das circunstâncias específicas. Não só porque a "tirania" do interesse do menor impõe a solução, mas também porque a *metamorfose* da "família de protecção" opera sem que haja má fé dos futuros membros da família adoptiva. Como resulta dos factos tidos como assentes nas decisões judiciais, foi a mãe biológica que, ao longo de vários anos, preciosos, irrepetíveis, da infância da menor, deu o contributo decisivo para o *epílogo*, não aproveitando as oportunidades que lhe foram concedidas por diferentes entidades e no domínio de diferentes processos.

PECADO E CRIME

Moisés Espírito Santo
Professor Catedrático Jubilado em Sociedades
e Etnologia das Religiões

"Falando de pecado entramos num terreno dos mais movediços. O conceito de pecado é o que há de mais relativo histórica e culturalmente. Mudando as épocas, as culturas e as civilizações, mudam o pecado e a virtude. O que era pecado no Antigo Testamento pode não ser hoje. A Palavra de Deus que, teórica e logicamente, é eterna e imutável, tem valor diferente duma época a outra.
Caminhamos para sociedades em que o conceito de pecado é uma relíquia do passado. Talvez as sociedades do futuro sejam cada vez mais injustas e complexas".

Falando de pecado entramos num terreno dos mais movediços. O conceito de pecado é o que há de mais relativo histórica e culturalmente. Mudando as épocas, as culturas e as civilizações, mudam o pecado e a virtude. O que era pecado no Antigo Testamento pode não ser hoje. A Palavra de Deus que, teórica e logicamente, é eterna e imutável, tem valor diferente duma época a outra. A igreja católica concebe pecados que não estavam previstos na Bíblia, revogou normas expressas e regulamentadas pela Palavra de Deus do Antigo Testamento (a poligamia e o divórcio, por exemplo) e abandonou muitos outros pecados declarados na mesma Bíblia.

Mas o que é um pecado? No cristianismo, o pecado foi definido por Santo Agostinho como «Uma palavra, um acto, ou um desejo contrários à Lei Eterna»[1]. Era também essa a concepção do pecado no Antigo Testamento. O problema é que a Lei Eterna aparece-nos como mutante, do

---

[1] Novo Catecismo da Igreja Católica, Art. 1849.

Antigo ao Novo Testamentos e na actualidade. No Antigo Testamento há muitos actos classificados como contrários à Lei de Deus e que deixaram de o ser: normas alimentares, autoridade absoluta do pai de família, regras ritualísticas, prescrições dietéticas e sanitárias... Perguntamos: se todos esses textos são Palavra de Deus porque é que uma parte deixou de ser respeitada ou foi revogada? A resposta é sociológica: as culturas, na sua vontade de continuidade, é que se consideram como a expressão da «vontade eterna de Deus» (é como se infringir a cultura fosse pecado). É por isso que constatamos que a «Lei Eterna», apesar do nome, prescreve e é revogável.

Comecemos pela Palavra de Deus mais recente. Lendo as palavras de Jesus nos Evangelhos, torna-se difícil descobrir o seu conceito de pecado. Ele nunca estabeleceu claramente o que seja pecado. Referiu-se ao «pecado dos que não crêem em mim», «Morrereis em vossos pecados»[2], mas sem especificar que actos sejam esses. Já o «Pecado contra o Espírito Santo» equivale a blasfêmia contra Deus: «Em verdade vos digo: se alguém disser uma palavra contra o Filho do Homem [o próprio Jesus] ser-lhe-á perdoada, mas se disser contra o Espírito Santo, não lhe será perdoada nem neste mundo nem no vindouro»[3]. Tirando estas passagens e outras avulsas, não se vislumbra o que consista para Jesus o pecado. Lendo os seus discursos ou sermões, parece que o conceito de pecado se refere sobretudo às faltas de solidariedade ou de fraternidade entre os homens. Em alguns casos, o que era pecado no Antigo Testamento, com Jesus Cristo, deixou de o ser ou, pelo menos, ficou sem castigo. É o caso da mulher apanhada em flagrante delito de adultério mas que ficou sem castigo quando a Lei Eterna previa o apedrejamento, e o da Samaritana em que Jesus constatou, mas sem condenar nem repreender, que «já teve cinco maridos e o homem com quem vivia não era seu marido»[4]. Com estes actos não prejudicavam ninguém, não eram susceptíveis de serem pecado ou de serem castigados. Pelo contrário, a hipocrisia e a extorsão de impostos eram actos frequentemente condenados por Jesus, porque prejudicavam o próximo, a justiça social ou o convívio social.

Já São Paulo pode parecer taxativo quanto ao pecado, mas fica-se pelo subjectivo moralista e é muito redutor: a Epístola aos Gálatas define

---

[2] Evangelho de João, 16:9. João, 8: 24.
[3] Evangelho de Mateus, 12: 32.
[4] Evangelho de João, Cap. 4.

o pecado como «obras da carne», opondo as obras da carne ao fruto do Espírito (Santo): «As Obras da Carne [pecados] são conhecidas: fornicação, impureza, libertinagem, idolatria, feitiçaria, ódios, discórdias, ciúmes, iras, quezílias, divisões, dissensões, invejas, embriaguês, orgias, e coisas semelhantes, sobre as quais vos previno que, quem faz tais coisas, não herdará o Reino de Deus»[5]. É evidente que esta lista não é exaustiva. Teríamos de lhe juntar muitos outros actos que são condenados no Antigo, o homicídio, o roubo, o adultério e tantos outros que constam doutras listas entre as quais os Dez Mandamentos.

O conceito de pecado é sociológico. É pecado aquilo que, numa determinada época, é proibido cultural, moral e concensualmente. Sendo a infracção à cultura condenável, a classificação de «pecado» é um recurso à autoridade divina. Porque é culturalmente proibido, «Deus proibe esse acto». O recurso a Deus é um método para a imposição da norma. E isto é mais particular das épocas de unanimismo cultural e sem Estado regulador. Deus era um argumento para a manutenção da ordem social. Numa civilização tribal e de organização rudimentar, as normas «Não matarás», «Não roubarás» só tinham efeito (ou tinham mais efeito) dizendo-se que um ente supremo as impunha.

No cristianismo actual há que distinguir «pecado» segundo o catolicismo ou o protestantismo. No protestantismo o pecado tem uma valoração individual, parte do confronto entre a consciência do crente e a interpretação que ele faz dos Evangelhos. Enquanto isto, no catolicismo está tudo tipificado, taxado, quantificado e numerado, desde o Concílio de Trento sem lugar para a subjectividade ou a diferença cultural. Para além dos 10 Mandamentos bíblicos cujas infracções constituem outros tantos pecados, a Igreja criou os 5 Mandamentos da Santa Madre Igreja (que o Novo Catecismo deixou de referir): guardar domingos e festas obrigatórias, jejuar nos dias prescritos, sustentação do clero...

Há, então, no catolicismo, os Pecados «contra o Espírito Santo», Pecados «que bradam aos céus», Pecados «mortais» e Pecados «veniais». Os contra o Espírito Santo não têm perdão, com alguma lógica: trata-se, resumidamente, da blasfêmia e do não-arrependimento à hora da morte. Os Pecados «que bradam aos céus» chamam-se assim porque, pela sua gravidade, tornam muito difícil o perdão uma vez que quem os comete não estará propenso para o arrependimento. E são quatro: Homicídio voluntá-

---

[5] Epístola aos Gálatas, 5:19-21.

rio, Pecado sensual contra a Natureza [homossexualidade e zoofilia], Opressão dos pobres especialmente dos órfãos e das viúvas, Não pagar o salário a quem trabalha. São infracções com origem na personalidade cultural; por isso é que o arrependimento que se exige para o perdão dificilmente surgirá. Os pecados Mortais cortam com a graça de Deus (para a reaver exige-se o sacramento da confissão com a devida absolvição), são 7: Soberba, Avareza, Luxúria, Ira, Gula, Inveja, Preguiça. Os Veniais são pecadilhos sem grandes consequências (um palavrão, uma farsa inocente...). Mas nem todos os pecados se encontram nestas listas. A Mentira não se encontra nas listas de pecados e, no entanto, pode ser grave. Falemos dela.

A Mentira, um pecado muito corrente, não está mencionada nem no Decálogo, nem noutras normas do Antigo Testamento, nem nos Evangelhos, nem nas listas de pecados católicos. Seria pelo facto de a mentira ser um pecado universal, do senso vulgar, comum a todas as culturas e épocas, que não houve necessidade de a mencionar? Pensamos que essa ausência se deve ao facto de haver mentiras defensivas, portanto, legítimas e necessárias. Em certos casos pode-se, ou deve-se, mentir. Não havendo na Bíblia proibições expressas de mentir, no Novo Catecismo da Igreja Católica a Mentira é referida como uma dedução do 8.º Mandamento: «Não proferirás falsos testemunhos contra o teu próximo»[6]. Mas há ressalvas: no Antigo Testamento, a expressão «o teu próximo» equivale «os da tua religião, raça e tribo» com exclusão dos estrangeiros e de outras fés com os quais havia tratamentos diferenciados. Se o falso testemunho incindisse sobre «os outros», os que não eram «o próximo», podia ser legítimo. No judaísmo antigo podia-se mentir aos de outras fés e no islão ainda se pode, ou deve. Mas Jesus acrescentou algo a este 8.º mandamento e universalizou o pecado do perjúrio: «Ouvistes o que foi dito aos antigos 'Não cometerás perjúrio [omitiu a expressão 'contra o teu próximo'] mas cumprirás os teus juramentos para com o Senhor'. Eu porém digo-vos: não jureis em hipótese nenhuma, nem pelo Céu que é trono de Deus, nem pela Terra que é o escabelo dos seus pés, nem por Jerusalém porque é a cidade do Grande Rei, nem jures pela tua cabeça porque não podes tornar um só cabelo preto ou branco; que a tua linguagem seja sim, sim, não, não»[7]. Portanto, a partir de Jesus, é pecado perjurar (seja contra quem fôr) mas

---

[6] Êxodo, 20: 16; Novo Cat. da Igr. Católica Art. 2464.
[7] Evangelho de Mateus, 5:37.

também passou a ser pecado jurar, pura e simplesmente, seja por Deus, seja pelos Santos Evangelhos, seja pela Constituição da República ou seja por estes olhos que a terra há-de comer. No entanto, a igreja católica não considera que seja pecado fazer – e até promove – juramentos e votos sob temas da sua esfera.

Para verificar como os critérios de «pecado» da igreja católica (e a maior parte das igrejas cristãs) são estrictamente culturais e históricos, veja-se como elas usam o Antigo Testamento: mantêm como pecado certas normas deixando de considerar toda a restante normatividade onde aquelas se incluem. Os Livros bíblicos do Levítico, dos Números e do Deuteronómio, textos jurídicos – Palavra de Deus eterna e imutável – são conjuntos de normas cuja transgressão é pecado e crime. Tratam da legislação sobre a organização social, laboral, económica, jurídica, processual, sanitária, alimentar, litúrgica, familiar, sexual, vestimentária, etc. Por exemplo, segundo essa Palavra de Deus (eterna e irrevogável), o marido tem poder absoluto sobre a mulher e os filhos que ele pode mandar matar se lhe forem rebeldes. A família é teologicamente poligâmica, prescrita e regulamentada pela Palavra de Deus, onde impera como senhor absoluto o marido e pai. Inúmeras regras morais, familiares, sexuais, litúrgicas... que hoje são proibidas pelas igrejas cristãs. Tudo revogado pelas leis das igrejas cristãs. Ora, tanto são Palavra de Deus – está la escrito – esses alimentos proibidos (regras rigorosas) como esse direito familiar e esse direito penal, mas que as sociedades e as próprias igrejas cristãs revogaram. Quanto à família, exceptuando uns versículos sobre alguns casos de incesto que podem ser ainda proibições actuais, foi tudo abandonado pelas culturas e cuja manutenção as próprias igrejas cristãs proibem (poder absoluto do marido e do pai sobre as mulheres e os filhos, poligamia, etc.). O pecado e a virtude inscritos como Palavra de Deus mudaram radicalmente. A Palavra de Deus do Antigo Testamento deixou de ter reconhecimento com o cristianismo. Nesta floresta de tanta Palavra de Deus, entre centenas de versículos da Palavra de Deus revogada pelas próprias igrejas cristãs, a igreja católica só mantém este versículo (entre 90% de texto abandonado ou revogado): «Não te deitarás com um homem como alguém se deita com uma mulher. É uma abominação», repetido um pouco adiante: «O homem que se deitar com outro homem como se fosse uma mulher ambos cometem uma abominação, deverão morrer e o seu sangue cairá sobre eles»[8]. E, em toda a

---

[8] Livro do Levítico 18:22; 20: 13.

Bíblia, não se torna a falar deste tema, enquanto o poder absoluto do marido e do pai são repetidos frequentemente. Porque é que só este versículo se manteve, quando tudo o mais – que também é Palavra de Deus – foi revogado? Um outro caso paradigmático – este, para justificar o casamento com o único fim da procriação – é o célebre «Crescei e multiplicai-vos, enchei a Terra e submetei-a»[9]. Mas também devia ter sido já revogado; isto foi dito ao primeiro casal que não devia entreter-se com outros critérios que não o de se reproduzir. Estando, hoje, já a terra cheia (e, até, a abarrotar) de gente, este versículo há muito que devia ser considerado como prejudicial (na China é ilegal). Será porque Jesus reafirmou esses princípios, da homossexualidade e do casamento para a procriação? Não. Jesus nunca falou da organização família (legítima ou ilegítima, patriarcal ou matriarcal, poligama ou monógama, no seu tempo até era polígama...), nem do casamento/matrimónio (o sacramento católico do Matrimónio data do séc. XII da nossa era, até aí era um acto simplesmente civil), nem da sexualidade (fossem quais fossem as tendências sexuais da época de Jesus), nem do direito do Estado, nem da organização social... Abstendo-se de falar nesses temas, Jesus deixou tudo isso ao regular funcionamento das culturas, às diferenças entre as culturas e as nações. (Quem pensar que eu estou a ser parcial no que digo só lhe posso aconselhar a ler os textos). A Jesus só interessava o «amor a Deus e ao próximo». Mas este «próximo» já não é o do Antigo Testamento: passou a ser «o mais necessitado»[10] e não «o da tua fé ou raça» como anteriormente.

Portanto, o pecado enquanto «uma palavra, um acto ou um desejo contrários à Lei Eterna» como disse Santo Agostinho e que constitui a doutrina do Catecismo Católico, é cultural, conjuntural e o que há de mais mutante. Deriva de critérios civilizacionais e históricos. Vejam-se os 4 Pecados que Bradam aos Céus: só o primeiro (homicídio voluntário) tem hoje algum valor. O Pecado «sensual contra a natureza» (homossexualidade e zoofilia) ainda se mantêm para a Igreja, enquanto o Pecado da «opressão dos pobres especialmente orfãos e viúvas e o do «não pagar o salário a quem trabalha»..., oxalá se mantivessem (porque é que não os mantém, condenando e excomungando os transgressores?). Foram produtos de épocas em que a religião era o único regulador social, de inexistên-

---

[9] Livro do Génesis, 1:28.
[10] Evangelho de Lucas, 10:33.

cia de Estado legislador e punitivo. Quanto aos 7 «Pecados mortais», estão todos caducados; hoje, enquanto pecados, até nos fazem rir porque o contrário é que passou a ser válido, virtude e sucesso social. Por outro lado, a igreja católica instaurou recentemente outros pecados que não estavam previstos na Palavra de Deus, como sejam o divórcio (e a poligamia, legislados no Antigo Testamento e não condenados pelo Novo), fecundação biológica artificial, manipulação das células estaminais, o aborto, etc.

Se formos para outras religiões, em algumas delas, os crentes – para respeitarem o conteúdo primitivo do pecado (a Palavra de Deus) – terão de fugir do mundo (como os quakers e os antigos eremitas católicos) ou aderir aos fundamentalismos vários, judaico, islâmico... Nos países islâmicos seguidores da Chária (as regras do Corão acrescidas da Suna ou Tradições do Profeta), o pecado religioso é simultaneamente um crime punível pelo Estado. É por esta razão que, para o islão, um acto só é pecado se esse acto fôr público. O acto privado, fora das vistas do público (e sem queixas de terceiros) passa por não-pecado e não-crime. Segundo um princípio popular islâmico e marroquino «Mohaned disse que 'o pecado privado já está em metade perdoado'». É no islão – em que um acto só é pecado se fôr público – que se nota bem o conceito tradicional de pecado enquanto comportamento que fere o unanimismo social e cultural.

As mudanças no conceito de pecado são paralelas à evolução social, da menos para a mais complexidade do Social. Nas sociedades modernas o indivíduo é o centro do Social, sendo a diferença um direito fundamental. A partir daqui, o pecado esvai-se ou torna-se altamente relativo.

Caminhamos para sociedades em que o conceito de pecado é uma relíquia do passado. Talvez as sociedades do futuro sejam cada vez mais injustas e complexas. Mas a tendência é para não terem o conceito de pecado e serem a-morais. Não significa que as crenças religiosas, ou Deus, desapareçam do Social (constatamos, até, que o contrário é que é verdade). Simplesmente, o Deus do futuro é um Deus da esfera privada que julga cada um segundo os critérios que cada um concebe. Um Deus das consciências privadas, um Deus individualizado e individualizante.

CONSCIÊNCIA DO CIDADÃO, CONSCIÊNCIA DO CIENTISTA – IMPACTE NA JUSTIÇA

A. M. Nunes dos Santos
amans@fct.unl.pt
Faculdade de Ciências e Tecnologia
Universidade Nova de Lisboa

"Uma melhor compreensão da justiça levaria decerto ao estabelecimento de relações mais harmoniosas e pacíficas entre os seres humanos, já que a justiça e a paz andam de mãos dadas, pois a justiça interrompe o ciclo interminável de violência – ódio – vingança, que além de corroer o corpo, corrói, sem dúvida a alma. E isto leva-nos a perguntar: "O que é uma Sociedade justa?". Quais serão as estratégias que permitem alcançar uma tal sociedade? Como se pode ser actor – no sentido de agir – na construção dessa sociedade? Como se pode ser espectador imparcial e não testemunha activa? O que é ser-se imparcial"?

Se tivesse de resumir o Século XX, diria que despertou as maiores esperanças já concebidas pela humanidade e destruiu todas as ilusões e ideais.
Yehudi Menuhin

Certain principles of justice are justified because they would be agreed to in an initial situation of equality.
John Rawls, *A Theory of Justice*

Shall we, instead, choose death, because we cannot forget our quarrels? We appeal, as human beings, to human beings: remember your humanity, and forget the rest. If you can do so, the way lies open to a new Paradise; if you cannot, there lies before you the risk of universal death.
Russell-Einstein Manifesto

O Conselho Consultivo de Juízes Europeus teve a tarefa de elaborar um Parecer sobre *Justiça e Sociedade* (Parecer n.º 7, 2005) que apresentou à Comissão de Ministros do Conselho da Europa[1], em que se recomenda, com base na Justiça como uma componente essencial das sociedades democráticas e na limitação da experiência do cidadão no sistema judicial, um plano de acção com vários pontos, entre os quais se destaca, na minha opinião, o dever do Estado de fornecer a todos, enquanto estiverem na escola ou na Universidade, uma instrução cívica, um programa educacional que deve incluir uma descrição do sistema judicial bem como visitas aos tribunais e o ensinamento activo dos processos jurídicos.

O objectivo "óbvio" desta acção, para o cidadão leigo como o autor, seria influenciar uma nova postura de comportamento e juízo de valor do cidadão comum relativamente à justiça, seguramente aumentar o grau de confiança na actividade dos tribunais (não é uniforme nos vários países da comunidade europeia), através de uma maior transparência com a visita *in loco* e esclarecimentos sobre os processos judiciais e a aplicação das "regras" – as leis. Além disso, pretende-se tornar mais activo o papel do cidadão, através de uma maior consciência dos valores orientadores da conduta individual e, sobretudo, conhecer direitos e deveres que regulam o seu comportamento e o dos outros, o culminar de reflexões conducentes a uma co(n)vivência de modo pacífico num mundo mais justo.

Uma melhor compreensão da justiça levaria decerto ao estabelecimento de relações mais harmoniosas e pacíficas entre os seres humanos, já que a justiça e a paz andam de mãos dadas, pois a justiça interrompe o ciclo interminável de violência-ódio-vingança que, além de corroer o corpo, corrói, sem dúvida, a alma. E isto leva-nos a perguntar: "O que é uma Sociedade justa?" Quais serão as estratégias que permitem alcançar uma tal sociedade? Como se pode ser actor – no sentido de agir – na construção dessa sociedade? Como se pode ser espectador imparcial e não testemunha activa? O que é ser-se imparcial?

Os maiores inimigos da espécie humana são a ignorância, o fanatismo, o dogma, a estreiteza de espírito e a opressão. Todos eles provocam grandes danos ao ser humano, e o maior dos danos é aquele que é feito por

---

[1] Consultative Council of European Judges, Opinion n.º 7 (2005), to the Attention of the Committe of Ministers of the Council of Europe, on "Justice and Society", adopted by the CCJE at its 6th meeting, Strasbourg, 23-25 November 2005.

pessoas (ou incitados por instituições) plenamente convencidas que estão correctos, convictos das suas certezas, possuidores da verdade absoluta. (A Verdade seria um excelente tema para um trabalho profundo: o que é a verdade para um cientista, para um escritor, para um político, para um jornalista, para um publicitário, para um jurista, etc?).

Muitas vezes temos a ideia que a lei é uma alternativa à força e que, nas sociedades ditas civilizadas, a força não deve ser empregue por indivíduos isolados, a menos que seja em autodefesa; a força apenas pode ser exercida pelo Estado, de acordo com certas regras – as leis –, Estado esse que sempre permite como até legitima a morte, em caso de guerra.

Pensamos sempre que os horrores são efémeros e temos sempre grandes esperanças na crença utópica do poder das ideias, na clarificação das situações e na aprendizagem através da história. A essas esperanças seguem-se grandes desapontamentos face aos resultados desanimadores e às acções repetitivas. A possibilidade de haver um sistema universal de Justiça Penal e dos Direitos Humanos perdeu o seu ímpeto e entusiasmo inicial já que a realidade mostra que a soberania impera sempre sobre a justiça e a dimensão moral.

A justificação da violação dos princípios éticos e morais é sempre feita tendo em consideração os interesses nacionais e os interesses populacionais sabendo que, quase sempre, a população civil é mantida na ignorância e manejada pela propaganda do Estado. E é com base nessa justificação que os Estados cometem as maiores atrocidades sem que, da parte do cidadão e da parte das instituições judiciárias, educativas e até religiosas, haja qualquer crítica, qualquer voz dissonante face às calamidades inumanas.

O patriotismo é profundamente explorado e "cada" cidadão é coercivamente doutrinado (pela escola, pelos meios de comunicação social controlados pelo Estado, etc.), não existindo qualquer preço ou atributo relativamente à dignidade e ao sofrimento humanos. O "dever de proteger" o cidadão anónimo é acenado como fundamento, que torna impunes os crimes abomináveis cometidos contra a humanidade, crimes em larga escala. Como é difícil provar ou imputar a responsabilidade a alguém, político ou não, por tais crimes: genocídios, bombardeamentos a populações civis, tortura e violação. Na prática, todos somos culpados, cada indivíduo deveria ter uma quota-parte de responsabilidade nesse acto hediondo.

Como pode o cidadão influenciar a mudança destas práticas? Que tipo de pressão pode ele exercer sobre o poder jurídico de modo a que este actue e crie normas que salvaguardem os direitos universais e crie fronteiras invioláveis construídas a partir de uma nova concepção política de justiça, não tanto baseada no dever mas sobretudo nas consequências das suas acções? O dever deve ser sempre dependente das consequências das nossas acções. Se os direitos humanos são valores morais como podem eles ser tão rapidamente sacrificados a interesses de vários tipos, sejam nacionais, de segurança ou outros?

Relembremos então o Parecer do Conselho Consultivo de Juízes Europeus mencionado anteriormente: nele se instiga a uma maior abertura e transparência da relação dos Tribunais com o público e com os órgãos de informação, com especial ênfase ao papel desses tribunais na democracia, abertura estendida aos participantes nos procedimentos judiciais e ainda propõe maior acessibilidade, simplificação e clareza de linguagem usada nos processos e decisões; sugere recomendações e conclusões, tudo numa base de abertura no sentido unívoco, Tribunal-Exterior. Hoje, dada a complexidade de tantas situações em que os valores morais e éticos são subalternizados e subjugados face ao poder político, económico e ao cariz nacionalista, a doutrina orientadora da sociedade deve ser aquela que preconiza a maior consciencialização dos direitos, deveres e responsabilidade dos cidadãos perante as acções colectivas – os cidadãos não se podem dar ao luxo de subestimar a sua contribuição para a violação dos princípios de integridade e protecção dos direitos do Homem e assistir passivamente à impunidade dos crimes e atrocidades contra a humanidade. Está nas nossas mãos ver que a esperança de construir, no futuro, uma sociedade mais respeitadora dos valores universais e humanistas não está perdida.

Tomemos, como exemplo, 6 de Agosto de 1945, 8:16:02, um pouco depois das 8 horas da manhã (hora local). Lançamento de uma bomba atómica que explodiu no centro da cidade mercantil de Hiroxima, uma bomba de urânio, *Little Boy*, lançada sobre uma população civil causando mais de oitenta mil mortos. Momento em que a Ciência maculou a sua inocência; tida até então como o *habitat* de vida e do bem-estar das Nações, apesar de uma má utilização em caso de guerra, mormente durante a Primeira Grande Guerra, a Ciência passava agora definitivamente a ser o *habitat* de morte.

9 de Agosto de 1945, 11:02 da manhã; uma segunda bomba, esta à base de plutónio, *Fat Man*, é lançada sobre Nagasáqui, provocando mais quarenta mil mortos.

Lançar uma bomba atómica, para o cidadão comum, desconhecedor de tal arma poderosamente terrífica, seria devastador, incompreensível, de uma crueldade desumana, uma verdadeira catástrofe; a segunda, era verdadeiramente um acto criminoso e inqualificável (já se conheciam as consequências da explosão da primeira). Nem a premissa – sempre ao jeito de uma justificação tranquilizadora da consciência dos mortais – de que o lançamento das bombas havia sido necessário de modo a apressar o fim da guerra (valor moral do Bem, hipocrisia dos Estados-fortes), salvando vidas humanas (mormente a dos soldados americanos) e diminuindo as consequências nefastas e horrendas de uma guerra, poderia atenuar a perversidade do evento. Estava lançada a semente que provocaria o falhanço na fé dos valores humanos – a vida de um Japonês, militar ou civil, contava decerto menos, para não dizer nada, face à de um Americano – e a desintegração das relações Ciência-Tecnologia-Sociedade. Esse abalo é tão forte que, ainda hoje, quando se menciona a palavra atómica ou até mesmo a palavra "átomo", se associa não *progresso* ou *futuro* como pretendem os tecnólogos, mas sim *Hiroxima, desastre, morte*.

Agregado a este acontecimento relatemos ainda os seguintes factos:

(a) A 16 de Julho de 1945, 5:30 da manhã, num canto da Base da Força Aérea em Alamogordo, baptizado "Trinity" por Oppenheimer, situada na área desértica a Sul de Los Alamos, é testada a primeira bomba atómica.

Otto Frisch que assistia à experiência relata-nos:

«... E, de repente, sem qualquer ruído, um "sol" estava a brilhar. As encostas da areia na orla do deserto lançavam reflexos de uma luz quase sem cor e sem forma. Esta luz parecia não variar durante alguns segundos, e, posteriormente, começou a esbater-se. Voltei-me, mas o objecto no horizonte que parecia um pequeno Sol estava ainda demasiado luminescente para poder olhar para ele. Continuei a piscar os olhos para conseguir ver alguma coisa; passados mais ou menos dez segundos, tal objecto cresceu parecendo-se a um fogo com forma de morango. Lentamente elevava-se no céu, mas não se despegava do chão: continuava ligado a ele como se fosse um caule de pó em perfeito turbilhão. A única imagem que me ocorreu foi a de um elefante vermelho a baloiçar a tromba. Então, à medida que a nuvem de gás quente arrefecia e se tornava menos vermelha, via-se uma chama azul circundante, um clarão de ar ionizado... Era um espectáculo terrível; quem alguma vez presenceia uma explosão atómica nunca mais a esquecerá. E tudo em silêncio absoluto; a detonação veio minutos depois, bastante forte. Embora tapasse os ouvidos, ouvia um ruído prolongado semelhante ao das horas de ponta, mas muito distante. Ainda hoje o posso ouvir. Finalmente, algumas pessoas riram, outras gritaram, a maioria, porém, ficou silenciosa».[2]

Silencioso estava J. Robert Oppenheimer, o mentor do projecto. Quando William L. Laurence, o repórter do *New York Times,* expressamente autorizado para assistir à experiência, lhe perguntou o que sentia nesse momento, Oppenheimer, lembrando-se de uma citação do *Bhagavad-Gita,* afirmou-lhe: *I am become death, the Shatterer of Worlds* – "eu sou a morte, o destruidor dos mundos".[3]

Na mesma ocasião, o líder dos testes oficiais, Ken Bainbridge, dizia: *"Now we're all sons of bitches",* enquanto que a reacção imediata do General Groves, responsável militar do projecto, era: "Isto é o fim das tácticas tradicionais de guerra". Anos mais tarde, ainda sob o impacto da observação presencial desta experiência, o físico Rabi afirmava: "A experiência era difícil de descrever. Ainda hoje não consigo fazê-lo. Era terrível, ominosa e pessoalmente ameaçadora. Não sei dizer porquê."[4]

(b) Em Novembro de 1945, a Grã-Bretanha enviou uma Missão ao Japão, para uma apreciação geral dos escombros encontrados, *não* com o objectivo de analisar os efeitos que a bomba provocou no Japão mas com intenção de anotar, esse sim era o objectivo da Missão, conclusões gerais sobre os efeitos esperados se bombas atómicas semelhantes fossem lançadas fora do Japão, e, em particular, na Grã-Bretanha.[5]

(c) Não deixa de ser curioso notar toda uma carga política utilizada na descrição do teste da bomba atómica soviética realizada a 28 de Agosto de 1949, na presença das altas chefias militares e governamentais, uma bomba denominada *Joe I* pelos americanos: "Quando os físicos que criaram a bomba viram o *flash* brilhante, mais brilhante que o Sol, e a nuvem em forma de cogumelo subir na atmosfera, deram um sinal de alívio.

---

[2] Otto Frisch, *What Little I Remember,* Cambridge University Press, Canto Edition, 1991, pp. 146-147.

[3] P. Goodchild, *J. Robert Oppenheimer: Shatterer of Worlds,* Ariel Books, 1980, p. 162.

[4] N. P. Davis, *Lawrence and Oppenheimer,* Simon& Schuster, 1968, p. 242.

[5] *The Effects of the Atomic Bombs at Hiroshima and Nagasaki,* Report of the British Mission to Japan, Published for the Home Office and the Air Ministry by His Majesty's Stationarey Office, London, 1946, p. 1.

Tinham realizado os *seus deveres*. Ninguém sentiu medo como no caso dos físicos americanos que a esconderam e que fabricaram uma arma para o exército de um país que, para a maioria deles, não era o seu, e cujo governo a utilizou contra as populações pacíficas de Hiroxima e Nagasáqui. Os físicos soviéticos sabiam que criaram a arma para o seu *próprio povo e exército que defendia a paz* (...).[6]

(d) Em 23 de Novembro de 1952, Enrico Fermi publicava um artigo no jornal *Chicago Sun-Times,* um artigo comemorativo do décimo aniversário da realização da primeira reacção nuclear em cadeia controlada, um acontecimento que teve lugar debaixo da bancada ocidental do Estádio *Stagg Field* em Chicago, próximo da Universidade, e que a maior parte das pessoas associa ao desenvolvimento da bomba atómica e aos esforços subsequentes da construção da bomba de hidrogénio. Nesse artigo, Fermi afirmava o seguinte: "A história da primeira reacção nuclear em cadeia sob controlo, tal como qualquer acontecimento científico, começa com as primeiras especulações filosóficas do homem sobre a natureza do universo. As suas últimas consequências são sempre imprevisíveis. A sequência das descobertas conducente à reacção nuclear em cadeia faz parte da busca da ciência para uma melhor explicação da natureza e do mundo que nos rodeia. No início, ninguém tinha qualquer ideia ou intenção de contribuir para um desenvolvimento crucial quer industrial ou militar".

(e) Vinte anos mais tarde, aquando das discussões públicas dos *Encontros Internacionais de Genebra*, em 2 de Setembro de 1964:

Cónego van Camp: (...) Se o Senhor [Prof. Oppenheimer] tivesse previsto a situação actual do mundo, teria ousado começar as investigações científicas que levaram à bomba atómica?

R. Oppenheimer: (...) O meu papel foi o de presidir ao esforço para delas [descobertas] fazer, o mais depressa possível, qualquer coisa prática. Mas eu voltaria a fazê-lo.

Cónego van Camp: É ao sábio que interrogo...

R. Oppenheimer: É difícil de responder em nome de todos os sábios. Mas creio que entre eles havia bem quem soubesse o que estava a fazer. Há esperanças que talvez não se tenham realizado.

---

[6] A. M. Nunes dos Santos, "O Cientista como Observador e Actor", Colloque Science et Conscience, Instituto Franco-Portugais, 21 de Janeiro de 1993, publicação privada.

O facto de que o mundo devia unir-se, devia compreender-se, e, sobretudo, o facto de que o universal, em ciência, é parte essencial da cultura do século XX, estava bem na origem dessas investigações científicas.

Cónego van Camp: Isto põe o problema da relação entre moral e ciência, que é um problema inquietante.

R. Oppenheimer: Não é a relação entre moral e ciência que está em causa, mas sim entre moral e a técnica.

V.-F. Weisskopf: Teria muito gosto de me dirigir a Oppenheimer por forma diferente.

Depois do que se passou nestes últimos vinte anos, quereria, no lugar em que estava em 1942, aceitar de novo criar a bomba?

R. Oppenheimer: A isso já respondi sim. Digo que não a descobri, mas quanto ao trabalho prático...

Um Assistente: Mesmo depois de Hiroxima?...

R. Oppenheimer: Sim.[7]

(f) Em Dezembro de 1992, precisamente no dia dois, na reunião Comemorativa intitulada *Nuclear Chain Reaction 50th Anniversary* (An International Meeting at the Science Museum), numa audiência de 150 pessoas, estavam presentes Sir Rudolf Peierls (um dos físicos teóricos que, em 1940, em colaboração com Otto Frisch, foi autor do célebre *memorandum* que inclui o cálculo da quantidade de U^{235} necessária à produção da reacção nuclear em cadeia), e Harold Agnew e Warren Nyer, dois investigadores americanos que assistiram à reacção realizada em 1942. Animados, reviviam os momentos em que abraçaram o início de uma era – a do nuclear – um passo crucial que teria profundas consequências para o estatuto da ciência

Quando Warren Nyer toma a palavra na referida reunião, relata-nos: "Contudo, eu pressentia, à idade de 23 anos, que os próximos 3 a 4 anos (na realidade até Agosto de 1945) seriam pontos culminantes da minha vida, em termos de impulso e estímulo intelectual, já que teria o privilégio de participar num acontecimento único e grandioso".[8]

(g) Alocuções do Presidente Truman, após o lançamento das bombas: "O que fizemos foi o maior acontecimento histórico da ciência organizada.

---

[7] Primeiro Debate Público, in *Como viver Amanhã?*, *Encontros Internacionais de Genebra*, Publicações Europa-América, 1966, pp. 175-176.

[8] Ver [6].

Foi feito sob elevada pressão e sem falhanço. Gastámos 2 mil milhões de dólares no maior *jogo* científico existente até esta data – e ganhámos". (...) *"after all,all he* [Oppenheimer] did *was make the bomb. I´m the guy who fired it off"*

Não temos expectativas a longo prazo de alterar comportamentos e para factos inconfortáveis e controversos, assuntos extremamente complexos, não há nem análises nem respostas fáceis.

Se é certo que o entusiasmo e o desafio intelectual para uma melhor compreensão, para assimilar o que é novo, difícil, profundo, seduz e alicia o jovem, o iniciado, a envolver-se plenamente nessa aprendizagem que acalenta a curiosidade do homem e satisfaz o prazer do desbravar o desconhecido; se é verdadeiramente estimulante contribuir para a construção do conhecimento, nada justifica o alheamento face à utilização desse conhecimento.

Trabalhar num projecto como o de Los Alamos, ser parceiro de uma grande aventura, que envolvia tudo – física, tecnologia, organização, administração, regulamento de secretismo e até a relação com o exército –, trabalhar numa equipa de milhares de colaboradores, a designada *Big Science*, sob orientação de um mentor de gabarito intelectual como era Robert Oppenheimer, homem das mil faces, que sabia criar "uma atmosfera única de entusiasmo e desafio que impregnava o espaço para sempre", no dizer de Weisskopf, que, apesar do secretismo imposto pelos militares, "sabia que cada um dos participantes devia ter conhecimento de todo o conjunto do projecto de modo a ser criativo" e que "evidenciava o que havia de melhor em cada um de nós, tal como o anfitrião faz com os seus convidados", para parafrasear um dos seus colaboradores, era na verdade extremamente aliciante e irrecusável. Seria difícil não partilhar a satisfação e difícil não aceitar trabalhar num projecto daquela envergadura científica e tecnológica. Contudo, temos de discernir, nesse mundo em que a ciência amplia e aprofunda a nossa compreensão dos fenómenos, em que se invade a intimidade da Natureza (seja ela a exterior ou a interior), que o cientista não é apenas e somente cientista, é também um ser humano e como tal solidário e dependente de todos os outros seres seus companheiros, e isso implica a nossa profunda dependência moral que subjaz a tudo o que existe e se enquadra no mundo que habitamos, onde na verdade permanecem e devem permanecer as nossas raízes.

A nossa tragédia vive a par com a tragédia da nossa espécie, por isso, as notícias de Hiroxima provocaram a bipolaridade da esperança e do medo.

Quando Oppenheimer resignou do cargo de Director de Los Alamos em Agosto de 1946, e decidiu regressar de novo à vida académica aceitando um lugar de Professor no Instituto de Tecnologia da Califórnia, ao receber o *Certificate of Appreciation,* dado pelo Governo dos Estados Unidos, refere-se implicitamente a essa bipolaridade: "É nossa esperança que no futuro se possa olhar para este *Certificado,* e para tudo o que ele significa, com orgulho. Hoje, *esse orgulho tem de ser atenuado com uma profunda preocupação.* Se as bombas atómicas forem consideradas como novas armas dos arsenais de países hostis ou de arsenais de nações que se preparam para a guerra, então haverá um tempo em que a humanidade amaldiçoará os nomes de Los Alamos e Hiroxima".[9]

A recusa de muitos cientistas participarem nos programas nucleares subsequentes com objectivo de construção das designadas super-bombas bem como apoiarem movimentos pacifistas ou propostas de controlo da energia atómica por agências internacionais, causaram-lhes muitos dissabores. Veja-se, por exemplo, o que aconteceu a Oppenheimer que, após a carta dirigida ao director do FBI, J. Edgar Hoover (7 NOV 1953), se viu privado do acesso à informação considerada secreta, após prolongadas audições perante a Comissão de Energia Atómica e, ainda o caso de Kapitza, o cientista de maior prestígio da Academia Soviética das Ciências, que, recusando-se a trabalhar na bomba, foi preso ou mantido em residência vigiada até à morte de Estaline (curiosamente ambos os cientistas seriam reabilitados posteriormente: Kapitza receberia pela segunda vez a Medalha de Herói dos Trabalhadores Socialistas em 1974, aquando do 80.º aniversário do seu nascimento, e, Oppenheimer receberia, em 1963, o Prémio Enrico Fermi, proposto pelo Presidente John Kennedy mas entregue pelo Presidente Johnson). Mais recentemente temos o caso de Andrei Sakharov.

Em, 28 de Novembro de 1945, na *House of Lords*, Bertrand Russell (grande matemático e humanista, o homem das três paixões: no magnífico prólogo à sua autobiografia intitulado *"What I have lived for"*, indica: três paixões, simples mas irresistivelmente fortes, orientaram a minha vida: o desejo de amar, a busca do conhecimento e uma compaixão desmedida pelo sofrimento da pessoa humana), uns meses depois do lançamento da

---

[9] Robert Oppenheimer, Letters and Recollections, A. K. Smith, C. Weiner eds., Harvard University Press, 1980, p. 310.

bomba, numa alocução breve, não só previa o tremendo poder destrutivo da bomba e a resultante ameaça para a civilização como sugeria uma reunião internacional que reunisse todos os cientistas a fim de haver uma plena troca de informação e uma verdadeira colaboração no controlo internacional do seu fabrico.

Nove anos mais tarde, em Dezembro de 1954, quando a ameaça das armas nucleares se tornou muito maior do que o previsto, perante a rádio, numa entrevista intitulada *Man's Peril*, o mesmo Russell fez uma descrição pormenorizada do desenvolvimento das armas nucleares e deu ênfase às consequências catastróficas no caso destas serem utilizadas numa nova guerra. O impacto desta entrevista sobre a opinião pública foi enorme; em seguida, elaborou um texto designado Manifesto, pretendendo que este fosse assinado por cientistas de vários países. O primeiro a ser abordado foi Albert Einstein, que o assinou dois dias antes de falecer, pelo que o documento é conhecido como Russell-Einstein Appeal. Juntaram-se nomes como Max Born, Percy Bridgman, Leopold Infeld, Frédéric Joliot-Curie, Herman Muller, Linus Pauling, Cecil Powel, Joseph Roblat e Hideki Yukawa, a maioria laureados com o Nobel. A Apresentação pública do Manifesto, que lembrava a nossa humanidade (ver epígrafe deste texto), em Conferência de Imprensa, feita em Londres a 9 de Julho de 1955, levou a que centenas de cartas, telegramas, individuais ou de associações, com expressões de apreço, apoio e aprovação, e oferecimento de ajuda, em caso de necessidade, chegassem a Russell. O Manifesto tinha tocado a mente e o coração do cidadão-comum.

O passado não se reconstrói – está lá imutável a fluir para o presente. Imperturbável. O presente, esse terá de arranjar as teias para prosseguir para o futuro. Daí a recusa de Robert Oppenheimer de se retratar quanto à sua participação como planificador da construção da bomba atómica, aquando das discussões públicas dos *Encontros Internacionais de Genebra*, subordinadas ao tema *Progresso Técnico e Progresso Moral*. Nessa ocasião, na sua segunda intervenção nestes Encontros, Oppenheimer deu uma conferência intitulada o *Íntimo e o Comum*:

"O meu título é ambíguo e ambíguo o é quer em inglês, quer em francês. A palavra «*common*», *le mot* «*commun*», significa o que compartilhamos, o que é para todos os homens, ou para muitos homens, o *comum*. Também significa «*vulga*r», «*vulgaire*». Esta ambiguidade é bem representativa do nosso tempo. (…) O que tenho em mente ao usar a palavra «*common*», «*commun*», o comum, é a referência ao que é geral, ao que é acessível ao conhecimento comum, o que não é nem secreto nem restrito a qualquer *elite*, a qualquer escol; conhecimento que não é privado, que não é de um só homem, de uma só família, de uma só profissão ou de qualquer uma das muitas comunidades que cobrem a Terra, técnicas, artísticas, profissionais, as mais das vezes, talvez, científicas; não destinado a privativo de qualquer aldeia da paisagem cultural dos nossos dias"[10]. E do público e do privado, Oppenheimer faz da Ciência algo que, no seu melhor, é tão íntimo quão aberto.

O que fica na sombra? Dizer *não* às tentativas impostas pelos Estados (e governantes) de "compreender" o contexto e as acções abomináveis por eles cometidos, vinculando os seus cidadãos a esses actos infaustos; reter um olhar independente, não submisso, em que os Direitos Humanos devem ser interdependentes, indivisíveis e inabaláveis; ultrapassar a fronteira da passividade, do acordo tácito e indiferente às acções dos poderes políticos, militares, económicos e religiosos; limitar a fronteira do entusiasmo, que, se excessivo, pode ser alienatório; reduzir ao máximo a fronteira da ganância, que, com o secretismo, subsídios e investimento pretende apenas visar o lucro e o poder, perpetuando a desigualdade.

Ao cidadão compete ter cada vez mais consciência da sua responsabilidade para com o bem-estar social e uma necessidade imperiosa de se comprometer a exercer pressão sobre a Justiça, de modo a que esta possa criar legislação mais consentânea com a solidariedade humana, em que os interesses nacionais e os "hipotéticos" de segurança e risco nunca se possam sobrepor aos valores morais, proporcionando assim um mundo mais pacifico, mais igualitário e com maior cooperação entre todos, em suma, no sentido de uma maior solidariedade humana.

E termino com palavras de Oppenheimer:

"Penso que quando alguém começa a falar acerca de amanhã sente que se fechou o livro do passado e que tem uma nova página a escrever; é uma sensação de delícia e de esperança estar liberto de tudo o que aconteceu e ser-se capaz de fazer melhor. (...). Na verdade, as páginas que temos

---

[10] "O Íntimo e o Comum", R. Oppenheimer, Conferência de 2 de Setembro de 1964, in *Como viver Amanhã?* Encontros Internacionais de Genebra, Publicações Europa-América, 1966, pp. 16-17.

de ler e de escrever não estão em branco. (…) Há muitas outras coisas que não temos possibilidade de apagar das tais páginas quando olhamos para o futuro. Vivemos um tempo em que, julgo eu, mais do que nunca talvez, temos a consciência da injustiça social sob todas as formas; consciência de que a liberdade, mesmo na modesta definição que dela aceitamos, não é de forma alguma universal; consciência do facto de existirem flagrantes injustiças (…)".[11]

---

[11] *Ibid*, pp. 14-15.

PSICOLOGIA FORENSE: FUNÇÃO INTERCONTRIBUTIVA NOS TERRITÓRIOS DA JUSTIÇA

CARLOS ALBERTO POIARES
Professor Catedrático
Director da Faculdade de Psicologia

"Ao Direito falta, frequentemente, a possibilidade de, com natureza científica, explicar as condutas que proscreve e penaliza; apesar de vocacionado para agir face aos quadros comportamentais em que se movem os Homens e as Mulheres, o Direito não dispõe de meios próprios que lhe permitam avaliar personalidades, decifrar atitudes, encontrar os motivos por que determinado sujeito transgride as regras e põe em causa a disciplinação social, o que determina a lógica do recurso necessário à intercontribuição com as disciplinas científicas, tais como a Psicologia Forense"

1. A Psicologia e o Direito

1.1. A Psicologia Forense adquiriu, entre nós, no decurso das duas pretéritas décadas, o estatuto de segmento operativo do Saber psicológico, deixando de estar remetida ao plano meramente especulativo que lhe era reservado, embora convocada, por vezes, para a apreciação de questões judiciais de maior complexidade, porque mais envolvidas com os sujeitos e menos com os objectos da Justiça. Por outras palavras: a Psicologia Forense transitou do espaço da construção conceptual e metodológica em que permaneceu até ao início do decénio de Oitenta, inscrevendo-se, a partir daí, na agenda dos actores judiciários e de outros dispositivos (formais) de controlo social. Para tanto, foram contribuintes, entre outras razões, a modificação ocorrida nos terrenos da judicialidade penal, especialmente com a promulgação do Código Penal e do Regime Penal aplicável aos jovens delinquentes, editados em 1982, e a criação do então Instituto da

Reinserção Social (IRS), na mesma época, momentos visivelmente apelativos da cooperação entre a Justiça e a Psicologia. Na realidade, por motivos diferenciados, porém concorrentes, os anos Oitenta foram significativos na permeabilização do Direito à intervenção da Psicologia e dos psicólogos; com efeito, se se começou a representar a pena de maneira mais associada à ideia de ressocialização, conforme postulado pelo Código Penal, o que produziu alterações qualitativas nas fases secundária e terciária do processo de criminalização (a aplicação da Lei, isto é, o julgamento, e a reinserção, em caso de condenação), é também certo que outros fenómenos, que eram objecto de reacções institucionais, foram congregadores do trabalho em rede entre juristas e psicólogos – ou, pelo menos, à identificação das necessidades de cooperação entre ambos – : refiro-me, em particular, ao consumo de drogas e às sucessivas metamorfoses legislativas ao mesmo reportáveis. Acresce que, ainda no domínio jus-penalista, outras proposições legislativas concorreram para o diálogo entre operadores da Justiça e da Psicologia: realce-se, por exemplo, a densidade colocada na busca da adequação da pena ao transgressor e à sua personalidade, bem como na valoração da culpa.

Entretanto, existia já uma longa tradição de colaboração entre os Aplicadores da Lei e os técnicos do comportamento humano, protagonizada, inicialmente, pelos psiquiatras, de que foram exemplos históricos, entre outros, Júlio de Matos, António Flores e Sobral Cid ou, nos tempos mais recentes, Barahona Fernandes, Pedro Polónio, Eduardo Cortesão ou Rodrigues da Silva, o que revela a percepção da necessidade – e, também, da inevitabilidade – de um registo inter-cooperativo entre os que aplicam a Lei e os que conhecem a Pessoa nos seus interstícios afectivos, de personalidade e comportamentais, nos afectos e emoções, positivos ou negativos, nos seus agidos e vividos – necessidade essa que então era mais sentida nos planos criminal e de menores.

1.2. Cabe, então, reflectir sobre este aspecto: por que razão se assiste, desde há mais de uma centúria, à constatação da lógica aproximativa entre a Psicologia e o Direito, ainda que a passagem à prática tenha sido difícil e morosa? Quais os vectores que assinalam a consonância entre uma Ciência e um modelo de gestão da convivência humana e política, que incide sobre a regulação e a disciplina da vida?

Antes de mais, atente-se a que ambas as questões enunciadas se entroncam na mesma realidade: alcançou-se a *lógica aproximativa*, enquanto racionalidade inscrita nas realizações jurídico-judiciais, porque se detectou a insuficiência do Direito para estudar, compreender e explicar o actor principal dos actos levados a juízo – a Pessoa Humana – na sua pluridimensionalidade; ou seja, deixou de se conceber o Direito como sistema valorativo reputado omnipotente, reconhecendo-se que, enquanto integrado no contexto macro-social em que opera, carece de estabelecer pontes com a Ciência, com vista à apreensão e descodificação dos comportamentos humanos. Ora, é aqui que se situa a resposta ao segundo problema: as linhas que marcam a convergência entre o jurídico e o psicológico residem nas Pessoas (personalidades e comportamentos), erigidas em sujeitos jurídicos, logo destinatárias das normações e da respectiva aplicação, e, ao mesmo tempo, objecto de estudo da Psicologia.

A ponte entre o Direito e a Psicologia é construída sobre as condutas humanas, finalidade que ambos elegem como principal. Como escreve Urra Portillo (2002):

«La Psicología y el Derecho tienen en común su objecto de intervención, que nos es otro que la conducta de la persona, por ende son ciencias humanas y sociales» (p. 2).

Coexiste, portanto, um ponto de integração entre o trabalho jurídico e o do psicólogo: as atitudes dos indivíduos, o que converte ambos os saberes em intercontributivos, pois

«La Psicología ha aportado dos aspectos centrales al Derecho: la diferenciación individual y los componentes sociales» (Urra Portillo, 2002, p. 2).

Ressaltam, deste modo, elementos que geram as rotas de aproximação; o Direito, tal como a Psicologia, observa os cidadãos nos comportamentos que desenham, carecendo, porém, de destrinçar e diferenciar esses sujeitos, conhecendo-os para além dos actos que realizam: é no preenchimento desta lacuna (do jurídico) que a Psicologia intervém e complementa a função reservada ao jurista, porquanto possui suporte cientifico e meios para captar as invisibilidades (Franck, 1983), para ver para além do acto – isto é, *ver* o actor, captar o que está por detrás de cada atitude, encontrando a motivação subjacente.

A Psicologia consiste no estudo científico dos processos mentais, mediante o recurso a metodologia científica (Feldman, 2007), o que lhe permite compreender e explicar comportamentos – incluindo aqueles que estão subjacentes a um litígio judicialmente dirimível. A Psicologia é uma Ciência do Comportamento e da Vida que, com a Biologia, se distingue das Ciências Físicas (ditas "duras") e das Ciências Sociais *tout court* (ditas "moles") (Baptista, 2007), o que lhe permite traçar aproximações a diversos saberes:

«A psicologia como ciência integradora das potencialidades biológicas, das características individuais e dos determinantes interpessoais e sociais está em posição de vantagem para a compreensão das aspirações e desejos da natureza biopsicossocial humana» (Baptista, 2007, p. 443), o que facilita a promoção da Psicologia como saber cooperante e intercontributivo do Direito e da Justiça.

1.3. A nascença da Psicologia aparece tradicionalmente afiliada na Medicina e na Filosofia; com efeito, na velha Grécia, quer Hipócrates, relacionando o cérebro com os processos psíquicos, quer Platão e Aristóteles constituíram marcas relevantes para a construção de um saber ante-psicológico, o que conduziu à ideia de que aquela Ciência se inscrevia nos pensamentos médico e filosófico. Da Agra (1986), procedendo à análise arqueológica da emergência da Psicologia, conclui que se demonstra a sobredeterminação da Psicologia a partir da antissocialidade e seu controlo, o que altera e reorganiza as concepções sobre a sua genealogia, enfatizando a ligação entre aquele Saber e o pensamento disciplinador. Arrancando deste pressuposto, verifica-se o percurso paralelo (em sentido quase geométrico, dadas as prolongadas dificuldades de encontro) entre o Direito e a Psicologia, havendo um epicentro uno e comum – o comportamento humano – observado e catalogado diferentemente por cada um desses saberes (Poiares, 2001). Trajectória que, embora desenhada em paralelismo, ou talvez por isso, retardou a hibridação entre a acção jurídica e a explicação psicológica. A Psicologia, como refere Da Agra (1986), fez-se campo científico em função da disciplina e dos mecanismos que o fixam e geram.

Ao Direito falta, frequentemente, a possibilidade de, com natureza científica, explicar as condutas que proscreve e penaliza; apesar de vocacionado para agir face aos quadros comportamentais em que se movem os Homens e as Mulheres, o Direito não dispõe de meios próprios que lhe permitam avaliar personalidades, decifrar atitudes, encontrar os motivos por que determinado sujeito transgride as regras e põe em causa a disciplinação social –o que determina a lógica do *recurso necessário* à intercontribuição com as disciplinas científicas, v.ª g.ª a Psicologia.

Como é consabido, o problema da cientificidade do Direito tem ocupado parte considerável das reflexões de juristas e gente da Ciência, relacionando-se com a questão do objecto e da metodologia utilizada.

Hespanha (2007) traça detalhadamente os contornos desta problemática, bem como os respectivos conteúdos, quer a propósito do conceito de Direito quer no que tange às preocupações metodológicas. O Direito, sendo uma parcela integrante da realidade social (Machado, 1982-2007), ou seja, uma parte do universo em que se consubstancia a ordem social (Poiares, 1999), corresponde ao que Baptista Machado, louvando-se em Hartmann, situava na *noosfera*, isto é, o espaço do *ser espiritual*, considerado «[...] como esfera interpessoal vinculante ou como conexão supra-pessoal dentro do grupo humano que transcende os indivíduos e os vincula entre si, formando uma "comunidade espiritual" assente num espírito comum ou "consciência colectiva" do grupo» (Machado, 1982-2007, p. 12).

As abordagens filosóficas e epistemológicas do Direito revestem natureza científica, inscrevendo-se no âmbito das Ciências Sociais; trata-se, então, de uma Ciência Normativa específica, não deixando, no entanto, de ter como objecto central os comportamentos humanos, considerados causa e consequência das necessidades de disciplinação social. Por seu turno, o Direito revela o que J. B. Machado (1982-2007) designava como o predomínio de «[...] um discurso endereçado à *decisão*» (p. 260), o que o transforma em *técnica*, possuidor de uma gramática especializada, alavancada em duas espécies de razões: a *normativa* e a *pragmático-funcional*. Referia este autor que as tarefas da denominada Ciência Jurídica eram insuficientes para a dotar de "cientificidade", considerando que o Direito revela mais a natureza de *técnica* ou de *arte* do que de Ciência; e acrescentava:

«A chamada ciência jurídica seria, pois, no fundo, uma técnica de expressão e tradução do pensamento normativo, uma técnica compendiadora e expositiva» (p. 361), porquanto o discurso do Direito traduz *um desígnio organizativo normativo, não um autónomo desígnio gnoseológico (explicativo ou de esclarecimento)* (p. 369).

Aludi já, em outros momentos (1999, 2001), a este problema, concluindo que «o Direito torna-se científico na medida em que se alicerça nas Ciências [...]», existindo agora num registo que o faz «[...] partícipe de conglomerados científicos, onde vai colher outras maneiras de compreender e normalizar a vida» (2001, p. 27); porque, com efeito, o Direito, tal como os juristas, em regra tem revelado indiferença pela metodologia científica, operando num sentido que Santos (1986) situa como «espécie de divinização ou de fetichização do jurídico» (p. 321). Daí a convicção, a que já fiz referência, que denotava uma histórica fantasia da omnipotência e omnisciência do jurídico, fruto da sua ancestral ligação ao Poder (e, também, ao Poder eclesiástico, durante longo tempo).

O Direito, sendo destinado a gerir os quotidianos das pessoas, é, antes de tudo, o discurso do Poder, proferido através de enunciados que são determinados em função de correlações de forças existentes na comunidade (político-económicas, ideológicas, sócio-culturais e corporativas), em cada época histórica: aqui reside a eco-temporalidade do Direito, a sua matriz circunstancial (de tempo, de modo, de lugar); como discurso dimanado do Poder, ocorre uma legitimação recíproca: o Poder, produtor das regras jurídicas, legitima o Direito por força da investidura de que dispõe; e, correlativamente, as normações que cria são também meios de legitimação do Poder. Mas o Direito tem como objectivo assegurar a gestão da ordem e das desordens sociais – a disciplinação, como referia Foucault (1999) – o que é realizado mediante a observação e a catalogação dos comportamentos humanos, classificando-os como lícitos ou ilícitos em razão do eixo normativo: trata-se de uma taxonomia jurídica, feita com base nas mencionadas correlações de forças.

Assim, o Direito é mais técnica do que Ciência quando erige como preocupação e finalidade a regulação da vida das pessoas e da comunidade, centrando-se na categorização dos comportamentos em face das normações impositivas, ditadas por órgãos políticos. Todavia, quer na fase de *fabricação* da lei quer no momento da sua singularização, a aplicação, o Direito desenha percursos constitutivos em que se pode aproximar das Ciências, estabelecendo então núcleos dotados de cientificidade; na verdade, a preparação das leis pode implicar o concurso de outros saberes, que do Direito se fazem intercontributivos; e, do mesmo modo, a passagem da Lei geral e abstracta ao caso pode determinar a cientificidade do Direito: dir-se-á que, nestas situações, a técnica (ou arte) que o Direito é converte-se à cientificidade, por via associativa, num processo de *osmose comunicacional* entre o jurídico e o científico.

1.4. Hart (1995) entendia que o Direito fixa padrões de comportamento, isto é, define os limites da licitude e da ilicitude, estabelecendo uma padronização entre as acções humanas e os parâmetros reputados adequados. Nesta conformidade, escrevendo com as leis a linha de fronteira entre o aceite e o desviante, o Direito, através do Legislador, está a informar a sociedade sobre os comportamentos que considera válidos e aqueles que serão objecto de sanção, a qual é sempre normalizadora, como escreveu Foucault (1999), na medida em que visa forçar o acatamento da norma. Ora, ínsita em cada regra jurídica que estipula a obrigatoriedade de uma conduta ou que interdita e pune outra, existe um modelo comportamental em face do qual as realidades desviantes devem ser censuradas; mas estas, para se tornarem objecto da crítica judicial, têm de ser comparadas com esse modelo instituído, o que pressupõe a análise, a dissecação, o exame dos actos cometidos – como Foucault (1999) referia. Este exame deve incidir sobre a atitude, avaliando-a nos seus efeitos, mas também na sua génese, na etiologia do desvio, o que reclama uma análise integrada entre o sujeito transgressor e o objecto da transgressão – ou seja, requer uma apreciação valorativa *clínica*, porque recai sobre o actor social que a protagoniza (Debuyst, 1986; Da Agra, 1982, 1986) e sobre o cenário (a eco-temporalidade) em que acontece (Poiares, 1999). Para a cabal realização do exame – como, de resto, para a construção do tecido normativo – é muitas vezes expectável e desejável o concurso de disciplinas científicas ou técnicas, que garantam a melhor criação ou aplicação das Leis (Kapardis, 1999; Rodríguez, 2000; Urra Portillo, 2007).

Frequentemente, o Legislador e os Aplicadores vêem-se obrigados a recorrer às comunidades técnica e científica para a compreensão de determinados problemas, que não se inscrevem nos *foruns* jurídicos, o que pode acarretar a consulta de engenheiros ou arquitectos, físicos ou químicos, informáticos. As empreitadas de construção civil são, aliás, um ilustrativo exemplo, na medida em que o Legislador (actor social colectivo, com tradicional predominância de juristas) e os Aplicadores não dominam minimamente as técnicas e os seus discursos e terminologia; socorrem-se, portanto, de técnicos de construção, com ou sem formação académica, para lhes suprirem as necessidades de conhecimento. E, dessa aproximação pragmática e prática, advém um saber acrescentado, que vai ser objecto de filtragem por parte do Legislador e dos Aplicadores, constituindo um saber de cada um desses dispositivos (Poder Legislativo e Poder Judicial) – porque todo o dispositivo de controlo, seja formal ou informal, apreende os saberes que lhes são levados e transforma-os em saber do próprio dispositivo, que pode tornar-se reprodutivo.

A informação veiculada junto de qualquer dispositivo é objecto de transformação, pela justaposição do saber intrínseco desse mesmo dispositivo com o acervo de conhecimento técnico ou científico que lhe é carreado, funcionando como uma mais-valia. Aplica-se aqui, de certo modo, a Lei de Lavoisier: nenhum saber se cria nem se perde, transforma-se, destarte contribuindo para a configuração do dispositivo.

Desenvolve-se, pois, a intercomunicação entre os centros de Poder (Legislador) e de decisão judiciária (os tribunais e os seus actores), que desencadeará o processo de interacções discursivas (Poiares, 2003; 2008), assente na partilha de informação.

Ora, o que acabei de expor aplica-se também nos terrenos da cooperação entre o Legislador, os julgadores e os psicólogos forenses, quando convocados a apreciarem e valorarem comportamentos que se apartaram dos padrões legalmente instituídos como adequados.

2. A Psicologia Forense

2.1. A Psicologia faz-se, então, à semelhança de outras áreas do conhecimento, Ciência intercontributiva do Direito e da Justiça: sublinho *intercontributiva* por rejeição do conceito de *Ciência auxiliar* – noção ancilosada e redutora, hoje desprovida de sentido, como tive já oportunidade de explicar em outros textos (Poiares, 1999, 2001). Trata-se, pois, de tornar operativa a cooperação transdisciplinar entre o Direito e a Psicologia, potenciando a colaboração entre os actores judiciários (magistrados, advogados) e os psicólogos forenses.

Há quase um século que Ferri preconizava a colaboração institucional, proclamando que era absurdo o enciclopedismo que se exigia dos Aplicadores, contrário à divisão do trabalho (Ferri, 1925). Esta asserção assume, no tempo presente, maior acuidade, em presença da especialização que, crescentemente, se faz sentir nos meandros judiciais. Advogados e magistrados são convocados a decidir conflitos cada vez mais técnicos e científicos, o que já nem sequer se compadece com o *enciclopedismo absurdo* de que falava aquele representante da Escola Positivista Italiana. Donde, a consequência lógica a extrair permite, aconselha e torna indispensável a inter-cooperação entre os profissionais do foro, abrindo-se aqui espaço para que os psicólogos forenses sejam considerados, também, técnicos que desenvolvem o múnus profissional no foro, partilhando com os actores judiciários as suas competências especializadas e aptidões técnico-científicas.

2.2. Afinal, o que é a Psicologia Forense? Qual o seu objecto e qual a metodologia aplicável? Haverá uma Psicologia Forense e, colateralmente, a Psicologia Criminal, a Psicologia Jurídica, a Psicologia Judiciária, a Psicologia Legal... numa sucessão de designações que, não raramente, parece superar a capacidade criativa do comum dos cidadãos? E – questão decorrente das anteriores – quem pode (e deve) exercer profissionalmente a Psicologia Forense? Qualquer psicólogo, por exemplo das Organizações, de Clínica ou do Desporto? E poderá o Forense assegurar terapêuticas e trabalhar nos recursos humanos de uma multinacional? Fará sentido este *reino da balbúrdia*, em que cada um opera naquilo para que não possui formação e grau académico, só porque a vida está difícil?

A Psicologia Forense é o segmento do saber psicológico que se ocupa das questões colocadas pela Justiça, tornando-se intercontributiva da gestão disciplinar que pelo Direito é efectivada, para o que procura aceder aos actores sociais que povoam o *campus* judiciário, independentemente do respectivo estatuto profissional ou processual e da área em que se apresentam e operam, isto é, em presença de qualquer ramo do Direito. Visa alcançar os actores sociais do foro, pretendendo *conhecê-los* a partir das suas discursividades e comportamentos, de molde a obter conhecimento sobre as personalidades desses sujeitos. Para tanto, deve ter como intuito a captação-assimilação das mensagens por aqueles produzidas (a discursividade), descodificando-as, isto é, decifrando-as, de maneira a adquirir a compreensão dos actos que integram o caso judicial, explicando-os, depois, aos Aplicadores.

Introduzi o conceito de *discursividade*, no qual englobo quer a comunicação verbal (CV) quer a comunicação não verbal (CNV). O conceito comunicação deve ser entendido como meio de transmissão de informação entre vários elementos e, numa óptica social, é «[...] um processo pelo qual os congéneres interagem, no quadro de objectivos de sobrevivência do grupo, por meio de sinais mais ou menos específicos».

«O processo de comunicação realiza-se sempre num episódio comportamental: um acto (desencadeador), produzido por um membro do grupo, leva a uma modificação de comportamento por parte de um congénere» (Bronckart, 2001, pp. 156-157).

A comunicação, como é consabido, pode desenvolver-se de forma verbal e não verbal, sendo relevante para o psicólogo forense a captação de ambas as expressões, que coexistem e se complementam (Rodrigues, 2008; Louro, 2005).

A CNV é, como refere Peraya (2001),uma linguagem em sentido estrito, muitas vezes esclarecedora, a qual ganha maior interesse nos interrogatórios feitos em tribunal ou junto de outros dispositivos de controlo social formal, por exemplo as polícias.

Na CV sobressai o discurso, que se pode considerar como um conjunto ordenado e coerente de enunciados e proposições (Miaille, 1979), mediante o qual o emissor verbaliza as suas crenças, representações e expectativas sobre determinado(s) objecto(s) (Poiares, 1999); existe um objecto concreto do discurso, que pressupõe uma finalidade da emissão: a sua produção ocorre em determinados cenário e contexto – o que remete, novamente, para a importância da eco-temporalidade – e numa rede complexa de determinações de índole social, política, ideológica, cultural, psicológica, económica e de interesses do sujeito (Adam, 2001).

Porém, o discurso tem uma racionalidade, uma lógica: é o que designo como intra-discurso, colocando o acento tónico na necessidade de se interpretar o discurso, desconstruindo-o, devendo o técnico (psicólogo ou jurista) procurar captar os elementos de fronteira entre o discurso e o intra-discurso: os ditos (=verbalizados), os não-ditos (o que o sujeito não profere, podendo tal acontecer por razões irrelevantes, pelo menos na lógica do emissor), os interditos (=aquilo que o sujeito não diz porque entende que não pode fazê-lo, cabendo ao psicólogo determinar a razão dessa omissão, o que em contexto forense adquire relevância acrescida), e os entreditos, ou seja, o que o emissor não verbaliza directamente, ainda que possa deixar pontas soltas, de molde a que o receptor as recolha e religue) (Poiares, 2008).

A Psicologia Forense corresponde, porventura, à denominação que, na actualidade, faz mais sentido, dada a sua abrangência, em especial se se colocar em paralelo a Psicologia Criminal, a qual possui um objecto circunscrito aos actores do processo de criminalização, em qualquer das suas fases, embora os níveis secundário e terciário sejam os mais recorrentes nas solicitações endereçadas aos psicólogos; todavia, existem, pelo menos, dois domínios em que os técnicos de Psicologia foram convocados em sede ante-primária da legislação e da criminalização: refiro-me à preparação da Lei de Saúde Mental (1998) e, de modo mais intenso, à construção do normativo que regulamentou a acção e as competências dos dispositivos de descriminalização construtiva do uso de drogas, as Comissões para a Dissuasão da Toxicodependência (CDT's), em 2001.

Frequentemente, alguns textos sobre a especialidade da Psicologia em espaço judicial utilizam aqueles termos em sinonímia, o que se compreende numa perspectiva mais pragmática, embora não corresponda a uma lógica científica (Poiares, 2001). Alguns autores desenvolvem esta temática, partindo da articulação dos conceitos Psicologia e Direito, o que torna mais esclarecida a essência do problema (Rodríguez, 2000; Kapardis, 1999; Blackburn, 2006; Machado e Gonçalves, 2005; Clemente, 1998; Arce, 2005; Fonseca, 2006; Garrido e Herrero, 2006; Urra Portillo, 2002; Carpintero, 2006). Todavia, o cerne da questão não reside no problema terminológico, que será talvez o menos importante, mas no facto de se epicentrar a Psicologia Forense ora mais próxima da acção dos juristas ora mais perto do trabalho dos psicólogos: por vezes, concebe-se este ramo psicológico como uma espécie do Direito, em regra do Direito Penal, como se de um núcleo jurídico se tratasse; outras vezes – e com acerto –, entende-se que é parte da Psicologia, ocupando-se das funções, circuitos, actores e cenários de Justiça. Aqui se enquadra um constructo a que aludirei neste artigo, que resolve, pelo menos parcialmente, a questão: refiro-me ao conceito de intervenção juspsicológica, apresentado em 1996 (Poiares, 1999).

2.3. Efectivamente, existe acentuada concomitância entre a Psicologia e o Direito, como vimos, sendo crucial a articulação de ambas as classes profissionais para o trabalho forense, sem prejuízo de uma limitação rigorosa de competências, salvaguardando-se a autonomia de ambos os saberes e, de modo muito particular, das atribuições e dos estatutos funcionais de ambos os operadores. Da vasta literatura existente sobre o assunto, que recenseei sumariamente, destacarei apenas duas noções de três autores, que se me afiguram verdadeiramente clarificadoras: Haward (1964), segundo o qual «os dois [o Direito e a Psicologia] vêem-se envolvidos no intento de controlar o comportamento»; e Ellison e Buckhout (1981), que afirmaram: «Psicologia y ley compartem um mismo punto de vista: las dos se preocupan por comprender, predecir y regular la conducta humana» (citados por Garrido e Herrero, 2006, p. 7).

Toda esta problemática constitui aspecto da maior importância no contexto da legitimação epistemológica da Psicologia Forense, assentando nas convergências e divergências entre o Direito e a sua vertente operativa, a Justiça, e a Psicologia. Esta matéria constitui, por si só, um dos capítulos mais densos da Psicologia Forense, cabendo realçar a elaboração por Garrido e Herrero (p. 19) de uma tabela destrinçadora de ambas as valências de análise e valoração dos comportamentos. Todavia, esta questão não se enquadra directamente naquilo que constitui a economia deste escrito, motivo por que me limito a referenciar a principal abordagem teórica da questão.

A Psicologia Forense, sendo Psicologia, destina-se a tornar mais científica a construção e aplicação do Direito, recorrendo a conceitos, constructos teóricos e instrumentos psicológicos, podendo considerar-se que a sua nascença resultou, em grande parte, de apelos endereçados pelos profissionais do foro, de molde à melhor interpretação e compreensão das condutas e dos seus autores, potenciando também uma aplicação mais adequada do Direito ou, pelo menos, em alguns dos seus ramos. Curiosamente – ou talvez não – a Psicologia Forense resultou, em boa medida, do esforço técnico-científico de juristas, por exemplo Gross (1898), autor de um manual de Psicologia Criminal, Altavilla (1925), e Ferri, que conjugou em diversas obras o Direito, a Sociologia e a Psicologia. Algumas temáticas nas quais os juristas e os psicólogos de agora parecem revelar dificuldades em entender a existência de um registo comum foram já abordadas, no século XIX, numa perspectiva enquadrável no que venho designando por intervenção juspsicológica: refiro-me, por exemplo, a Zitelman (1879), autor de uma obra intitulada *O erro e a relação jurídica: uma investigação jurídico-psicológica*. Paralelamente, alguns dos psicólogos mais conceituados do início do século XX foram cultivadores da Psicologia Forense, nomeadamente numa óptica experimental: Stern (1903), Binet, considerado o pai dos instrumentos psicológicos (1905) e mesmo Freud (1906), tendo cabido aos dois primeiros investigadores a fase inicial da abordagem experimental da Psicologia do Testemunho, particularmente no campo da sugestionabilidade (Urra Portillo, 2002; Pessoa, 1931).

Ora, de tudo quanto referi ressalta um aspecto que me parece fundamental para a abordagem da relacionalidade entre Direito e Psicologia: o depoimento judicial. Com efeito, muitas das preocupações patenteadas pelos investigadores a que me reportei radicavam no problema da mentira em sede testemunhal, entidade perturbadora e entropiante do sistema, como o demonstrou Floriot (1972). Poderá considerar-se, por isso, que a Psicologia Forense nasceu da Psicologia do Testemunho, a qual desde sempre se preocupou com a dicotomia verdade-mentira, colocando em questão o binómio credibilidade e fiabilidade das testemunhas, para o que foi convocado o saber psicológico, com maior incidência nos designados processos psicológicos básicos (sensação, atenção, percepção, memória) e seus mecanismos, bem como, desde muito cedo, o problema da sugestão.

Na actualidade, o raio de acção da Psicologia Forense alargou-se consideravelmente, abrangendo diversas valências: desde logo a Psicologia do Testemunho, considerada por Lúcio (1986) como matriz da cooperação entre psicólogos e juristas, tendo-se desenvolvido bastante a partir dos anos Oitenta, assentando no método experimental; colateralmente a este segmento, a Psicologia das Motivações Ajurídicas do Sentenciar adquiriu, nos últimos anos, destaque no nosso país: de facto, depois de ter sido levada para a formação dos magistrados pelo antigo Director do Centro de Estudos Judiciários (CEJ), Laborinho Lúcio, em moldes que a aproximam dos estudos de *sentencing*, converteu-se em objecto de investigação científica desenvolvida na Faculdade de Psicologia da Universidade Lusófona de Humanidades e Tecnologias, na sequência de um protocolo celebrado entre o CEJ e o então Departamento de Psicologia da ULHT (2004). Esta linha de pesquisa científica, associada à Psicologia do Testemunho, foi possibilitada, em grande parte, pelo empenho de Mário Mendes, na época Director do CEJ, bem como de Rui do Carmo e de Joana Marques Vidal, também dirigentes daquele Centro, tendo dado origem a estudos cuja publicação já aconteceu ou está prevista para o próximo ano: C. Poiares (2005, 2008, este no prelo); M. Louro (2005, 2008, ambos no prelo); S. Pinto (2006, no prelo); S. Gonçalves (2007, também no prelo); A. Calado (2007, no prelo); R. Luís (2008, no prelo). A particularidade dos estudos desenvolvidos no âmbito deste convénio decorre do facto de serem realizados em cenário e tempo reais, com actores reais, e não em contexto laboratorial, recorrendo-se, em alguns casos, à gravação vídeo dos julgamentos.

Na Universidade Fernando Pessoa, do Porto, A. Sacau, A. Sani e Soria desenvolvem igualmente trabalho próximo deste objecto de estudo.

A avaliação psicológica em contexto forense representa uma das necessidades mais prementes e sentidas dos actores judiciários, na medida em que permite preencher o objecto central da Psicologia Forense, ou seja, o conhecimento daqueles que, em qualquer estatuto, grau ou qualidade, deambulam pelo sistema judiciário. Trata-se, com efeito, da necessidade magna de quem administra a Justiça, incidindo não apenas nos procedimentos criminais, mas também no contexto do Direito de Família e de Menores (acções de regulação da responsabilidade parental, rupturas da conjugalidade e, principalmente, da parentalidade, processos de adopção, para além da vitimação afectiva, atingindo idosos, cônjuges e menores, bem como na área específica das transgressionalidades e delinquências juvenis); no âmbito do Direito Civil (nas incapacidades, incluindo a acidental; nas invalidades negociais; nos campos da responsabilidade civil, especialmente no que tange à previsão dos chamados danos morais, ínsita nos artigos 496.º e 562.º do Código Civil; na avaliação da vontade no âmbito do negócio jurídico; no terreno das regras testamentárias, onde a autópsia psicológica pode desempenhar relevante papel; no domínio da distinção entre comportamento doloso e meramente negligente; nos actos preparatórios dos contratos e na correlativa responsabilidade contratual das partes); na sinistralidade rodoviária (desde a avaliação da capacidade do condutor em caso de licenciamento ou sua renovação); no Direito do Trabalho (acidentes de trabalho e doenças profissionais); no domínio das mediações (de conflitos, familiar e, de modo particular, penal); nas aplicações do Direito quando as partes sofrem de adições, sejam químicas (álcool, drogas) seja o jogo compulsivo, ou o recurso, também compulsivo, ao crédito; e, como já referi, no contexto testemunhal, em todas as sedes processuais.

Estas vertentes tornam frequentemente conveniente e, muitas vezes, imprescindível, a avaliação psicológica, a qual deve ser realizada segundo uma metodologia específica, e de acordo com regras próprias, que diferem das metodologias da Psicologia Clínica. Acresce que, como refere Fonseca (2006), existe uma tradição de o Psicólogo Forense ser definido pelo lugar onde exerce e pelas tarefas que executa, o que conduziu à ideia, completamente errada e destituída de legitimação epistemológica, de que o Psicólogo Clínico poderia enquadrar-se perfeitamente no trabalho da Psicologia Forense. Designei esta asserção como errada, o que se justifica por várias razões: em primeiro lugar, as formações são diferenciadas, pelo que hoje não faz sentido chamar (ou deixar entrar) um psicólogo não forense nos domínios forenses; com efeito, há diferenças ao nível da formação, porquanto o psicólogo forense não pode ser considerado como um psicólogo de outra área qualquer, conhecedor de regras dos meandros da Justiça – este o motivo por que, em Espanha, M. Clemente e J. Rios publicaram, em 1995, uma obra intitulada *Guia jurídica del psicólogo – compendio básico de legislación para el psicólogo jurídico*; por outro lado, a finalidade do trabalho clínico é substancialmente diferente da que assiste ao psicólogo forense, na medida em que aquele erige como objectivos a ajuda a pessoas em crise e sofrimento e o apoio terapêutico, sendo que a avaliação que realiza é de natureza clínica, visando corresponder às necessidades terapêuticas, ao passo que o psicólogo forense visa captar as diversas dimensões do sujeito e tentar enquadrá-lo no contexto do(s) acto(s) que realizou ou sofreu, destinando-se essa informação a contribuir para uma abordagem judicial e, eventualmente, para servir de suporte à função de aplicação da Lei; decorrendo destas razões, existe o problema ético-deontológico, uma vez que os níveis de sigilo são diferentes entre a Psicologia Clínica e a Psicologia Forense; e, por fim, o Psicólogo Forense tem de captar a dinâmica e as interacções que se verificam entre o sujeito avaliando e os outros que estão também integrados no contexto judicial, independentemente dos estatutos que assumam.

Ora, a Psicologia Forense não é a Psicologia Clínica revisitada, pelo que não tem qualquer sentido a intervenção de clínicos no contexto forense, por duas outras ordens de razão: ainda que um psicólogo possua, em simultâneo, graus académicos em Psicologia Clínica e Psicologia Forense tal não o torna hábil para trabalhar nas duas vertentes, atendendo aos argumentos relacionados com as finalidades diferentes de ambas as intervenções e com a componente ética que diferencia o clínico do forense; por outro lado, por uma ideia que decorre da divisão técnico-científica das tarefas: da mesma maneira que nenhum doente consulta o oftalmologista quando está com problemas intestinais, nem procura um estomatologista para o tratar do estômago, também não faz lógica que o sujeito que é arguido num processo-crime ou réu num processo civil recorra ao psicólogo clínico para o avaliar. Com efeito, toda a função que o psicólogo forense deve exercer é diferente da que cabe ao clínico, quer pela natureza do pedido e pela sua proveniência, quer pela forma mais objectiva por que deve trabalhar, «mais neutra ou afectivamente desprendida», como refere Fonseca (2006, p. 8). A não se observarem estes pressupostos, como por vezes acontece, estaremos em presença do velho negócio de venda de gato por lebre. A Psicologia já não pode compactuar com os *João* Semana que persistem em percorrer, com o mesmo à-vontade, clínicas, hospitais e tribunais ou prisões... Fonseca (2006), explica:

«Não admira, por isso, que uma imagem ainda bastante generalizada da psicologia forense, seja a da psicologia clínica aplicada aos indivíduos com graves problemas de comportamento anti-social, designadamente com vista ao diagnóstico, ao prognóstico e à terapia. Todavia, essa concepção da psicologia forense já não parece reflectir, de modo adequado, o que se passa actualmente nesta área de pesquisa e de intervenção. De facto, se muitos psicólogos continuam a ser solicitados para tarefas de natureza clínica, diversos outros, nesse mesmo sistema, são chamados para tarefas de natureza inteiramente diferente.» (p. 7)

E, mais adiante, o mesmo autor continua o desenvolvimento deste raciocínio, elencando os objectos científico-interventivos da Psicologia Forense, afirmando:

«Estas e várias outras matérias dificilmente poderão ser consideradas como específicas ou exclusivas da psicologia clínica, nos termos em que esta é tradicionalmente entendida. Aliás, quando se analisa a evolução da psicologia forense na Europa, constata-se que ela teve origem na investigação empírica e/ou laboratorial (Bartol, 1999, 7), designadamente no estudo do testemunho e da memória ou da sugestão. Igualmente interessante é verificar que estas continuam a ser as áreas da psicologia forense em que, nos últimos anos, se têm registado avanços significativos e mais seguros (p. 8).

Para além da avaliação psicológica forense, transversal em toda a associação entre Psicologia e Direito, outros domínios têm revelado crescimento e, de certa forma, autonomia científica: refiro-me, por exemplo, à Psicologia da Polícia, em que os trabalhos de M. Clemente assumem papel relevante. Trata-se, na verdade, de uma área de *interface* entre os estudos sociológicos sobre as forças de segurança, abrangendo também os problemas relacionados com o sentimento de (in)segurança, articulando níveis reportáveis à Psicologia das Organizações com outros que são estritamente do âmbito da Psicologia Criminal (Domingues, 2001). Esta vertente do saber abrange os domínios científicos da Criminologia e da Psicologia, constituindo objectos de investigação empírica e de construção epistemológica, destacando-se, entre nós, os trabalhos de C. Da Agra e de C. Machado.

Mais recentemente, iniciou-se a abordagem científica da Psicologia da Exclusão Social, instituída já como estrutura curricular de estudos de mestrado (na Faculdade de Psicologia da ULHT), a qual revela uma proximidade íntima com a Psicologia Forense (Poiares, 2008). A Psicologia da Exclusão Social erige como objecto de estudo as situações de risco (e, também, os comportamentos e circunstâncias de risco), tendo como destinatários privilegiados do seu trabalho os segmentos populacionais mais fragilizados ou vulneráveis: pessoas com baixo índice de competências, sem-abrigo, toxicodependentes, alcoólicos, deficientes, idosos, minorias étnicas, ex-reclusos, prostitutas(os), deslocados, imigrantes, entre outros grupos de excluídos que povoam a paisagem social. Paralelamente, nas áreas forense e da exclusão, os técnicos especializados operam ainda no domínio da prevenção de riscos, construindo e aplicando programas juspsicológicos e comunitários.

Finalmente, sublinhe-se que em alguns países os psicólogos forenses estão organizados em estruturas, como nos Estados Unidos, cujo Conselho Americano de Psicologia Forense editou, em 1987, as funções gerais desse profissionais (Urra Portillo, 2002). Em Portugal, a recente instituição da Ordem dos Psicólogos poderá conduzir a uma situação similar; em 2001, um grupo de psicólogos forenses e professores de Psicologia Forense fundou a *PSIJUS – Associação para a Intervenção Juspsicológica*.

A Psicologia Forense tem um largo espaço de acção a desenvolver, quer no terreno da investigação teórica e epistemológica quer nas práticas de intervenção; mas é também da maior importância a definição das esferas de intervenção dos técnicos de Psicologia Forense: aqui se entronca, de resto, a intervenção juspsicológica, de qual curarei no número subsequente.

2.4. A intervenção juspsicológica consiste, em simultâneo, num objecto especulativo e num conceito operativo: a vertente epistemológica e a de acção/intervenção, ambas interligadas, vivendo num registo de intercontribuição. Resulta, em primeira linha, da constatação da acientificidade do Direito, pelas razões já aduzidas; porém, na partilha de informação entre o jurídico e as diversas áreas científicas que têm o estudo da Pessoa como objecto – as Antropociências (Fernandes, 1987), vão-se gerando núcleos de conhecimento científico matizados pelo Direito, sendo estes consequência dos fluxos comunicacionais que se estabelecem em duplo sentido: do Direito, nas suas diversas expressões, para a Ciência; da Ciência para as diversas expressões do Direito. Nesta conformidade, o saber do Direito não só convoca diferentes segmentos científicos, como os toca com esses núcleos de saber, provocando também os cientistas, aos quais são requeridas explicações que, para poderem ser realizadas, têm de arrancar de um plano de confluência entre o jurídico e o ajurídico. Nestes termos, o Direito estimula a reflexão científica que, por sua vez, pode constituir-se em factor precipitante da mudança de comportamento dos actores do Direito, dando origem a conglomerados científicos cujo ponto de partida é jurídico, mas que se converte em científico pela introdução de princípios metodológicos carreados pela Ciência. Esta, por seu lado, acaba também por incluir na sua agenda e nos recursos que vai afectar parte da informação que lhe é oferecida pelo Direito, o que potencia a miscigenação entre as várias áreas científicas e o jurídico. Assim, vem-se assistindo a planos confluentes definidos entre o Direito/Justiça e, por exemplo, a Economia, a Sociologia, a Medicina, a Psicologia. Alguns conceitos possuem já uma longa tradição, como acontece com a Medicina Legal e, embora mais recente, com a Psiquiatria Forense; a análise económica do jurídico e a análise jurídico do económico consubstanciam igualmente um vasto leque de preocupações de economistas e, também, de juristas; a Sociologia há muito que estuda os fenómenos jurídicos, o que levou ao surgimento da Sociologia Jurídica (Carbonnier, 1979; Lévy-Bruhl, 1997); a Criminologia, que teve uma presença significativa nas primeiras décadas do século XX nas preocupações dos juristas, recuperou alguma força na Universidade de Coimbra, através da obra desenvolvida por Figueiredo Dias e Costa Andrade (Dias e Andrade, 1997), tendo-se constituído com autonomia e desenvolvido profundamente, a partir dos anos Noventa, por força dos trabalhos iniciados por C. Da Agra na Escola de Criminologia da Faculdade de Direito da Universidade do Porto, da qual foi fundador e é Director; a Psicologia, como vimos, também já dispõe de uma História e de um trajecto de intervenção no espaço judicial. Nas Faculdades de Direito do Mundo já se estuda, nalguns casos desde há mais de uma centúria, a Economia e a Medicina Legal, mas também, desde datas mais recentes, a Sociologia e, mais raramente, a Psicologia: na Faculdade de Direito da Universidade Nova de Lisboa, enquanto Presidente do seu Conselho Científico, Freitas do Amaral criou a cadeira de Psicologia Jurídica, leccionada durante três anos, extinta, porém, em 2006. Ora, emergem constantemente *novos territórios do Direito*, para utilizar a expressão de Gonçalves e Guibentif (2008), sendo exacto que, como defendem aqueles autores, é «a geografia do direito [que] está em mudança» e, em simultâneo, a própria cartografia jurídica que se modifica: a engenharia genética e os desenvolvimentos da Biologia têm produzido significativas alter(c)ações no sistema jurídico, de que é exemplo o Biodireito (Faria, 2008); também os sistemas de informação traduzem tempos de mudança no contexto do Direito, parecendo ser este uma época propícia à permeabilização entre os saberes e à abertura do sistema jurídico às Ciências: talvez estejamos na fronteira que marcará o termo dos pressupostos que, habitando há muito no Direito, terão conduzido ao surto fetichizador, que já referi, citando Santos (1986).

A intervenção juspsicológica é a penetração do discurso, do saber, das práticas e das metodologias psicológicas nos territórios jurídico-judiciais, abrangendo quer o trabalho desenvolvido junto dos dispositivos formais de controlo social (polícias, tribunais, comissões para a dissuasão da toxicodependência, comissões de protecção de crianças e jovens em risco, serviços prisionais e de reinserção social), quer no âmbito jurídico mas ainda judicializado, como acontece no trabalho realizado com advogados; por outro lado, a leitura e descodificação dos actores sociais presentes no processo de criminalização constitui ainda uma fase da intervenção juspsicológica, englobando a captação de discursividades e actos desses operadores, nem todos actores judiciários, como acontece quando se trabalha na análise dos comportamentos da Opinião Pública, da Opinião Política ou dos *media*.

Esta é, aliás, a vertente operativa da intervenção juspsicológica, suportada no conhecimento dos pressupostos psicológicos e também no domínio das racionalidades jurídicas. Com efeito, um psicólogo para estar apto a trabalhar neste terreno necessita de conhecer o sistema judiciário de forma detalhada, bem como o *modus operandi* daqueles que aí desenvolvem serviço; por outras palavras, carece de conhecimentos, entre outras matérias, de Psicopatologia e de Avaliação Psicológica; precisa de dominar os métodos e instrumentos de avaliação; mas, do mesmo passo, deve estar preparado para saber quando e como os utilizar, assim como os momentos da sua intervenção. Paralelamente, o psicólogo forense é ainda contribuinte do trabalho judiciário quando desenvolve actividade na prevenção primária das situações, comportamentos ou circunstâncias de risco, envolvendo-se em programas de prevenção da criminalidade ou de promoção da inclusão junto de populações que estiveram em trânsito pela Justiça.

Naturalmente que a área privilegiada da intervenção juspsicológica corresponde à aplicação da Lei, seja nos tribunais criminais, onde assume maior pregnância, seja nos tribunais de família ou cíveis: esta a razão por que, em 2004, a Ordem dos Advogados, com o impulso do então Presidente da Comissão dos Direitos Humanos, Carlos Pinto de Abreu, organizou, em colaboração com a área de Psicologia Forense e da Exclusão Social da Faculdade de Psicologia da ULHT, uma Bolsa de Psicólogos para Advogados, aos quais todos os causídicos podem recorrer, aí encontrando respostas de psicólogos forenses às questões que se lhes suscitam; e foi ainda essa a razão por que, em 2008, a coordenadora do Departamento de Investigação e Acção Penal, Maria José Morgado, dotou o DIAP de um corpo de especialistas em Psicologia Forense; essa também a razão por que, em 2006, pouco depois da minha nomeação para Director da Faculdade de Psicologia da Universidade Lusófona, constituí uma valência da Psicologia Forense e da Intervenção Juspsicológica no então criado Serviço de Atendimento e Avaliação Psicológicos – SAAP, à qual alguns magistrados têm recorrido, particularmente no campo do Direito de Família.

A intervenção juspsicológica significa, no fundamental, o trabalho dos psicólogos forenses nas alamedas da Justiça, revelando a face da cooperação inter-subjectiva entre juristas e psicólogos, profissionais que erigiram como destinatários do seu trabalho os Homens e as Mulheres, frequentemente em crise e sofrimento. Aqui se funda a intervenção juspsicológica, cuja finalidade principal reside na intercontribuição com o sistema de Justiça, pretendendo, do mesmo passo, contribuir para a melhoria da qualidade de vida das Pessoas e para que o Direito seja sinónimo de Justiça (Louro, 2008).

Esta a motivação por que o diálogo e a cooperação entre juristas e psicólogos forenses constitui uma premente necessidade social – para que a Justiça integre melhor as assimetrias dos comportamentos e das vidas.

BIBLIOGRAFIA

ADAM, J.-M. (2001). Discurso. *In* Doron, R. E Parot, F. (Eds.), *Dicionário de Psicologia*. Lisboa: Climepsi, 243-244.

ALTAVILLA (1925-1981). *Psicologia Judiciária I e II*. Coimbra: Arménio Amado.

ARCE, R. (2005). La construcción de la psicología jurídica en europa y su estatus actual. *In* Gonçalves, R. e Machado, C. (Coords.), *Psicologia Forense*. Coimbra: Quarteto, 103-114.

BAPTISTA, A. (2007). Introdução: Psicologia do nosso tempo. *In* Neves, F.S., *Introdução ao Pensamento Contemporâneo – Tópicos, Ensaios, Documentos*. Lisboa: Edições Lusófonas, 423-448.

BLACKBURN, R. (2006). Relações entre Psicologia e Direito. *In* Fonseca, A.C., Simões, M.R., Simões, M.C. e Pinto, M.C. (Eds.), *Psicologia Forense*. Coimbra: Edições Almedina, 25-49.

BRONCKART, J.-P. (2001). Comunicação. *In* Doron, R. E Parot, F. (Eds.), *Dicionário de Psicologia*. Lisboa: Climepsi, pp. 156-157.

CALADO, A. (2007). *Psicologia das Motivações Ajurídicas do Sentenciar: em busca da motivação*. (no prelo)

CARBONNIER, J. (1979). *Sociologia Jurídica*. Coimbra: Livraria Almedina.

CARPINTERO, H. (2006). Breve história de la psicología jurídica. *In* Garrido, E., Masip, J. E Herrero, M. (Coords.), *Psicología Jurídica*. Madrid: Pearson Prentice Hall, 43-75.
CLEMENTE, M. (Coord.) (1998). Psicología...¿jurídica? A modo de introducción. *In Fundamentos de la Psicología Jurídica*. Madrid: Pirâmide.
DA AGRA, C. (1982). Epistemologia, ciência e patologia mental – Desviância juvenil e toxicomania: um analisador epistémico. *In Análise Psicológica, 4 (II)*: 529-545.
DA AGRA, C. (1986). Projecto da Psicologia transdisciplinar do comportamento desviante e auto-organizado. *In Análise Psicológica, 3-4 (IV)*: 311-318.
DEBUYST, Ch. (1986). Representação da justiça e reacção social. *In Análise Psicológica, IV*. Instituto Superior de Psicologia Aplicada, pp. 369-376.
DIAS, F. & Andrade, C. (1997). *Criminologia: O homem delinquente e a sociedade criminógena*. Coimbra: Coimbra Editora.
DOMINGUES, T. (2001). Polícia e sentimento de insegurança. *In* Poiares, C. (Coord.). *Sub Júdice, 22/23: Psicologia e Justiça: razões e trajectos*, 131-138.
FARIA, P. (2008). O biodireito – novos princípios, actores e instrumentos de regulação. *In* Gonçalves, M. G. e Guibentif, P. (Coords.), (2008). *Novos territórios do Direito – europeização, globalização e transformação da regulação jurídica*. S. João do Estoril: Principia, 137-147.
FELDMAN, R.S. (2007). *Introdução à Psicologia*. São Paulo: McGraw-Hill.
FERNANDES, B. (1987). O homem perturbado pela droga. *In* Academia das Ciências de Lisboa (Ed.), *Colóquio sobre a «Problemática da droga em Portugal»: Actas*. Lisboa, pp. 1-21.
FERRI, H. (s/d). *Discursos de defesa (defesas penais)*. Coimbra: Arménio Amado.
FLORIOT, R. (1972). *Erros Judiciários*. Lisboa: Círculo de Leitores.
FONSECA, A.C., Simões, M.R., Simões, M.C. e Pinto, M.C. (Eds.) (2006), *Psicologia Forense*. Coimbra: Edições Almedina.
FONSECA, A.C. (2006). Psicologia forense: uma breve introdução. *In* Fonseca, A.C., Simões, M.R., Simões, M.C. e Pinto, M.C. (Eds.), *Psicologia Forense*. Coimbra: Edições Almedina, 3-23.
FOUCAULT, M. (1999). *Vigiar e punir. Nascimento da prisão*. Petrópolis: Editora Vozes.
FRANCK, R. (1983). Significação social da psicologia. III – Porque se pratica a psicologia clínica? *In Análise Psicológica, III*. Instituto Superior de Psicologia Aplicada, pp. 327-352.
GARRIDO, E., Masip, J. & Herrero, M.ª C. (Coords.) (2006). *Psicología Jurídica*. Madrid: Pearson-Prentice Hall.
GARRIDO, E., Masip, J. & Herrero, M.ª C. (2006). Relaciones entre la psicología y la ley. *In* Garrido, E., Masip, J. E Herrero, M. (Coords.), *Psicología Jurídica*. Madrid: Pearson Prentice Hall, 4-42.

GONÇALVES, S. (2007). *Comportamentos verbais e não verbais de juízes em sede de julgamento – Estudo das Motivações Ajurídicas do sentenciador*. (no prelo)
GONÇALVES, M. G. e Guibentif, P. (Coords.), (2008). *Novos territórios do Direito – europeização, globalização e transformação da regulação jurídica*. S. João do Estoril: Principia.
GONÇALVES, R. E Machado, C. (Coords.) (2005). *Psicologia Forense*. Coimbra: Quarteto.
HART, H. (1995).*O conceito de Direito*. Lisboa: Fundação Calouste Gulbenkian.
HESPANHA, A.M. (2007). *O caleidoscópio do Direito. O Direito e a Justiça nos dias e no mundo de hoje*. Coimbra: Almedina.
KAPARDIS, A. (1999). *Psychology and law. A critical introduction*. Inglaterra: Cambridge University Press.
LÉVY-BRUHL, H. (1997). *Sociologia do Direito*. São Paulo: Martins Fontes.
LOURO, M. (2005). *Comunicação discursiva entre actores judiciários – Estudo da Psicologia das Motivações Ajurídicas*.(no prelo).
LOURO, M., 2008, *Psicologia das Motivações Ajurídicas – o que é a verdade?* (no prelo)
LÚCIO, L. (1986). Psiquiatria forense e o novo Código Penal. *In Análise Psi-cológica, IV*. Instituto Superior de Psicologia Aplicada, pp. 489-494.
LUÍS, R. (2008). *A génese da credibilidade e a convicção decisória*. (no prelo)
CLEMENTE, M. & Rios, J. (Coords.) (1995). *Guia Jurídica del psicólogo. Compendio básico de legislación para el psicólogo jurídico*. Madrid: Pirâmide.
BAPTISTA MACHADO, J. (1982-2007). *Introdução ao Direito e ao Discurso Legitimador*. Coimbra: Almedina.
MIAILLE, M. (1979).*Uma introdução crítica ao Direito*. Lisboa: Moraes Editores.
PERAYA, D. (2001).Comunicação não verbal. *In* Doron, R. E Parot, F. (Eds.), *Dicionário de Psicologia*. Lisboa: Climepsi,157.
PESSOA, A. (1931). *A prova testemunhal – Estudo da Psicologia Judiciária*. Coimbra: Imprensa da universidade.
PINTO, S. (2006). *Psicologia do Testemunho e das Motivações Ajurídicas do Sentenciar: Genealogia e hibridações*. (no prelo)
POIARES, C. (1999). *Análise psicocriminal das drogas – O discurso do Legislador*. Porto: Almeida & Leitão, Lda.
POIARES, C. (2001). Da Justiça à Psicologia: razões e trajectória. A intervenção juspsicológica. *In Sub Júdice,* 22-23.
POIARES, C. (2005). Psicologia do Testemunho: contribuição para a aproximação da verdade judicial à verdade. *In* Comissão dos Direitos Humanos da Ordem dos Advogados (Coord.), *Direitos do Homem. Dignidade e Justiça*. Lisboa: Principia, 143-160.
POIARES, C. (2008[a]). Justiça, exclusão social e psicologia ou estranhas formas de vida. *In* ARS IVDINCANDI, *Estudos em Homenagem ao Prof. Doutor*

António Castanheira Neves, volume 1, do Boletim da Faculdade de Direito da Universidade de Coimbra. Coimbra: Coimbra Editora, 967-981.

POIARES, C.(2008[b]). *A gramática das rupturas* Ou *Já gastámos as palavras pela rua, meu amor*. (no prelo)

RODRIGUES, I. (2008).*O corpo e a fala*. Lisboa: Fundação Calouste Gulbenkian.

RODRÍGUEZ, E. (2000). *Psicología Forense y tratamiento jurídico-legal de la discapacidad*. Madrid: Edisofer, s.l.

SANTOS, A. (1986). Piaget e a teoria do Direito. *In Análise Psicológica, IV*. Instituto Superior de Psicologia Aplicada, pp. 319-358.

URRA, J. (Comp. (2002). *Tratado de Psicologia Forense*. Madrid: Siglo Veintiuno de España Editores.

JUÍZES, JÚRIS E TRIBUNAIS NO SÉCULO XIX

MARIA FILOMENA MÓNICA
Investigadora-coordenadora do Instituto de Ciências Sociais
da Universidade de Lisboa

"Por razões diferentes, tanto a República quanto o Estado Novo desprezaram o regime do constitucionalismo monárquico, o que levou a que os estudos sobre este período tenham sido subalternizados. (...) Infelizmente, a maneira como funcionavam os tribunais não foi objecto de atenção, de onde resulta desconhecermos hoje qual a origem social dos juízes, a influência dos partidos no quotidiano judicial ou a forma como decorriam as audiências".

Por razões diferentes, tanto a I República quanto o Estado Novo desprezaram o regime do constitucionalismo monárquico, o que levou a que os estudos sobre este período tenham sido subalternizados. Na realidade, só após a Revolução de 1974 se publicaram obras inovadoras sobre os anos que vão de 1834 a 1910. Infelizmente, a maneira como funcionavam os tribunais não foi objecto de atenção, de onde resulta desconhecermos hoje qual a origem social dos juízes, a influência dos partidos no quotidiano judicial ou a forma como decorriam as audiências. Apenas para os casos mais célebres – como seja os dos julgamentos de João Brandão, Vieira de Castro ou Camilo Castelo Branco – possuímos alguma bibliografia[1].

---

[1] Existem muitos opúsculos, mas poucas fontes secundárias sobre julgamentos. A excepção é o livro de Vasco Pulido Valente, *Glória*, Lisboa, Gótica, 2001 (que contem um capítulo sobre o julgamento, em 1870, de Vieira de Castro). Sobre o julgamento de Camilo, em 1860, existe a transcrição das sessões, e, sobre o de João Brandão, uma variedade de folhetos e de livros, entre os quais há a destacar o de J. M. Dias Ferrão, *João Brandão*, Porto, 1928, bem como *Apontamentos da Vida de João Brandão por ele escritos na Prisão do Limoeiro envolvendo a História da Beira desde 1834,* Lisboa, Veja, 1990. Para a criminalidade na Beira, ver a colectânea de fontes coligida por Lígia Cruz, «Docu-

No decorrer das minhas investigações sobre a segunda metade de oitocentos, deparei-me com referências a temas de natureza jurídica, mas, uma vez que o meu interesse neles não residia, jamais tomei notas.

Depois da guerra civil entre liberais e absolutistas, tinham aparecido bandos de salteadores que aterrorizaram comunidades inteiras. Na noite de 28 de Agosto de 1842, o juiz Nicolau Baptista de Figueiredo Pacheco Teles, tido como um duro, foi assassinado em Midões, ao que tudo indica a mando da quadrilha dos Brandões. É preciso recordar que João Brandão não era o rebelde que a imaginação popular nos legou, mas um cabo eleitoral que servia os políticos a quem estava ligado. Só quando o regime liberal se estabilizou em todo o território – e depois de ter morrido aquele que seria o seu mas importante patrono, Rodrigo da Fonseca – foi preso e condenado, tendo, para o efeito, de ser transportado para a comarca da Tábua, onde os jurados não eram tão intimidáveis quanto os de Midões ou de Arganil. Passou-se isto em 1866, sendo Ministro da Justiça Barjona de Freitas.

Durante anos, juristas e políticos denunciaram, sem êxito, a impunidade de que estes bandos gozavam, mas os políticos eram incapazes de pôr cobro à situação, até porque, nalguns casos, precisavam deles para ganhar eleições. A 20 de Março de 1858, A. Henrique Secco dirigia ao Duque de Loulé, então Presidente do Conselho, um ofício com o seguinte teor: «Juízes de Direito houve em Midões a quem um septuagenário, chefe de assassinos [Manuel Brandão] e seus filhos subiam a escada com a mesma liberdade como se fosse própria, apresentavam-lhe requerimentos ou autos, intimavam-lhe os despachos ou sentenças desejadas que eram lavradas ao sabor dos assassinos. De delegados do procurador régio, mesmo em Arganil, sei eu que das janelas do seu domicílio trocavam com os assassinos que passavam ou os iam solicitar palavras de desonrosa confraternidade e gracejo de que os mesmos assassinos muito se pagavam para que o público ficasse conhecendo qual o seu alto valimento...»[2]. A Beira parecia o *Far West*.

---

mentos para o Estudo da Criminalidade na Beira em Meados do século XIX, 1841-1853» e, depois, para 1856-1858, in *Boletim do Arquivo da Universidade de Coimbra,* 1983 e 1984, bem como, da mesma autora, mas em publicação autónoma, *Documentos para o Estudo da Criminalidade na Beira em Meados do Século XIX* (anos 1859/71), Arquivo da Universidade de Coimbra, 1985.

[2] *O Livro Negro dos Brandões ou História Circunstanciada dos Factos que Vexaram a Beira durante Trinta e Cinco Anos,* Coimbra, 1869.

Num país pequeno, onde a gente que contava se conhecia intimamente, era difícil aos juízes manterem-se isentos. Foi aliás por isso que o pai de Eça de Queiroz, o juiz José Maria de Almeida Teixeira de Queiroz, se deu como parcial no julgamento que colocou no banco dos réus Camilo Castelo Branco e Ana Plácido, tendo declarado ser amigo de ambos[3]. Este caso é ainda interessante sob outro ponto de vista, o da intervenção real. Ao decidir, em Outubro de 1860, visitar Camilo Castelo Branco na prisão, D. Pedro V condenou implicitamente a sentença que levara os apaixonados à cadeia da Relação do Porto[4]. O romantismo dominava os espíritos, o que fez com que ninguém tivesse notado que os juízes apenas tinham aplicado a lei.

Só com o tempo começaram os tribunais a poder cumprir a sua função, o que não quer dizer que tivessem deixado de ser influenciados por pressões partidárias. Não era raro aos ministros da Justiça receber «cunhas» no sentido de colocarem os amigos nas melhores comarcas ou exercer influência sobre os juízes de forma a que as sentenças fossem favoráveis aos seus correligionários.

José Luciano de Castro, Ministro da Justiça, do Reino e, mais tarde, Presidente do Conselho, nunca teve pejo em influenciar os juízes em casos que lhe dissessem respeito, prática comum a outros governantes[5]. Veja-se a pressão por ele exercida no sentido de os juízes resolverem favoravelmente uma questão envolvendo a partilha de águas na quinta que um seu amigo, o 2.º visconde de Valmor, possuía em Sintra[6]. Herdeiro de José Isidoro Guedes, o qual, como tantos outros, tinha feito a sua imensa fortuna com base na concessão do monopólio do tabaco, Valmor tinha dinheiro, prestígio e influência[7].

---

[3] Todavia, o pedido de substituição não lhe seria concedido.

[4] Ver Maria Filomena Mónica, *D. Pedro V*, Lisboa, Temas e Debates, 2007, pág. 271/2.

[5] Vasto e riquíssimo, o espólio de José Luciano de Castro está à guarda do Arquivo Nacional da Torre do Tombo.

[6] Anteriormente, a quinta havia sido propriedade da rainha D.ª Carlota Joaquina, sendo uma das propriedades mais cobiçadas da região.

[7] Para ambos, ver Maria Filomena Mónica (org), *Dicionário Biográfico Parlamentar*, Lisboa, Instituto de Ciências Sociais e Assembleia da República, 2005. Fausto Guedes de Queirós (1837/1898), 2.º Visconde de Valmor, era embaixador de Portugal em Viena. Amigo íntimo de José Luciano, financiava o Partido Progressista.

À data, 1884, José Luciano era um dos mais importantes políticos do país e, coisa não despicienda, irmão de Francisco de Castro Matoso da Silva Corte Real, juiz do Supremo Tribunal de Justiça. Nascido em 1834, terminara brilhantemente o curso de Direito. Ainda tentara a carreira académica, mas a vida política depressa o absorveria. Desde os tempos da Universidade que também se dedicava ao jornalismo: em 1859, criou o *Jornal do Porto,* tendo colaborado em inúmeros jornais partidários e fundado, em 1868, com António Alves da Fonseca, *O Direito, Revista de Legislação e Jurisprudência.* Apenas com dezanove anos fora eleito deputado. Em 1861, separou-se do Partido Regenerador, onde militara, ligando--se aos Históricos. Em 1869, foi convidado pelo Duque de Loulé para Ministro da Justiça, pasta que apenas ocupou durante alguns meses, em virtude do golpe de Estado que passou à História sob o nome de «saldanhada» (1870). Até ao Pacto da Granja (1876), de onde nasceria o Partido Progressista, formou, juntamente com Anselmo José Braamcamp e o Duque de Loulé, o triunvirato que dirigia os Históricos. Quando, em 1879, os Progressistas ascenderam ao poder, foi chamado a ocupar o lugar de Ministro do Reino, o cargo mais relevante a seguir ao de Presidente do Conselho. A 10 de Dezembro de 1885, após a morte de Braamcamp, seria escolhido para chefe do partido. A sua eficácia na intriga política era lendária. Em 1867, casara-se com Maria Emília Cancela de Seabra, filha única do jurisconsulto Alexandre de Seabra, autor do *Código do Processo Civil.*

A 2 de Fevereiro de 1884, José Luciano, então na oposição (Fontes Pereira de Melo ocupava o cargo de Presidente do Conselho), escrevia ao Visconde de Valmor o seguinte: «Pela sua carta, vejo que o Aranha lhe exagerou os meus modestos serviços, que procensinados urei e procuro fazer-lhe na questão das águas. Fiz o que decerto o meu amigo faria nas mesmas circunstâncias. Tinha recomendado ao juiz Lencastre[8] e ele julgou-a contra, sem me dar a menor explicação e depois negou que tivesse recebido a carta que o Aranha lhe fez entregar em mão! Pedi o processo, examinei-o com atenção e convenci-me que a sentença era justíssima, em parte por causa da deficiente defesa do seu direito. Se pudesse arrancar os autos ao seu advogado, sem dúvida o faria, mas, como não podia, escrevi-lhe uma longa carta, chamando a sua atenção para alguns pontos impor-

---

[8] Luís Adriano de Magalhães Meneses e Lencastre, juiz do Tribunal do Comércio e da Relação de Lisboa, era membro do Partido Regenerador.

tantes e pedi ao Aranha que me obtivesse uma cópia da minuta da apelação para a examinar e ver se ele supria as lacunas da primeira instância. São decorridos mais de dois meses e creio que ainda não despachou o processo. Não sei o que ele fez, mas é de crer que tenha tomado em consideração as minhas advertências. Logo que a apelação vá para o relator, que é o Miguel Osório[9], procurá-lo-ei para lhe pedir exame atento dos autos e o persuadir da sua justiça. Irei também falar aos outros. O Lencastre já me confessou que se enganou e que se tivesse visto o termo lavrado por seu tio [o 1.º visconde de Valmor] na Câmara Municipal [de Sintra] e as condições de 1852, a que ele se referia, teria decidido de outro modo! O que eu queria era obrigá-lo a dizer isto ao juiz relator. Esteja certo de que eu tratarei este assunto como se fora próprio e que empenharei todas as minhas forças para que lhe façam justiça. E tenho toda a esperança que o hei-de conseguir. Como sabe, estou sempre às suas ordens como verdadeiro amigo. Neste e noutros assuntos da sua casa, sobre que me tem falado o Aranha, estou sempre pronto a ajudá-lo e a fazer-lhe o que posso. Não digo isto para que mo agradeça, mas apenas para o sossegar e tranquilizar. Pode estar certo que eu não faria mais, nem cuidaria com mais zelo dos seus negócios se aqui estivesse».

A 24 de Setembro, da sua casa da Anadia, onde costumava passar férias, José Luciano voltava a escrever a Valmor, dando-lhe notícias do andamento do processo: «Escrevi para Lisboa a um amigo, que é muito particular do juiz relator José Pereira[10] e tive a resposta que lhe mando. Por ela verá que já despachou o processo em Agosto último! Andou com muita pressa, o que me não deixa sossegado. Escrevo ao Abranches[11], mas conviria que empregasse os meios de que pode dispor para o mover a nosso favor». Eis o que José Luciano pensava dos magistrados: «Estamos nas mãos dos juízes e creia que é difícil estar em piores mãos do que nas deles. Estúpidos, ignorantes ou fátuos e empertigados na sua grande maioria. Se o meu amigo os pudesse procurar pessoalmente, seria excelente».

---

[9] Miguel Osório de Castro (1818/1890), fidalgo da Casa Real, bacharel em Direito e juiz do Tribunal da Relação de Lisboa; membro dos Partidos Histórico e, depois, Progressista.

[10] José Pereira (1825/1910), delegado do procurador régio, juiz do Tribunal de Comércio do Porto, da Relação dos Açores e da de Lisboa, bem como do STJ. Participou na Comissão de Reforma do Código Comercial, presidida por Veiga Beirão.

[11] José Inácio de Abranches Garcia, juiz do Tribunal da Relação de Lisboa, a que presidiria em 1887.

Não sei o que terá feito o visconde de Valmor, mas sei o que, de Viena, escreveu a José Luciano, a 27 de Junho de 1886: «A notícia de se resolver favoravelmente a questão das *águas cortadas* foi recebida com a satisfação que facilmente adivinha. Está claro que tal resultado só ao meu amigo pode ser devido. Disso tenho eu a certeza, que conheço os meus procuradores, e no meu escritório tudo são inválidos, como eu próprio, para não quebrar a harmonia. Nem há muito quem possa arcar com o Pinto Coelho[12], um dos donos deste país, senhor magno do baraço e do cutelo». É verdade que não conhecemos os factos constantes do processo, mas pode-se pensar que, sem os esforços de José Luciano, o litígio não teria tido um desfecho favorável[13].

Gostaria de terminar com a transcrição de duas fontes, ambas parte da investigação que tenho em curso. A 30 de Maio de 1887, Eugénio do Canto, um irmão de José do Canto, um dos maiores proprietários dos Açores, escrevia-lhe sobre um processo que o filho segundo deste tinha em tribunal. Contava-lhe ter subido à Relação, comunicando-lhe que fora «distribuído a um juiz que não se dá com ninguém», estando ele a tentar influenciar a decisão, através de várias pessoas, incluindo um escrivão. O seu desejo era adiar a sentença. Para Paris, onde José do Canto residia na altura, dizia-lhe: «Como o mano bem sabe, por experiência própria, não se pode ter confiança alguma (num Teotónio, certamente um juiz) nem nas suas promessas, nem palavras, veremos o que ele faz no julgamento, o presidente, Rhodes e Mor(eira) prometera-me demorar todo o tempo que for compatível com a lei. Pedi ao Duarte de Andrade para, quando o processo entrar em tabela, lembrar ao presidente o meu pedido e assim ele demorar o dia do julgamento, aqui tem o mano o único modo de poder demorar o julgamento de um agravo que depende quase exclusivamente do presidente».

Mais interessante, do meu ponto de vista, é a carta enviada pelo deputado açoriano, Pedro Jácome Correia, ao primo (José do Canto), a qual me

---

[12] Carlos Zeferino Pinto Coelho (1819/1893), um dos mais importantes advogados de Lisboa. Notório legitimista, apesar de ter sido várias vezes eleito, nunca se sentaria na Câmara dos Deputados, uma vez que se recusava a jurar sobre a Carta Constitucional.

[13] Estas cartas foram retiradas de F. Moreira, *José Luciano de Castro: Correspondência Política (1858/1911)*, Lisboa, Quetzal, 1998. Este livro, incluído na colecção, por mim dirigida, *Fontes para a História do Portugal Moderno*, contem outras com interesse para o funcionamento da justiça. Note-se que a obra apenas inclui uma amostra das milhares que existem nos vários arquivos que o autor consultou.

obrigou a reflectir sobre os méritos de um sistema, ao qual, em princípio, sou favorável. Tendo o primeiro tomado conhecimento de que o segundo fora seleccionado para jurado, num tribunal de Ponta Delgada, eis o que ironicamente lhe comunicava, a 4 de Junho de 1875: «Não te dou os parabéns pela tarefa que tens este mês, também já tenho sido jurado e sei quanto é agradável desempenhar estas funções. Nunca me foi possível fazer condenar um patife acusado de ladroeira. Se o roubo era pequeno, diziam que o crime estava expiado com os meses de prisão que o réu já tinha sofrido, se era grande, que a pena de degredo era excessiva». A propósito, relatava um caso de que tivera conhecimento directo: «Um réu apanhado a arrombar uma gaveta e sendo a terceira vez que já ia a tribunal por crimes de roubo foi absolvido. Isto vê-se todos os dias, porém o que me espantou foi vê-lo dirigir-se em seguida a um jurado e apertar-lhe a mão em agradecimento e o jurado recebeu esta manifestação de gratidão com uma cara risonha e satisfeita»[14].

Muitas causas – do temor à complacência – podem ser apresentadas para a ausência de condenações no Portugal de oitocentos, mas, como noutros pontos, nada podemos concluir antes de estudarmos a forma como funcionava o sistema judicial. Neste apontamento, apenas desejei chamar a atenção para uma área de investigação que, na minha opinião, tem sido negligenciada.

---

[14] A primeira carta está depositada no Centro de Documentação da Universidade dos Açores; a segunda faz parte do espólio da *Biblioteca Pública e Arquivo Regional de Ponta Delgada*, carta de 4. 6. (1875?), cx 1/47.

A REPRESENTAÇÃO PSICO-SOCIAL DO CRIME

José António Barreiros
Advogado

SUMÁRIO: o *sistema social* dominante, pois que aberto, apresenta hoje quanto à percepção da criminalidade sintomas análogos às *síndromes psico-patológicas* dos indivíduos. Esta situação implica, por seu turno, perturbações a nível do processo decisório e a nível dos sistemas de combate ao crime. O que neste artigo se diz a este respeito não tenta ser um paradigma, antes uma metáfora. Epistemologicamente é, como tal, uma *heurística*.

ESTÁTICA DO SISTEMA: A PSICOLOGIA DO SISTEMA SOCIAL

Assuma-se que existe um funcionamento psíquico do sistema social pelo qual ele, tal como os humanos, procede (i) à *percepção* dos fenómenos que ocorrem na sua estrutura (ii) à formação de *sentimentos* em relação a tais fenómenos.

Trata-se de supor na sociedade um saber e um querer, de partir da constatação empírica segundo a qual a sociedade tem um *sentimento* acerca da criminalidade, por ter um *conhecimento* acerca desta.

As caracterizações que faremos assumem a comunidade dos humanos como um *sistema*, pois só assim se pode construir a noção das inter-relações entre os seus elementos constitutivos, nomeadamente entre as instâncias formais incumbidas do combate ao crime e a comunidade onde o crime nasce e projecta os seus efeitos.

De acordo com a *teoria geral dos sistemas*, o ser humano é elemento (i) de um *sistema excessivamente complexo* (ii) integrado em *rede aberta* com outros sistemas, como o sistema social e o natural, que em relação a ele funcionam como *meio ambiente* (iii) com os quais está em *interacção informativa e energética* (iv) pelo que o seu comportamento é *auto adap-*

tativo a esse meio (v) e orientado *finalisticamente* para um objectivo (vi) com uma trajectória *probabilística* (vii) e corrigível por retroacção.

Definimos *sistema* como (iii) um conjunto de «variáveis integradas» (iv) susceptíveis de estados diversificados (v) relacionadas através de uma rede causal interactuante (vi) e dotadas, além disso, de uma rede de relações finitas e relativamente estáveis chamadas *estrutura*.

O *sistema excessivamente complexo* é o que é caracterizado por um elevado número de variáveis (i) as quais estão entre si ligadas *internamente* através de uma rede hierarquizada de acoplamentos que geram relações cinemáticas informativas e energéticas (ii) e que por sua vez se articulam com uma rede ainda mais complexa de relações *externas* com o meio ambiente.

Trata-se de um sistema integrado numa *rede aberta;* dada a ligação do sistema humano a um *meio ambiente,* nele ocorrem intercâmbios de informação e de energia com o exterior.

A *interacção complexa sistema/meio* é decorrente da natureza aberta da rede que integra o sistema humano e é complexa porque implica um jogo finito mas vasto de variáveis, cada uma delas passíveis de estados finitos mas vastos de comportamentos.

O *comportamento auto adaptativo* decorre do facto de, como sistema aberto, o humano, ao interagir com o meio ambiente ensaia adaptar-se às contingências extrínsecas que nele se encontram (i) modificando a sua conduta e comportamento para enfrentar a novidade externa (ii) dotando--se mesmo, para tal efeito, de uma estrutura diferençada da que lhe era originária.

Finalmente a *orientação finalística* resulta da circunstância de o sistema humano (i) não ter comportamento errático e arbitrário (ii) antes obedecer ao necessário para a prossecução de um objectivo (iii) sendo que os graus de imposição desse objectivo no comportamento em concreto podem ser diferenciados.

Daí decorre ser a sua *trajectória probabilística* e, assim, a conduta possível não ser (i) unidireccional (ii) nem linear (iii) antes uma mera probabilidade de ocorrência do necessário para a prossecução de uma finalidade.

As condutas logicamente possíveis são «contingências», cada uma delas é dotada de uma «probabilidade» específica. A conduta previsível é a que se orientar no sentido da maior probabilidade.

Os desvios do comportamento face ao necessário para a prossecução do objectivo (i) são corrigidos pelo sistema (ii) sucedendo que em alguns casos ele está dotado de mecanismos automáticos de auto regulação. É a retroacção correctora.

Visto no ângulo global do sistema social, trata-se de uma «arborescência» de ligações em rede, com (i) relações de «hierarquia de sistemas» (ii) de alternativas de comportamentos (iii) e de «finitude dos estados» caracterizadores de cada «variável» do sistema (iv) o que vem a gerar uma dinâmica de relacionamentos cinemáticos.

O *carácter aberto ou fechado dos sistemas sociais* condiciona o modo como ocorre a geração dos processos cognitivos sociais e assim:

(1) Nos *sistemas fechados*, típicos das pequenas comunidades [ainda que urbanas] (i) há uma percepção directa do fenómeno [assiste-se ou sente-se o crime, conhece-se o agente ou a vítima, assiste-se ao julgamento] (ii) uma cognição participada [o fenómeno é tema de conversa] (iii) há uma participação directamente sensitiva [observa-se com os sentidos e com sentimentos, relações de empatia com o agente ou com a vítima];

Se bem que em contexto urbano existam comunidades que se comportam como sistemas fechados [locais de trabalho, locais de refeições] os fenómenos que ali se percepcionam e se sentem são derivados de factos estranhos, de que não há percepção directa, mas que é comunicado pelos *media*.

(2) Nos *sistemas abertos* (i) a percepção é mediada [a comunicação social é o exclusivo veículo de informação] (ii) a percepção é atomizada e individualizada [ausência de diálogo] (iii) percepção sensitiva induzida [o meio gera a mensagem e o modo como ela é recebida].

Características do processo cognitivo em sistemas abertos através da comunicação social:

(1) Carácter fragmentário da informação [só existe o que é conhecido, só é conhecido o que é notícia];

(2) Segmentação da informação [atomização da informação em função do carácter apelativo da mesma e em benefício de um ritmo próprio da narrativa];

(3) Reiteração da informação, de modo a fazer passar a mensagem [redundância indutora];

(4) Simplificação [da compreensibilidade à compressão];

(5) Dramatização [mediante uma lógica adversarial, por gestão manipuladora de sentimentos, através de ampliação de efeitos];

(6) Focalização [temática, pessoal, perspectiva: informação, propaganda e campanha].

Haverá uma psicologia social ou psicologias societárias diferenciadas?

(1) Psicologias societárias diferenciadas em função (i) geografia (ii) classe social (iii) predominância etária (iv) tónica ideológica, etc.;
(2) Psicologia social como média lógica das psicologias societárias diferenciadas [bacia de maior concentração das similitudes; máximo denominador comum dos territórios psicológicos sectoriais]: o sentir social é, como na estatística descritiva, a mediana, que dá a tendência central do sentir comunitário.

DINÂMICA DO SISTEMA

Regra: o comportamento do sistema social formal [nisso incluindo os vários subsistemas de combate ao crime] está numa relação directa com a psicologia social do crime, pois tal sistema gere as *expectativas sociais*, adapta-se a elas, assegura uma resposta congruente compatível com as respectivas representações.

Exemplificação: (i) ocorre maior severidade punitiva judicial face a espécies de crimes que geram sentimento de insegurança colectiva [ver a problemática da prisão efectiva para homicídio negligente sob efeito do álcool ou para crimes com armas de fogo] (ii) verifica-se agravamento legislativo de penas quanto a tipos de crimes que geram maior sentimento de insegurança colectiva ou sentimentos de revanchismo social (iii) há um desfavor da liberdade e a disseminação da mentalidade securitária em relação a tais situações.

Regra: o sistema gere a compatibilização tendencial da *psicologia individual* do operador que desempenha a função com os derivados da *psicologia social*.

Exemplificação: (i) relevância etária nos sistemas formais, relação inversa da severidade de critério/idade do agente (ii) relevância do género em funções jurídicas em relação a certo tipo de criminalidade (iii) relevância de preconceitos filosóficos e ideológicos.

Retroacção: a psicologia individual do operador do sistema condiciona a sua função, dado que é condicionado pela psicologia social [prevalência das idiossincrasias], o que pode gerar disfunções.

Meios para prevenir disfunções em função destas particularidades (i) preferência pelos sistemas de base profissional sobre os de leigos (ii) colegialidade tendencial dos órgãos decisórios (iii) revisão obrigatória das decisões (iv) articulação da curva etária com a curva da responsabilidade na decisão (v) mecanismos de (de -) legitimação [recusas, escusas e impedimentos].

PATOLOGIA DO SISTEMA

As patologias são típicas dos sistemas abertos e decorrem de percepções desconformes com a realidade subjacente.

Os *sistemas fechados* [como as pequenas comunidades com vínculos de agregação muito fortes] estão defendidos pela sua própria estrutura porquanto (i) a percepção directa evita a ilusão, a fantasia e a alucinação (ii) o diálogo potencia a retroacção e gera a homeostase de padrões comuns.

Os *sistemas abertos* [como as metrópoles ou os núcleos urbanos desagregados] são aptos a gerar disfunções em função precisamente dos referidos fenómenos atinentes à focalização do fenómeno como resultado (i) da sua percepção indirecta, através dos *media* (ii) carácter fragmentário da informação captada (ii) a segmentação da mesma [servida em episódios] (iii) a reiteração da mesma [em face de campanhas de imprensa em torno de um facto] (iv) sua simplificação [ao serviço da fácil compreensão pelo espectador] (v) respectiva dramatização [numa sociedade espectáculo é essa a condição para o seu consumo].

São, nesta medida (i) perturbações de comunicação (ii) e perturbações de consciência (iii) e perturbações nos processos decisórios.

As disfunções dos processos cognitivos sociais aproximam-nos das patologias individuais e assim verificamos:

(1) A *nível das perturbações cognitivas*, com geração de percepções deformadas [ilusões] ou mesmo falsa [alucinações];

A real dimensão de fenómenos criminais perde-se com a sobre valorização que dos mesmos se tem através do modo artificial como são conhecidos: a real dimensão do crime de fogo posto, por exemplo, obnubila-se ante a versão trágica que é difundida do «país a arder», a dos crimes com armas de fogo através de uns quantos casos em que esse é o *modus operandi*. A pluralidade do individual parece geral.

O nível alucinatório atinge-se pela aceitação acrítica de típicas teorias da conspiração, e a disseminação de meios de combate a criminalidade organizada e terrorismo, para além dos limites compatíveis com a real existência e dimensão de tal fenómeno.

(2) A *nível de alterações do processo mnésico* [perda de contextualização histórica dos fenómenos];

Focado no recente, a sociedade vive cada situação como se fosse original e reitera, por isso, o erro já testado, perdendo o esteio da tradição em favor da novidade sistemática: a teoria do «excesso de garantismo», com tudo o que permitiu de relaxamento dos direitos individuais e da prevalência do Estado sobre o cidadão parte da desconsideração histórica de tal binómio sociedade civil/Estado.

(3) A *nível da ideação delirante*, seja na forma de (i) intranquilidade e insegurança ante ameaças imaginadas (ii) ou mesmo na forma de delírio persecutório ou (iii) de mera influência (iv) ou de natureza paranóide.

O sentimento de insegurança colectiva e individual ante o crime podem ultrapassar dimensões compatíveis com a real ameaça e surgir induzida por factores extrínsecos. O discurso securitário faz disso um instrumento de actuação, gerando a dependência social em relação a meios de intervenção expedita e coerciva.

O delírio paranóide relevante será (i) o de grandeza [hiper-valorização das capacidades próprias, típica da arrogância governamental] (ii) o reformador [intranquilidade fazedora a nível do sistemático reformismo, típica do legislador] (iii) o litigante [activo ou passivo, típico dos cidadãos].

A jactância dos sistemas de segurança quanto à sua real capacidade para dissuadirem qualquer ameaça é típica da retórica de afirmação política.

O delírio reformador caracteriza o tempo actual (i) quer a nível dos sistemas e orgânicas incumbidos da segurança (ii) quer a nível dos instrumentos legislativos (iii) quer a nível das próprias pessoas que os servem, tudo em constante rotação e precariedade.

O acréscimo da litigância é uma das causas da saturação do sistema formal de administração da justiça [os meios alternativos de resolução dos litígios sem uma prévia retracção do fenómeno irão aliviar o sistema formal mas fá-lo-ão transitoriamente até à sua própria degradação por sobrecarga].

(4) A *nível dos processos decisórios* através (i) de temores mórbidos de hesitação e de insegurança compulsiva, que podem desencadear na inibição (ii) da hiper-acção interventora.

Típico fenómeno de temor inibitório é o que ocorre a nível dos órgãos judiciais que se manifesta (i) na prevalência de critérios formais como forma de se encontrar saída processual para o que carece de solução no plano da justiça material (ii) na pulverização de decisões de sinal diverso no que se refere ao critério que as anima, com a consequente divisão jurisprudencial.

Num ângulo oposto a nível dos sistemas legislativos [no quadro da política criminal] e dos sistemas de investigação criminal ocorre uma irrequietude de actuação por vezes contrastante com os resultados apresentados e com uma relação custo/benefício penalizante.

A PERSPECTIVA FILOSÓFICA SOBRE JUSTIÇA E SOCIEDADE

MENDO CASTRO HENRIQUES
Professor auxiliar da Universidade Católica

"A constante e perpétua procura da justiça tem como alvo dar a cada um segundo as respectivas necessidades e a cada um segundo as respectivas possibilidades. Isto é, a sociedade ideal é aquela comunidade muito imperfeita de pessoas que procura realizar ambos os princípios, com aquele impulso espiritual e diga-se mesmo, aquela força subversiva que inscreve o direito natural no coração dos homens. Quem aceita a realidade das desigualdades fecundas entre homens, tem de pensar na equidade como justiça e denunciar o falso igualitarismo e o falso elitismo, que conduzem à servidão voluntária, de que falou La Boétie".

INTRODUÇÃO

Convidado pela Associação de Juízes pela Cidadania a apresentar o relacionamento entre a Justiça e a Sociedade de uma perspectiva filosófica, de imediato declaro que a tarefa é urgente... Mas a meu favor só tenho o facto de me sentir compelido a responder pelo respeito que os seus dirigentes me inspiram e porque a titulatura da Associação assim me obriga. De que serviria a filosofia se não tivesse uma palavra a dizer sobre Justiça, Sociedade e Cidadania? E, em particular, deve dizê-la num momento em que a exposição mediática de casos como "Casa Pia", "Maddie" e "Apito Dourado" trouxe a justiça para a praça pública; em que as desigualdades na sociedade portuguesa se tornam cada vez mais ilegítimas e escandalosas; em que as questões de justiça distributiva estão na ordem do dia devido à necessidade de atribuir responsabilidades pela crise a mercados financeiros e a governos! Tal como Pascal resumiu: "A justiça sem a força, é impotente; a força sem a justiça, é tirânica."[1]

A problemática da Justiça está no cerne da filosofia desde que, no diálogo *República*, Platão a definiu como critério independente e superior às convenções e contratos e como fórmula para governar regimes conflituosos. A justiça (dikaiosune) tornou-se o eixo para quem julga nos tribunais e para quem governa. De passagem, Platão refutou os argumentos sofísticos de que a justiça é o poder do mais forte e os motivos dos que a reduziam ao respeito pela tradição. A lei era variável, mas o que era "por natureza" deveria ser o mesmo em qualquer lugar. Assim, demonstrava-se a existência de uma justiça ou direito natural (δικαιον πηψσικον, "dikaion physikon" *ius naturale*) que consiste, segundo a definição de Aristóteles em "tratar de forma igual os que são iguais e de forma proporcionalmente desigual os que são desiguais".

Os Gregos não inventaram o direito natural, um património de todas as civilizações. Mas esclareceram-no de modo exemplar mediante o rigor da linguagem filosófica, abrindo caminho na modernidade para os direitos naturais subjectivos evidenciados por Suárez, Grotius, Pascal, Hobbes, Rousseau e Kant, em caminhos que desembocaram na Declaração Universal dos Direitos do Homem.[2]

Não é função da filosofia avaliar o sistema jurídico que temos. Não lhe interessa cotejar o sistema de leis com o melhor dos mundos. Não é sua função debater as insuficiências de meios. Para essas questões igualmente decisivas, há outras metodologias. Mas interessa à filosofia debater os fins da justiça. E o discurso legitimador do jurídico. E os pressupostos na aplicação da justiça comutativa pelos tribunais e da justiça social pelos gover-

---

[1] Blaise Pascal, *Pensamentos*, 103-298.

[2] O campo de compreensão contemporâneo do direito natural objectivista foi estabelecido por Javier Hervada, *Introducción crítica al Derecho Natural* (Pamplona 1981, 10.ª ed. Pamplona 2001) Sínteses indispensáveis sobre o tema são Henri Rommen, *Le Droit Naturel, Histoire Doctrine*, Paris, Egloff, 1945; Leo Strauss, *Natural Right and History*, Chicago, University of Chicago Press, 1953; e mais elementar, Alain Sériaux, *Le Droit Naturel*, Paris, PUF, 1993. Sobre o direito natural subjectivista Michel Villey, *La Formation de la Pensée Juridique Moderne*, Paris, Montchrestien, 1968 e Paris, PUF, 1993; *Le Droit et les Droits de l'Homme*, Paris, PUF, 1983 e 1990; Barret-Kriegel, Blandine, *Les Droits de l'Homme et le Droit Naturel*, Paris, PUF, 1986; Roberto Mangabeira Unger, *Law in Modern Society*, Nova Iorque, The Free Press, 1976.

nos. As respostas têm que ser genéricas mas também suficientemente circunstanciadas para serem interessantes, aqui e agora, para a nossa sociedade e face aos nossos conflitos. Mais do que originais, as respostas têm que ser fecundas para que todos repensemos os pressupostos do exercício da justiça; por aqui há perspectivas a sublinhar e caminhos a propor.

AS OPINIÕES COMUNS SOBRE A JUSTIÇA

Para o cidadão comum, a experiência da Justiça é a de um vasto conjunto de leis e normas que sobre ele impendem no dia a dia, e sobre as quais nem se atreve a perceber a hierarquia, origem ou validade. Estará consciente que o direito privado se trata nos tribunais e nos escritórios de advogados e que o direito público é sobretudo uma questão de "governo". Mas em ambos os domínios, como revela a expressão "as teias da lei", a primeira impressão é a da obscuridade do processo jurídico, da morosidade dos processos, do carácter remoto da legislação. Além disso, nessa "selva obscura", os códigos de direito privado coexistem com a legislação parlamentar, com decretos e despachos governamentais, e o "pacote nacional" coexiste com os ordenamentos jurídicos do direito comunitário e dos tratados internacionais. O cidadão comum só dá por estas "placas tectónicas" quando elas chocam, ocasionalmente, e provocam terramotos jurídicos de grau diverso, como o caso Bosman, a legislação sobre imigrantes, a livre circulação no espaço Schengen, etc.

Qualquer sociedade, mormente a portuguesa, assenta num sistema normativo e numa opção por um sistema de valores que debate e procura justificar. Desistindo de perceber as complexidades da lei e considerando-a assunto de profissionais do foro e da política, o cidadão comum tende a comportar-se perante a justiça como um "positivista ingénuo": aceita o "facto da lei" como "lei de facto" sem mais a questionar, evitando confrontar-se com a norma. O cidadão comum é também um "kelseniano às avessas", ou "um kafkiano que se desconhece". Preocupado como está em "driblar a lei", parecem-lhe os tribunais, os escritórios de advogados e a legislação um labirinto sem fim, sem razão e sem glória; e enquanto a grandiosa "teoria pura do direito" faz assentar na forma o fundamento do jurídico, o cidadão sente-se esmagado pela disformidade da lei e nem lhe passa pela cabeça inquirir do seu carácter axiológico. Neste sentido de "conversa de café" ou "debate de televisão" e preconceitos inerentes à ignorância e falta de reflexão, o grande Flaubert definiu assim o Direito: "On ne sait pas ce que c'est."[3]

Existe um sério problema de cultura jurídica por parte de quem aplica e de quem recebe a lei, e ao qual adiante regressarei. Mas a situação não é muito diferente da que Platão descreveu na democracia ateniense do séc. V a.C. Deixou ele escrito que a opinião pública considerava que "é melhor praticar uma injustiça do que sofrê-la", que "a maioria acata as normas apenas por conveniência" e que "o supra-sumo da injustiça é parecer justo sem o ser".[4] E ainda que "os espectáculos das musas" e "os rumores das praças públicas" excitam a injustiça nas audiências. Tomadas em conjunto, as opiniões correntes (*doxai*) da população ateniense mostram que o pluralismo é recorrente na sociedade ocidental e a filosofia da justiça foi precisamente criada para ultrapassar este tumulto.

Também é verdade que o cidadão comum tem o sentimento muito humano de indignação com a injustiça. O que entre nós se reconhece como "direito à indignação", é essa capacidade de se espantar e reagir contra medidas injustas, uma válvula de segurança que funciona quando governantes e magistrados abusam da lei. Existe em todos nós uma propensão para desempenhar informalmente as funções de juiz e para julgar os litígios. Surgem, felizmente, as revoltas pessoais contra injustiças e são abraçadas grandes causas por organizações cívicas de defesa dos direitos dos consumidores, do ambiente, dos direitos humanos. É ainda um dado que os cibermeios de comunicação vieram desafiar o monopólio dos mass media e as "verdades oficiais". E tudo isto costuma ser apresentado como manifestação do sentido humano de justiça. A Declaração Universal dos Direitos do Homem é a melhor prova em que se revê o direito natural pela aceitação que desencadeou.

Desde que não contaminada com preocupações de interesse privado e ideológico, a invocação da Justiça é procedimento mais amplo que a ideia da atribuição do devido titulado, e ajuda a corrigir fórmulas unilaterais do direito como as que resultam do objectivismo e do subjectivismo jurídicos. Só faz bem ao jurista escutar a "vox populi" para não se encapsular em fórmulas abstractas. Mas cabe-lhe também purgá-la do "positi-

---

[3] Gustave Flaubert, *Dictionnaire des idées reçues*, 1913 (on line) e Hans Kelsen, *A justiça e o direito natural*, 2.ª ed. Coimbra, 1979.

[4] Platão, *República*, Livro II.

vismo ingénuo" que a acompanha e afastar-se dos "julgamentos em praça pública". É para isso que existem ciências jurídicas.

POSITIVISMO JURÍDICO E SEUS CRÍTICOS

O positivismo científico já desapareceu praticamente do ensino universitário e da investigação em ciências jurídicas.[5] Como escrito recentemente, na explosão do pensamento jurídico em Portugal desde a década de 80 "despontam linhas analíticas anglo-saxónicas, o debate John Rawls e Juergen Habermas está na ordem do dia, antes de ceder lugar à auto poética, à jurisprudência reflexiva, às teorias dos sistemas abertos e fechados".[6] Mas o positivismo mantém-se em surdina quando nenhuma axiologia vem balizar as cláusulas gerais, as margens de apreciação e os conceitos indeterminados que praticam a Administração, o Foro, os Escritórios; por aqui a aplicação do direito-norma e a criação do caso concreto continuam encapsulados em positivismo, como se não existissem alternativas axiológicas válidas e igualmente capacitantes das profissões jurídicas.

Esta grande contenda joga-se ao nível da cultura jurídica, de juristas e de cidadãos. Os primeiros, embrenhados na resolução de casos e na aplicação das técnicas complexas têm que capacitar-se que a superação do positivismo implica abordagens ainda mais complexas e perspectivas sobre a justiça mais amplas do que as propostas aprioristicas suspeitam. Até que ponto estarão os diplomados das Faculdades de Direito dotados da melhor informação e formação para praticar a "arte boa e équa", é questão que se deixa aos mestres dessas escolas. Por outro lado, os cidadãos têm que ter mais e melhor acesso ao conhecimento do Direito, sendo insuficiente o conhecimento quantas vezes apenas parcial e demagógico dos "seus direitos".

Uma definição de vulgata refere o Direito como um conjunto de normas impostas coactivamente pelo Estado para disciplinar as relações

---

[5] Paulo Ferreira da Cunha, *Princípios de Direito*, Porto, Rés, s/d, 555 pp., António Braz Teixeira, *Sentido e Valor do Direito. Introdução à Filosofia Jurídica*, Lisboa, INCM, 1990. Marcelo Rebelo de Sousa, *Revista Portuguesa de Filosofia*, 2007, tomo 63 (4) "60 anos da Revista Portuguesa de Filosofia", p. 1301-1308.
[6] Marcelo Rebelo de Sousa, ibidem, p. 1306.

sociais.⁷ Em torno do sistema de "normas jurídicas" a que assim se pretende reduzir a justiça – imperatividade, estadualidade, coercividade – são construídos os discursos com que o poder se legitima ou, pelo menos, se revela satisfeito consigo próprio e com o seu modo de fazer justiça.

As críticas ao juspositivismo são inúmeras mas por si só não produzem uma definição alternativa que conforte juristas com pendor mais reflexivo, nem filósofos que se interessam pelas questões jurídicas nem, menos ainda, cidadãos preocupados em ter "melhor justiça". A definição inspirada em Von Ihering descreve efectivamente os meios do direito (as normas, a coacção) e um fim colectivo ainda que vago como seja a organização social, o bem geral, etc. Esta definição tácita que inspira a prática jurídica corrente é acompanhada por um ritual que apela à obediência generalizada e à igualdade perante a lei, a quem se apresenta creditado com a racionalidade, a ordem, a segurança, e mesmo o carácter democrático das soluções.

Estes rituais jurídicos, desde os praticados nos tribunais aos que são instigados pelo processo político, têm uma evidente função de integração social. Apresentam-se como narrativa legitimadora, recitada quotidianamente na barra e nos telejornais, com muitas variações, como nos velhos mitos, e para conferir uma imagem de autoridade: deseja-se uma magistratura sábia, isenta e célere; aos decisores políticos conferem-se atributos de sabedoria, solidariedade, racionalidade e representatividade. E contudo, a função integradora não esconde um ilusório carácter consensual que mostra a justiça "a rebentar pelas costuras". A redução do direito aos meios normativos e o apoucamento dos fins da justiça em estereótipos sem inspiração, acabam por legitimar quaisquer conteúdos materiais e deixar o cidadão desprovido de elementos para melhor julgar. Considerar o direito como instrumento da vontade do Estado que o dita é tão mau quanto desconsiderá-lo como enviesado pela parcialidade e venalidade dos seus agentes. Em ambos os casos está-se a retirar-lhe a especificidade, e a revestir o poder de palavras de justiça e/ou de ciência. A justiça converte-se no manto do "rei que vai nu" e " é perigoso dizer ao povo que as leis não são justas pois ele apenas lhes obedece porque crê que elas são justas".⁸

---

⁷ Rudolf von Ihering, *A Finalidade do Direito*, editora Rio, 1979, 2 volumes. Trad. de José Antonio Faria Correa.

⁸ Pascal, *Pensamentos*, 326.

Uma resposta cabal a estas dificuldades exigiria entrar pela fundamentação moral do direito e do político, o exame dos respectivos modelos e argumentos deontológicos, a sua normatividade e autonomia públicas, e a relação entre moral, direito e política. Seria preciso seguir um procedimentalismo à maneira de Luhman como alternativa aos modelos individualistas e comunitaristas, fazer a crítica ao contratualismo e à teoria da democracia e tratar o problema hodierno da paz internacional, tudo em nome do Estado democrático de direito, generalizado nas nossas sociedades pós liberais. Em suma, para responder cabalmente, exigir-se-ia toda uma filosofia do direito. Baste aqui invocar a *Rechtslehre* de Kant, que exalta o sentido jurídico e político da justiça segundo um modelo construtivista, ao fundamentar e promover os direitos humanos através do direito internacional e do cosmopolitismo pluralista e ao identificar positivamente direitos humanos e direitos fundamentais mediante uma concepção normativa de pessoa moral, irredutível em sua dignidade humana.[9]

A solução para rebater o juspositivismo foi de há muito estabelecida pelo princípio que a norma provém do direito e não este daquela. Quanto à característica de imperatividade, é bom saber que os criadores do direito romano extraíram as leis de factos, sim, (*ius oritur ex facto*), mas factos ponderados como justos, os *boni mores* do *paterfamilias*. Quanto à estadualidade, se existe fórmula que reúna o consenso de todos os defensores do direito natural é que "uma lei injusta não é lei mas sim uma injustiça". Veja-se como as maciças manifestações de professores em 2008 contra o "modelo de avaliação" da ministra da Educação não resultaram de manipulação política mas sim do sentimento de uma classe com obrigações de racionalidade. Quanto à coercibilidade jurídica é tão só uma das características externas do direito: ajuda a garantir a aplicação mas não constitui um fundamento.[10]

---

[9] Immanuel Kant, *Doutrina do direito*. São Paulo: Ícone, 1993. p. 46-49 define o Princípio do Direito: "**1.** "É justa toda a acção que por si, ou por sua máxima, não constitui um obstáculo à conformidade da liberdade do arbítrio de todos com a liberdade de cada um segundo leis universais." **2.** A moral exige que as acções dos homens estejam em conformidade com o direito, de modo que a liberdade de cada um possa subsistir com a liberdade dos demais. **3.** A lei universal do direito, apesar de impor que o livre uso do arbítrio não prejudique a liberdade dos demais, não limita por si só toda a liberdade dos homens. É livre o arbítrio de cada um escolher como agir dentro das leis.

[10] Sebastião Cruz, *Direito Romano*, Coimbra. 3.ª Ed. do Autor, 1980, p 169 e ss.

O argumento final do positivismo é que não tem sentido a procura do critério da justiça. E contudo, como afirma Caim Perelmann,[11] um sistema normativo, qualquer que seja, contém sempre um elemento arbitrário, o valor que afirmam os seus princípios fundamentais injustificados. Não há sociedade que não assente num sistema normativo marcado pela opção por um certo sistema de valores. Não há sistema político que não seja um sistema de atribuição de valores. Não há sociedade que não adopte um determinado critério prévio para definir que seres humanos considera iguais ou desiguais. Isto é, para dar conteúdo ao critério da justiça, temos que optar por uma série de valores. São as regras de cada sistema normativo que articulam esses valores de formas diferentes. E o jusnaturalismo, afinal, é também o reconhecimento de que se "estamos condenados a ter direito" então mais vale que o critério orientador seja o dos princípios permanentes da justiça natural.

O JUSNATURALISMO

É um facto que 'Justiça' não é palavra corrente nos escritos dos juristas romanos, tendo um conteúdo mais filosófico que jurídico. Foram os gregos que lançaram o conceito de justiça ou direito natural como critério independente e superior às convenções ou contratos. O direito natural é fonte de critérios normativos para a vida pública. O direito natural objectivo é um grande regulador, da construção do Estado democrático às relações internacionais, como ao respeito dos direitos humanos em geral, e aos procedimentos do direito penal; tem esta prerrogativa porque assenta no princípio que o homem é um ser social dotado de direitos prévios, independentemente dos direitos que o poder e a sociedade entendem positivar. Caso não existisse direito natural, lembra Leo Strauss encurtando razões, "o canibalismo seria uma questão de gosto".[12]

---

[11] *De la Justice*, Bruxelas, Université Libre de Bruxelles, 1945.

[12] Hervada, *Introducción crítica al Derecho Natural*. p. 8: "*Quando falamos de direito natural queremos afirmar que o homem é a realidade central da sociedade, que o homem não se apresenta perante os outros como um ser que pode ser tratado conforme os seus caprichos mas como um ser digno e exigente, portador de direitos inerentes ao seu próprio ser. Na dignidade do homem está contido o fundamento de todo o direito, de modo que fora do âmbito de quem é o homem e quem representa não existe direito, mas apenas dominação e injustiça, mesmo se os instrumentos têm a forma de lei. O que cria o direito*

É indispensável desfazer o equívoco persistente que o "direito natural" é descoberta específica dos Gregos. Na realidade, surge em todas as civilizações e basta um exemplo a propósito da justiça distributiva. A Aliança *(berith)* é um convénio entre Iavé e Israel com duas promessas mútuas: o povo promete obedecer à lei de Iavé, e Iavé promete fazer de Israel a nação santa e preferi-la a todos os outros povos. Ora a lei *(torah)* de Israel, é muito influenciada pela legislação dos impérios burocráticos da Mesopotâmia, como o de Hamurabbi, com medidas para a protecção social, as pensões para viúvas da guerra, etc... O Antigo Testamento contém mais de 2000 versículos sobre a protecção do devedor e dos pobres contra a opressão e a destituição: "Excepto quando não houver pobres entre vós!".[13] Claro que estas leis eram frequentemente violadas; mas como eram sancionadas pela punição de Iavé em caso de violação, foram consideradas divinas e reguladoras. Este carácter levou os códigos Israelitas a serem acolhidos pela comunidade cristã e foi essa consciência social do cristianismo que o singularizou de entre os muitos cultos místicos semelhantes do seu tempo e o fez, primeiro, sobreviver e, depois, triunfar. A lei foi o mais importante recurso da Igreja cristã quando teve que enfrentar a vida social no império romano. E o homem pobre, como tal, preservou o seu estatuto na ordem da comunidade durante toda a Idade Média. E a atitude manteve-se nos estados modernos mediante a ideia que nenhum membro da comunidade política, mesmo o mais insignificante, pode ficar de fora da comunidade, devendo ser objecto de medidas de previdência social. Em conclusão, e por muito estranho que nos pareça, a legislação sobre a justiça distributiva e todos os sistemas de direitos à assistência, ao trabalho, à habitação, num Estado Social, são o cumprimento tardio de ideias que nos vieram da Mesopotâmia de Hammurabi, através dos códigos da lei Israelita e do Cristianismo.

A distinção muito rigorosa da escola de Atenas – Sócrates, Platão e Aristóteles – entre "natureza" (_ú___, physis), e "direito", "costume" ou "convenção" (_ó___, nomos) passou para os filósofos estóicos e o seu

---

não é o poder nem a sociedade mas o que procede do ser humano; é por isso que o núcleo de direito de que o homem é portador assinala a linha de separação entre legitimidade e ilegitimidade, entre a acção jurídica e a acção anti-jurídica do poder e dos grupos sociais."

[13] Cf. Eric Voegelin e Mendo Henriques, *História das Teorias Políticas*, vol. I, p. 55-63 (no prelo) *Deuteronómio*, I, 5,4.

mito da cosmopolis que contrasta com as ordens tribais e destes passou para os juristas romanos da República. A separação entre o *jus naturale*, a lei natural e a lei histórica efectiva das comunidades pode ser acompanhada na mudança dos significados de *jus gentium*. Os juristas do século II a.C. usam *jus gentium* para designar um corpo de leis sobre as relações entre os cidadãos romanos e os estrangeiros. Na época de Cícero *jus gentium* designa as instituições jurídicas comuns a todas as nações, enquanto o *jus civile* se referia às instituições peculiares a uma só nação. O *jus gentium* e a lei natural são idênticos nos *Institutos* de Gaius e no século II, sob os Antoninos.[14] Com os imperadores africanos e sírios e a sua equipe de juristas sírios, a concepção do *jus naturale* separou-se do significado do *jus gentium*, por ocasião da discussão sobre a escravatura. A escravatura é uma instituição do *jus gentium* (Ulpiano, Dig. 1.1.4) mas, segundo a natureza, todos os homens são livres. Numa definição famosa, Ulpiano declara que a lei natural é o que a natureza ensinou a todas as criaturas vivas, enquanto o *jus gentium* é a lei usada pelas "tribos dos homens" (*gentes humanae*). «É fácil compreender que esta lei difere da natural, porque é comum somente entre homens, enquanto a anterior é comum a todas as criaturas vivas». (Dig., 1.1.1 e ss.) As *gentes*, as nações, perturbam a igualdade de toda a vida e introduzem elementos de desigualdade. O significado da distinção é esclarecido por Hermogeniano que atribui ao *jus gentium* a introdução de «guerras, povos separados, fundações dos reinos, domínios distintos, linhas de limite dos campos» (Dig.1.1.5) etc. As gentes são obviamente a causa do problema. Isto mesmo é o que diz a definição dos *Institutos* (1.2.2) de acordo com os quais as gentes nasceram da necessidade humana, e com elas guerras, prisioneiros, e servidão.[15]

Estas citações, embora isoladas, dão uma impressão razoável da transformação nesse período das ideias estóicas de cosmopolis. Já na época de Cícero eram uma concha esvaziada de conteúdo institucional; os indivíduos eram seus membros em virtude da sua participação no *logos*. Cícero trouxera a identificação da ordem mundial com Roma. Depois, a identificação da lei natural deslocou-se de Roma para as instituições comuns a todas as nações. E, finalmente, descobriu-se que a lei comum a

---

[14] Cf. Eric Voegelin e Mendo Henriques, *História das Teorias Políticas*, vol. I, p. 87-91 (no prelo).

[15] *Corpus Iuris Civilis*, ed. Mommsen e Krueger, Zurique, Weidmann, 1973, vol. I, p. 29 (respectivamente D. 1,1,10, pr.e D.1,1,1, pr.).

todas as nações não era tão ideal como devia ser e, consequentemente, foi contraposta a uma outra lei natural isenta dos elementos menos desejáveis do *jus gentium*.

O JUSNATURALISMO DOS JURISTAS

O jusnaturalismo dos juristas assenta na fórmula de Ulpiano: *Iustitia est constans et perpetua voluntas ius suum cuique tribuendi*. A primeira "coisa" designada pela palavra *Ius* (Direito) é "uma coisa justa devida a outrém segundo uma certa relação de igualdade proporcional. O direito, o *ius* jurídico, é apresentado no início deste mesmo texto do Digesto como decorrendo da justiça: *Iuri operam daturum prius nosse oportet, unde nomen iuris descendat. est autem a iustitia appellatum; nam, ut eleganter Celsus definit, ius est ars boni et aequi*.[16]

Avultam aqui três dimensões: o *suum* ou devido, objecto da justiça que é suportado por um título jurídico; a pessoa, como titular de cada objecto jurídico, e cuja autonomia a torna em mais do que simples possuidor ou proprietário; finalmente, a Justiça, porque a "consciente e perpétua vontade" em atribuir o seu a seu dono, ou o *suum* à persona, é a fonte do direito justo.[17]

Manter estas três esferas separadas sem absolutizar qualquer delas, afastando-nos do objectivismo das normas e do subjectivismo personalista contribui para um direito justo, atento à pessoa e à realidade das coisas. Nenhuma das dimensões é posse de alguém; a sua coexistência e autonomia garante que a Justiça não está hipotecada a partidos, pessoas, grupos, nem sequer ao Estado. O sujeito da justiça é a comunidade no seu todo, empenhada em ter melhor direito.

---

[16] Ulpiano, *Libro primo regularum*, versão do *Corpus Iuris Civilis*, ed. Mommsen e Krueger, Zurique, Weidmann, 1973, vol. I, p. 29 (respectivamente D. 1,1,10, pr.e D.1,1,1, pr.).

[17] Javier Hervada, "Apuntes para una exposicion del realismo juridico classico", in *Persona y Derecho*, 18, 1988. Michel Villey, *Abrégé, de Droit Naturel Classique*.

O DEVIDO

O *suum* é a coisa devida, o justo (*id quod iustum est*) no sentido restrito do devido, o direito a ser prestado, e reconduz-se à *res debita* e resolve-se por um trato assente num título. Já o justo, no sentido amplo de justiça, é uma preocupação contra a injustiça e consiste na referida demanda perpétua.

O devido e os seus títulos fundantes são o instrumento básico do Direito e que permitem profissionalizar o ofício de jurista e desmultiplicá-lo em tantos ramos quantas as actividades humanas, conferindo ao Direito aquela abrangência que o torna co-extenso à acção humana e às carreiras jurídicas a sua omnipresença na sociedade. É assim porque o devido está dotado de uma finalidade própria e de um mecanismo de auto-correcção – a preocupação com a Justiça – com vista à satisfação das expectativas pessoais.

Tem o direito a finalidade muito prosaica de lidar com elementos do mundo externo, sejam coisas ou direitos que, muitas vezes, são também coisas. Os códigos atribuem direitos, baseando-se tecnicamente em títulos jurídicos. Para codificar esses títulos contribui o bom senso, o rigor metodológico, e o comum sentido de justiça, aperfeiçoados por um espólio de prudência e uma sabedoria de séculos, com base na observação da realidade social e histórica envolvente. Mas é a sociedade quem valida o nascimento, a alteração e a extinção de todas as relações jurídicas; e é o direito que convalida as hierarquias sociais e as fortunas, a propriedade ou territorialidade. O *suum* é o que cada um tem com base num desses títulos validado pela sociedade.

Só que o Direito não se conforma inteiramente com o estabelecido social ou politicamente. A justiça jurídica, a justiça particular, diversa da justiça moral (virtude) ou da "social", procura preservar o *suum* pela via da moderação[18]. Mas a invocação da Justiça é mais lata que a atribuição do devido titulado pois deriva do sentimento humano de indignação contra o injusto. A filosofia insiste que o oposto de justiça é corrupção (ftora *corruptio*), sendo 'injustiça' mero contrário. O motivo não é retórico mas visa reconhecer que existem forças poderosas empenhadas em corromper

---

[18] Michel Villey, *Philosophie du Droit*, 3.ª ed, Paris, Dalloz, 1982. p. 63 e ss. Paulo Ferreira da Cunha, *Pensar o Direito*.

a sociedade, sejam de ordem individual (*corruptio optimi*) sejam corporativas ou ideológicas. Sem esta pulsão em prol da justiça, o discurso da Administração e do Foro é de *status quo*. A par da homenagem ao Estado de Direito, é preciso debater a aplicação dos Direitos do Estado. Para ajudar o Estado o Direito tem que demarcar-se dele claramente. A assunção timorata da redução legalista dos fins nebulosos da justiça por governantes que não aprenderam a conviver com a normatividade autónoma e axiologicamente determinada do jurídico, redunda em discurso servo do poder: a justiça é remetida para função do aparelho de Estado, e subsistema do poder, segundo o elogio de Luhman.[19] Todos estes elementos acessórios face ao que realmente importa no Direito – o certo e o errado, o bom e o um, o justo e o corrupto – deprimem o direito "ao nível da etiqueta e muito abaixo do ético" exigível de homens razoavelmente honestos. Não é esse o sentimento da grande maioria dos magistrados, como revelam os seus testemunhos, mas é esse o peso da máquina judicial.

A PESSOA, SUJEITO DE DIREITO

A pessoa é o princípio e o destinatário do direito, sendo que a diferenciação filosófica dessa noção é praticamente contemporânea da sua introdução no direito que lhe deve a característica de arte e a ciência.[20]

Quando os romanos criaram a nova arte do Direito, e observaram os costumes da sociedade não olharam às situações patológicas, desviantes, nem sequer procuraram fazer a média dos comportamentos dos cidadãos. Tinham diante de si o modelo do comportamento leal, fiel, de boas contas e recta actuação do bom cidadão romano, o *bonus paterfamilias*. Era um modelo de gente sem altos voos mas também sem descidas a pique. E foi assim que o direito nasceu tendo como destinatário toda uma comunidade, mas como modelo o honesto pai de família.[21]

A questão do destinatário de ordem jurídica tem a maior importância. O modelo humano a que se ajusta a actual malha legislativa das socieda-

---

[19] Niklas Luhman, *Legitimação pelo procedimento*. Brasília, EUB, 1980.
[20] "Substância individual de natureza racional" (*individua substantia rationalis naturae*) segundo Boécio.
[21] Paulo Ferreira da Cunha, *ibidem*.

des democráticas ocidentais em que Portugal se insere é o cidadão pagador, submisso, e muito beliscado na sua dignidade e direitos naturais (e até positivos) por leis e actos da administração; é, sobretudo, o súbdito de um Estado ao qual se sente vinculado pelos impostos – uma vez que serviço militar e voto não são obrigatórios – mas que vê desvirtuada essa sua pertença pelo oceano de leis, directivas e obrigações muitas delas de fraca racionalidade e funcionalidade.

A lei é igual para todos mas o processo judicial não atinge a todos por igual. A maior parte das censuras à justiça assentam nessa experiência dos "dois pesos e duas medidas" segundo a qual os grandes malvados são menos punidos que os pequenos.[22] São muito escassas as celas ocupadas por grandes delinquentes ou por delinquentes poderosos condenados por corrupção dos poderes públicos, tráficos ilícitos, fuga ao fisco, mercado negro, lavagem de dinheiro, etc. *Como escreve um jusfilósofo: "A máquina da justiça fabrica condenações dos pequenos, muitas vezes tratados nos tribunais de forma infra-humana; tratados por "tu", pelo nome próprio, e tendo como adquirido nos olhares, no desprezo, na forma como se lhes dirigem, todos pressupõem a sua culpabilidade. Evidentemente, se um grande entra em tribunal, tudo é diferente. É natural, é humano. Mas não é justo que assim seja".*[23]

Todavia, a sociedade acaba sempre por punir alguém. E como a cultura dominante pede desculpa a delinquentes como vítimas da sociedade, irão servir de bode expiatório sobretudo os que cometeram pequenos deslizes, e não dispôem de capacidade para ripostar; quantos inocentes que são apanhados nas teias da lei mais não podem que lamentar a sua sorte, enquanto os protagonistas de crimes e ilícitos graves seguem em liberdade, recebendo protecção ou mesmo imunidade devido a cargos que ocupam?

Por motivos semelhantes, é compensador perseguir as bagatelas penais que enchem os tribunais, tal como dívidas incumpridas. O réus destas bagatelas são pessoas relativamente honestas que deram um passo em falso, e que já habitualmente já se auto puniram com a sua consciência. Nestes casos, fica distorcida a função pedagógica e de prevenção do direito; a lição dada ao infractor não chega à sociedade – nem chega,

---

[22] O mais antigo fresco do séc. XIII, em Portugal está numa sala em Monsaraz, onde se confrontam o juiz justo e o juiz venal, de dupla face e com a sua panóplia de prebendas.

[23] Paulo Ferreira da Cunha, *Princípios de Direito*, Porto, Rés, s/d, pp. 112.

sobretudo, à corja sempre emergente de criminosos que nunca se deixam intimidar; o efeito é a narcotização dos que já são bons: "Algemas em pulsos razoavelmente honestos pode até ser instrutivo, mas deprime."[24]

A JUSTIÇA

O terceiro elemento da síntese de Ulpiano, a Justiça, transcende a regra de igualdade jurídica baseada no título, a lógica da titularidade socialmente aceite, para se volver em radical reflexão sobre o dever-ser. Garantido o rigor das atribuições normais, surge esta nova norma de justiça, que se identifica com o tratamento igual do igual e desigual do desigual.[25]

Embora a justiça jurídica não seja social ou moral, situações de exploração ou imoralidade surgidas à revelia do mecanismo dos títulos não podem ser aceites, coonestadas pela hipocrisia de um novo positivismo sob capa realista, alegadamente neutral, mas na verdade conivente, a pretexto da pureza e especificidade da ciência jurídica. O direito não pode tolerar uma sociedade de indigência, porque aí não pode haver cidadãos livres. O direito não pode ser engenharia social ou militantismo confessional, sob pena de se perder como entidade isenta. Só que para ser igual a si próprio tem, por vezes, que passar fronteiras dos restantes ordenamentos e com eles conviver, e até, excepcionalmente interferir.[26]

Significa isto que o conceito de justiça implica um crescendo que principia pela relação inter-individual – o nível da justiça comutativa; passa à relação social – o nível da justiça distributiva; e atinge a justiça geral ou social – o nível da relação política. A natureza humana é fonte de direitos naturais, tendo o soberano o dever de prover à dignidade material e espiritual dos cidadãos, em virtude do princípio *ubi commoda, ibi incomoda*. E aqui se incluem os que se encontrem desprovidos daqueles títulos básicos que lhes permitiriam a subsistência.

Este tema foi anunciado por Aristóteles que considerou missão da *polis* realizar a Justiça em geral. Assim distinguiu entre Justiça distributiva, a distribuição de bens por uma classe, e Justiça comutativa como tratamento do indivíduo em condições particulares. No segundo caso é necessário tratar os iguais igualmente. No primeiro, deve dar-se a cada um

---

[24] Altino do Tojal, *Os Putos*, Lisbo Prelo, 1974, p. 213.
[25] Giuseppe Graneris, *Contribución tomista a la filosofia del derecho*.
[26] Paulo Ferreira da Cunha, *Princípios de Direito*, Porto, Rés, s/d, p. 57.

o que ele merece e o que tem direito a receber, pelo que é preciso tratar os desiguais desigualmente. Não se trata da mesma ideia embora, em abstracto, os iguais têm direito a ser tratado de igual modo.

Na justiça comutativa que trata das coisas que se transaccionam, há que fazer equivaler a prestação à contra-prestação. Não se atendendo à qualidade das pessoas que intervêm na comutação, apenas se compara o valor das coisas que se permutam. Mas a justiça distributiva e a comutativa entram em conflito, como mostra a narrativa de "Robin Hood". Os distribucionistas contemporâneos como John Rawls acham que "Robin Hood" actua bem desde que se chame Estado ou soberano. Os individualistas como Robert Nozick até aceitariam critérios distributivos perto da injustiça desde que "Robin Hood" não moleste o indivíduo.

O "iluminismo contemporâneo" e optimista de Juergen Habermas encontrou o critério do "justo" nas condições de possibilidade do que designa "acção comunicativa". Sendo a comunicação a acção humana mais característica, contém critérios para avaliar os seus próprios resultados. Debater questões normativas exige admitir posições contrárias a fim de obter um consenso que não seja o resultado de uma relação entre desiguais (relação de dominação). Habermas designa por "situação ideal de diálogo"essa capacidade de debater questões normativas que projecta uma ideia reguladora que servirá de critério para as questões de facto: se forem respeitados os requisitos da comunicação justa, surgirão os resultados de comunicação justa e racional.

A justificação democrática da desigualdade por Rawls procura uma base universal para legitimar valores e normas, de forma a tornar viável a fundamentação racional da lei. Considera existir 1) uma pronunciada escassez de recursos a distribuir; 2) o facto do pluralismo, ou seja de um desacordo radical sobre concepções éticas e políticas e 3) uma razoabilidade em todos os indivíduos capazes de formular um "sentido de justiça". Com base nestes supostos, Rawls recupera a teoria contratualista, produto de um acordo ideal entre os seus membros. Debaixo de um "véu da ignorância", ou seja, do desconhecimento dos papéis reservados a cada indivíduo, cada um escolhe o modo "justo" de viver em comum em função de interesses gerais. A "posição originária" simula uma imparcialidade de onde nascem os três princípios da justiça: liberdade, igualdade de oportunidades e discriminação positiva.[27]

---

[27] John Rawls, *A Theory of Justice*, Cambridge, Mass. Harvard 1971.

Todas estas modalidades da justiça política só podem ser avaliadas historicamente, no interior do conflito entre forças sociais, económicas e ideológicas diversas. No séc. XX português, o regime autoritário de Oliveira Salazar e Marcelo Caetano abusou do apelo a sacrifícios individuais em nome do todo nacional, lesando a justiça distributiva. Na esteira do 25 de Abril socialismo e liberalismo disputaram a primazia, o primeiro revoltando-se contra o antigo regime, o segundo revoltando-se contra a maneira como se pretendeu construir a democracia.

O colectivismo propugnado em 1974 pelas forças de esquerda, nomeadamente o PCP e consagrado no Preâmbulo da Constituição de 1975 "a caminho do socialismo" veio insistir nas políticas de redistribuição, esquecendo que ela se alimenta da justiça social. Privilegiou a igualdade em lugar da responsabilidade. Por reacção às políticas de nacionalização, o liberalismo económico veio afirmar-se na sociedade portuguesa desde meados dos anos 80, induzindo o crescimento através do consumo e desencadeando uma política de desigualdade.

A justiça comutativa continua a fascinar certo neo-liberalismo português que traduz em calão as fórmulas anglo-saxónicas do utilitarismo reaccionário de Bentham. Até à crise do capitalismo financeiro, uma boa parte dos *opinion makers* do centro direita português continuam amarrados ao modelo utilitarista, no qual coincidem o bem particular e o bem geral; cada indivíduo que procura os seus próprios bens vai gerar, por acréscimo, o bem geral, através da técnica da maior felicidade para o maior número. Na frase do velho liberal Jeremy Bentham, "*the greatest happiness to the greatest number is the measure of right and wrong*". O que torna uma acção certa ou errada são as consequências da acção. É também uma forma de hedonismo porque as consequência da acção são medidas pela felicidade que produzem.

Os utilitaristas contemporâneos confirmaram este modelo. Friedrich Hayek considera o conceito de justiça social como o "Cavalo de Tróia" do totalitarismo. Para existir igualdade de oportunidades entre pessoas, o Estado deveria controlar todos os meios materiais e humanos e afastar todos os entraves. A fórmula "igualdade de oportunidades" começou por ser preocupação pelos mais desfavorecidos mas tornou-se numa forma de protecção de situações adquiridas. Tomou-se num grito de revolta daqueles cujo estatuto decai, e que não toleram a ascensão de outros grupos. Tornou-se uma garantia governamental de rendimentos convenientes a certos grupos particulares. O único princípio justo, segundo Hayek, seria não conceder privilégios a ninguém e deixar que a ordem espontânea da sociedade civil e do mercado se encarregasse da justiça distributiva.

Para um neo-liberal radical como Robert Nozick, a igualdade de oportunidades requer o uso de recursos e dessa maneira piora a situação daqueles cujas propriedades são tomadas a fim de melhorar a situação dos demais. Os direitos naturais individuais são uma barreira moral contra esta justiça distributiva que trata de bens pessoais como se eles saíssem do nada quando as pessoas apresentam-se na sociedade já com direitos a várias coisas. A alternativa é "de cada um segundo o que ele resolver fazer, a cada um segundo o que ele faz por si mesmo" (com a ajuda contratada de outros) e o que os outros resolvem fazer por ele".[28]

A justiça não deve ser reduzida a comutatividade. A igualdade de oportunidades não se esgota naquilo que cada um deve ao outro, segundo a proporção aritmética do contratualismo. Implica também a justiça distributiva e a justiça social – dois princípios vilipendiados pela ignorância dos *mass media* e pela deserção do socialismo. O vício fundamental desta ilusão contratualista é o de decepar o ideal histórico da justiça em nome de pressupor iguais os que são desiguais pelo privilégio e pela herança.

JUSTIÇA DISTRIBUTIVA E JUSTIÇA SOCIAL

A justiça distributiva regula as relações do todo para com os respectivos participantes. O seu padrão não é o da proporção aritmética de restituir o devido: não se exige apenas que ninguém prejudique o outro " alterum non laedere". Impõe-se que o todo seja redistribuído segundo o mérito individual, de modo que se trate desigualmente o desigual e igualmente o igual. As desigualdades sociais e económicas são justas apenas enquanto resultarem em benefícios em favor de todos. Uma longa linhagem de jusnaturalistas, desde Aristóteles na *Ética a Nicómaco*[29] a S. Tomás[30] a refere

---

[28] Robert Nozick, *Anarchy, state, and utopia*. New York: Basic Books, 1974. *Anarquia, estado e utopia*. trad. Ruy Jungmann. Rio de Janeiro: Jorge Zahar, 1991.

[29] Citação extraída de S. Tomás de Aquino, *Suma Teológica*, IIa, IIae, "Todos estão de acordo em que o justo nas distribuições deve consistir na conformidade com determinados méritos, sabem que não coincidem todos quanto ao mérito do mesmo, dado que os democráticos o põem na liberdade, os oligárquicos na riqueza ou na nobreza e os aristocráticos na excelência pessoal."

[30] Idem "A justiça distributiva exige a igualdade não na quantidade mas na propor-

como forma de justiça proporcional. Em vernáculo, Frei António de Beja diz que "resguardado o proveito comum, sejam partidas as dignidades e ofícios, conforme os trabalhos, virtudes e merecimentos de cada um." E John Rawls considera que a vontade de justiça deve interferir com a estrutura da sociedade; o fim dos ricos traria mais pobres, sendo que as desigualdades são aceitáveis se trouxerem vantagens para todos, em especial os mais desfavorecidos.

A justiça social regula as relações do fluxo de cada um para com o todo, medido pelo que se chama o bem comum, numa sociedade onde a lei ordena os actos de todas as virtudes ao bem comum.[31] Naquela sociedade onde, segundo Eric Weil, se permite a intervenção nos interesses particulares para os elevar ao nível universal. E cada um tem que dar ao todo segundo as suas possibilidades, para que o todo possa dar a cada um segundo as suas necessidades.

Isto é, a igualdade é aquela que reconhece que alguns são mais iguais do que outros, por exemplo que os mais ricos porque têm mais possibilidades devem dar mais ao bolo comum do que os mais pobres.

Não podemos renunciar à determinação material das exigências de justiça. Afirmar muito liberalmente que a única forma de justiça é a justiça comutativa, é dizer que a justiça não interfere com as relações sociais e com as relações políticas, o que é uma ilusão; é conformar-se desde logo, com a posição dos que estão no poder, o que é um risco; e é desistir de procurar fundamento racional para a justiça, o que nenhum jurista aceita.

Toda a sociedade politicamente organizada assenta num sistema normativo e adopta um critério para definir que seres humanos são iguais ou desiguais. A divergência entre os vários sistemas está nos critérios que servem para catalogar os seres humanos como iguais e como desiguais.

ção. É que na justiça distributiva não se toma o meio, conforme a igualdade de uma coisa com outra, mas sim segundo a proporção das coisas às pessoas; de tal modo que se uma pessoa supera outra, também a coisa que se dá a uma pessoa supera a que dá a outra."

[31] Ainda segundo S. Tomás, "os que fazem parte de uma comunidade estão perante essa comunidade na relação das partes com o seu todo; e a parte é qualquer coisa do todo. Por conseguinte, todo o bem de uma parte pode ser ordenado para o bem do todo. Assim, em virtude deste princípio, o bem de qualquer virtude, seja o que ordena o homem para com ele mesmo, seja o que ordena a outros homens considerados em particular, pode ser relacionado como o bem comum para o qual a justiça nos ordena. E em virtude deste princípio, os actos de todas as virtudes podem ser importantes para a justiça enquanto ela nos orienta para o bem comum".

Devemos dizer que se deve dar a cada um segundo a sua produção, como diz o liberalismo? Ou antes, a cada um segundo as suas necessidades? Ou a cada um segundo o seu lugar social? Ou a cada um, conforme os seus direitos legais? Ou a cada um conforme os seus méritos? Qual destes princípios merece a preferência é o que tem de ser aferido mediante uma filosofia, afinal o tema deste artigo.

CONCLUSÃO

A constante e perpétua procura da justiça tem como alvo dar a cada um segundo as respectivas necessidades e a cada um segundo as respectivas possibilidades. Isto é, a sociedade ideal é aquela comunidade muito imperfeita de pessoas que procuram realizar ambos os princípios, com aquele impulso espiritual, e diga-se mesmo, aquela força subversiva que inscreve o direito natural no coração dos homens. Quem aceita a realidade das desigualdades fecundas entre os homens, tem de pensar na equidade como justiça e denunciar o falso igualitarismo e o falso elitismo, que conduzem à servidão voluntária, de que falou La Boétie. O igualitarismo e elitismo são sempre destruidores da pessoa, dado conduzirem ao nivelamento por baixo e à prepotência dos superiores. A igualdade não pode correr o risco de desumanizar-se, de reduzir-se a uma sonora palavra sem conteúdo anímico, nem deve traduzir-se na reivindicação de nivelamento.[32]

Para isso, o direito natural fornece os princípios de "dar a cada um o que é seu", "ninguém prejudicar", e "viver com transparência". A força moral e lógica destes princípios pode ser apreciada por qualquer indivíduo. O princípio de reciprocidade convida a colocarmo-nos na posição do "outro" – de outra raça, género ou religião – e perguntarmo-nos que direitos humanos devemos exigir. A partir desta base, é possível debater o relacionamento entre objectivos e meios na implementação dos direitos, a hierarquia entre diferentes direitos, e a legitimidade de derrogações de obrigações específicas em circunstâncias da emergência.

O direito natural – uma vez purgado das velhas bases deterministas do conceito especulativo de "natureza humana" – continua a ser o melhor

---

[32] Para Rousseau, *a liberdade sem a justiça é uma verdadeira contradição*.

fundamento para reivindicar os direitos do homem; para resistir às violações do bem-estar humano e assegurar o pluralismo social sem cair no relativismo; para sustentar o primado da lei no processo da construção do Estado; para manter o contrapeso entre direitos e deveres cívicos, sem o que nenhuma liderança política se sustenta; para promover a supremacia do direito internacional; para legitimar o poder de organizações supranacionais. É assim porque o direito natural responde aos problemas de empobrecimento de critérios de acção humana na esfera privada da acção e na esfera pública de governação. Mais objectivista ou mais subjectivista, a conclusão é a mesma: o primado do direito sobre o poder depende da predominância do direito natural. O direito tem de tomar o partido dos bons contra os maus. Finalmente, e porque a sociedade é composta por pessoas que desejam naturalmente o bem mas não são naturalmente boas, é preciso ter presente a recomendação de Pascal: "Sendo difícil conseguir que o justo tenha força, fez-se com que a força seja justa".[33]

---

[33] Blaise Pascal, *Pensamentos*, 103-298.

A SOCIEDADE CIVIL E A JUSTIÇA (SOCIAL) NO SÉC. XXI: DESAFIOS E ESPERANÇAS

Fernando de La Vieter Ribeiro Nobre
Fundador e Presidente da Fundação AMI
Doutor em Medicina Cirurgião Geral e Urologista

"Um dos fenómenos sociais mais paradigmáticos da segunda metade do séc. XX no que à Justiça, no sentido lato da palavra, concerne, foi, incontestavelmente, a vontade expressa, por vezes, violentamente, por parte da sociedade civil mundializada de querer ser parte activa, senão mesmo determinante, na resolução dos graves problemas que atingem e flagelam a humanidade. Até então, as corporações profissionais, e, mais tarde, os movimentos sindicais, as associações femininistas ou as instituições humanistas, eram ainda muito sectoriais, não tinham verdadeira expressão transversal em todos os sectores sociais e não dispunham dos meios que lhes permitissem uma acção transfronteiriça global".

I. INTRODUÇÃO

Um dos fenómenos sociais mais paradigmáticos da segunda metade do século XX no que à Justiça, no sentido lato da palavra, concerne, foi, incontestavelmente, a vontade expressa, por vezes violentamente, por parte da sociedade civil mundializada de querer ser parte activa, senão mesmo determinante, na resolução dos graves problemas que atingem e flagelam a humanidade. Até então, as corporações profissionais e, mais tarde, os movimentos sindicais, as associações feministas ou as instituições humanistas, eram ainda muito sectoriais, não tinham verdadeira expressão transversal em todos os sectores sociais e não dispunham dos meios que lhes permitissem uma acção transfronteiriça global.

A partir da segunda metade do século XX, após o fim do cataclismo que foi a Segunda Guerra Mundial, e com o fim do período colonial em

África e na Ásia, surgiu um movimento com uma visão nova, globalizante. De início quase insipiente, lento, tímido e fraco esse novo movimento corporizado nas chamadas Organizações Não Governamentais (ONG), foi-se afirmando e, com um crescimento exponencial a partir das décadas de 70 e 80 e com expressão e acção global, transformou-se numa realidade hoje incontornável. Esse movimento, e o seu crescimento, fez-se paralelamente com a tomada de consciência, por parte de um número crescente de cidadãos do mundo que uma globalização desumana, porque essencialmente económica e financeira, e por isso injusta, estava a ser implantada de forma acelerada mercê da rápida evolução tecnológica e do enfraquecimento ou submissão do poder político posto às ordens e ao serviço das grandes empresas globais e dos grandes *trusts* financeiros ("economia" de casino) sem rosto nem ética humanos.

À medida que as ONG, pelas suas acções concretas junto dos povos dos quatro cantos do mundo, tanto no domínio dos direitos humanos como na área ambiental e humanitária, tomavam consciência dos efeitos nefastos da globalização em curso para com a maioria da população mundial, iam-se organizando em movimento global de sensibilização da opinião pública mundial. Trazendo para a opinião pública as situações catastróficas que iam encontrando nos teatros das suas intervenções fizeram com que o ser humano, estivesse ele onde estivesse, passasse a ser visto como um semelhante de carne e osso merecedor de uma atenção singular. Associações como a Amnesty International, a Greenpeace e os Médecins Sans Frontières foram padrões de essa acção sensibilizadora que transformou a visão indiferente, amorfa e asseptizada que a opinião pública mundial fazia até então do "mundo".

À medida que o poder político se desresponsabilizava da sua governação, entregando-a progressivamente ao poder dos monopólios económicos e financeiros apologistas de um mercado global apenas regulado pelos seus próprios interesses, as ONG iam observando no terreno a pauperização das populações e os efeitos dramáticos na saúde, no ambiente e nos direitos sociais que a miséria crescente provocava. Essa tendência acelerou-se brutalmente a partir da década de 80 com os governos do Sr. Ronald Reagan nos EUA e da Sra. Margaret Tatcher no Reino Unido, que introduziram e estimularam uma desregulamentação desenfreada e uma quase anulação dos controlos aduaneiros e dos fluxos financeiros; o Mundo tinha entrado na nova era, a dos discursos ultraliberais erguendo o mercado como o novo "abre-te sésamo" que traria à humanidade o desenvolvimento e a paz... prometia-se então o novo El Dorado enquanto simultaneamente se tentava quebrar a coluna vertebral do mundo sindical e as ONG observavam o crescimento do desespero, da exclusão e da miséria de largas franjas da humanidade que eram apartadas, porque esquecidas, de qualquer futuro risonho.

À globalização económica se sobrepunha a globalização da pobreza e da exclusão com o beneplácito das organizações mundiais, verdadeiros braços económicos armados e às ordens dos grandes monopólios liberais mundiais, tais como: o FMI, o BM, a OMC e a OCDE que assistiam e participavam activamente nessa globalização de exclusão: benéfica para uma minoria cada vez mais rica, e prejudicial para a maioria, cada vez mais marginalizada, excluída, vendo apartados os seus direitos mais elementares.

É da leitura desse paradoxo e do verdadeiro alcance da globalização económica e sobretudo financeira em curso, e do papel nela exercida pelas organizações mundiais atrás referidas, que surgirá a verdadeira consciencialização da sociedade civil mundial que reagirá primeiro violentamente, porque também às vezes manipulada e infiltrada por forças que não lhe estavam afectas, em Seatle, Gotemburgo e Génova e depois tentando estruturar-se nos foruns sociais mundiais e regionais com o lema "Um outro Mundo mais ético é possível": o movimento alter-mundialista, congregador de tantas esperanças mas também portador de muitas interrogações, dúvidas e suspeições sobre a sua legitimidade democrática e as suas vontade e capacidade reformadoras, tinha nascido forte da imensa diversidade dos participantes, propósitos, sonhos e objectivos utópicos ou realizáveis e fraco porque dificilmente coordenável.

Nessa encruzilhada de ideais e utopias, no entanto essenciais para uma evolução positiva do Mundo, encontra-se hoje o maior desafio do movimento da sociedade civil global: como se concertar e coordenar afim de fazer implementar no mundo ideias força essenciais, como por exemplo: o respeito efectivo pelos Direitos Humanos, a implantação de mais equidade e justiça social, a taxação mesmo simbólica dos fluxos financeiros globais, o perdão da dívida asfixiante que está a matar qualquer possibilidade de desenvolvimento de quase todos os países subdesenvolvidos[1]

---

[1] É esta denominação que continuarei a usar no meu texto porque recuso eufemismos que nada explicam e que tudo baralham. Do ponto de vista do desenvolvimento económico, social, educativo, sanitário, ambiental e democrático, esses países continuam subdesenvolvidos e não é com a plástica da linguagem que se resolvem as questões, podendo

("em vias de desenvolvimento" ou "menos avançados"), o acesso universal aos medicamentos e um comércio justo com o fim das ajudas ao mundo agrícola na Europa e nos EUA que penalizam gravemente as exportações agrícolas dos países subdesenvolvidos, o respeito pelo meio ambiente...

Na capacidade de convencimento e de implementação dessas e de muitas outras questões estruturantes para um desenvolvimento seguro e sustentado de um mundo harmonioso se joga o futuro da credibilidade da visão generosa dos altermundialistas sinceros. Saberão eles, saberemos nós estar à altura dessa esperança e desse enorme desafio? Eis a questão que importará para o nosso futuro colectivo pois só assim saberemos se é verdade, como o disse Jacques Attali, que as ONG podem e devem ser vistas como a última muralha contra o apocalipse.

II. DESENVOLVIMENTO DA SOCIEDADE CIVIL MUNDIAL E A SUA SEDE DE JUSTIÇA

Em finais da década de setenta do século findo quando ingressei na associação "Médecins Sans Frontières" o movimento não governamental mundial com uma visão e acção global era fraco e com pouco impacto na comunicação social e na consciência colectiva dos cidadãos do mundo. O conceito da "cidadania global" ainda não tinha passado a fronteira das mentes salvo daqueles, poucos, para quem o conceito da "aldeia global" já era, não uma visão quase esotérica ou metafísica mas sim uma realidade tangível onde se vislumbravam esperanças de aproximação e aceitação entre os povos vistos, todos!, como constituindo a mesma entidade fraterna mas também onde se adivinhavam confrontos e enormes desafios tais as disparidades gritantes já então existentes nessa "aldeia global". Os próprios "Médecins Sans Frontières", fundados em 1971, hoje ONG de referência mundial, Prémio Nobel da Paz, eram uma associação muito incipiente e cheia de debilidades. Da Greenpeace ainda não se tinham ouvido os gritos, quase sempre oportunos e justificados, em defesa das baleias e do meio ambiente. Da Amnesty International (AI) fundada no início da década de 60, já se ouvia falar mas não tinha seguramente o impacto que viria, e muito bem, a ter; nessa última instituição também actuei em finais da

---

quanto muito serem escamoteadas para grande regozijo do ego de certos governantes corruptos e dos seus cínicos acólitos e encobridores.

década de 70 em Bruxelas, integrado no seu núcleo médico até me entregar corpo e alma na acção humanitária médica internacional.

Lembro-me que em 1984, quando fundei a AMI, a Plataforma das ONGD portuguesas ainda não existia e que a organização das ONG em plataformas nos outros países europeus, mais avançados também nesse sector, era relativamente recente. O que terá então acontecido para que o mundo não governamental, surgido entre as duas guerras mundiais do século XX nos países anglo-saxónicos e nórdicos (muitas vezes intimamente ligado às igrejas), tivesse um crescimento modesto e limitado a certos países desenvolvidos até início da década de 70 para depois, de forma explosiva, crescer com uma vontade e uma determinação ímpares em todos os continentes e em todos os países do mundo?

Para mim só há uma resposta: o detonador desse movimento pujante, activo, interpelativo e muitas vezes fervilhante de contradições foi uma tomada de consciência universal que impeliu os cidadãos a organizarem-se para defenderem os seus direitos, todos os seus direitos!, e os direitos dos grupos mais fracos no seio das suas sociedades e nos países mais frágeis. Essa tomada de consciência fez-se perante a constatação, cada vez mais evidente, do abandono a que eram votadas as suas aspirações mais legítimas, enquanto seres humanos, por uma classe política cada vez mais inoperante e indiferente porque demissionária e subserviente perante os interesses dos grupos económicos e financeiros dominantes tão actuantes e influentes com o seu Fórum Económico de Davos e outros braços armados fossem eles visíveis, como o FMI, o Banco Mundial, a Organização Mundial do Comércio...ou mais invisíveis como o Clube de Roma, o Clube de Bilderberg...

Os cidadãos passaram-se a sentir abandonados, marginalizados, descartáveis: vítimas nos países ditos desenvolvidos e ricos, dos cartéis cada vez mais poderosos (para não dizer mafiosos), com as suas concentrações monopólicas e as consequentes reestruturações e deslocalizações (com os seus famigerados cortejos de despedimentos) e vítimas nos países subdesenvolvidos, de elites cleptopatas e ditatoriais, assim como dos planos de (de)estruturação do FMI e outras acções negativamente devastadoras do Banco Mundial que não viam nessas populações seres humanos mas apenas e só "mercado" a ser entregue à boa vontade discricionária das grandes empresas globais sem ética empresarial porque propriedade de accionistas invisíveis, sem ética social ou qualquer sensibilidade humana, apenas interessados nos lucros desmedidos das suas acções.

Os cidadãos do mundo sentiram-se traídos e vítimas da descredibilização profunda do mundo político, fraco e conivente, ou submisso e subserviente, com o poder financeiro cada vez mais tentacular que se foi substituindo aos Estados, sem assumir as respectivas responsabilidades sociais, a quem foi comprando tudo, de privatização em privatização mesmo dos sectores vitais para os anónimos cidadãos, deixando-os literalmente com as calças nas mãos e vazios de capacidade de intervenção.

Foi este sentimento nuclear, sem dúvida, que fez com que os cidadãos do mundo inteiro sentissem a imperiosa necessidade de se juntarem em associações ou movimentos que dessem corpo às suas interrogações, aspirações e necessidades, para eles e os outros! À medida que se iam agravando os perversos efeitos de uma globalização armadilhada para a maioria ditada por uma doutrina dogmática e totalitária que pretendia, e ainda pretende!, fazer crer que a solução para todas as maleitas da humanidade era só uma: menos Estado e mais, sempre, insaciavelmente!, mais mercado liberalizado, sem tutela ou controlo e sem verdadeira fiscalização porque, o que é hoje desmentido brutalmente pelos factos, só a gestão livre de qualquer controlo de Estado é que geraria a riqueza que levaria ao desenvolvimento de todos e melhor, o mercado, se autoregularia. Infelizmente, contra factos não há argumentos: se é verdade que nunca se produziu tanta riqueza não é menos verdade que a sua distribuição nunca foi tão desigual levando à concentração dessa riqueza, nunca vista, em bem poucas mãos em detrimento de um quarto da população mundial que vive na miséria e um terço na pobreza.[2] Era o vírus da ganância, descrito, após a falência da ENRON, pelo Sr. Greenspan então Presidente da Reserva Federal dos EUA e grande responsável dos desvarios dos "produtos tóxicos" e "outros derivados", em todo o seu macabro esplendor! Para reforçar essa leitura realista que é feita hoje pela sociedade civil global, que luta e anseia por um novo paradigma, uma Cidadania Global com ética e solidária, basta referir o que ouvi, há meia dúzia de anos, em Washington da boca do então Presidente da OCDE, Sr. Jean Roger Bovin, que disse coisas importantíssimas, como por exemplo:

---

[2] De salientar que segundo um estudo da World Vision, ONG com larga implantação mundial, "com 14% da riqueza das 225 pessoas mais ricas do mundo, seria possível dar alimento, educação, cuidados médicos e oportunidade de desenvolvimento às comunidades mais pobres do mundo". No topo das preocupações dessa ONG, compreensivelmente, está a luta contra a pobreza.

- "o crescimento económico não conduz obrigatoriamente ao desenvolvimento social";
- "a pobreza impede o desenvolvimento social e o progresso";
- "a democracia e a miséria não podem coexistir";
- "o desenvolvimento social não é alcançado sem um investimento sério na saúde e na educação".

Para as ONG, como a AMI, que há mais de 20 anos não se cansam de repetir essas evidências, não deixa de ser reconfortante saber que, actualmente, seja por humanismo ou por inteligência, altos funcionários de organismos internacionais, tais como o Sr. Bovin, que até à bem pouco tempo primavam pela indiferença ou autismo perante situações gritantes de verdade, ousem agora vir dar razão aos apelos das ONG. É, com certeza, um passo na boa direcção. De salientar que o Sr. Bovin já não está só, bastando para tal constatar o que vem dizendo e escrevendo o Sr. Stiglitz, ex-Vice Presidente do Banco Mundial. Tais factos dão alento às ONG porque demonstram que o diagnóstico por elas feito no que concerne a situação mundial actual e aos desafios levantados está no essencial correcto, porque até o Fórum Económico Mundial de Davos, nas suas três ou quatro últimas sessões já passou a incluir, de resto como o Banco Mundial, o combate à miséria e à exclusão social como prioridades. A evolução constatada na abordagem dessas matérias por parte dos decisores financeiros globais não obstante hoje desacreditados é deveras positiva, embora reste provar a sua boa fé e se têm vontade real em resolverem a crucial questão da miséria. Se não pretendermos ver o nosso mundo em permanente convulsão social, não há, quanto a nós, outro caminho: implementação de mais e melhor justiça social, justiça "tout court"!

Foram pois estas constatações flagrantes, para quem escutava e olhava o quadro negro em que estavam mergulhados um cada vez maior número de povos, que serviram de detonador ao despertar dos cidadãos no mundo inteiro que não aceitavam mais ser apenas meros espectadores de uma injustiça social, para o autismo!, que acabaria com a temida explosão da "bomba social". Sendo as enfermidades, de que padecia e ainda padece o nosso mundo, globais, também a sociedade civil mundial decidiu, uma vez desperta e esclarecida, montar organizações solidárias e actuantes aos três níveis: local, regional e global, aproveitando-se dos meios tecnológicos avançados de comunicação existentes. Tal fez-se primeiro de forma atabalhoada, desorganizada, para depois, já perfeitamente informados e alertados sobre o risco corrido por todos nós, se avançar para a fase actual, onde a coordenação das acções e das mensagens sensibilizadoras já são uma evidência.

Conscientemente, embora com altos e baixos e com enormes dificuldades, reconheça-se, a sociedade civil mundial começou a organizar-se para apresentar propostas concretas e exigir correcções aos governos e às instâncias internacionais anteriormente herméticas e nada democráticas. Esta mudança comportamental, a passagem de agentes passivos da mudança a agentes activos e apelativos da urgente mudança, aconteceu com o grito de Seatle em 1999. A partir de então a agenda internacional já não foi a mesma passando a incluir matérias que as ONG, até então em vão!, solicitavam, tais como por exemplo:

- a globalização predominantemente financeira e a ameaça que ela representa para as regiões mais débeis do Mundo;
- a percepção de um imposto (tipo taxa Tobin) nas transacções financeiras especulativas a ser investido no desenvolvimento dos países subdesenvolvidos;
- a percepção de um imposto na venda das armas também com a finalidade de desenvolvimento dos países mais pobres e esquecidos;
- a boa governação nos países corruptos;
- a construção da Paz com as consequentes exigências: justiça, democracia e desenvolvimento;
- a valorização da participação da mulher em todas as sociedades com particular destaque nas sociedades subdesenvolvidas;
- a questão da água;
- a defesa dos direitos humanos;
- a importância da saúde e da educação nos países esquecidos;
- a criação de um fundo de desenvolvimento para a África que poderia ser alimentado pelos impostos vindos das transacções financeiras especulativas, das vendas das armas e dos montantes faraónicos existentes nas contas bancárias dos governantes corruptos;
- o perdão dos juros e das dívidas dos países subdesenvolvidos;
- a pobreza e a miséria no mundo;
- a acessibilidade aos medicamentos e a questão das patentes;
- uma melhor regulação e fiscalização dos paraísos fiscais e dos produtos tóxicos financeiros;
- a não proliferação das minas antipessoais;

- a defesa ambiental;
- a boa governação;
- a gestão com ética;
- a democracia participativa;
- a defesa e protecção do meio ambiente;
- o comércio justo.

Deve-se à sociedade civil mundial organizada e interventiva decisivas vitórias para a humanidade: aprovações e implementações de tratados e convenções, embora de forma lenta e laboriosa, não seriam possíveis sem a pressão e vigilância da sociedade civil global como aconteceu com o Tribunal Penal Internacional, a Convenção de Otava para a não comercialização das minas antipessoais, a Convenção de Quioto, a Convenção para os Direitos das Crianças, a Convenção para os Direitos das Mulheres, a Cimeira do Rio de 92, a Cimeira do Milénio... Incontestavelmente, como foi inúmeras vezes publicamente salientado e enobrecido pelo ex-Secretário Geral das Nações Unidas, Sr. Kofi Annan, sem a pressão, o acompanhamento permanente, a sensibilização e a vigilância do vasto universo das ONG bem pouco, do pouco que foi conseguido, teria avançado no que diz respeito aos tratados e convenções assinados nos últimos 15 anos. Pode-se pois afirmar que hoje a comunidade mundial das ONG tem mais significado na humanidade do que muitos Estados com assento nas Nações Unidas.

À medida que as organizações da sociedade civil mundial foram tomando consciência e nota da evolução negativa, para largas franjas da população mundial, do modelo de globalização em curso apresentado como o único possível, pretensamente salvítico para todos e garante do bem estar global, foram-se apercebendo quanto era vital que se organizassem em redes ou plataformas globais, que estruturassem as suas propostas afim que deixassem de ser apenas meros slogans para manifestações... Dessas várias leituras e constatações nasceram, quanto a mim, dois factos essenciais:

a) *o apoio dado pelas ONG dos países mais ricos e desenvolvidos do Norte ao surgimento e sustentabilidade de ONG nos países mais subdesenvolvidos.*

Tal aconteceu porque as ONG dos países em vias de desenvolvimento passaram a ser vistas como únicas garantias e esperança de desenvolvimento, democracia e defesa dos direitos humanos nesses países. Se é bem verdade que as populações dos países subdesenvolvidos não esperaram para se organizarem a fim de procurarem alternativa à miséria e exploração às quais se sentiam, e estavam quase fatalmente!, obrigadas por governações iníquas protegidas por interesses puramente economicistas da chamada comunidade internacional, não é menos verdade que o reconhecimento dos seus esforços e méritos assim como o apoio financeiro, quase sempre tendão de Aquiles do mundo não governamental e ainda mais nos países mais pobres sem capacidade ou tradição de doações financeiras, vindos das suas congéneres ONG do Norte, já mais estruturadas e financeiramente mais sustentadas, vieram dar alento e sustentabilidade às suas imprescindíveis acções.

Foi assim que várias ONG do Norte, tal como a AMI o faz há mais de quinze anos, entenderam ser um dos eixos fundamentais da sua acção além-fronteiras não só o apoio de expertise e financeiro a projectos apresentados pelas suas congéneres do Sul mas também e sobretudo tentarem garantir-lhes a auto-sustentabilidade financeira e organizacional porque, como já referi e insisto, as ONG do Sul são hoje os últimos baluartes contra o subdesenvolvimento nos seus países e a grande esperança de uma genuína democracia que estanque, uma vez por todas, a violenta hemorragia sofrida nesses países devida essencialmente a uma governação profundamente corrupta, irresponsável e incompetente que ocorre à décadas quase sempre com o cínico, calculista e hipócrita beneplácito dos governos do Norte e das instituições financeiras globais, tais como o FMI, o BM, e a OMC.

Com essa metodologia de acção, o mundo global das ONG criou laços transfronteiriços globais fortes garantes de uma rede solidária e de uma capacidade de mobilização ímpares.

b) *a criação dos Foruns Sociais Mundiais, Regionais e Nacionais*

Após as manifestações e protestos de Seatle em 1999 (nascidos de uma amálgama de sentimentos tais como a repulsa do modelo imposto em curso e a sensação de impotência para se encontrar a melhor forma de contra argumentação com um mínimo de possibilidade de ser escutada e implementada para se construir um mundo mais ético e justo) a comunidade internacional das organizações oriundas da sociedade civil, sentiu a necessidade urgente de se organizar por que senão corria o risco sério de cair num impasse, descredibilizando-se porque vista então como essencialmente violenta e anarquista... Assim nasceu, em boa hora, o Fórum Social Mundial de Porto Alegre em Janeiro de 2001. Não contra a globalização, o que seria idiota e estéril, mas sim contra uma globalização essencialmente, ou exclusivamente, com a preocupação do mercado, o novo bezerro de ouro erguido como um deus dogmático pelos novos visionários financeiros. Em Janciro de 2001 o mundo alter-mundialista, muito díspar e às vezes muito heterogéneo e mesmo antagónico, encontrava o seu máximo denominador comum gritando e apelando "Um outro mundo é possível" e adoptando a bandeira arco-íris! Era a clara rejeição da globalização armadilhada em curso e o apelo para uma globalização, económica sem dúvida, mas que incluísse a ética, a cultura, os direitos humanos, os direitos sociais, o ambiente..., em suma para que o ser humano fosse colocado no vértice da pirâmide das preocupações globais como primeiro e último objectivo da política e do mercado. É evidente e notório que esse modelo de organização civilizacional está nas antípodas do modelo de desenvolvimento hoje em plena derrocada defendido e propalado pelos ultraliberais e neoconservadores que na prática, embora não o assumam às claras, vêem o ser humano como mero sustentáculo, como a política já manietada e enfeudada, do mercado e do lucro insaciáveis vistos como objectivo último e não como um instrumento ao serviço do ser Humano, verdadeiro e insubstituível património da Humanidade. Como já o referi, em boa hora o mundo das ONG encontrou-se e solidarizou-se em Janeiro de 2001 em Porto Alegre no Brasil: nesse mesmo ano aconteceu o trágico 11 de Setembro, trágico para as vítimas imediatas e suas famílias, trágico pela manipulação maniqueísta, imperial e militar a que deu seguimento pretendendo ter no 11 de Setembro todas as razões, todas as justificações mesmo para as piores barbáries, injustiças e ilegalidades exercidas sobre povos inocentes. Desde essa data o mundo não governamental global, não alinhando no diktat do pensamento único inquestionável, foi visto como suspeito de "permissividade ou facilitação do terrorismo internacional" e por isso submetido a constrangimentos psicológicos intimidatórios, a constrangimentos financeiros asfixiantes e a tentativas de intromissões abusivas e lesivas nas áreas de intervenção anteriormente exclusivas do mundo não governamental como, por exemplo, a intervenção humanitária hoje pervertida, instrumentalizada e integrada como componente essencial das acções militares e políticas dos Estados. Com o discurso dogmático, primário e condicionante digno de qualquer pensamento ditatorial entretanto adoptado "quem não está connosco está contra nós" as ONG globais, suspeitas de divisionismo, sentiram a imperiosa necessidade de estreitarem as suas relações nacionais e transfronteiriças, clarificarem as suas mensagens e sensibilizarem as suas opiniões públicas sobre as matérias que lhes importava verem valorizadas no debate sobre o tipo de sociedade humana que defendem. Para as ONG ficou claro que a sua sustentabilidade e sobrevivência teriam que ser sobretudo alicerçadas numa sociedade civil global sensibilizada, informada e interventiva que se reconhecesse nas suas ONG e que se mobilizasse aos seus apelos de maior equidade e justiça social. Nesse sentido criaram-se, em sintonia com os Foruns Sociais Mundiais os Foruns Sociais Regionais (na Europa ocorreram já em Florença, Paris e Londres mas também se têm realizado em África, na Ásia e nas Américas) e os Foruns Sociais Nacionais como o de Lisboa. Essa desmultiplicação dos Foruns Sociais Mundiais permitiram, e permitem, levar a mensagem sensibilizadora, adaptando-a às especificidades regionais e nacionais, aos quatro cantos do mundo a fim de se criar um verdadeiro movimento global defensor de uma globalização com ética que permita o surgimento do tal "outro mundo possível" necessariamente mais justo, mais solidário, mais multicultural, ecuménico e tolerante onde todos os seres humanos se sentirão representados e respeitados. A multiplicação dos Foruns tem não só permitido a sensibilização da opinião pública, mas também o confronto e a recolha de sensibilidades, realidades e mensagens congregando-as em poucas ideias claras a fim que o mundo às vezes utópico, mas sempre idealista das ONG, possa influir na agenda das grandes cimeiras mundiais assim como dos grupos decisores do ponto de vista económico como já se notou na mudança substancial do discurso, do Fórum Económico Mundial de Davos, do BM, da OCDE, do FMI e até da OMC que cedeu pela primeira vez, sobre a questão das patentes e da acessibilidade dos doentes das economias mais frágeis do planeta aos anti e retrovirais para o SIDA. Foi sob a pressão das ONG que também foi criado o Fundo Global para a luta contra a SIDA, a Malária e a Tuberculosa. As ONG ganharam um primeiro round. Essas mudanças de discurso, e de alguma acção também, são estimulantes porque demonstram que os cidadãos mobilizados e organizados alcançam resultados tangíveis mesmo se para tal é necessário um combate sem tréguas. Não tenhamos no entanto ilusões: a besta da ganância e da indiferença não foi vencida. Está apenas ferida na sequência da crise financeira em curso. Como a serpente das sete cabeças, ela se irá recompor com a mesma violência e voltará a provocar os mesmos nefastos danos se nós, baixando guarda, lhe permitirmos.

Uma coisa é certa: o despertar e a mobilização da sociedade civil mundial via as suas ONG, legitimadas pelas suas populações, estão a conseguir, muito lentamente é verdade, uma mudança de mentalidades: um novo paradigma societário começa a surgir no horizonte. Esse novo paradigma está, não tenhamos medo ou vergonha de o reconhecer e afirmar, também impregnado de espiritualidade o que, quanto a mim, é positivo pois contrabalança o materialismo exacerbado ainda vigente na doutrina governativa dominante no mundo.

Mas "o mundo das ONG" está também perfeitamente consciente dos enormes desafios que ele encerra e que resultam da sua enorme diversidade e heterogeneidade mas também da enorme onda de esperança por ele gerada junto dos mais miseráveis e descrentes e da dificuldade da resolução dos problemas globais entretanto agravados e avolumados.

III. DESAFIOS

Indubitavelmente o maior desafio, o grande combate, que os "utopistas" por "um outro mundo possível" têm que vencer é fazer com que a sua principal ideia-força, *colocar o ser humano no cerne de todas as questões*, não se esclerose ou se transforme num mero slogan incantantório. Para tal, é necessário ir mais além dos gritos rituais contra o capitalismo e fixar-se urgentemente um objectivo claro cuja implementação prática seja obtida rapidamente. Por exemplo, a aplicação de um imposto sobre as transacções financeiras especulativas que pudesse reverter a favor do desenvolvimento da África Subsariana, incontestavelmente a região mais miserável do planeta. Por exemplo também, uma luta determinada para que os objectivos da Cimeira do Milénio 2000, que deveriam ser atingidos em 2015 sejam efectivamente alcançados; estes objectivos não estão a ser cumpridos ficando muito aquém das expectativas: em 2015, na melhor das hipóteses, atingir-se-à apenas 15 a 20% dos objectivos globais assumidos, o que é deveras preocupante. Como é possível que nunca se tenha obtido os 25 mil milhões de USD/ano (total: 25.000 milhões x 15 anos = 375.000 milhões USD) exigido pelas Nações Unidas para se alcançarem as metas propostas nos oito Objectivos do Milénio (ODM) e que nos últimos meses se tenham conseguido, e não vai ser suficiente, mais do que 3 milhões de milhões de USD (10 vezes mais que os ODM exigiam em 15 anos) na tentativa de acalmarem a derrocada desvairada do sistema financeiro? Seria também essencial a implementação efectiva e imediata da Convenção de Quioto... a fim que rapidamente o temido efeito estufa se transformasse apenas numa má recordação e numa lição do que não se deve permitir, em nome de um certo desenvolvimento suicida, para o bem das gerações vindouras. Outro exemplo justo e exequível poderia ser a obtenção do perdão global da dívida dos países subdesenvolvidos. Uma coisa é certa: opções estratégicas de curto, médio e longo prazo devem ser tomadas colectivamente pelo movimento ONG mundial, embora tenhamos todos perfeita consciência que tal não é fácil num movimento tão diverso e desconexo. Os conflitos na Palestina e no Iraque, factos negativos e preocupantes incontornáveis, deixaram ainda mais claro para a sociedade civil mundial, organizada e sensibilizada, que a globalização em curso, feita de guerras e de exclusão, mais do que nunca é de rejeitar, como foi claramente expresso pela grande maioria da opinião pública europeia e mundial. A sociedade civil rapidamente se apercebeu que as lutas "contra o terrorismo" e a "insegurança" constituíam pretextos úteis, não só para a implementação de uma política económica e militar imperial de dominação, mas também para a implementação por parte dos governos, de políticas anti-sociais e atentatórias contra as liberdades e garantias dos cidadãos: a prazo a Democracia está ameaçada. Espero que a breve prazo os responsáveis por estes crimes contra a Humanidade sejam traduzidos em justiça...

O movimento da sociedade civil global tem hoje perfeita consciência que está num combate à escala da Humanidade, da História: do resultado desse combate dependerá o futuro e talvez a sobrevivência da Humanidade. Ou o movimento organizado dos cidadãos, à escala planetária, saberá encontrar as formas de influir pacificamente, com as suas ideias e os seus projectos sociais e humanísticos, nos actuais decisores políticos e financeiros, actualmente coligados, ou então haverá a temer ou uma explosão social violenta à escala mundial com múltiplos focos de instabilidade política e social, o que poderá já estar a eclodir, ou a consolidação de uma sociedade cada vez mais desumana, antidemocrática, militarizada e securitária onde pequenos núcleos de privilegiados viverão em guetos de luxo circundados pelas massas ululantes dos excluídos, dos descartados porque considerados "inúteis". Esta última possibilidade já se está a tornar realidade em muitas cidades da América Latina e de África. As recentes explosões de violência em Paris e em Atenas devem fazer tocar a rebate os sinos das consciências também na Europa: as pessoas estão fartas e a mínima fagulha...

A questão crucial que está hoje em jogo é: que paradigma de sociedade existirá amanhã se a sociedade civil mundial organizada defraudar as elevadas expectativas de melhoria social, cultural, ambiental e económica de que é hoje depositária perante largas franjas da população mundial? Este é hoje o maior desafio do Movimento da Cidadania Global Solidária consciente e responsável: não podemos falhar este combate entendido como sendo talvez a última oportunidade para os cidadãos globais inverterem a globalização económica e militar em curso que sacrifica as essenciais componentes sociais, ambientais e culturais que uma globalização com rosto humano deveria integrar se pretendesse ser harmoniosa e sustentável. Nesse sentido estou de acordo com o Jacques Attali: as ONG são hoje a muralha contra o apocalipse. Possam elas não falhar o seu intento humanista e de justiça.

Para não falhar é essencial que o movimento não governamental transfronteiriço ajude a solucionar, dando um contributo decisivo e determinado, o que eu considero serem os desafios para a Paz. Penso sinceramente que, mais do que nunca, é essencial pugnar-se pela Paz porque se alcançarmos esse intento, teremos ultrapassado ipso facto, todos os obstáculos que hoje minam e armadilham as relações entre os povos e as nações. O ódio instalado entre povos e nações é hoje, seguramente para mim, a resultante de atitudes e comportamentos altamente negativos que têm hipotecado as hipóteses de elaboração de um mundo melhor. O 11 de Setembro 2001 em Nova Iorque foi o trágico acontecimento que materializou o ódio nas relações entre os povos. Infelizmente não serviu de detonador para uma reflexão aprofundada que explicasse, o que não quer dizer que justificasse!, o mal profundo hoje existente entre povos e culturas. Se o Movimento da Cidadania Global Solidária, multifacetado, multifocal e multicultural, souber manter-se genuinamente democrático, mesmo se aparentemente descoordenado, e conseguir, ou ajudar a conseguir, amenizar os oito desafios para a Paz que se seguem, demonstrará que é efectivamente o último baluarte, a última esperança na construção do "outro mundo possível", um mundo utópico para os cínicos mas que a maioria do mundo anseia. Se alcançar esse seu intento mais necessário e importante o Movimento da Cidadania Global Solidário terá dado voz, parafraseando Victor Hugo, à maioria silenciosa do mundo e terá contribuído para a construção de um futuro positivo para todos. Os oito desafios para a Paz, que importa rapidamente ultrapassar para que se evite absolutamente os já propalados "choques de civilizações" e "fim da História" e para que o Mundo não se transforme numa entidade caótica ingovernável, quanto a mim, são:

1. A miséria, a exclusão, a intolerância, a humilhação e o esquecimento a que foram, e estão votados, grandes franjas da população mundial. Não tenho qualquer dúvida em afirmar que esses são os grandes nutrientes do ódio. Para eliminar estas causas que alimentam a frustração, o desespero, o ódio e o recrutamento de potenciais terroristas pelos líderes fundamentalistas era fundamental que o movimento da cidadania global se desse como objectivos claros obter: o perdão da dívida e dos juros da dívida dos países mais pobres e endividados, a aplicação de uma "taxa para o desenvolvimento" sobre as transacções financeiras especulativas e a venda das armas, o congelamento das contas faraónicas dos governantes corruptos, o respeito pelo ordenamento jurídico internacional, o respeito pelo meio ambiente e a implantação de regras que permitissem um comercio global justo (como primeiro passo, o desbloqueamento há sete anos da Ronda de Doha). Os países ricos e os seus povos têm que aceitar partilhar com os países mais pobres.

Infelizmente mesmo quando os diagnósticos estão correctos, as terapêuticas estão manifestamente desadequadas: o ex-Secretário de Estado dos Negócios Estrangeiros dos EUA, Sr. Collin Powell numa conferência em Fevereiro de 2002 numa Universidade da Califórnia disse explicitamente, e muito bem, que a miséria, a exclusão e a humilhação eram os nutrientes do terrorismo. Infelizmente após ter feito o diagnóstico certeiro a terapêutica aplicada foi completamente errada. Começou por se desencadear uma guerra contra o Afeganistão para destituir um regime reconhecidamente odioso, suporte da rede terrorista Al-Qaeda, o regime talibã, que inclusive tinha sido suportado e financiado durante a guerra contra a União Soviética pelos próprios EUA, quando todos já sabiam que os talibans eram o paradigma da exclusão, do ódio e da intolerância. A guerra contra o Afeganistão, que ainda se prolonga, já gerou, infelizmente, o que hoje se apelida de "entidade caótica ingovernável", (o Sr. Karzai, com os seus aliados norte-americanos, governa apenas e com dificuldades a capital Kabul estando o resto do território por conta dos senhores da guerra e dos Taliban que não têm nada de democratas). Como aparte é bom recordar que durante a meia dúzia de anos que a Aliança do Norte governou Kabul, antes da tomada de poder pelos intolerantes talibã, provocou uma chacina que vitimou cerca de 50 000 pessoas; sabe-se que essa Aliança do Norte, que em 2001-2002 foi eleita como aliada dos EUA, tinha basicamente as mesmas atitudes em relação às mulheres que tinham os talibãs. Esta guerra contra o Afeganistão, tirando o facto de ter eliminado alguns talibãs, não atingiu o resultado previsto: capturar o Sr. Bin Laden e o Mullah Omar. Mas ao vitimar no mínimo, até hoje, mais de 20 000 civis afegãos inocentes esta guerra só veio alimentar o ódio e fortalecer os extremistas fundamentalistas. Quanto a mim esta não foi uma boa atitude no combate ao terrorismo. Veio sim exacerbar o terrorismo internacional e dar ainda mais armas, inclusive no mais fácil recrutamento, à rede terrorista internacional Al Qaeda.

Como se não bastasse a guerra contra o Afeganistão, os EUA enveredaram, em 2003, por uma nova guerra contra o Iraque, geradora, também ela, de ódio e terrorismo. Hoje sabemos que esta guerra foi lançada sob pretextos falaciosos (a posse, por parte do Iraque, de armas de destruição maciça e a suposta ligação do regime de Saddam Hussein à rede terrorista internacional, nomeadamente a rede Al Qaeda) e sem bem se ajuizarem as consequências. Embora esta guerra fosse dada por terminada a 01/05/2003, sabemos que ela só então verdadeiramente começou na medida em que se instalou uma guerra de guerrilha extremamente violenta, com múltiplos ataques terroristas, para a qual não antevejo um fim próximo. Segundo certos analistas esta guerra já terá provocado directa e indirectamente, entre 300.000 a 1.200.000 mortos.

Eis o resultado, nomeadamente, da famigerada e funesta cimeira das Lages onde 4 figurantes foram fotografados...

Considero pois que essas duas guerras, que se mantêm e que não têm fim à vista, contribuíram ainda mais para agravar o primeiro desafio pela paz: criaram mais insegurança global, mais humilhação, demonstraram mais prepotência, mais ganância no que diz respeito ao controle das matérias primas (nomeadamente o petróleo) e de certeza contribuíram para que esses povos tivessem mais exclusão, mais miséria, mais desespero, mais falta de esperança, ao contrário do que tinha sido anunciado, isto é: a democratização desses regimes, a liberdade, o desenvolvimento e a reconstrução.

2. Os fundamentalismos e os terrorismos. No espaço de uma ou duas gerações temo que alguns países europeus, nomeadamente a França, ver-se-ão a braços com um problema cultural e religioso gravíssimo que se prende com o crescimento demográfico acelerado da sua população islâmica que poderá, se não travarmos a política do ódio e da exclusão nutrida pelo que se passa na Palestina, no Iraque e no Afeganistão, ser sensível a apelos extremistas o que provocará reacções racistas e xenófobas violentas que favorecerão partidos fascistas de triste memória: recentes acontecimentos em vário países europeus demonstram-nos quanto esta visão é realista. Está-se a preparar o caldo, para a afirmação de funestos e populistas demagogos.

Importa referir que o expansionismo islâmico (pan-islamismo) é uma realidade que é essencialmente sustentada e financiada por três fontes: a Arábia Saudita, a Líbia e algumas "estruturas" Turcas. A esse respeito relembro que em apenas 25 anos de 1976 até ao final do século passado, o número de mesquitas passou de cerca de 30 para 1300 em França (actualmente está prevista a construção de mais duzentas mesquitas em França). Há, pois, um problema real; uma religião combatente e agressiva que está a penetrar na Europa. É uma questão com que nós europeus teremos de lidar com muito tacto, mas com muita determinação exigindo paridade nas atitudes e nomeadamente em relação à Arábia Saudita que não permite que no seu território se construa uma única igreja cristã seja ela ortodoxa ou católica.

O fundamentalismo não se reduz porém à religião islâmica. Conhecem-se também na religião judaica ultra-ortodoxos integristas que assassinaram Itzak Rabin, que são também grandes responsáveis da tragédia em curso na Palestina; esse drama é sem dúvida um dos calcanhares de Aquiles na Paz do Mundo pois enquanto não for resolvido com muita justiça e equidade não haverá Paz no Médio Oriente e não só. O problema da Palestina, quanto a mim, só será resolvido com a criação de dois Estados soberanos e não um estado soberano, Israel, e um bantustão, a Palestina, sem política de defesa, sem política estrangeira e sem controle do seu território (repleto de colonatos), do seu espaço aéreo, e das suas fronteiras. É fundamental que haja dois estados autónomos e soberanos e depois que se faça de Jerusalém uma cidade santa sob controle internacional onde as três religiões monoteístas, todas oriundas de um pai fundador Abraão, tenham os seus lugares santos protegidos e aí se possam cruzar e viver em paz, como já aconteceu noutros momentos históricos como foi o caso em Jerusalém quando tomada por Saladino em 1185. O fundamentalismo também existe no seio da igreja cristã. A esse respeito quero referir muito concretamente os ultra fundamentalistas de igrejas Evangelistas em Estados do Sul dos EUA que estão numa atitude de intolerância e de expansão agressiva que em nada abona a favor da paz. Ao lado desses diversos fundamentalismos é evidente que temos os terrorismos, do tipo Al Qaeda e de outros grupos nomeadamente no Médio e Extremo Oriente. Mas também temos os terrorismos de Estado. Nunca poderemos aceitar que um Estado Democrático eleito, como é ainda o Estado Teocrático de Israel, possa fazer execuções extra-judiciais; nunca poderemos aceitar tal desvario mesmo se feito "contra o terrorismo". Digo-o muito frontalmente sem complexos nem medos. Não podemos aceitar que um Estado democrático e uma nação, a judaica, que deu tantos vultos para a humanidade, possa encaminhar-se para atitudes tão condenáveis, fascisantes e anti-semitas como as que tem tomado e praticado. Como aceitar que um governo de um povo que tanto sofreu, e por isso é merecedor do nosso respeito, tenha comportamentos revoltantes para um outro povo, também tão sofredor, seu irmão? Não posso aceitar o que hoje se passa. Como dizia o livre pensador Beaumarchais, "Sans la liberté de blâmer, il n'est point d'éloge flatteur!" Quero dizer que embora reconhecendo virtualidades e qualidades ao Estado de Israel tal não me pode impedir, de modo algum, de criticar os seus recentes desvarios. Sobre este desafio a comunidade da cidadania global deveria ter como objectivo propalar o espírito de tolerância, ecumenismo e acabar com o novo muro da vergonha.

3. As guerras e o negócio das armas. As guerras vão-se multiplicando desde o fim da II Guerra Mundial: primeiro eclodiram por questões ideológicas sustentadas pelos dois grandes blocos presentes no período da Guerra Fria. Após a queda do Muro de Berlim em 1989, as guerras foram-se multiplicando quando todos pensámos que iríamos a caminho de um novo mundo de Paz e concórdia. Findas, aparentemente, as ideologias, as guerras travam-se hoje essencialmente pelo controle das riquezas produzidas em várias regiões do mundo sejam elas as esmeraldas, os diamantes, o petróleo e até a droga. Estas últimas guerras, atípicas, não têm declaração de guerra e não têm assinatura de acordos de paz, como acontece no Afeganistão e no Iraque. Um exemplo paradigmático é o antigo Zaire (RDC): enquanto as grandes potências não esquartejarem "equitativamente" as riquezas daquele país (coltan, urânio, diamantes, cobre, ouro...) nunca haverá paz e o genocídio (mais de 5 milhões de mortes desde 1997) continuará perante a total impotência dos 17 ou 20.000 capacetes azuis. Ligado ao horror das guerras está o negócio das armas. Sabemos que países subdesenvolvidos, ricos ou paupérrimos e miseráveis, investem mais nos equipamentos militares do que na saúde e na educação. Quase sempre as forças armadas desses potentados não se constituem para defender os povos mas sim para defender poderes e interesses não democráticos e ditatoriais, como no Zimbabué, Birmânia, Coreia do Norte, Bielorrussia, Colômbia. O mais dramático é saber que são os cinco membros permanentes do Conselho de Segurança das Nações Unidas os maiores produtores e vendedores de armas, não esquecendo que os EUA, a Rússia e a China ainda não ratificaram a Convenção de Otava sobre a interdição das minas antipessoais. A esse respeito a Palma de Ouro do despesismo militar vai para os EUA que investem no seu equipamento militar (48% do investimento global) tanto quanto o fazem, em conjunto, os outros 20 países mais investidores, nessa matéria. Quanto a este ponto, o objectivo da sociedade civil mundial deveria ser, como tem sido, promover a aplicação efectiva das convenções de limitação de produção e de venda de armas, assim como obter uma taxação dessas vendas cujos montantes reverteriam para um plano global de desenvolvimento dos países mais pobres.

4. As violações maciças do Direito Internacional e a política de dois pesos e duas medidas que caminha a par e passo com atitudes de indiferença, intolerância, prepotência e arrogância que inviabilizam as convenções e os tratados internacionais e permitem a existência de entidades supranacionais pouco democráticas. A violação do Direito Internacional é hoje um facto como demonstra a guerra contra o Iraque, feita à revelia do Conselho de Segurança e da Assembleia Geral das Nações Unidas, e a vergonha jurídica que foi e é a existência do campo prisional de Guantanamo. Por outro lado, a não ratificação por Israel, pela China e pelos EUA, do Tribunal Penal Internacional (TPI) é totalmente intolerável: não podemos ter cidadãos de primeira e depois cidadãos de segunda e terceira no Mundo. Nós europeus não podemos aceitar que um ex-presidente de um Estado europeu, Sr. Milosevich tenha sido traduzido em justiça e bem, e que não haja a mínima hipótese, por decisão do Congresso norte-americano e da sua Presidência, de um cidadão americano, faça ele os desmandos que fizer, poder vir a ser julgado no referido TPI, mesmo quando reconhece publicamente que deu cobertura a actos de tortura como acaba de acontecer com o vice-presidente Cheney. A esse respeito é bom relembrar que os EUA utilizaram a arma da chantagem económica, política e militar para imporem acordos de derrogação com muitos países signatários da criação do TPI. Estamos pois perante comportamentos totalmente inaceitáveis. Não é tolerável também que tratados fundamentais para a humanidade não sejam ratificados pelos países dominantes e sobretudo pela hiper potência: refiro-me às Convenções de Quioto, da Protecção dos Direitos da Criança, da Protecção das Mulheres, do controle da venda de armas ligeiras, assim como do Tratado sobre o controle da venda das minas anti-pessoais. Esse comportamento unilateral não só é inaceitável, como impede uma evolução positiva da Humanidade e é gerador de um enorme desconforto e de uma enorme desconfiança que contribuem para a aversão ou para o ódio com que infelizmente os EUA são olhados pelos demais. Não só no Médio e Extremo Oriente mas também por largas franjas da população da Ásia, da África, da América Latina e da Europa Ocidental. Essa política de dois pesos e duas medidas é totalmente intolerável.

Não podemos também aceitar o "reconhecimento" pelos EUA e a EU (e a maioria dos seus membros) da " independência" unilateral do Kosovo, violando a Carta das Nações Unidas e o Direito Internacional.

Tal acto violador do enquadramento jurídico internacional que escancarou a caixa de Pandora, já "justificou" as "independências" da Abcásia e da Ossétia do Sul!

Não podemos aceitar que ditadores ferozes se mantenham no poder só porque aceitam pactuar com a liderança mundial, nomeadamente na guerra "contra o terrorismo" (como são os casos flagrantes do Paquistão, Tadjiquistão, Uzbequistão...), e que por outro lado quando um ditador, tão feroz e ditatorial quanto os outros, se opõe a certas ordens ou orientações, invocando ou não argumentos nacionalistas, seja pura e simplesmente eliminado, assassinado ou capturado e levado em prisão para os EUA como aconteceu com o General Noriega, o Sadam Hussein e outros... Nunca será demais voltar a referir, como altamente condenável e atentatória do Direito Internacional a existência da prisão de Guantanamo e dos voos da tortura da CIA que mancha indelevelmente as Democracias norte-americana e algumas europeias assim como o ordenamento jurídico internacional.

Por outro lado como aceitar organismos não eleitos nem democráticos como são o Fundo Monetário Internacional (onde só os EUA têm direito de veto), o Banco Mundial, a Organização Mundial de Comércio, o G8, recentemente o G20? Sobre esta matéria o objectivo da cidadania global é claro: fazer respeitar a Lei, as convenções internacionais (como as de Genebra!) e os Tratados e obter que os organismos internacionais supracitados sejam mais transparentes, democráticos e justos, porque devendo estar ao serviço de todos e não só dos dominantes e poderosos.

5. Uma política ultraconservadora e imperial, ainda dominante no governo dos EUA, liderada por grupos poderosíssimos (armamento e petróleo) que tomaram conta da orientação ideológica dos EUA e que tem claramente uma visão ideológica global autoritária e atentatória para as liberdades, a Democracia e a Humanidade no seu todo. Esse grupo ainda teve e tem vários representantes no governo norte-americano a começar pelo Vice-Presidente Sr. Dick Cheney, o ex-Secretário de Estado da Defesa, Sr. Donald Rumsfeld, o seu adjunto Sr. Paul Wolfowitz, um conselheiro fundamental, Sr. Peal, e a nova Secretária de Estado, Senhora Condoleeza Rice, todos eles ligados de perto ou de longe ao American Enterprise Institute e à industria petrolífera e armamentista. Esse grupo neo-conservador está na maioria, infelizmente, ligado ao lobby judaico fundamentalista. Esse grupo, concentrado no American Enterprise Institute e, controlando órgãos de informação poderosos como a televisão Fox News..., tem produzido reflexões e publicações altamente preocupantes. Refiro-me apenas a dois livros: "O choque de civilizações" do Sr. Samuel Huntington e o "Fim da História" e "O Último Homem" do Sr. Francis Fukuyama. Estes dois autores, ligados a esse grupo neo-conservador, embora hoje como os ventos já não estão tanto de feição se tendem a demarcar dessa corrente, com as suas reflexões, orientações e diagnósticos parecem querer, embora com muita arte e ciência, levar-nos efectivamente a um confronto que permita a instalação às claras, e a aceitação como inevitável da sua perenidade ilusória, do império norte-americano. Esse grupo está a fazer tudo para que este "modelo" imperial se implemente, se estabeleça, seja aceite e sobretudo se torne perene. Esta é a estratégia para as próximas décadas que espero não saia vitoriosa. Espero que o povo democrata norte-americano reaja e tome efectivamente em mãos o seu destino e faça desse país um país farol no sentido do Bem e da Democracia para todos. Os EUA não podem querer ser apenas vistos como um míssil sempre apontado à cabeça dos outros povos. Isto não faz deles um farol! Não é de modo algum aceitável que se incentive um choque religioso! Para alguém como eu que já esteve em mais de 150 países, dos quais mais de 70 em intervenções humanitárias directas, que dialogou com muitas autoridades, contactou com pessoas de todas as religiões, pode afirmar que todas as religiões são válidas porque no fundo, se bem interpretadas, têm todas uma mensagem de tolerância e de amor. É bom e urgente que se estabeleça um diálogo inter-religioso eficaz que crie pontes de diálogo e leve ao entendimento. Não precisamos de pessoas que incentivem a exclusão, a violência, o confronto ou o choque civilizacional ou religioso com o pretexto de que isso tem de ser feito para que amanhã o ideal democrático possa ser instalado. Não se instalam democracias dessa maneira. A democratização é um acontecimento progressivo que nasce da aspiração dos próprios povos e que tem de ser implementada por eles; não pode ser imposta à força, à custa de bombas e de metralha, pelo exterior. Enquanto esse novo paradigma das relações humanas e dos homens não for atingido infelizmente estaremos a ser orientados por pessoas extremamente perversas e perigosas para a estabilidade e para a Paz do Mundo. Sobre esta matéria o movimento da cidadania mundial global, que concorda na sua esmagadora maioria com o que acima escrevi, tem que continuar a denunciar a perversidade e o perigo dessa doutrina, falsamente messiânica, continuando a defender e a propalar a sua visão humanista do mundo que pretende ver vingar. A eleição de Barak Obama como futuro presidente dos EUA é um acontecimento promissor mas importa sermos pragmáticos e realistas. Receio que nada de verdadeiramente essencial seja alterado quanto ao conteúdo (armas, petróleo, conflito israelo-palestiniano), pois senão o risco do presidente Obama ser assassinado é muito elevado.

6. O facto da maioria dos povos se olharem exclusivamente como vítimas ou heróis e santos vendo sempre os outros como os diabos. Por isso há uma política de diabolização do outro que é totalmente inaceitável. Para alguém que conheça o mínimo da evolução histórica sabe que quase todos os povos foram culpados de procedimentos criminosos, hediondos e até genocidários. Como exemplos do que acabo de dizer vou-me referir apenas às duas potências anglosaxónicas coligadas no Iraque já que elas afirmam permanentemente serem o padrão do Bem e da Democracia: refiro-me muito explicitamente aos EUA e à Grã-Bretanha, esta última dirigida até há pouco por um senhor que se intitulava da 3.ª via mas que efectivamente era um neo-conservador, não assumido, um verdadeiro cavalo de Tróia norte-americano na Europa. Estes dois países são a batuta que quer dirigir a comunidade internacional, batuta essa que recusa ver na sua própria história os genocídios levados a cabo pelas suas nações. No que diz respeito aos EUA basta referir o genocídio dos índios no final do século XIX. Quanto à Grã-Bretanha relembrar o genocídio dos aborígenes na Austrália (de referir que na Tasmânia não ficou um único!) e os campos de concentração, os primeiros da história humana!, que vitimaram milhares de Boers na África do Sul no fim do século XIX e início do século XX. Por isso, nações que foram capazes de cometer tais horrores têm de ser chamadas à razão e à ordem porque não são só representantes do "Bem" como nos querem fazer crer. É evidente que também o mundo ibérico foi responsável por genocídios na América Latina: para os esquecidos, tipo Sr. Aznar, Berlosconi ou Barroso, bastaria ler o livro de Bartolomeu de las Casas, e é sempre justo relembrar o movimento da escravatura em África levado a cabo por todos, inclusive por nós portugueses e por nações árabes e negras.

Afirmo pois que é fundamental que os dirigentes ponham a mão nas suas consciências e assim tenham a coragem e a humildade de pedir desculpa abrindo assim uma porta de esperança para se construir um novo diálogo para a paz. Trata-se de reconhecer algo que na história foi errado e de se tirar as devidas lições para que possamos caminhar para um mundo melhor. Ao mundo da cidadania global cabe, como objectivo de salubridade mental, continuar esse discurso da responsabilização colectiva, da aproximação e do apaziguamento entre os povos.

7. A indiferença com que olhamos o outro, a intolerância que praticamos em relação ao outro e o espírito de ganância que não olha a meios. É o egoísmo feroz, o tal vírus da ganância a que se referiu o Sr. Greenspan, o mago impulsionador e encobridor dos desvarios da alta finança desnorteada. Nunca é demais referir os casos mais recentes que estão no epicentro da crise mundial actual, porque isso ajuda a ilustrar os personagens que nessas e noutras empresas, os ditos democratas e pugnadores pelas liberdades e garantias, todos e tudo sacrificaram para atingir os seus fins materialistas. Incompetentes e gananciosos ao substituírem as lideranças dos Deveres pelas lideranças dos Direitos, e só Direitos, puseram-se em situação de levitação irresponsável e criminosa e provocaram a derrocada inevitável e expectável. É fundamental combater essa indiferença, essa intolerância, essa ganância para que sejam substituídas pelo espírito de solidariedade, de fraternidade, de irmandade, de tolerância, de liberdade e de igualdade de oportunidades. Cabe à sociedade civil global continuar essa pedagogia da verdade como reserva da salubridade e da equidade na Humanidade. Os senhores Madoff são perigosos psicopatas financeiros.

8. A necessidade de encontrarmos a nossa própria harmonia interna.

Quando referi há pouco um novo paradigma do homem queria dizer paradigma pessoal e paradigma colectivo. Temos todos que reflectir o que andamos aqui a fazer, porque é que estamos na Terra e, para os crentes, para onde iremos eventualmente depois. Esta é a minha visão metafísica, filosófica e em grande medida a preocupação dos cidadãos globais. Aceito que nem todos a partilhem mas acho que no mínimo temos todos de nos interrogar sobre o que andamos aqui a fazer. Penso que isso é fundamental; ou andamos aqui para dar um contributo positivo no caminhar da Humanidade ou andamos aqui para roubar, matar e praticar a exclusão em relação aos outros. Isto é que está no centro de todas as questões. Enquanto o novo paradigma de mentalidade, o novo paradigma do homem não conseguir ser instalado será muito difícil conseguirmos ganhar a justiça social e, corolário imediato, a Paz. Apesar de tudo acho que esse processo, o surgimento de um novo paradigma mental, já está em andamento. A reacção da sociedade civil mundial, que se tem reunido em Foruns Sociais e Jurídicos, dá a possibilidade de perceber que esta preocupação é partilhada por milhões de cidadãos espalhados pelo mundo e que está em curso um verdadeiro Movimento de Cidadania Global Solidária que pretende uma cultura de civilização universal, válida para todos, sustentada na ética e nos valores. Essa é sem dúvida a grande esperança e penso que é um movimento irreversível. Acho que vamos conseguir vencer os desafios para a Paz. Não sei quando, mas acho que o processo é imparável, embora até alcançarmos a Paz, ainda haverá, enormes combates a travar. É fundamental que as pessoas ousem dizer o que pensam e assumir a sua postura crítica construtiva. Não se podem acomodar, se demitir e se conformar. Acho que a próxima geração já é muito mais sensibilizada. Apesar da minha ter sido a geração de Maio de 68 que foi portadora de tantas promessas, que não cumpriu porque muitos dos então contestatários infelizmente acomodaram-se, instalaram-se e tomaram indiscutivelmente o caminho mais fácil, acredito que a próxima geração vencerá, onde a minha falhou e conhecerá uma nova Aurora. Penso que só as batalhas mais difíceis, grandiosas e utópicas valem a pena ser travadas e essa é a mais grandiosa de todas: lutar pela Paz, pelo ecumenismo, pelo diálogo, pelo entendimento fraterno. Se a sociedade civil mundial contribuir para essa alteração de paradigma mental terá conseguido um feito notável: dar esperança à Humanidade tão sedenta de estímulos e perspectivas positivas.

IV. CONCLUSÕES

O reforço da sociedade civil mundial, cujo objectivo final é a implementação de um Mundo mais justo e solidário, assim como o reconhecimento de uma Cidadania Global e a criação de uma Organização Mundial de Instituições de Solidariedade, é a condição sine qua non, quanto a mim, para que os seres humanos tendo efectivamente em mãos o leme das suas vontades, concretizarem o seu destino de Seres Humanos e para que a Humanidade possa vislumbrar um amanhã harmonioso e em paz.

Para que o mundo da sociedade civil transfronteiriça possa contribuir decisivamente contra a pobreza, o mau trato das crianças, o mercado da prostituição e da pedofilia, a guerra, a degradação ambiental, a corrupção e outras formas de má governação, a privatização abusiva dos bens hídricos do planeta, a desertificação... tem que se profissionalizar, preservando os seus ideal e espírito de missão, demonstrando transparência, boa governação, determinação, consistência e coerência no alcance dos seus objectivos estratégicos em prol da Humanidade.

Nenhuma das outras duas forças constitutivas da sociedade humana, o pilar político e o pilar mercado, está em condições, penso eu, por falta de vontade, capacidade de mudança, interesse, visão estratégica, ética e sensibilidade humana, para poder ser a alavanca da mudança dos paradigmas da sociedade humana e da mentalidade humana que urge implementar se quisermos evitar o apocalipse anunciado e já à vista. Só a sociedade civil mundial transfronteiriça está em condições para evitar a descredibilização e a desagregação acelerada das relações internacionais, das instituições internacionais tais como a ONU, FMI, BM, OMC, Agência Internacional da Energia Atómica, e a morte de Estados.

Só a sociedade civil mundial tem hoje vontade e, amanhã, a força de expressão e a capacidade de mobilização suficientes e necessárias para combater, e talvez acabar, as guerras assimétricas e/ou atípicas, as guerras injustas e ilegais, o surgimento de entidades caóticas ingovernáveis (Iraque, Afeganistão, Somália, Libéria, Serra Leoa, Congo, Sudão, Costa do Marfim...) assim como o desemprego, a pobreza e a miséria galopantes. Essa capacidade ímpar das ONG é reconhecida até no seio da NATO, como pude ouvir do seu Secretário Geral, Senhor Jaap de Hoop Scheffer, numa reunião dia 29 de Novembro 2004 na sede da organização, quando apelou para que as ONG não saíssem do Afeganistão, "porque de outra forma não haveria possibilidade de esperança de pacificação naquele país..."

Sem a mobilização e pressão da Cidadania Global organizada e interventiva os objectivos da Cimeira do Milénio (2000) ficarão muito aquém dos esperados pois tudo aponta, se a tendência não for invertida, que apenas atingirão 15 a 20% dos resultados previstos. Não é por acaso que em Setembro 2004 em Nova Iorque, aquando da conferência anual das ONU--ONG, em que participei em nome da AMI, o SG Kofi Annan fez um apelo urgente, perante os catastróficos resultados já esperados, para que as ONG no mundo inteiro se mobilizassem e pressionassem os seus governos e opiniões públicas a fim que os compromissos assumidos pelos Chefes de Estado e de Governo na Cimeira do Milénio pudessem ser cumpridos! Sem a fiscalização preventiva por parte da sociedade civil mundial organizada, a implementação dos compromissos públicos assumidos pelas cimeiras e tratados internacionais não se realizariam e os resultados seriam nulos. Só a sua acção vigilante tem permitido evitar mais catástrofes humanas resultado da indiferença e falta de vontade política e financeira por parte do mundo político e das forças do mercado. Nesse sentido, as instituições de solidariedade humana, foram, são e serão sempre o baluarte contra a barbárie e o apocalipse. Nem mais nem menos: sem tirar nem pôr.

Pese embora o facto inquestionável do contributo positivo que as ONG, como entidades representativas e organizadas da sociedade civil mundial, que nelas depositam as suas vontades e esperanças, têm dado na abordagem e resolução de alguns problemas candentes no mundo, as ONG têm que saber afirmar a sua legitimidade junto do poder político enfraquecido e por isso muitas vezes frívolo e questionante sobre a força e a representatividade democrática deste terceiro sector hoje tão afirmativo e reivindicativo. Cabe ao mundo da sociedade civil organizada saber defender-se contra os ataques insinuosos que põem em dúvida a sua legitimidade democrática com formas de pressão, condicionamento e silenciamento diversos.

A legitimidade deste terceiro sector, emergente e pujante, decorre da vontade genuína das pessoas em se organizarem enquanto cidadãos conscientes dos seus direitos e deveres, para melhor concretizarem os seus objectivos, descrentes que estão de um mundo político describilizado e enfeudado ao triturador poder do mercado que só olha para as pessoas como meros consumidores manipuláveis. Foi dessa tomada de consciência que, legitimamente, os cidadãos se uniram e criaram as suas ONG que são uma das formas possíveis de democracia participativa. É no voluntariado que as ONG se reforçam e alicerçam a sua legitimidade.

Podemos afirmar pois que os cidadãos ao tomarem consciência do alheamento do mundo político em relação às suas necessidades enquanto cidadãos globais decidiram tomar o seu futuro em mãos organizando-se em organizações com ramificações transfronteiriças porque a única forma de abordarem e tentarem influenciar e resolver os problemas globais, tais como a miséria, a deterioração do meio ambiente, a má governação, o desprezo pelo direito internacional e os tratados e convenções internacionais, que afectam a Humanidade. Pela Paz e pelo Desenvolvimento sustentado para todos é o objectivo último do "outro Mundo possível" querido, em nome de uma Cidadania Global Solidária, pela sociedade civil organizada e transfronteiriça.

Este novo modelo de organização, desenvolvimento e utopia humanos, está alerta para os riscos de instrumentalização, manipulação e silenciamento, nomeadamente pelo sufoco financeiro que enfrenta pelo facto de ter posto em causa o modelo de desenvolvimento para poucos e de exclusão e miséria para a maioria, que a oligarquia política e financeira sustentada pelas instituições financeiras globais, nada democráticas, e pelo Fórum Económico Mundial de Davos tentou implantar no Mundo como solução exclusiva e dogmática porque, segundo ela, inquestionável e sem alternativa.

É este desafio, talvez impossível para muitos, que as ONG decidiram vencer: não se trata pois de parar com o processo de globalização, porque seria irrealista e mesmo contraproducente, mas como muito bem disse o Sr. Juan Somavia, Director da Organização Internacional do Trabalho (OIT), "somente geri-lo e moldá-lo por forma a que funcione como factor de inclusão" porque o que precisamos todos é "trabalhar para conseguir uma globalização mais justa".

É essa visão do Mundo, "de rosto humano" que conduziu uma instituição humanitária como a AMI a intervir, nestes últimos 24 anos, *"Por uma Acção Humanitária Global"* em 67 países de todos os continentes, a abrir 11 equipamentos sociais em Portugal, a intervir na defesa do meio ambiente e a adoptar uma postura de "Alertar Consciências" num discurso de sensibilização sobre os temas de grande preocupação humana. É esse o caminho que nos importa trilhar em nome de "um outro mundo possível". É esse o caminho que tentamos percorrer também na AMI.

DA ESMOLA AO DIREITO, PROLEGÓMENOS

Fernanda Câncio
Jornalista

"O sistema judicial e a judicatura portugueses cultivam e consideram adequada uma imagem imperial, superior, intocável, despersonalizada (no sentido de ser colectivizada, pretensamente objectiva, sem sujeito nem rosto), a imagem de quem não deve jamais satisfações – nem sequer a satisfação mais básica, a de se fazer compreender, descodificar – muito menos desculpas. O cultivar desta imagem, mais notório publicamente em situações em que as decisões judiciais são debatidas e criticadas – o que invariavelmente tem conduzido a uma crispação dos actores do sistema, nomeadamente através dos seus representantes corporativos, sejam eles o Conselho Superior da Magistratura ou a Associação Sindical dos Juízes –, está presente em cada pormenor do ritual tribunalício".

"Fora da sala de audiências no Palácio da Justiça do Porto, esperavam dezenas de testemunhas. O juiz-presidente, Nuno Melo, do Tribunal da Maia, fez questão de dirigir-se a todas elas para, 'em nome do Estado', lhes pedir desculpas pelo imprevisto técnico [um problema com o sistema de gravação] e por terem de regressar ao tribunal." O excerto é de uma notícia do Jornal de Notícias de 6 de Janeiro, com o título "Juiz pede desculpa". Um funcionário pedir desculpas em nome do patrão pelo transtorno causado a clientes por um problema técnico da empresa é notícia? É, se o funcionário for um juiz, a empresa for o Estado e os clientes forem testemunhas. É aliás tão raro que merecia – terá tido? – destaque na primeira página.

O facto de uma situação como esta corresponder a uma absoluta raridade não é despiciendo para a compreensão da forma como a justiça funciona em Portugal nem para algo a que se poderá dar, com alguma latitude caricatural, o nome de "psicologia dos juízes". Pelo contrário: o sistema judicial e a judicatura portugueses cultivam e consideram adequada uma imagem imperial, superior, intocável, despersonalizada (no sentido de ser colectivizada, pretensamente objectiva, sem sujeito nem rosto), a imagem de quem não deve jamais satisfações – nem sequer a satisfação mais básica, a de se fazer compreender, descodificar – muito menos desculpas. O cultivar desta imagem, mais notório publicamente em situações em que as decisões judiciais são debatidas e criticadas – o que invariavelmente tem conduzido a uma crispação dos actores do sistema, nomeadamente através dos seus representantes corporativos, sejam eles o Conselho Superior da Magistratura ou a Associação Sindical dos Juízes –, está presente em cada pormenor do ritual tribunalício.

A encenação de superioridade e de intangibilidade do dispositivo judicial português começa por se manifestar visivelmente, na sala de audiências, no lugar cimeiro dos juízes, colocados acima de todos os presentes como num trono, passando pelo facto de entrarem e saírem por portas diversas daquelas que são utilizadas pelo público e pelos advogados das partes (com excepção para o advogado do Estado, o Ministério Público, que não só usa as mesmas vias da judicatura como se senta, na sala de audiências, num lugar igualmente cimeiro, criando uma confusão entre funções que não só é incompreensível do ponto de vista dos outros actores do sistema – não é raro ouvir uma testemunha ou arguido dirigir-se ao representante do MP com um "Senhor Doutor Juiz – como sugere uma cumplicidade cuja mera aparência, num sistema no qual o aparato simbólico é tão importante, se configura inaceitável) e concretiza-se, de modo mais perverso, no facto de todo o dispositivo cénico do tribunal estar construído para que os juízes oiçam e vejam em detrimento do que ao público é dado ouvir e ver e de as decisões finais – a verdade revelada – serem não raro voluntariamente labirínticas e de difícil entendimento quer nas suas premissas quer na conclusão.

Assim, a prova que se faz em tribunal, e que se consubstancia nos depoimentos de testemunhas e arguidos, é exclusivamente direccionada para quem decide: as testemunhas e arguidos depõem de costas para o público. É o rosto dos juízes que o público vê, não o de quem depõe. A mediação da verdade está assim claramente expressa: é a verdade como vista pelos juízes que conta, já que a mera possibilidade de outra visão – outro entendimento, outra inteligência – não está prevista. De costas voltadas está igualmente a formulação das decisões, de decifração por vezes árdua até para especialistas (aliás até há bem pouco tempo eram entregues – e arquivadas! – manuscritas, o que em várias ocasiões as fazia ilegíveis).

Nada está pois feito e pensado, nos tribunais portugueses, para a compreensão dos que não fazem parte do dispositivo – pelo contrário.

Claro que se poderá dizer, e dir-se-á bem (lembrar-se-á bem, até), que na sala de audiências é o juiz que representa e incorpora o poder do povo e que essa suprema dignidade conferida, que dele faz órgão de soberania, justifica estar num plano superior às restantes pessoas que não comungam do mesmo valor simbólico – mas se o povo também está lá, se o povo também existe para além dessa representação, não se pode negar o simbolismo deste voltar de costas. É um simbolismo que diz "não percebes porque não te cabe perceber, há quem perceba por ti".

A incomunicabilidade da justiça assim encenada não surge pois como um lapso episódico do sistema, uma espécie de acidente, mas como uma deliberação, uma construção – os tribunais foram, literal e materialmente, construídos e arquitectados assim, como foi assim construído, pelo legislador, o edifício simbólico da justiça, parte de um dispositivo totalitário em que o saber e poder não eram nem queriam ser partilháveis – em que enquistar o saber era forma de assegurar, de segurar o poder. A democratização do sistema implica reconhecer o totalitarismo da sua génese e combatê-lo, ao invés de, como se tem verificado amiúde, procurar a todo o custo manter o privilégio e a opacidade, blindando-lhe assim as insuficiências.

Claro que as coisas têm vindo a melhorar, embora lentamente: a obrigatoriedade da gravação da prova, uma medida recentíssima, faz pelo menos possível (mesmo que essa possibilidade só esteja disponível no processo penal e seja frequentemente virtual na prática, pelas dificuldades no aceder às gravações ou na sua transcrição e, não raro, pelos problemas técnicos de que o equipamento enferma) uma apreciação dos factos independente da dos juízes, permitindo até o contrariar, aqui e ali, do entendimento da prova fixado numa sentença ou acórdão. Por outro lado, a disponibilização das decisões não só em letra de forma como na internet (em vigor, em princípio pelo menos, a partir de Janeiro de 2008) torna a justiça mais acessível, senão no conteúdo, pelo menos na forma – que isto coexista com processos de mil folhas empoeiradas cosidas à mão com cordel é um pequeno milagre que nos faz crer instantaneamente na teoria da relatividade. Mas que dizer da coexistência destes avanços com fórmulas de comunicação (ou, no caso, de incomunicação) que não se moveram durante décadas, senão séculos?

Faça-se a experiência como neófito ou, na ausência dessa possibilidade, com um neófito: entrar numa sala de audiências pela primeira vez permite perceber com clareza que nada ali é claro, a começar por quem é quem. "Visitar" um julgamento, sobretudo se o fizermos após este se ter iniciado, é uma viagem a um país muito estrangeiro – ou, melhor dito, a uma peça de teatro do absurdo. O que se vê é um grupo de pessoas sentadas, de vestes negras, que se dirigem umas às outras com o prefixo "Doutor", "Exmo Senhor Doutor" e "meritíssimo" e reinam na sala, enquanto um outro grupo de pessoas responde, não raro de pé, às perguntas destes. Pergunte-se a quem não está familiarizado com os lugares e modos de cada um quem é o juiz, o representante do ministério público, os advogados, os arguidos, as testemunhas. Não saberá dizer, ou levará muito tempo a perceber. Quanto ao nome dos intervenientes, à excepção do das testemunhas e arguidos, obrigados a dizê-los em voz alta, não o poderá declinar em nenhuma hipótese – na sala de audiências, juízes e demais funcionários do tribunal não são nunca nomeados. E mesmo fora dela é com frequência – recentemente passou a ser obrigatório o porte de uma placa com nome para os chamados escrivãos, mas ainda está longe de ser universal – que os funcionários recusam qualquer identificação (incluindo a sua), alegando ser para tal necessária uma autorização especial ou um requerimento por escrito (não se inventa: um caso destes, em que se inquiria, sem sucesso, sobre o nome do juiz presidente de um tribunal e sobre a autoria de um despacho que impedia os jornalistas de entrarem nas respectivas instalações, sucedeu em 2008 e foi até objecto de queixa ao ministério da Justiça – queixa que, diga-se, foi considerada sem fundamento e arquivada).

Como se o nome de pessoa, portanto subjectivo, individual, de um juiz o diminuísse na função de voz da justiça e do Estado, e o fizesse presa de pressões e condicionamentos sem fim. Como se se quisesse fazer crer que sob a beca e naquele trono de sapiência não está uma mulher ou um homem, tão humano e tão tendente a errar como aqueles cujos erros se propõe avaliar, mas alguém ou algo de superior, intangível, cuja existência se esgota e completa na função. A pessoa que é juiz esconde-se na função como o carácter eminentemente humano e portanto falível da decisão se esconde sob uma linguagem deliberadamente ocultista, mágica – um jogo de véus, ou melhor, de becas sob cujo negro infinitamente plissado se acoita, longe da luz e de qualquer escrutínio exterior, a verdade na sua múltipla acepção – a da verdade do caso mas também a da verdade do sistema e do seu mecanismo decisório.

Interessante lembrar que em tempos não muito recuados também os membros das forças policiais, e decerto com apelo aos mesmos motivos e receios, circulavam sem identificação. Foi um eminente jurista, Ângelo de Almeida Ribeiro, durante dois mandatos Provedor de Justiça, que conseguiu que os agentes policiais passassem a ostentar uma placa com o nome, permitindo assim extrair da mole de milhares de agentes aquele com que nos cruzamos. A "inovação" chegou aos tribunais vinte anos depois – mas não abrange ministério público e juízes, ou seja, os protagonistas do sistema.

Esta opacidade que de tão voluntária e voluntarista surge surreal aos membros do público e aos jornalistas adquire outra tonalidade quando se constata que muitas vezes os próprios arguidos e testemunhas nada sabem e nada percebem do que se passa e é deles esperado quando introduzidos numa sala de audiências. Até a ritualização da postura lhes é tantas vezes estranha: a quem devem dirigir-se quando respondem às perguntas, quando devem estar de pé ou sentados, a que propósito vêm responder (afinal, as convocatórias do tribunal esmeram-se em não dar quaisquer informações e no Tribunal de Polícia não era, há uns anos, raro assistir a situações em que um arguido não só não fazia ideia do motivo pelo qual estava a ser julgado – e por conseguinte apresentava-se sem quaisquer meios de prova, testemunhas ou até memória do ocorrido, se ocorrera – como não tinha advogado nomeado nem inteirado do assunto, limitando-se a ir ali para ouvir um "peço justiça" e ser condenado). Quando assim é, o desconhecedor é chamado à "razão" de modo quase sempre severo, brusco, até chocarreiro. Como se tivesse a obrigação de saber aquilo que foi pensado expressamente para lhe ser inacessível.

É este paradoxo que está no centro do sistema: se faz o possível por esconder a sua lógica e por encriptar o seu funcionamento, ofende-se e enfurece-se quando se sente incompreendido. A relação com os media é disso o melhor exemplo. Ao fim de mais de três décadas de democracia e de imprensa livre, não existem nos tribunais portugueses gabinetes de imprensa ou qualquer instância com a incumbência de esclarecer dúvidas jornalísticas. Dúvidas tão simples e óbvias quanto a de entender o fundamento jurídico de uma decisão ou saber se é passível de recurso, por exemplo, podem ser extraordinariamente difíceis de esclarecer, levando, até pela rapidez dos ciclos noticiosos, à publicação de informações erradas ou incompletas. Tudo se passa como se os tribunais esperassem que ninguém tentasse perceber e questionar o seu trabalho ou, no caso de o fazer, estar munido do competente curso de Direito com especialização na área em apreço – e, preenchidas essas duas condições, ainda concordar – a palavra (in)justa é acatar – sempre com as premissas e conclusões judiciais.

É que se as regras da judicatura tornam proibitivo a qualquer juiz falar sobre qualquer processo, nem que seja para enquadrar juridicamente um caso ou contextualizá-lo na jurisprudência (têm-se sucedido os processos disciplinares a juízes acusados de "falar demais") o Conselho Superior de Magistratura, que as aprovou e fiscaliza, não achou até hoje necessária a criação de um atendimento/esclarecimento sistemático para os media. Aliás, sempre que se procura solicitar formalmente um esclarecimento ao CSM esbarra-se na dificuldade de chegar à fala com alguém que o possa representar e na lentidão da resposta, nunca compaginável com as necessidades dos media. Sendo assim, é com dificuldade que se entende a exasperação do mesmo órgão ou de outras instâncias de representação dos juízes perante aquilo que apelidam de "ignorância", "distorção" ou "manipulação". Na inexistência de canais de comunicação evidentes, transparentes, e iguais para todos, os jornalistas procuram informação como e onde podem, sendo, voluntária ou involuntariamente, presas fáceis de interesses associados aos casos, tornando-se canais de transmissão de versões interessadas de cujo interesse não raro nem sequer suspeitam. Não querendo desculpar os jornalistas, certo é que não é feito o mínimo para certificar que o seu entendimento dos casos seja correcto quanto às premissas jurídicas e livre de manipulações grosseiras – de tal modo que se pode insinuar a suspeita de que será entendido como preferível poder invectivar os media pelos seus erros, descredibilizando assim a sua função, usando ao mesmo tempo as virtualidades de um método de recolha de informação que vive de migalhas e favores (é bom lembrar que foi possível, por exemplo, acompanhar em directo na TV a entrada de um juiz de instrução no parlamento para ir pessoalmente solicitar o levantamento da imunidade parlamentar de um deputado e que se tem vindo a banalizar a publicação de peças processuais inteiras, nomeadamente despachos de pronúncia, nos jornais antes mesmo de os interessados serem delas notificados, e que essas peças só podem ter "escorregado" dos tribunais para os jornalistas, sendo que não há memória, até hoje, de um único processo de violação de segredo de justiça em que o arguido fosse funcionário de um tribunal) do que lidar com as consequências de um acesso correctamente informado e portanto "sem guia" à justiça.

Note-se que nem a existência de casos que se transformam em infindáveis folhetins mediáticos, como sucedeu com o processo Casa Pia ou o processo da menor Esmeralda Porto, fez o Conselho Superior de Magistratura perceber que é necessário adoptar uma outra forma de lidar com os media – uma forma que, de preferência, não cuide apenas da preservação de um poder inquestionável para os juízes e aceite as regras da democracia, ou seja, da possibilidade, dir-se-ia mesmo necessidade, de um escrutínio público para todos os poderes públicos. Certo é que o caso Esmeralda foi objecto de intervenções públicas do CSM, como da Associação Sindical dos Juízes. Mas estas foram dirigidas no sentido de censurar os media por alegadas distorções e "mentiras" e de defender um colectivo de juízes de primeira instância que se encontrava sob fogo público por ter decidido a prisão preventiva e uma condenação duríssima (a do homem que criara como sua a criança em causa e recusara entregá-la quando a sua tutela foi decidida judicialmente) por sequestro, condenação essa que acabaria por ser anulada pelo Supremo, e, de um modo geral, deixar claro que as decisões judiciais só devem ser debatidas e criticadas pelos tribunais superiores e que a independência dos juízes é entendida pelos seus representantes como uma espécie de soberania inquestionável, ainda que a injustiça ou o dislate de uma decisão sejam clamorosos. As intervenções do CSM no caso só podem, pois, ser entendidas como defensivas e corporativas, quando se exigiria deste órgão uma atitude mais preocupada com o esclarecimento e com o valor justiça, entendido como algo que interessa a toda a sociedade e que toda a sociedade tem o direito de compreender – e de nele se rever –, e não como pertença de uma coutada de iluminados contra o mundo.

Dir-se-á que um tribunal é por natureza e definição um sistema totalitário, e até que não pode ser de outro modo. Pode ser – mas ao ponto de padecer de autismo? Ao ponto de os outsiders não saberem quem é quem e não conseguirem sequer perceber as regras do espectáculo? Facto é que não é assim em todos os tribunais do mundo, mesmo se em todos os juízes reinam com poder discricionário. Há, por incrível que pareça, tribunais em que os juízes ostentam nomes numa placa sobre a mesa, à vista de todos, e onde em placards se pode ler o nome dos juízes de cada secção. Há tribunais em que ao entrar numa sala de audiências sabemos já o nome do juiz que vamos encontrar, sendo este ainda repetido, no início da sessão, para todos ouvirem. Há tribunais onde é possível e corriqueiro contactar um juiz com informalidade e pedir esclarecimentos, nomeadamente quando decorre um julgamento mediático, e onde são nomeados juízes exactamente para funcionarem como elo de ligação entre a judicatura e o público representado pelos jornalistas (foi assim, por exemplo, na Bélgica, quando o caso Dutroux levou àquele país dezenas de media estrangeiros: havia juízes nomeados para esclarecer todas as dúvidas, com telemóvel à disposição dos jornalistas e, pasme-se, fora das curtas horas do expediente judicial). Há, em suma, tribunais onde o público e os media não são tratados como intrusos.

Afinal, tratar o grave caso de autismo dos tribunais portugueses não seria assim tão difícil. Nem sequer caro. No momento em que as decisões passam a ter de estar on line, nos sites dos tribunais, mal são proferidas ou despachadas e no qual a generalidade dos tribunais permite a consulta do nome dos respectivos julgadores na net, que poderá justificar a negação de informação *in loco*?

Repare-se que não há, na generalidade dos tribunais portugueses (ou em todos?), algo como placards com informação sobre quem é o juiz que preside a uma audiência ou daquele juízo (aliás, não há sequer placards com a identificação das salas na generalidade dos tribunais – quem ali se desloque para assistir a uma dada sessão ou testemunhar num caso terá de perguntar aqui e ali até dar com o sítio). Pedir um quadro electrónico, como os dos aeroportos e das estações de transportes, em que se possa ler o nome do processo e do juiz presidente, o tipo de caso (criminal, civil) a hora de começo e prevista hora de fim da sessão talvez seja de mais – para já. Mas que tal dar indicações claras aos funcionários no sentido de identificarem, sempre que tal lhes seja solicitado, os membros do tribunal, e colocar umas placas sobre as respectivas mesas na sala de audiências, com o nome e a função? Algum motivo para que tal se não faça? Algum motivo para que nos sites dos tribunais não haja uma biografia resumida dos juízes e dos procuradores? Algum motivo para que não se nomeie, em cada tribunal, um ou mais magistrados – por exemplo em regime rotativo – para esclarecer dúvidas da imprensa? Algum motivo para que os titulares dos processos se eximam de convocar todas testemunhas para o mesmo dia quando sabem que seria sempre impossível ouvir todas, e para que tão poucas vezes lhes ocorra – como, com a devida vénia se assinala, ocorreu ao juiz Nuno Melo, do Tribunal da Maia – que todos os que se deslocam a um tribunal para testemunhar estão em princípio a prestar um serviço cívico que deve ser louvado e portanto encarado com respeito e minimizado sempre que possível nas suas consequências negativas? Algum motivo para que tantos juízes se achem no direito de fazer dos tribunais os seus talk shows privativos, abusando da sua posição dominante para achincalhar arguidos, testemunhas e advogados, não raro com consequências gravíssimas para a prossecução da justiça e sempre com o resultado de diminuir o respeito pela judicatura? E, por fim, algum motivo para que se tenha a noção de que o poder disciplinar sobre os juízes raramente acautela a limpidez da administração da justiça e o direito dos cidadãos, preferindo zelar por interesses corporativos e questiúnculas internas?

Fazer justiça é sobretudo cuidar da justeza de uma decisão face à lei e à ponderação dos factos. Mas é também cuidar de que a justiça seja entendida como justiça. Uma justiça que fala para dentro e só quer falar para dentro, falando, quando fala para fora, do púlpito de uma arrogada intocabilidade, não pode cumprir o seu mais importante objectivo, o de assegurar à sociedade que as regras que a sociedade fixou para o seu funcionamento efectivamente funcionam. Uma justiça enquistada e defensiva, em guerra com o exterior e só preocupada com o privilégio dos que a administram não é decerto justiça, é um sistema que se alimenta e serve a si próprio, tendo perdido de vista a nobreza da sua função. Talvez a velha expressão "pedir justiça", de tão repetida, tenha feito crer aos juízes e ao sistema judicial que é algo que tem, inerentemente, para dar, como quem dá uma esmola. Altura talvez de mudar a expressão para algo mais consentâneo com uma democracia madura: a justiça é um direito e um dever. Exige-se.

"PLEITO, PEDAGOGIA E PARÁBOLA EM 'À PORTA DA LEI' DE FRANZ KAFKA (1883-1924)"

CHRISTOPHER AURETTA
cda@fct.unl.pt
Faculdade de Ciências e Tecnologia,
Universidade Nova de Lisboa

"Pensar é um acto que supre carências. Existe uma inquietação que nos atinge, uma preocupação que nos parece enraizada no cerne do mundo em si, desse mesmo mundo que simultaneamente nos alberga e criamos. Aqui o acto de pensar é um processo de busca e de tentativa de aquietação de um mal-estar radical, de uma preocupação fundamental (metafísica) que nos rodeia e permeia. O pensar torna-se, neste contexto, irmão gémeo do sentir. Juntos, o pensar e o sentir – em partitura dupla – permitem que o ser humano seja um ser que cresce ao modo de uma composição musical constituída de um entrelaçado de acordes cada vez mais complexo".

a. *pleito, s. m. Demanda, litígio, questão judicial. // questão, discussão. // Ant. Acordo, combinação.*
pleitar ou pleitear, v. t. e int. Defenderem pleito ou combate. // Demandar em juízo; litigar. // Sustentar em discussão; defender. // Disputar (Morais, IV, 302)
b. *pedagogia, s.f. Arte de instruir ou educar as crianças* (Morais, IV, 230).
c. *parábola, Fig. Narração alegórica que contém doutrina moral ou da qual se extrai conclusão ou ensinamento moral* (Morais, IV, 182)

"*A vida é injusta. O espírito secular é caprichoso, o destino é incerto, a natureza é cruel e cínica. Isso todo mundo sabe. Os acontecimentos mundiais comprovam, quando observamos mais atentamente o rastro de sangue que denominamos história, que o ato de bondade não recebe recompensa, que raramente o mal é castigado, que na maioria das vezes os malandros se saem melhor que as pessoas honestas. A natureza, por fim, distribui seus dons de modo severo e desconsiderado, segundo as leis brutais da necessidade, e não sabe perdoar. E mesmo Deus é uma instância da misericórdia e não da justiça. Se assim o fosse, se ele fosse apenas justo, então que tenha mesmo misericórdia de nós. A justiça não é uma instituição natural, divina, mas humana, e, como tudo o que é humano, ela tem dificuldade em se impor nas constantes batalhas de lama do cotidiano. O mundo real está incrustado de comércio, sangue, guerra, lágrimas, da seriedade da vida, moral, percentagens, noções de costumes, politica da mídia e outros horrores semelhantes; só raramente, e cada vez mais raramente, brilha um raio de justiça. Provavelmente a justiça não é de modo algum uma instituição do mundo de real, ao que parece é uma utopia. Chegamos assim à literatura. (Herbert Rosendorfer, "Sobre justiça e literatura", in* O Direito Pelo Avesso, Uma Antologia Jurídica Alternativa, *Peter Köhler e Thomas Schaefer (orgs.): 336-337)*

I. EIS O "CASO" QUE KAFKA NOS APRESENTA NA SUA PARÁBOLA "À PORTA DA LEI":

À porta da lei está um guarda. Um homem do campo aproxima-se do guarda e pede para entrar na lei. Mas o guarda diz que agora não lhe pode dar autorização para entrar. O homem pensa um pouco e depois pergunta se poderá entrar mais tarde. «É possível», diz o guarda, «mas agora não». Como a porta de entrada na lei está aberta, como sempre, e o guarda se afasta um pouco, o homem curva-se para poder olhar lá para dentro. Ao reparar nisso, o guarda ri e diz: «Se estás assim tão curioso, tenta entrar, apesar de eu to proibir. Mas nota bem: eu sou poderoso. E sou apenas o mais humilde dos guardas. Mas de sala em sala há outros guardas, cada um mais poderoso do que o anterior. Nem eu próprio já consigo suportar a vista do terceiro.» O homem do campo não esperava encontrar tais dificuldades; pensava que a lei deve ser sempre acessível a todos, mas ao olhar agora melhor para o guarda, com o seu casaco de peles, o grande nariz adunco, a barba negra à tártaro, comprida e fina, decide que é melhor esperar até ter autorização para entrar. O guarda dá-lhe um banquinho e deixa que ele se sente ao lado da porta. O homem fica ali sentado dias e anos. Tenta muitas vezes que o deixem entrar e cansa o guarda com os seus pedidos. O guarda faz-lhe frequentemente pequenos interrogatórios, perguntas sobre a sua terra e muitas outras coisas, mas pergunta só por perguntar, como fazem os grandes senhores, e por fim diz-lhe sempre que ainda o não pode deixar entrar. O homem, que trouxe muita coisa consigo para a viagem, recorre a tudo, por mais valioso que seja, para subornar o guarda. Este aceita, na verdade, tudo o que ele lhe dá, mas vai logo dizendo: «Só aceito para tu não ficares com a impressão de ter perdido alguma oportunidade.» Durante aqueles muitos anos, o homem observa o guarda quase ininterruptamente. Esquece os outros guardas, e este primeiro parece-lhe ser o único à entrada na lei. Amaldiçoa este infeliz acaso, nos primeiros anos sem contemplações e alto e bom som, mas mais tarde, à medida que vai ficando velho, já só resmunga com os seus botões. Começa a ficar com tiques infantis e, como em todos aqueles anos de observação do guarda também viu que ele tinha pulgas na gola de pele, pede também ajuda às pulgas para fazer o guarda mudar de opinião. Por fim, a luz dos olhos começa a ficar fraca, e ele já não sabe se realmente está a ficar mais escuro à sua volta ou se são os olhos que o enganam. Mas uma coisa é certa: agora apercebe-se de um brilho no escuro, uma luz que irrompe da porta da lei e nunca se apaga. Agora já não tem muito tempo de vida. Antes de morrer, todas as experiências de todo aquele tempo convergem na sua cabeça para uma pergunta que até agora não fez ao guarda. Como já não consegue erguer o corpo hirto, faz-lhe sinal com a mão. O guarda tem de se curvar muito para o ouvir, porque a diferença de alturas se acentuou bastante, em desfavor do homem. «O que é que ainda queres saber?», pergunta o guarda. «És mesmo insaciável.» «Toda a gente aspira a entrar na lei, não é?», diz o homem. «Como é que se explica então que em todos estes anos ninguém, além de mim, tenha pedido para entrar?». O guarda percebe que o homem está a dar as últimas e, para que o ouvido cada vez mais fraco o possa entender, grita-lhe: «Ninguém mais podia entrar por aqui, porque esta entrada estava-te destinada só a ti. Agora vou fechá-la» (Kafka: 55-57).

II. PRIMEIRAS PREMISSAS *(PORQUE A OBRA DE KAFKA NÃO SE LÊ: DESCORTINA-SE LENTAMENTE SEM NUNCA CHEGAR À FONTE DA SUA LUZ-PENUMBRA ORIGINÁRIA)*

a. A modernidade caracteriza-se por uma dimensão temporal múltipla: a história das culturas, longe de ser subordinada a um único centro colonizador das mentalidades, multiplica-se, estilhaça-se na diferença, nas tensões entre estas diferenças, surgindo como um horizonte de reflexão privilegiado na actualidade. E isto apesar dos média que fabricam consensos e uma uniformização do pensamento que procura impor uma única interpretaçao dos acontecimentos.

b. A modernidade caracteriza-se igualmente por uma dimensão espacial múltipla. Não impera um único centro hegemónico mas, sim, muitos pólos geopolíticos, muitas fronteiras que não são simplesmente eliminadas pelo processo de globalização mas, sim, são continuamente renovados e redefinidios. Eis uma inerente instabilidade na modernidade. Reflectir sobre a realidade humana acarreta um saber criado na dinâmica desta instabilidade. Este saber é constituído pela iminência de uma consciência de crise.

c. Na modernidade o acto de pensar não é apenas contemplativo: é interveniente, dinâmico, mutável, urgente, daí a ligação entre o pensamento e a responsabilidade. Pensar é em si uma forma de agir. Não há já ideias puramente contemplativas, ou conceitos estritamente ideais: a modernidade é uma árdua elaboração e projecção de um conjunto de energias de toda a ordem. Todo o conceito é, por sua vez, evolutivo visto que nasce no seio de uma sociedade que questiona – tarefa crítica suprema – os seus próprios pressupostos fundamentais. A realidade não só nasce, portanto, mas, também, e crescentemente, faz-se, inventa, e desdobra sob a pressão de novos saberes que interrogam e refundem a autoridade de toda a tradição bem como sob a acção das nossas sempre renovadas capacidades de intervirmos nos processos da natureza orgânica e inorgânica. A modernidade descobre o novo: instaura uma relação dinâmica com o real. O novo encerra o enigma da sua novidade bem como o enigma que opera nos limites conceptuais e experienciais, i.e., o brilho esclarecedor do inédito congeminado com a permanência de opacidade inerente a todo o ser humano. Daí que mesmo a ordem do quotidiano seja uma encruzilhada de saberes mais ou menos explicitados, mais ou menos organizados, mais ou menos teorizados. Perante esta ordem lábil, *a urgência da interpretação permanece*. Permanece igualmente uma resistência à transparência no interior do discurso humano. É esta resistência que nos parece inevitável, quer na elucidação de um texto literário, quer em toda a reflexão sobre a lei.

d. Isto não deveria constituir nenhuma surpresa para nós: o quotidiano é desde sempre um campo de significados à espera da nossa escuta, exame e questionamento. O escritor Franz Kafka, doutorado em jurisprudência pela Real Universidade Imperial Karl-Ferdinand, em Praga, em 1906, criador de uma das obras mais singulares e mais enigmáticas do século vinte, entre as quais a parábola "À Porta da Lei", incluída na sua colectânea *Um médico na aldeia*, que a seguir se abordará, produz uma obra fundada na encruzilhada destas múltiplas energias que subjazem à modernidade e que fazem do sujeito humano um projecto de emancipação (*ver* Imanuel Kant) e do seu destino um horizonte interpretativo dificilmente perscrutável (*ver* Paul Ricoeur). Com efeito, Kant articula o projecto da modernidade de modo sucinto no artigo "Que é o Iluminismo?", publicado em 1784. Neste texto, o filósofo alemão afirma:

"*O Iluminismo é a saída do homem da sua menoridade de que ele próprio é culpado.* A *menoridade* é a incapacidade de se servir do entendimento sem a orientação de outrem. Tal menoridade é *por culpa própria* se a sua causa não reside na falta de entendimento, mas na falta de decisão e de coragem em se servir de si mesmo sem a orientação de outrem. *Sapere aude!* Tem a coragem de te servires do teu próprio entendimento! Eis a palavra de ordem do Iluminismo." (11)

"É tão cómodo ser menor. Se eu tiver um livro que tem entendimento por mim, um director espiritual que tem em minha vez consciência moral, um médico que por mim decide da dieta, etc., então não preciso de eu próprio me esforçar. Não me é forçoso pensar quando posso simplesmente pagar; outros empreenderão por mim essa tarefa aborrecida. Porque a imensa maioria dos homens (inclusive o belo sexo) considera a passagem à maioridade difícil e também muito perigosa é que os tutores de boa vontade tomaram a sua cargo a superintendência deles. (...) [M]ostram-lhes em seguida o perigo que [o]s ameaça, se tentarem andar sozinhos. Ora, este perigo não é assim tão grande, pois aprenderiam por fim muito bem a andar." (12)

"É, pois, difícil a cada homem desprender-se da menoridade que para ele se tornou quase uma natureza. Até lhe ganhou amor e é por agora realmente incapaz de se servir do seu próprio entendimento, porque nunca se lhe permitiu fazer uma tal tentativa. (...) São, pois, muito poucos apenas os que conseguiram mediante a transformação do seu espírito arrancar-se à menoridade e iniciar então um andamento seguro.

Mas é perfeitamente possível que um público a si mesmo se esclareça. Mais ainda, é quase inevitável, se para tal lhe for dada liberdade." (12)

Porém, o "homem do campo" da parábola de Kafka chega ao texto, à superfície, por assim dizer, do texto que se lê, suplicando ao "guarda" que o deixe penetrar no labirinto de salas consecutivas e aterrorizadoras que, por último, levariam – pressupõe-se, sem, contudo, haver nenhuma prova definitiva disso – à "lei". O "homem" é portador, ao que parece, de uma vontade única, de um desejo inamovível, de uma consciência moldada e orientada por uma só intenção: entrevistar-se com a lei. Será que esta lei o libertará ou lhe estenderá uma mão amiga e complacente? Será que a lei lhe segredará a medida exacta do seu coração ou fornecerá a chave certa do seu destino? Será que os longos anos de espera – que o consomem num sentimento de frustração e abandono sem trégua – constituem a antecâmara da sua redenção, a razão ulterior da sua existência, a propiciação de todas as suas esperanças, a concretização de uma promessa nunca articulada? A parábola de Kafka não fornece uma resposta indisputável ou definitiva. A espera prolonga-se; a espera torna-se sinónima de um tempo e de um espaço percorridos pelo olhar do "homem do campo" em companhia do do próprio leitor. Esta espera afasta-se, e simultaneamente afasta-o, de qualquer processo de emancipação (kantiano). *A modernidade roça aqui a intemporalidade de todos os destinos sem remédio.* O silêncio da "lei" equivale a uma censura sem razão e sem necessidade de se justificar. A presença silenciosa da "lei", à porta da qual o "homem do campo" aguarda, importuna o "guarda" e envelhece paulatinamente sem adquirir nem a sabedoria dos anciãos nem a inocência dos jovens, constitui o centro (inalcançável) de um mundo dotado de razões (impenetráveis) e, portanto, de entrada (e de saída) inexistentes. Em contraposição à premissa kantiana, *"a saída do homem da sua menoridade de que ele próprio é culpado"* não se patenteia na parábola de Kafka: uma vez chegado à "lei", o "homem do campo" jamais abandonará a sua vigília inútil. O "homem do campo" permanecerá na penumbra da sua espera sem esperança. (A menoridade do "homem do campo" será, porventura, esta univocidade obsessiva da sua espera; a sua insusceptibilidade à passagem do tempo e à degradação do seu corpo. Envelhece sem crescer, comunica as suas frustrações sem compreender, busca sem ver, vê sem verdadeiramente perceber.) Se o "homem do campo" não sai da menoridade de que é ele próprio o responsável, não deixa de ser verdade – e isto constitui a menoridade mais significativa – que é a própria "lei" – referente absoluto de toda a sua existência – que faz do mundo inteiro *uma espécie de drama menor.* (Será assim que nos é possível afirmar que, sem a discreta acção contínua de uma espírito de jurisprudência no interior da vida humana, a lei ela própria encontra-se, por assim dizer, destituída de... lei?)

Walter Benjamin, um dos críticos mais argutos no que respeita à obra de Kafka, afirma: "Kafka pensa em termos de eras" (26). Em "eras", convém recordar, que não possuem nem carácter inteiramente antropocêntrico nem mesmo antropológico. Com efeito, a palavra kafkiana roça o *inumano*: roça o inumano recalcitrante que se desvela na negatividade que se oculta no interior de toda a realidade empírica (onde reinam, afinal de contas, as *evidências* à luz das quais nos julgamos uns aos outros; evidências à luz das quais deliberamos acerca da possível veracidade dos nossos relatos pessoais e/ou discursos públicos bem como acerca da questionável fiabilidade dos nossos motivos). Paradoxalmente, no interior do projecto da modernidade que Kant converteu no famoso apelo: "Sapere aude!" [Ousa saber!], permanece um substrato do *real* que não se deixa nem captar nem descodificar (para subsequentemente podermos reconvertê-lo em lei). O mesmo crítico entende que a palavra kafkiana, malgrado o seu carácter tão disfarçadamente positivo (até positivista, mensurável e quantificável no seu obsessivo grau de meticulosidade descritiva) possui, surpreendentemente, uma cronologia própria, uma cronologia antes do advento-evento do *humano*. Uma cronologia, portanto, desatenta, inerentemente desatenta às infinitas narrativas que fazem parte da existência humana, i.e, a eclosão da nossa consciência humana que tanto deseja exprimir e concretizar a sua fome de liberdade e justiça. Todavia, à semelhança do "homem do campo" que aguarda no tempo quase intemporal da sua *espera sem esperança*, a escrita de Kafka exprime igualmente um estado de impasse, uma condição de opressão transcendente no interior de cada pormenor relatado, um *real* desencarnado de toda a redenção possível:

> Na liberdade e desenvoltura das ocupações de tais mensageiros, transparece, de forma mais pesada e obscura, a lei do mundo de todas estas criaturas. Nenhuma tem um posto fixo nem possui contornos claros e inconfundíveis; nenhuma se encontra noutra situação que não seja subir ou cair; nenhuma que não possa substituir o inimigo ou o vizinho; nenhuma que não seja entrada em anos e ao mesmo tempo ainda imatura; nenhuma que não se encontre profundamente exausta logo no princípio de qualquer longa tarefa. Não se pode sequer falar de ordens ou hierarquias. O mundo do mito convidaria a fazê-lo, mas esse mundo é infinitamente mais jovem que o mundo de Kafka, a quem o mito prometeu já a redenção (32).

Sendo jurista de formação, consciente da *logomaquia* que todo o intérprete da lei e todo o artesão da *palavra* exploram, Kafka situa a sua obra num território de extrema singularidade. Ora, cada ser – leitor, escritor, jurista – a partir do patamar das suas experiências e pelo prisma dos saberes que interioriza, vislumbra aspectos de uma realidade moderna complexa. A complexidade desta realidade moderna comporta não apenas uma cada vez maior codificação do real mas igualmente, e por mais paradoxal que seja, promove e permite novos substratos de questionamento. A escrita de Kafka é disto exemplificadora: o texto kafkiano resiste a toda a interpretação definitiva. Impossibilitando a nossa chegada a um horizonte explicativo final, os seus textos obedecem paradoxalmente a uma lógica descritiva que lembra a meticulosidade das ciências empíricas modernas (recorde-se que Kafka era leitor de Darwin e Haeckel) e das deliberações litigiosas, obedecendo simultaneamente a uma lei não escrita que o crítico Walter Benjamin designa de *Vorwelt* (o "mundo de antes", um mundo anterior a toda a descodificação possível ou definitiva). É o tradutor português desta parábola, o bem conhecido germanista João Barrento, que contextualiza criteriosamente esta temporalidade particular:

O seu *mundo* é o de um grande pântano em que se movem figuras desfiguradas, mas bem reconhecíveis, ajudantes, amanuenses, subalternos, pais e todas as figuras da prepotência da Lei; a sua *forma parabólica* assenta, não na comum categoria narrativa da acção, mas no gesto, num «codex de gestos» inusitados com que as personagens de Kafka, gritantemente corriqueiras e desesperadamente agónicas, reenviam para mundos maiores; o seu *tempo* é o do esquecimento, da nostalgia de um mundo anterior, o das leis não escritas, e por isso inaplicáveis (Benjamin chama-lhe *Vorwelt*, mundo de antes, e sugere que toda esta obra é um comentário ao texto perdido desse mundo); finalmente, o seu *ponto de vista* é o da atenção dada e devida a todas as criaturas, uma atenção que substitui a fé, insustentável num mundo do abandono de Deus, para se transformar, diz ainda Benjamin, na «oração natural da alma» (Kafka: 14-15).

Defrontamo-nos então com uma realidade textual que oscila entre, por um lado, a luz cegante de uma realidade reduzida ao seu estado atomizadamente factual – num regime expressivo de pura constatação – e, por outro, a penumbra do indecifrável: luz e sombra, epifania e anoitecer, factualidade e indecifrabilidade interpenetram-se no mesmo texto. Daí, a obra de Kafka apela à interpretação sem, contudo, poder saciar essa mesma urgência interpretativa. (Interpretar um texto perpetua um gesto milenar: ao interpretar um texto prolongamos a nossa convicção de que a palavra constitui uma espécie de contrato, uma espécie de relação entre seres falantes que, por via da palavra, se encaminham pelo labirinto da vida em nome da liberdade.) Paul Ricoeur, filósofo que em numerosas obras se dedica aos universos expressivos da linguagem nos seus regimes poético, psicanalítico, religioso e jurídico, lembra-nos de que:

[a] sociedade não vive apenas à base de conflitos, mas também de palavras dadas, de trocas de palavras. E há conflito quando há ruptura da palavra, quando uma parte considera que a outra não respeitou o seu compromisso. Estamos aqui no domínio imenso das obrigações mútuas, que nos ligam uns aos outros (Ricoeur (a): 164).

Sendo assim, o filósofo explicita a natureza desta palavra "dada" que permite corrigir uma visão puramente conflituosa das relações humanas: [privilegiando-se em seu lugar] a da promessa. Os laços de promessa tocam em qualquer coisa de fundamental, mais que não fosse ao nível da linguagem: a própria linguagem é toda ela uma instituição fiduciária. Quando alguém me dirige a palavra, creio que quer dizer o que diz ou, como dizem os teóricos anglo-saxónicos dos actos de linguagem, *you mean what you say*. Creio que há adequação entre a palavra e a significação. É a opção de "caridade", o primeiro núcleo fiduciário na enorme massa de contratos que fazemos uns com os outros. Alcançamos assim o âmago de uma das convicções mais fundamentais e, provavelmente, das mais irredutíveis a toda a mudança dos costumes: é preciso manter a sua palavra. *Pacta sunt servanda*, os pactos devem ser respeitados (Ricoeur (a): 165).

Ora, a obra de Kafka parece perturbar este contrato fiduciário a que se refere Ricoeur e que, segundo ele, subjaz à linguagem humana, operando para além da visão meramente conflituosa das relações humanas. Na verdade, a escrita de Kafka é simultaneamente pura superfície empírica e símbolo imperscrutável, sinal simples e indecifrável, sintaxe bem encadeada mas irredutível a qualquer lógica definitiva. A sua obra desencadeia uma estranha desproporção – portadora, em última instância, de inquietude – entre, por um lado, os pequenos gestos, os rituais protocolares dos espaços da lei (o tribunal, os juízes, os amanuenses, o registar dos factos, o rememorar dos eventos, a linguagem de verificação, a codificação burocrática, o apelo a uma instância superior, etc.) e, por outro, um mal-estar difuso, uma angústia incontornável e ao mesmo tempo nunca reconhecida pelas personagens que povoam a obra de Kafka. Um mundo, afinal, que, na sua despótica presença factual, ou até omnipresença obsessivamente codificada, jamais deixa de seguir e *impor* uma lei para sempre desconhecida, *exalar* um ar mais tóxico do que o do nosso oxigénio terrestre e *obedecer* a um desígnio que nenhuma justiça recupera, nenhuma instância superior salvaguarda, nenhuma sabedoria desvenda.

O jurista e o escritor possuem uma perspectiva única e intensa no que respeita a tais paradoxos e tais vivências irredutíveis a uma lógica única. O próprio acto de pensar, de que uma obra literária e a busca deliberativa da justiça são a consubstanciação, encerra uma multiplicidade vectorial: pensar é um acto que difere todo o discurso final. Pensamento e paradoxo, embora não coincidentes, formam um par dinâmico: materializam a urgência de compreender. Ler uma obra de Kafka leva a *pensar o pensar*: o acto de compreender um texto literário ou um documento de foro jurídico roça o enigma no seio mesmo da sua factualidade textual. O escritor, no seu universo verbal, faz do acto de compreender um drama aberto. A literatura não elucida nem torna transparente. A literatura estrutura uma inesperada negatividade, i.e., desdobra toda a factualidade, toda a presença em novo enigma, questionamento e novo ângulo interpretativo. Herbert Rosendorfer, um pensador que reflecte de modo extremamente fino sobre a questão do território da palavra na literatura e na jurisprudência, escreve a esse respeito que:

[a] arte de escrever, a poesia, o poetar, também estão relacionados com a moral. (...) O chamado positivo na literatura não existe, ou melhor: existe o positivo, mas o positivo da literatura é o **negativo**, na medida em que se entende por *crítica* algo de categoricamente **negativo**. A chamada literatura positiva não existe, porque a literatura, como toda arte, é moral e, portanto, crítica: crítica em relação ao homem que por natureza é imoral, mas principalmente em relação aos sistemas sociais que também por natureza (...) são amorais (Rosendorfer: 340). (sublinhados nossos)

Por sua vez, Paul Ricoeur aborda esta *abertura semântica* no interior da obra literária da seguinte maneira:

O sentido de um texto não está por detrás do texto, mas à sua frente. Não é algo de oculto, mas algo de descoberto. O que importa compreender não é a situação inicial do discurso, mas o que aponta para um mundo possível, graças à referência não ostensiva do texto. A compreensão tem menos do que nunca a ver com o autor e a sua situação. Procura apreender as posições de mundo descortinadas pela referência do texto. Compreender um texto é seguir o seu movimento do sentido para a referência: do que ele diz para aquilo de que fala. (...)

O texto fala de um mundo possível e de um modo possível de alguém nele se orientar. As dimensões deste mundo são propriamente abertas e descortinadas pelo texto. O discurso é, para a linguagem escrita, o equivalente da referência ostensiva para a linguagem falada. Vai além da mera função de apontar e mostrar o que já existe e, neste sentido, transcende a função da referência ostensiva, ligada à linguagem falada. **Aqui, mostrar é ao mesmo tempo criar um novo modo de ser** (Ricoeur (b): 99) (sublinhados nossos)

II. SEGUNDAS PREMISSAS (AINDA COMO AS PRIMEIRAS: CAMINHOS SEM FIM NA TAREFA A REALIZAR, I.E., A LEITURA DA OBRA DE FRANZ KAFKA)

É com Kafka em conjunto com os filósofos da lei como, por exemplo, Paul Ricoeur, que aprendemos a *pensar o pensar*, a ousar propor a caracterização do acto de pensar da seguinte maneira prismática (em forma de um perpétuo drama deliberativo, um espaço deliberativo patente na fronteira partilhada entre jurista e escritor):

1. O pensar possui duas direcções, i.e., ele vai em direcção ao mundo e em direcção ao ser que pensa. A nossa relação com o exterior e o interior expõe-nos por conseguinte à multiplicidade e à dissonância dos fenómenos e das opiniões. Isto significa que nós, continuamente, de modo espontâneo e quase inconsciente, construimos o nosso mundo e o nosso ser mediante um acto de pensar vigilante e interiorizado. O acto de pensar é aqui um movimento, um andamento, um encaminhamento da consciência. O acto de pensar constitui o ritmo "natural" da mente a respirar em consonância com o mundo.

2. Aqui, o pensar, já não como movimento ou caminho em direcção ao exterior e/ou o interior ao serviço de um estabelecimento de relações simultaneamente com o mundo e com o ser, mas, sobretudo, como acto de *suspensão*, como momento de negação no interior do pensamento em si, i.e., o pensar, a fim de se afinar, de adquirir flexibilidade, tem que praticar de vez em quando um acto de momentânea imobilização e de desacelera-

ção da sua fluidez e imediatismo habituais. Por vezes, o pensar tem que duvidar de si próprio, das suas próprias convicções: i.e., interrogar-se se não haverá mais de uma maneira de se estruturar e de se pensar. Neste contexto, o pensar, para se sustentar como acto vital, tem que, paradoxalmente, *abolir ou suspender* os seus métodos em busca de uma nova fundamentação de princípios, de novos horizontes de questionamento. Damo-nos conta de que existe a possibilidade na nossa vida de ficar emparedados numa consciência incapaz de comunicar com tudo o que é refractário aos nossos pressupostos mais assentes. (A parábola de Kafka aproxima-se desta lição suspensiva.)

3. O pensar *transforma* tudo aquilo que examina, estuda, aborda, discerne: o pensar lembra, neste contexto, a água: funciona como um muito eficaz dissolvente. Aqui, o pensar volatiliza mais do que fixa ou classifica, desestabiliza certezas; desacelera a fluidez "natural" da nossa consciência. O pensar é, neste contexto, um acto que gera não só compreensão mas também impulsiona uma transformação, i.e., o mundo, para ser compreendido, é necessariamente sujeito aos actos mentais de uma consciência humana que indaga, investiga e refunde em experiência científica, questionamento filosófico, deliberação jurídica e criação artística. Significa isto que o mundo e a consciência, juntos, formam uma realidade mutável, dinâmica, interligada e imprevisível. Novamente, é a modernidade que se espreita.

4. O pensar é um acto que supre carências. Existe uma inquietação que nos atinge, uma preocupação que nos parece enraízada no cerne do mundo em si, desse mesmo mundo que simultaneamente nos alberga e criamos. Aqui, o acto de pensar é um processo de busca e de tentativa de aquietação de um mal-estar radical, de uma preocupação fundamental (metafísica) que nos rodeia e permeia. O pensar torna-se, neste contexto, irmão gémeo do sentir. Juntos, o pensar e o sentir – em partitura dupla – permitem que o ser humano seja um ser que cresce ao modo de uma composição musical constituída de um entrelaçado de acordes cada vez mais complexos. Assim, o pensar realiza um acto de profunda afinação/harmonização da mente como um instrumento musical realiza uma composição musical. O pensar é a música da consciência humana.

5. Por último, o pensar é um acto de *imunização*, de filtragem em relação a um mundo excessivo e repleto de horrores. Poderá haver um "excesso" de actualidade? Vejam-se as notícias que nos bombardeiam continuamente com as suas energias destrutivas que ameaçam suprimir o

estado complexo de *contenção* interior e de *atenção* porosa imprescindíveis para a elaboração cabal do pensamento que se quer verdadeiramente livre. Poderá o mundo sobrepor-se ao mundo interior do ser pensante de tal modo que o mundo suprima o diálogo aberto, livre, vital entre o ser e o mundo, entre o interior e o exterior?

Kafka, jurista e escritor, criador de parábolas e relator meticuloso de casos dos trabalhadores sinistrados em acidentes de trabalho que a Companhia de Seguros na qual exercia as suas funções representa, transpõe para a sua linguagem única este acto de pensar múltiplo: ora elucidativo e destrutivo, ora esclarecedor e opaco, ora radioso e crepuscular. O acto de pensar representa a instância superior do animal consciente que se auto-designa *homo sapiens sapiens*.

III. TERCEIRAS PREMISSAS

O "homem do campo" que aguarda à porta da lei na parábola de Kafka não é apenas um infeliz suplicante de justiça criado por um autor pertencente a uma época histórica agora ultrapassada: a obra de Kafka é de uma extrema contemporaneidade. O sociólogo Zygmunt Bauman desvela novos territórios de radical opacidade, de *espera sem esperança* na nossa contemporaneidade virtual. Actualmente, inseridos nesta nova realidade *cyber*, digital, binário, engendrou-se uma nova ordem; erguem-se novas dimensões de imperscrutabilidade que, apesar da sua indecifrabilidade para a maioria dos seres humanos, não deixa de lhes determinar o destino:

[R]*ather than homogenizing the human condition, the technological annulment of temporal/spatial distances tends to polarize it*. It emancipates certain humans from territorial constraints and renders certain community-generating meanings exterritorial – while denuding the territory, to which other people go on being confined, of its meaning and its identity-endowing capacity. For some people it augurs an unprecedented freedom from physical obstacles and unheard-of ability to move and act from a distance. (18)

In cyberspace, bodies do not matter – though cyberspace matters, and matters decisively and irrevocably in the life of bodies. There is no appeal from the verdicts passed in the cyberspatial heaven, and nothing that happens on earth may question their authority. With the power to pass verdicts securely vested in cyberspace, the bodies of the powerful need not be powerful bodies nor need they be armed with heavy material weapons; more than that, unlike Antheus, they need no link to their earthly environment to assert, ground or manifest their power. What they need is the isolation from locality, now stripped of social meaning which has been transplanted into cyberspace, and so reduced to a merely 'physical' terrain. [...] Deterritorialization of power therefore goes hand in hand with the ever stricter structuration of the territory (Bauman: 19-20).

O "homem do campo" é também agora o homem das cidades. E as cidades dissolvem-se, elas próprias, no silêncio radioso dos circuitos e dos *chips* sem nome. Sendo a manifestação mais recente do *inominável* que nos vigia ininterruptamente e que forma o firmamento de uma nova cosmologia que o ser humano agora habita, a parábola de Kafka adquire uma nova espessura e reafirma a sua estranha inevitabilidade. Kafka: o nosso contemporâneo.

IV DERRADEIRAS PREMISSAS

Agora pode-se começar a deliberação possível: o diálogo possível no *chiaroscuro* da palavra-parábola kafkiana. Contudo, encontramo-nos doravante no abandono dessa "racionalidade intermédia" de que escreve Ricoeur, "onde o pressuposto é justamente a ruptura entre o discurso e a violência" (Ricoeur (a): 164). A parábola do autor reintroduz no discurso do quotidiano, no discurso da lei, ou melhor, nos arredores da justiça que o texto kafkiano, ora busca, ora ofusca, uma quase audível se bem que sempre iminente violência. Trata-se, por conseguinte, de uma violência mais pressentida do que efectiva porquanto equivale à paulatina erosão da memória vital de um ser humano. O "homem do campo" – dissoluto no *Vorwelt* de uma ordem sem redenção – encontra-se, segundo Benjamin, desprovido de todo o apaziguamento mítico. Kafka detecta e relata esta erosão – sem cronologia e sem centro reconhecivelmente antropocêntricos – na velocidade e na transparência da palavra lida e escrita. Kafka serve-se da forma da parábola embora não para iluminar ulteriormente uma lei moral mais sublime. (Onde se vislumbrará nesta parábola uma tal lei, mesmo quando o "homem do campo" vislumbra "um brilho no escuro, uma luz que irrompe da porta da lei e nunca se apaga"?)

Agora apercebe-se do papel mediador de uma instância superior no que respeita ao direito penal: "Entre a racionalidade moral e a racionalidade do Estado, de tal modo misturada com a violência, este primeiro círculo jurídico constitui uma região de racionalidade intermédia, onde o pressuposto é justamente, recorde-se, "a ruptura entre o discurso e a violência" (Ricoeur (a): 164) (sublinhado nosso). No mundo de Kafka, o *humano* é um parêntese no interior das eras; uma consciência à deriva no universo que contudo persiste e perdura, defendendo-se do olvido total mediante uma obsessiva observação da sua própria contingência, obrigado a cumprir com, e perpetuar, um hábito ontológico que continuamente ameaça extinguir-se. O "homem do campo" aguarda connosco na voraz quotidianeidade de todos os seres que habitam essa "racionalidade intermédia" patente entre a *palavra* que eclode sem jamais elucidar nem libertar e uma *violência* que ameaça sem jamais se justificar nem apaziguar.

Agora a parábola ergue-se à semelhança de uma muralha de palavras, com enigmáticos padrões de verbos e sentenças, veredictos sem argumentação ostensiva e pródigos de uma culpabilidade sem nome ou fim avistado. O que contradiz e subverte um dos pressupostos do direito penal. O que ameaça desmantelar todo um alicerce do direito penal, segundo Ricoeur:

[O] primeiro encontro que temos com o direito, enquanto cidadãos, o primeiro círculo, se preferir, é o direito penal. A justiça encontra o seu primeiro contrário na sede de vingança, que é uma paixão forte: a justiça consiste em *não se* fazer vingança. Para retomar categorias conhecidas, entre o crime e o castigo existe a justiça e, por isso, a introdução de um terceiro. Ou seja: em primeiro lugar o Estado (...). Além disso, entre o crime e o castigo, a operação de justiça interpõe um justa distância através da deliberação; é no processo que se leva a cabo a distanciação da vítima e do agressor... (Ricoeur (a): 162)

Agora a palavra é muralha e mensagem, justiça almejada e violência imerecida, modernidade ambígua e *Vorwelt* sempre renovado. Herbert Rosendorfer escreve a esse respeito:

Literatura é utopia. O escritor cria mundos. O escritor ilude o leitor com realidades que não existem, e o leitor deve aceitar apenas por convenção, por meio de um contrato a termo assumido com o autor, que realmente existem. (...) [O] escritor que cria um mundo aparente inevitavelmente *ordena* esse mundo, mesmo que seja apenas a ordem da cronologia. A ordem, porém, pressupõe uma lei. O escritor, portanto, sempre é também legislador dos mundos que surgem de sua pena. (...)

[O] escritor é mais ainda que seu próprio legislador.
Quando não quer apenas entreter superficialmente, ele julga. Natureza, destino e sociedade são injustos, a vida permanece sem finais felizes nos romances e dramas, apenas a literatura julga de maneira definitiva. O escritor cita a realidade, na qual quase nunca a justiça chega a uma verdadeira vitória, diante dos limites de uma autodenominada instância superior, e este é provavelmente o contexto mais intrínseco da literatura com a jurisprudência, e o motivo para que haja tantos juízes na história da literatura. (337 e ss.)

Com efeito, Kafka escreve uma parábola cuja pedagogia profunda roça o *inumano* e cujo pleito infindo é sem propiciação possível desde o início. Só a palavra – a palavra de uma literatura de natureza utópica – perdura na sua discreta jurisprudência na memória de seres (nós, os leitores) que escolheram dotar a vida de uma dimensão para sempre à espera de concretização efectiva.

Agora estamos a sós com a palavra de Kafka.
Agora estamos sob a palavra.
Agora estamos à porta da porta da lei.

BIBLIOGRAFIA

BAUMAN, ZYGMUNT. *Globalization, The Human Consequences*. Cambridge: Polity Press, 1998.

BENJAMIN, WALTER. *Kafka*, Ernesto Sampaio (org. e trad.). Lisboa: Hiena Editores, 1994.

KAFKA, FRANZ. "À Porta da Lei". In: *Parábolas e Fragmentos*, João Barrento (trad. e org.). Lisboa: Assírio & Alvim, 2004.

KANT, IMMANUEL, "Que é o Iluminismo?". In: *A Paz Perpétua e Outros Opúsculos*, Artur Morão (trad.). Lisboa: Edições 70, 1995.

RICOEUR, PAUL (a). *A Crítica e a* Convicção, António Hall (trad.). Lisboa: Edições 70, 1995.

RICOEUR, PAUL (b). *Teoria da Interpretação*, Artur Morão (trad.). Lisboa: Edições 70, 1996.

Rosendorfer, Herbert. "Sobre justiça e literatura". In: Köhler, Peter e Thomas Schaefer (org.). *O Direito Pelo Avesso, Uma Antologia Jurídica Alternativa*, Glória Paschoal de Camargo (trad.), Karina Jannini (rev. da trad.). São Paulo: Martins Fontes, 2001.

PARECER N.º 7 DO CONSELHO CONSULTIVO DOS JUÍZES EUROPEUS (CCJE)

Sobre o tema "Justiça e Sociedade"
Conselho Consultivo dos Juízes Europeus
(Tradução: Rui de Carvalho)

Estrasburgo, 25 de Novembro de 2005 CCJE (2005) OP N.º 7

CONSELHO CONSULTIVO DE JUÍZES EUROPEUS (CCJE)

PARECER N.º 7 (2005)

**DO CONSELHO CONSULTIVO DE JUÍZES EUROPEUS (CCJE)
À ATENÇÃO DO COMITÉ DE MINISTROS
DO CONSELHO DA EUROPA**

SOBRE «JUSTIÇA E SOCIEDADE»

adoptado pelo CCJE
na sua 6.ª reunião
(Estrasburgo, 23-25 de Novembro de 2005)

INTRODUÇÃO

1. Para o ano de 2005, o Conselho Consultivo de Juízes Europeus (CCJE) foi encarregado[1] de adoptar um parecer sobre «Justiça e Sociedade» à atenção do Comité de Ministros do Conselho da Europa.

---

[1] Ver: mandato específico do CCJE para 2004-2005, adoptado pelo Comité de Ministros na 876.ª reunião de Delegados dos Ministros (17 de Março de 2004, ponto 10.1).

2. A este respeito, o CCJE debruçou-se sobre o seguintes pontos que aparecem no Programa Quadro de Acção Global para os juízes na Europa:

- relações com o público, o papel educativo dos tribunais numa democracia (ver a Parte V b do Plano de Acção),
- relações com as pessoas envolvidas nos procedimentos judiciais (ver Parte V c do Plano de Acção);
- acessibilidade, simplificação e clareza da linguagem usada nos procedimentos e decisões judiciais (ver Parte V d do Plano de Acção).

3. O trabalho preparatório foi realizado com base em:

- tomada em consideração dos *acquis* do Conselho da Europa, bem como dos resultados da 5.ª reunião dos Presidentes dos Supremos Tribunais europeus sobre «O Supremo Tribunal: publicidade, visibilidade e transparência» (Liubliana, 6-8 de Outubro de 1999), a Conferência das Associações de Juízes sobre «Justiça e Sociedade» (Vilnius, 13-14 de Dezembro de 1999) e a Conferência Ministerial Europeia sobre Política de Meios de Comunicação (Kiev, Ucrânia, 10-11 de Março de 2005);
- respostas das delegações a um questionário (com nota explicativa) preparado pelo vice-presidente do CCJE e submetido à reunião plenária do CCJE que teve lugar em Estrasburgo em 22-24 de Novembro de 2004;
- um relatório preparado pelo especialista do CCJE sobre este tema, Sr. Eric COTTIER (Suíça);
- as contribuições dos participantes na 2.ª Conferência Europeia de Juízes sobre o tema «Justiça e Meios de Comunicação», organizada pelo Conselho da Europa no quadro da presidência polaca do Comité de Ministros por iniciativa do CCJE em cooperação com o Conselho Nacional da Justiça da Polónia e com o apoio do Ministério da Justiça polaco (Cracóvia, Polónia, 25-26 de Abril de 2005)[2];

---

[2] Os participantes na Conferência – juízes e outras pessoas com interesse profissional na matéria, incluindo representantes dos meios de comunicação e organizações internacionais, parlamentares e especialistas no tema em debate – levaram em consideração, por um lado, as disposições aplicáveis da Convenção Europeia para a Protecção dos Direitos Humanos e Liberdades Fundamentais (CEDH), a jurisprudência do Tribunal Europeu dos Direitos do Homem, os textos e outros instrumentos do Conselho da Europa sobre o direito à informação do público, que a imprensa efectivamente salvaguarda, e, por

– um projecto de parecer preparado pelo grupo de trabalho do CCJE (CCJE-GT) em 2005.

4. Na preparação do presente parecer, o CCJE levou igualmente em consideração a «Declaração de Varsóvia», adoptada pela Terceira Cimeira de Chefes de Estado e de Governo do Conselho da Europa, que teve lugar em Varsóvia a 16-17 de Maio de 2005, na qual a Cimeira reafirmou o seu compromisso de «reforçar o Estado de Direito no conjunto do continente com base no potencial normativo do Conselho da Europa». Neste quadro, os chefes de estado e de Governo sublinharam «o papel de um sistema judicial independente e eficaz nos Estados-membros».

5. O presente parecer aborda (A) as relações dos tribunais com o público, com especial referência ao papel dos tribunais numa democracia, (B) as relações dos tribunais com as pessoas envolvidas nos procedimentos judiciais, (C) as relações dos tribunais com os meios de comunicação, e (D) a acessibilidade, simplificação e clareza da linguagem usadas pelos tribunais nos procedimentos e decisões.

A) *As relações dos tribunais com o público com especial referência ao papel dos tribunais numa democracia*

6. O desenvolvimento da democracia nos Estados europeus significa que os cidadãos recebem uma informação apropriada sobre a organização dos poderes públicos e as condições de elaboração das leis. É igualmente importante para os cidadãos conhecerem o modo de funcionamento das instituições judiciárias.

7. Justiça é uma componente essencial das sociedades democráticas. Tem por objectivo resolver litígios entre as partes e, pelas decisões que toma, desempenha um «papel normativo e educativo», facultando aos cidadãos informações pertinentes e garantias quanto à lei e respectiva aplicação prática[3].

---

outro, os requisitos do direito a um julgamento público e equitativo, assegurado por um tribunal independente e imparcial, visando proteger a dignidade humana, a vida privada, a reputação alheia e a presunção de inocência, tendo como último objectivo encontrar os meios para um equilíbrio entre os direitos e liberdades em conflito.

[3] Ver Conclusões da Quinta Reunião de Presidentes de Supremos Tribunais Europeus, Liubliana, 6-8 de Outubro de 1999, parágrafo 2.

8. Os tribunais são, e o público aceita-os como tal, o local apropriado para a afirmação de direitos e obrigações legais e para a resolução de litígios relacionados com os mesmos; o público, em geral, respeita os tribunais e confia na sua capacidade para cumprir a sua função[4]. No entanto, o entendimento do papel da justiça nas democracias, em particular o entendimento de que o dever do juiz é aplicar a lei de maneira justa e equitativa, sem levar em conta eventuais pressões sociais ou políticas, varia consideravelmente consoante os países e os modelos sócio-económicos na Europa. Consequentemente, o nível da confiança atribuída à actividade dos tribunais não é uniforme[5]. Deste modo, uma informação adequada sobre as funções e o papel da justiça, em total independência relativamente aos outros poderes do Estado, pode contribuir efectivamente para um melhor entendimento dos tribunais enquanto pedra angular dos sistemas constitucionais democráticos, bem como dos limites da sua actividade.

9. A experiência que a maioria dos cidadãos tem do seu sistema judiciário limita-se a alguma participação que tenha tido como litigante, testemunha ou jurado. O papel dos meios de comunicação é essencial para fornecer ao público informação sobre o papel e as actividades dos tribunais (ver a secção C); mas, paralelamente ao que é comunicado através dos meios de comunicação, os debates do CCJE destacaram a importância de criar relações directas entre os tribunais e o público em geral. A integração da justiça na sociedade requer que o sistema judicial se abra ao exterior e aprenda a dar-se a conhecer. Não se trata de transformar os tribunais num circo mediático, mas de contribuir para a transparência do processo judicial. Naturalmente, esta transparência não pode ser total, particularmente dada a necessidade de proteger a eficácia das investigações e os interesses das pessoas envolvidas, mas a compreensão dos mecanismos judiciais tem incontestavelmente um valor pedagógico e deverá permitir reafirmar a confiança do público no funcionamento dos tribunais.

10. O primeiro passo para tornar as instituições judiciais mais acessíveis consiste em introduzir medidas gerais para informar o público acerca das actividades dos tribunais.

---

[4] Ver, por exemplo, Tribunal Europeu dos Direitos do Homem, processo Sunday Times contra Reino Unidos, julgamento de 26 de Abril de 1979, Série A, N.º 30 onde é dito que as noções mencionadas no texto se incluem na expressão «autoridade do poder judicial» contido no artigo 10 da CEDH.

[5] Ver Conclusões da Reunião de Presidentes de Associações de Juízes sobre «Justiça e Sociedade», Vilnius, 13-14 de Dezembro de 1999, parágrafo 1.

11. A este propósito, o CCJE recorda as suas recomendações feitas no Parecer N.º 6 (2004) relativas à acção pedagógica dos tribunais e à necessidade de organizar visitas de alunos das escolas e a quaisquer outros grupos com interesse nas actividades judiciais. Este contacto não altera o facto de competir essencialmente ao Estado facultar a todos, seja na escola ou na universidade, uma formação cívica que envolva a dedicação de uma atenção significativa ao sistema de justiça.

12. Esta forma de comunicação será mais eficaz se envolver a participação directa dos que trabalham no sistema. Os programas escolares e universitários relevantes (não se limitando às faculdades de Direito) devem incluir uma descrição do sistema judicial (incluindo intervenções nas salas de aula por parte de juízes), visitas a tribunais e ensino activo dos procedimentos judiciais (desempenho de papéis, presença em audiências, etc.)[6]. Deste modo, os tribunais e associações de juízes podem cooperar com as escolas, universidades e outros estabelecimentos escolares, a fim de apresentar nos programas curriculares e no debate público a visão específica do juiz.

13. O CCJE já declarou em termos gerais que os próprios tribunais devem participar na difusão de informações relativas ao acesso à justiça (por meio de relatórios periódicos, guias para os cidadãos, sítios na Internet, gabinetes de informação, etc.); o CCJE também já recomendou o desenvolvimento de programas educativos destinados a facultar informações específicas (tais como a natureza dos procedimentos disponíveis; duração média dos procedimentos judiciais nos vários tribunais; custas judiciais; meios alternativos de resolução de litígios oferecidos às partes; decisões mais marcantes pronunciadas pelos tribunais) (ver parágrafos 12-15 do Parecer N.º 6 (2004)).

14. Os tribunais devem participar em programas-quadro gerais organizados por outras instituições do Estado (Ministérios da Justiça e Educação, Universidades, etc.). Mas, na opinião do CCJE, os tribunais devem também tomar as suas próprias iniciativas a este respeito.

15. Embora as relações da justiça com os indivíduos sejam tradicionalmente tratadas pelos tribunais, ainda que de forma não estruturada, estes últimos têm-se mostrado relutantes em manter relações directas com

---

6 Ver Conclusões da Reunião de Presidentes de Associações de Juízes sobre «Justiça e Sociedade», Vilnius, 13-14 de Dezembro de 1999, parágrafo 1.

membros do público em geral não envolvidos nos processos. A publicidade das audiências no sentido do Art. 6 da Convenção Europeia dos Direitos do Homem (CEDH) é geralmente encarada como o único contacto com o grande público, o que faz dos meios de comunicação os únicos interlocutores dos tribunais. Uma atitude que está agora a mudar com celeridade. Os deveres de imparcialidade e discrição, que são uma responsabilidade dos juízes, deixaram hoje de ser considerados um obstáculo ao desempenho de um papel activo por parte dos tribunais na informação do público em geral, sendo este papel uma garantia real da independências dos tribunais. O CCJE considera que os Estados-membros devem incentivar esse papel, alargando e melhorando o alcance do seu «papel educativo», tal como descrito nos parágrafos 9-12. Este papel já não deve limitar-se a emitir decisões; os tribunais devem agir como «comunicadores» e «facilitadores». O CCJE considera que embora os tribunais tenham até agora aceite participar em programas educativos quando são convidados, é doravante necessário que os tribunais se tornem igualmente promotores desses programas.

16. O CCJE considerou que as iniciativas dos tribunais para assegurar o contacto directo com o público não dependem da actividade dos meios de comunicação nem das acções que sejam da responsabilidade de outras instituições.

Foram consideradas e recomendadas as seguintes medidas:

– criação nos tribunais de gabinetes de acolhimento e informação;
– distribuição de materiais impressos, abertura de sítios na Internet sob a responsabilidade dos tribunais;
– organização por parte dos tribunais de um calendário de foruns educativos e/ou de reuniões periódicas abertas nomeadamente aos cidadãos, organizações de interesse público, decisores, estudantes («programas de vulgarização»).

17. O CCJE consagrou um debate específico a estes «programas de vulgarização». O CCJE faz notar com interesse que, nalguns países, os tribunais organizam, frequentemente com o apoio de outros actores sociais, iniciativas educativas que reúnem professores, estudantes, pais, juristas, dirigentes locais e meios de comunicação a fim de lhes dar oportunidade de interagirem com os juízes e com o sistema judicial. Tais programas recorrem frequentemente a profissionais com recursos preparados e facultam uma rede para o desenvolvimento profissional dos professores.

18. Algumas acções são especialmente adaptadas a indivíduos que, pelas suas condições sócio-económicas e culturais, não têm plena consciência dos seus direitos e obrigações ou, pior ainda, se vêem envolvidos em processos judiciais por não terem cumprido as suas obrigações. A imagem da justiça no seio dos grupos sociais mais desfavorecidos forma-se, portanto, mediante programas que estão intimamente ligados a acções visando o «acesso à justiça», incluindo, mas sem limitação, o apoio judiciário, serviços de informação ao público, aconselhamento jurídico gratuito, acesso directo ao juiz para petições menores, etc. (ver a secção A do Parecer n.º 6 (2004) do CCJE).

19. O CCJE recomenda que os poderes judiciais e os Estados europeus, tanto ao nível nacional como internacional, prestem um apoio geral aos «programas de vulgarização» tal como anteriormente descritos, os quais devem tornar-se prática comum. O CCJE considera que esses programas vão para além do objectivo de informação geral ao público. Visam dar uma noção mais correcta do papel do juiz na sociedade. A este propósito, o CCJE considera que – embora seja competência dos Ministérios da Justiça e da Educação prestar informações de carácter geral sobre o funcionamento da justiça e definir as orientações do ensino escolar e universitário – os próprios tribunais, em conformidade com o princípio da independência judicial, devem ser reconhecidos como o órgão apropriado para lançar «programas de vulgarização» e realizar iniciativas regulares consistindo na realização de inquéritos, animar grupos de discussão, fazer participar advogados e professores em fóruns púbicos, etc. De facto, esses programas propõem-se melhorar a compreensão e confiança da sociedade relativamente ao seu sistema de justiça e, mais geralmente, reforçar a independência do seu sistema judicial.

20. No desenvolvimento dos programas acima referidos, o CCJE considera que os juízes devem ter oportunidade de receber formação específica no que se refere às relações com o público. Os tribunais devem igualmente poder dispor de pessoal especialmente encarregado de assegurar a ligação com os organismos educativos (os gabinetes de relações públicas, acima referidos, podem também assumir esta tarefa).

21. Afigura-se ao CCJE que o papel de coordenação das várias iniciativas locais, bem como a promoção à escala nacional dos «programas de vulgarização», pode ser confiado ao órgão independente mencionado nos parágrafos 37 e 45 do seu Parecer N.º 1 (2001). Este órgão independente pode igualmente, recorrendo a profissionais com recursos prepara-

dos, satisfazer necessidades de informação mais sofisticadas expressas por decisores, universitários e outros grupos de interesse público.

22. O CCJE já declarou que seria necessário atribuir às actividades judiciais um financiamento apropriado, não sujeito a flutuações políticas, e que os organismos judiciais deveriam ser envolvidos nas decisões relativas a atribuições orçamentais por parte do poder legislativo, por exemplo, através do papel de coordenação do órgão independente anteriormente referido (ver Parecer N.º 2 (2001), parágrafos 5, 10 e 11). O CCJE recomenda que sejam atribuídos pelo próprio tribunal fundos suficientes para actividades que expliquem e tornem transparente o sistema judicial e os mecanismos da justiça na sociedade, segundo os princípios manifestados no seu Parecer N.º 2 (2001). As despesas relacionadas com os «programas de vulgarização» devem ser cobertas por uma verba orçamental especial, de modo a não serem suportadas pelo orçamento de funcionamento dos tribunais.

23. Os debates do CCJE mostraram que, para formular efectivamente uma percepção correcta da justiça na sociedade, poderão aplicar-se aos procuradores princípios similares aos estabelecidos para os juízes. Tendo em conta os *acquis* do Conselho da Europa relativamente aos magistrados do Ministério Público[7], afigura-se importante ao CCJE que os procuradores, relativamente à parte dos processos que se insere na sua jurisdição, possam contribuir para a prestação de informação ao público.

B) *Relações dos tribunais com os envolvidos nos procedimentos judiciais*

24. A imagem que o público tem do sistema de justiça é influenciada pelos meios de comunicação, mas também é muito retocada pelas impressões colhidas pelos cidadãos que participam em julgamentos como partes, jurados ou testemunhas.

25. Tais impressões serão negativas se o sistema de justiça, através dos seus actores (juízes, magistrados do Ministério Público, funcionários judiciais), parecerem de alguma forma imparciais ou ineficazes. As percepções negativas deste tipo disseminam-se facilmente.

---

[7] Ver, a este propósito, a Recomendação Rec(2000)19 do Comité de Ministros do Conselho da Europa sobre o papel do Ministério Público no sistema judicial penal.

26. O CCJE já sublinhou em Pareceres anteriores (especialmente nos Pareceres N.º 1 (2001), N.º 3 (2002) e N.º 6 (2004)) a necessidade de os juízes manterem (de facto e na aparência) estrita imparcialidade e de os tribunais conseguirem uma resolução justa dos litígios num espaço de tempo razoável. O presente Parecer aborda os meios de evitar ou corrigir a ignorância e as ideias falsas em relação ao sistema judicial e seu funcionamento.

27. O CCJE considera que, para melhor compreender o papel do sistema judicial, torna-se necessário um esforço para assegurar tanto quanto possível que as ideias que o público tem do sistema de justiça são correctas e reflectem os esforços desenvolvidos pelos juízes e pelos funcionários judiciais para conquistarem o seu respeito e confiança no que se refere à capacidade dos tribunais para desempenharem a sua função. Esta acção deverá demonstrar claramente os limites do que o sistema de justiça pode fazer.

28. A fim de melhorarem o seu relacionamento com o público, certos sistemas judiciais ou tribunais individuais criaram programas que contribuem para dar forma: (a) à formação ética dos juízes, funcionários judiciais, advogados, etc; (b) a infra-estruturas judiciais; (c) aos procedimentos judiciais.

a) *formação ética dos juízes, funcionários judiciais, advogados, etc.*

29. Alguns programas de formação destinam-se a assegurar que os tribunais são vistos, em todos os aspectos do seu comportamento, como tratando todas as partes da mesma maneira, ou seja, imparcialmente e sem qualquer discriminação baseada na raça, sexo, religião, origem étnica ou estatuto social. Os juízes e os funcionários judiciais são formados para reconhecer situações em que os indivíduos podem sentir que está a ser adoptada uma abordagem imparcial, nem que seja no plano das aparências, e a enfrentar essas situações de uma maneira que reforce a confiança e o respeito em relação aos tribunais. Os advogados, por seu turno, organizam e recebem formação ética especial para que não contribuam, intencionalmente ou não, para atitudes de desconfiança em relação ao sistema de justiça.

b) *infra-estruturas judiciais*

30. Alguns programas visam as causas da eventual desconfiança em relação aos tribunais que residem na sua organização interna. Por exemplo, o facto de afastar a cadeira do procurador do Ministério Público da barra, colocando-a ao mesmo nível da defesa irá reforçar a impressão de igualdade de armas que um tribunal deve conferir. Do mesmo modo, a remoção das instalações do tribunal de qualquer alusão visual, por exemplo a uma religião específica ou autoridade política, pode contribuir para reduzir os receios de preconceitos ilegítimos ou de falta de independência dos juízes. Permitir a comparência do acusado em tribunal sem algemas, mesmo que tenha sido colocado em prisão preventiva – salvo nos casos em que existam riscos de segurança – e a substituição das clausuras nas salas de audiência por outras medidas de segurança, pode contribuir para dar uma impressão mais clara de que a presunção de inocência de que o réu goza é efectivamente garantida pelos tribunais. Interessa também fazer referência aos benefícios, em termos de melhoria da transparência dos tribunais, de criar serviços de acolhimento nos tribunais a fim de facultar aos utilizadores dos serviços judiciais informações sobre o desenrolar dos procedimentos ou sobre o andamento de um determinado processo, orientar os utilizadores com as formalidades e, se a disposição dos edifícios assim o exigir, acompanhá-los ao gabinete ou à sala de audiências que procuram.

c) *procedimentos judiciais*

31. Algumas medidas destinam-se a suprimir as partes dos procedimentos que possam ser mal recebidas (referências religiosas obrigatórias nos juramentos, formas de dirigir a palavra, etc.). Outras destinam-se a introduzir procedimentos capazes de assegurar, por exemplo, que antes de comparecerem em tribunal, as partes, os jurados ou as testemunhas são recebidos, sós ou em grupo, por funcionários judiciais que lhes apresentam, oralmente ou recorrendo a meios audiovisuais produzidos em colaboração com especialistas em ciências sociais, o modo como provavelmente se desenrolará a sua experiência judiciária. Estas exposições têm por objectivo dissipar quaisquer percepções erróneas da actividade judiciária.

32. O CCJE apoia todas as iniciativas descritas nos parágrafos 29, 30 e 31 desde que reforcem a percepção pública de imparcialidade dos juízes e permitam administrar uma boa justiça.

C) *As relações dos tribunais com os meios de comunicação*

33. Os meios de comunicação têm acesso à informação judicial e às audiências, em conformidade com as modalidades e as limitações estabelecidas pela legislação nacional (ver, por exemplo, a Recomendação Rec(2003)13 sobre a prestação de informação através dos meios de comunicação em relação aos procedimentos penais). Os profissionais de comunicação são inteiramente livres para decidir quais os temas susceptíveis de serem levados ao conhecimento público e sobre a maneira de os tratar. Não devem existir tentativas para impedir os meios de comunicação de criticarem a organização ou o funcionamento do sistema de justiça. O sistema de justiça deve aceitar o papel dos meios de comunicação que, como observadores externos, podem evidenciar disfuncionamentos e prestar uma contribuição construtiva para melhorar a prática dos tribunais e a qualidade dos serviços que oferecem aos utilizadores.

34. Os juízes manifestam-se sobretudo através das suas decisões e não devem explicá-las na imprensa ou, mais geralmente, manifestar-se publicamente na imprensa sobre processos que tenham a seu cargo. Ainda assim, afigura-se útil melhorar os contactos entre os tribunais e os meios de comunicação:

   i) para reforçar a compreensão dos respectivos papéis;
   ii) para informar o público da natureza, amplitude, limitações e complexidades do trabalho judicial;
   iii) rectificar eventuais erros factuais nas notícias de certos casos.

35. Os juízes devem ter um papel de supervisão sobre os porta-voz do tribunal ou pessoas responsáveis pelas relações com os meios de comunicação.

36. O CCJE recorda as conclusões da 2.ª Conferência Europeia de Juízes (ver o parágrafo 3 do presente) que convida o Conselho da Europa, por um lado, a facilitar a realização de encontros regulares entre representantes da justiça e dos meios de comunicação e, por outro, a encarar a ela-

boração de uma Declaração Europeia das Relações entre os Representantes da Justiça e dos meios de Comunicação, em complemento da Recomendação Rec(2003)13 sobre a difusão de informações pelos meios de comunicação em relação aos procedimentos penais.

37. Os Estados devem incentivar, nomeadamente através de mesas-redondas, os intercâmbios sobre as regras e as práticas de cada profissão, a fim de dar a conhecer e compreender as dificuldades que defrontam. O CCJE considera que poderia ser útil o Conselho da Europa estabelecer ou promover esses contactos ao nível europeu, a fim de tornar mais coerentes as atitudes na Europa.

38. As escolas de jornalismo devem ser incentivadas a desenvolver cursos sobre as instituições e os procedimentos judiciais.

39. O CCJE considera que cada profissão (juízes e jornalistas) deve definir orientações de boas práticas nas suas relações com representantes da outra profissão e no relato dos temas judiciais. Como mostra a experiência dos Estados que já dispõem de tal sistema, o poder judicial definiria as condições em que podem ser prestadas informações aos meios de comunicação sobre os casos judiciais, enquanto que os jornalistas elaborariam as suas próprias orientações quanto ao relato de casos actuais, sobre a publicitação dos nomes (ou imagens) das pessoas envolvidas (partes, vítimas, testemunhas, procurador do Ministério Público, juiz de instrução, juiz do julgamento, etc.), e sobre o relato do julgamento nos casos que atraem maior interesse do público. Em conformidade com o seu Parecer N.º 3 (2002), parágrafo 40, o CCJE recomenda que os sistemas de justiça nacionais dêem passos neste sentido.

40. O CCJE recomenda a criação de mecanismos eficazes, que podem assumir a forma de um órgão independente, para tratar os problemas causados pelo relato de um processo judicial pelos meios de comunicação, ou as dificuldades encontradas por um jornalista no cumprimento da sua tarefa de informação. Esse mecanismo faria recomendações gerais no sentido de evitar a recorrência de quaisquer problemas observados.

41. É igualmente necessário encorajar a criação de serviço de acolhimento e informação nos tribunais, não apenas, como anteriormente referido, para receber o público e ajudar os utilizadores de serviços judiciais, mas também para ajudar os meios de comunicação a entenderem melhor as actividades judiciais.

42. Estes serviços, sobre os quais os juízes deverão ter um papel de supervisão, poderiam estar vocacionados para:

– comunicar aos meios de comunicação resumos das decisões dos tribunais;
– facultar aos meios de comunicação informação factual sobre as decisões dos tribunais;
– fazer a ligação com os meios de comunicação relativamente a audiências que suscitam maior atenção do público.
– prestar clarificação ou correcção factual relativamente a casos relatados nos meios de comunicação (ver também o parágrafo 34, iii). Os serviços de acolhimento ou o porta-voz[8] do tribunal poderiam alertar os meios de comunicação para os problemas envolvidos e dificuldade levantadas no caso em questão, organizar a logística das audiências, prever as disposições práticas a tomar, em particular tendo em vista a protecção das pessoas que participam na audiência como partes, jurados ou testemunhas.

43. Toda a informação prestada aos meios de comunicação pelos tribunais deverá ser comunicada de maneira transparente e não discriminatória.

44. A questão da presença das câmaras de televisão nas salas de audiências para fins que não puramente processuais foi objecto de amplos debates, quer na 2.ª Conferência Europeia de Juízes (ver parágrafo 3 do presente), quer nas reuniões do CCJE. Alguns membros do CCJE manifestaram sérias reservas em relação a esta nova forma de exposição pública do trabalho dos tribunais.

45. A natureza pública da audiências dos tribunais é uma das garantias processuais fundamentais nas sociedades democráticas. Embora o direito internacional e as legislações nacionais prevejam excepções ao princípio de que os procedimentos judiciais devem ser conduzidos em público, é importante que estas excepções se limitem às previstas no artigo 6.1. da CEDH.

46. O princípio de audiências públicas implica que os cidadãos e os profissionais dos meios de comunicação possam ter acesso às salas de audiência em que os julgamentos tenham lugar, mas o desenvolvimento

---

[8] Ver Conclusões da 5.ª Reunião de Presidentes de Supremos Tribunais Europeus, 6-8 de Outubro de 1999, parágrafo 4, onde também se refere claramente que o porta-voz não deve dar opinião pessoal sobre uma decisão já tomada ou sobre um processo ainda pendente.

dos meios de informação audiovisuais confere aos acontecimentos relatados um impacto tão grande que transforma inteiramente a noção de audiências públicas. Embora isso possa ter vantagens em termos de aumentar o conhecimento público do modo como os procedimentos judiciais se desenrolam e de melhorar a imagem do sistema de justiça, existe também o risco de a presença das câmaras de televisão no tribunal poder perturbar os procedimentos e alterar o comportamento das pessoas envolvidas no julgamento (juízes, procuradores, advogados, partes, testemunhas, etc.).

47. No caso de gravação televisiva de audiências judiciais, devem ser usadas câmaras fixas e deverá ser possível ao juiz presidente quer decidir as condições de filmagem quer interromper a respectiva emissão a qualquer momento. Estas, e quaisquer outras medidas necessárias, deverão proteger os direitos das pessoas envolvidas e assegurar que a audiência é convenientemente conduzida.

48. A opinião das pessoas envolvidas nos processos também deverá ser tida em conta, em particular para certos tipos de processos, como os que dizem respeito a assuntos privados.

49. Tendo em conta o impacto particularmente importante das emissões televisivas e o risco de uma tendência para uma curiosidade pouco saudável, o CCJE incentiva os meios de comunicação a desenvolverem os seus próprios códigos de conduta profissionais destinados a assegurar uma cobertura equilibrada dos procedimentos filmados, de modo a assegurar um relato objectivo da audiência.

50. Podem existir razões imperiosas que justifiquem a filmagem das audiências para casos específicos estritamente definidos, por exemplo para fins educativos ou para preservar um registo de uma audiência de particular importância histórica para uso futuro. Nestes casos, o CCJE sublinha a necessidade de proteger as pessoas envolvidas no julgamento, em particular assegurando que os métodos de filmagem não perturbam a conveniente condução da audiência.

51. Embora os meios de comunicação desempenhem um papel decisivo a assegurar o direito do público à informação, e actuem nas palavras do Tribunal Europeu dos Direitos do Homem, como «cão de guarda da democracia», podem por vezes imiscuir-se na privacidade das pessoas, atentando contra a reputação e presunção de inocência, actos cuja reparação os indivíduos podem legitimamente requerer em tribunal. A procura do sensacionalismo e a concorrência comercial entre os meios de comunicação implicam o risco de excessos e de erros. Em processos penais, os réus são

por vezes descritos publicamente ou considerados pelos meios de comunicação como culpados de crimes antes de os tribunais estabelecerem a sua culpabilidade. Na eventualidade de subsequente absolvição, as notícias podem já ter causado danos irremediáveis para a sua reputação, que não serão apagados pelo julgamento.

52. É necessário, portanto, que os tribunais cumpram o seu dever, em conformidade com a jurisprudência do Tribunal Europeu dos Direitos do Homem, de assegurar um equilíbrio entre os valores em confronto de protecção da dignidade humana, privacidade, reputação e presunção de inocência, por um lado, e liberdade de informação por outro.

53. Como relatado nas conclusões da 2.ª Conferência Europeia de Juízes (ver parágrafo 3 do presente), a resposta penal às violações dos direitos de personalidade (como a reputação, dignidade ou privacidade) deve limitar-se a casos muito excepcionais[9]. No entanto, os tribunais têm o dever de assegurar as reparações cíveis tendo em conta não apenas os danos sofridos pela vítima, como também a gravidade das violações sofridas e a importância da publicação em causa.

54. Os tribunais devem poder, em casos excepcionais estritamente definidos a fim de evitar qualquer acusação de censura, tomar medidas urgentes para pôr fim imediatamente às infracções mais graves dos direitos de personalidade das pessoas (como a reputação, a dignidade ou a privacidade), mediante a confiscação de publicações ou proibições de emissão.

55. Quando um juiz ou um tribunal é contestado ou atacado pelos meios de comunicação (ou por actores políticos ou sociais através dos meios de comunicação) por razões relacionadas com a administração da justiça, o CCJE considera que o dever de reserva dos juízes envolvidos deverá impedi-los de reagir através dos mesmos canais. Tendo em conta o facto de os tribunais poderem rectificar informação errónea difundida na imprensa, o CCJE considera que seria desejável que os sistemas judiciais nacionais beneficiassem do apoio de pessoas ou de um órgão (por exemplo, o Conselho Superior da Magistratura ou associações de juízes) capazes e prontas a responder pronta e eficazmente a tais desafios ou ataques em casos que o justifiquem.

---

[9] Ver o parágrafo 28 do Plano de Acção adoptado pela Conferência Ministerial sobre Política para os Meios de Comunicação (Kiev, 10-11 de Março de 2005), em que foi afirmada a necessidade de uma revisão da situação nos Estados-membros relativamente à legislação sobre difamação.

D) *Acessibilidade, simplificação e clareza da linguagem usadas pelos tribunais nos procedimentos e decisões*

56. A linguagem usada pelos tribunais nos seus procedimentos e decisões é não apenas um instrumento poderoso ao seu serviço para cumprirem o seu papel educativo (ver parágrafo 6 do presente), como é obviamente, e mais directamente, a «lei em prática» para as partes em litígio. São, por isso, desejáveis, a acessibilidade, simplicidade e clareza da linguagem dos tribunais[10].

57. O CCJE faz notar que, em alguns países europeus, os juízes pensam que um julgamento terá tanto mais autoridade quanto mais breve for; noutros países, os juízes sentem-se obrigados, ou são obrigados por lei ou pela prática, a explicar extensamente por escrito todos os aspectos das suas decisões.

58. Sem ter por objectivo tratar em profundidade uma questão que é fortemente influenciada pelos estilos jurídicos nacionais, o CCJE considera que uma linguagem judicial simples e clara é benéfica e torna o direito acessível e previsível pelos cidadãos, se necessário com o apoio de um jurista, como sugere a jurisprudência do Tribunal Europeu dos Direitos do Homem.

59. O CCJE considera que a linguagem judicial deve ser concisa e directa, evitando – excepto quando necessário – as palavras latinas e termos difíceis de compreender pelo público em geral[11]. Os conceitos legais e o direito podem ser suficientemente explicados citando a legislação ou os precedentes judiciais.

60. No entanto, a clareza e concisão não deve ser um objectivo absoluto, pois também é necessário que os juízes preservem nas suas decisões uma motivação precisa e completa. Para o CCJE, a legislação ou prática judicial relativa à motivação que preside aos julgamentos deverá ser de molde a existir sempre uma certa forma de argumentação, devendo ser deixada ao juiz suficiente latitude para decidir, quando tal for aceitável, optar por um julgamento oral (que poderá ser transcrito de um gravador em função de um pedido ou em caso de necessidade) e/ou um julgamento breve

---

[10] Ver Conclusões da 5.ª reunião de Presidentes dos Supremos Tribunais Europeus, Liubliana, 6-9 de Outubro de 1999, parágrafo 1.

[11] Ver Conclusões da Reunião de Presidentes de Associações de Juízes sobre «Justiça e Sociedade», Vilnius, 13-14 de Dezembro de 1999, parágrafo 1.

escrito e argumentado (por exemplo, sob a forma de uma decisão do tipo «attendu» adoptado nalguns países) ou um julgamento extenso argumentado por escrito, em todos os casos em que seja possível fazer referência a precedentes estabelecidos e/ou a motivação factual assim imponha. As formas simplificadas de argumentação podem aplicar-se a ordens, mandados e outras decisões que têm valor processual e não dizem respeito aos direitos substantivos das partes.

61. Um aspecto importante da acessibilidade ao direito, tal como assegurado nas decisões judiciais, é representado pela sua pronta disponibilidade para o público em geral[12]. Nesta perspectiva, o CCJE recomenda que pelo menos os acórdãos do Supremo Tribunal e outras decisões de tribunais importantes estejam acessíveis gratuitamente em sítios da Internet, bem como em versão impressa mediante reembolso dos custos de reprodução apenas; deverão ser tomadas medidas apropriadas, na difusão das decisões dos tribunais, para proteger a privacidade das pessoas interessadas, em especial as partes e as testemunhas.

RESUMO DAS RECOMENDAÇÕES E CONCLUSÕES

A) *As relações dos tribunais com o público com especial referência ao papel dos tribunais numa democracia*

A.1. Constitui importante dever do Estado facultar a todos, seja na escola ou na universidade, uma formação cívica que envolva a dedicação de uma atenção significativa ao sistema de justiça (ver parágrafo 11 do presente).

A.2. Os programas escolares e universitários relevantes devem incluir uma descrição do sistema de justiça, visitas a tribunais e ensino activo dos procedimentos judiciais. Os tribunais e associações de juízes podem cooperar com as escolas, universidades e outros estabelecimentos escolares, a fim de apresentar nos programas curriculares e no debate público a visão específica do juiz (ver parágrafo 12 do presente).

---

[12] Ver Conclusões da 5.ª Reunião de Presidentes de Supremos Tribunais Europeus, Liubliana, 6-8 de Outubro de 1999, parágrafo 1.

A.3. Os tribunais devem participar em programas quadro gerais organizados por outras instituições do Estado e participar activamente na prestação de informação ao público (ver parágrafos 14 e 15 do presente).

A.4. Recomendam-se, assim, as seguintes medidas (ver parágrafos 16 e 19 do presente):

– criação de gabinetes nos tribunais encarregados dos serviços de acolhimento e informação;
– distribuição de material impresso e abertura de sítios na Internet sob a responsabilidade dos tribunais;
– organização pelos tribunais de um calendário de fóruns educativos e/ou encontros regulares abertos aos cidadãos, organizações de interesse público, decisores, estudantes, etc.;
– «programas de vulgarização» e programas de acesso à justiça.

A.5. Os juízes devem ter oportunidade de receber formação em matéria de relações com o público e os tribunais devem ter a possibilidade de empregar pessoal especialmente encarregado da ligação com as instituições educativas (ver parágrafo 20 do presente).

A.6. O papel de coordenação das várias iniciativas locais, bem como a promoção à escala nacional dos «programas de vulgarização», deve ser confiado ao organismo independente mencionado nos parágrafos 37 e 45 do seu Parecer N.º 1 (2001) (ver parágrafo 21 do presente).

A.7. Devem ser atribuídos aos tribunais fundos suficientes, não inscritos nos orçamentos operacionais dos tribunais, para actividades que expliquem de maneira transparente os princípios e os mecanismos da justiça na sociedade e para as despesas relacionadas com os «programas de vulgarização» (ver paragrafo 22 do presente).

A.8. Relativamente à parte dos procedimentos que se insere na sua jurisdição, os magistrados do Ministério Público devem contribuir para a prestação de informação ao público (ver parágrafo 23 do presente).

B) *Relações dos tribunais com os envolvidos nos procedimentos judiciais*

B.1. O CCJE considera que, para melhor compreender o papel do sistema judicial, torna-se necessário um esforço para assegurar tanto quanto possível que as ideias que o público tem do sistema de justiça são correctas e reflectem os esforços desenvolvidos pelos juízes e pelos funcionários judiciais para conquistarem o seu respeito e confiança no que se refere à capacidade dos tribunais para desempenharem a sua função. Esta acção deverá demonstrar claramente os limites do que o sistema de justiça pode fazer (ver parágrafos 24 a 27 do presente).

B.2. O CCJE apoia todas as iniciativas tendentes a fortalecer a percepção pública da imparcialidade dos juízes e que permitam fazer uma boa justiça (ver parágrafos 28 a 32 do presente).

B.3. Tais iniciativas podem incluir (ver parágrafos 28 a 32 do presente):

– programas de formação em não discriminação e tratamento equitativo organizados pelos tribunais para os juízes e funcionários judiciais (para além de programas similares organizados pelos advogados ou para os advogados);
– organização das infra-estruturas do tribunal de modo a evitar qualquer impressão de desigualdade de armas;
– procedimentos concebidos para evitar provocar vexames involuntários e facilitar a participação de todos os envolvidos nos procedimentos judiciais.

C) *As relações dos tribunais com os meios de comunicação*

C.1. O CCJE considera útil melhorar os contactos entre os tribunais e os meios de comunicação (ver parágrafo 34 do presente):

– para reforçar a compreensão dos respectivos papéis;
– para informar o público da natureza, amplitude, limitações e complexidades do trabalho judicial;
– para rectificar eventuais erros factuais nas notícias de certos casos.

C.2. Os juízes devem ter um papel de supervisão sobre os porta-voz do tribunal ou pessoas responsáveis pelas relações com os meios de comunicação (ver parágrafo 35 do presente).

C.3. O CCJE considera que os estados devem incentivar os intercâmbios, em particular através de mesas redondas, sobre as regras e práticas de cada profissão e que seria útil o Conselho da Europa estabelecer ou promover esses contactos a nível europeu, de modo a tornar mais coerentes as atitudes europeias (ver parágrafos 36 e 37 do presente).

C.4. As escolas de jornalismo devem ser incentivadas a desenvolver cursos sobre as instituições e os procedimentos judiciais (ver parágrafo 38 do presente).

C.5. O CCJE considera que cada profissão (juízes e jornalistas) deve definir orientações de boas práticas nas suas relações com representantes da outra profissão e no relato dos temas judiciais (ver parágrafo 39 do presente).

C.6. O CCJE recomenda a criação de mecanismos eficazes, que podem assumir a forma de um órgão independente, para tratar os problemas causados pelo relato de um processo judicial pelos meios de comunicação, ou as dificuldades encontradas por um jornalista no cumprimento da sua tarefa de informação, e para fazer recomendações gerais destinadas a evitar a recorrência de quaisquer problemas observados (ver parágrafo 40 do presente).

C.7. É igualmente necessário incentivar a criação de serviços de acolhimento e informação nos tribunais sob a supervisão de juízes a fim de ajudar os meios de comunicação a compreender melhor os procedimentos do sistema de justiça (ver parágrafos 41 e 42 do presente):

– comunicar aos meios de comunicação resumos das decisões dos tribunais;
– facultar aos meios de comunicação informação factual sobre as decisões dos tribunais;
– fazer a ligação com os meios de comunicação relativamente a audiências que suscitam maior atenção do público.
– prestar clarificação ou correcção factual relativamente aos casos noticiados nos meios de comunicação.

C.8. O CCJE considera que toda a informação prestada aos meios de comunicação pelos tribunais deverá ser comunicada de maneira transparente e não discriminatória (ver parágrafo 43 do presente).

C.9. O CCJE considera que, no caso de gravação televisiva de audiências judiciais, devem ser usadas câmaras fixas e deverá ser possível ao juiz presidente quer decidir as condições de filmagem quer interromper a respectiva emissão a qualquer momento. Estas, e quaisquer outras medidas necessárias, deverão proteger os direitos das pessoas envolvidas e assegurar que a audiência é convenientemente conduzida. Além disso, a opinião das pessoas envolvidas nos processos também deverá ser tida em conta, em particular para certos tipos de processos, como os que dizem respeito a assuntos privados (ver parágrafos 44 a 48 do presente).

C.10. O CCJE incentiva os meios de comunicação a desenvolverem os seus próprios códigos de conduta destinados a assegurar uma cobertura equilibrada dos procedimentos filmados, de modo que o seu relato seja objectivo (ver parágrafo 49 do presente).

C.11. O CCJE considera que podem existir motivos imperiosos para a filmagem das audiências para uso restrito especificado pelo tribunal (por exemplo para fins educativos ou para preservar um registo filmado de uma audiência de especial importância histórica para uso futuro) e, nestes casos, é necessário proteger as pessoas envolvidas no julgamento, em particular assegurando que os métodos de filmagem não perturbam a conveniente condução da audiência (ver parágrafo 50 do presente).

C.12. O CCJE considera que as respostas penais a violações dos direitos de personalidade devem limitar-se a casos muito excepcionais. No entanto, os tribunais têm o dever de assegurar as reparações cíveis tendo em conta não apenas os danos sofridos pela vítima, como também a gravidade das violações sofridas e a importância da publicação em causa. Os tribunais devem ter a possibilidade, em casos excepcionais, de tomar medidas urgentes para pôr fim imediato às violações mais graves dos direitos de personalidade das pessoas mediante a confiscação de publicações ou através de proibições de emissão (ver parágrafos 51 e 54 do presente).

C.13. Quando um juiz ou um tribunal é contestado ou atacado pelos meios de comunicação por razões relacionadas com a administração da justiça, o CCJE considera que o dever de reserva dos juízes envolvidos deverá impedi-los de reagir através dos mesmos canais. Tendo em conta o facto de os tribunais poderem rectificar informação errónea difundida na imprensa, o CCJE considera que seria desejável que os sistemas judiciais nacionais beneficiassem do apoio de pessoas ou de um órgão (por exemplo, o Conselho Superior da Magistratura ou associações de juízes) capazes e prontas a responder pronta e eficazmente a tais desafios (ver parágrafo 55 do presente).

D) *Acessibilidade, simplificação e clareza da linguagem usadas pelos tribunais nos procedimentos e decisões*

D.1. O CCJE considera desejável a acessibilidade, simplicidade e clareza da linguagem dos tribunais (ver parágrafos 56 a 58 do presente).

D.2. O CCJE considera que a linguagem judicial deve ser concisa e directa, evitando – excepto quando necessário – as palavras latinas e termos difíceis de compreender pelo público em geral. Os conceitos legais e o direito podem ser suficientemente explicados citando a legislação ou os precedentes judiciais (ver parágrafo 59 do presente).

D.3. Na opinião do CCJE, a argumentação judicial deve ser sempre precisa e completa, embora possa ser adequada uma argumentação simplificada em matérias processuais, e os juízes podem, quando admissível, prestar oralmente a sua argumentação (sujeita a transcrição superior quando requerida) em lugar da forma escrita (ver parágrafo 60 do presente).

D.4. O CCJE recomenda que pelo menos os acórdãos do Supremo Tribunal e outras decisões de tribunais importantes estejam acessíveis gratuitamente em sítios da Internet, bem como em versão impressa mediante reembolso dos custos de reprodução apenas; no entanto, deverão ser tomadas medidas apropriadas, na difusão das decisões dos tribunais, para proteger a privacidade das pessoas interessadas, em especial as partes e as testemunhas (ver parágrafo 61 do presente).

HUMOR SOBRE JUSTIÇA E TRIBUNAIS

Jorge Delmar e Antero Valério
Cartoons

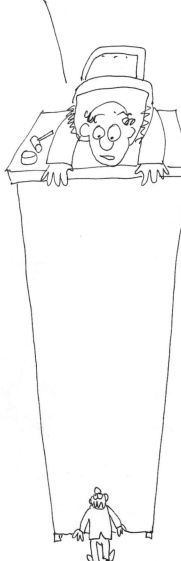

CRIME DE DISCRIMINAÇÃO RACIAL E DIREITO, LIBERDADES E GARANTIAS

João Felgar
Juiz de Direito, Juiz-Presidente

"Em face do enquadramento legal da discriminação racial, encontraremos tal conduta criminosa na acção ou conjunto de acções que visam como resultado causar uma fractura na igualdade entre os cidadãos, impedindo o reconhecimento, gozo ou exercício de direitos e liberdades, a determinada pessoa ou grupo, pela circunstância destes pertencerem a determinada raça, cor, etnia, confissão religiosa, etc." – *Ac. da 1.ª Vara Criminal de Lisboa de 14/10/2008*

• Acordam os juízes que constituem o Tribunal Colectivo da 2.ª Vara Criminal de Lisboa, no presente Processo n.° 1706/04.0PTLSB.

RELATÓRIO

Foi proferido despacho de pronúncia.
Sendo imputada a prática dos seguintes crimes:
Ao arguido **A**, **em co-autoria material, em concurso real e na forma consumada:**

- **Um crime de discriminação racial** p. e p. nos termos do art. 240 n.° 1 do Código Penal;
- **Dois crimes de ameaça** p. e p. nos termos do art. 153 n.° 1 do Código Penal;
- **Um crime de coacção agravada**, p. e p. nos termos do art. 155.° n.° 1 alínea a) do Código Penal;

– **Três crimes de ofensa à integridade física qualificada**, p. e p. nos termos do art. 143, 146 n.º 1 e 2 com referência ao art. 132 n.º 2 alínea e) do Código Penal, sendo <u>um deles na forma tentada</u>, nos termos do art. 22 n.º 2, alínea c) e 23 do mesmo Código;
– **Dois crimes de dano**, p. e p. no art. 212 do Código Penal;
– **Três crimes de instigação pública a um crime** p. e p. nos termos do art. 297 do Código Penal;
– **Um crime de introdução em local vedado ao público** p. e p. nos termos do art. 191 do Código Penal;

E, em autoria material:

– **Um crime de detenção ilegal de arma**, p. e p. nos termos do art. 6 n.º 1 da Lei 22/97 de 27 de Junho, na redacção introduzida pela Lei n.º 98/2001 de 25 de Agosto, por referência ao Dec.-Lei 207A/75 de 17 de Abril. Actualmente p. e p. nos termos do art. 86 n.º 2, da Lei 5/2006 de 23 de Fevereiro, por referência ao art. 3 n.º 5 alínea d).
– **Dois crimes de ameaça** p. e p. nos termos do art. 153 n.º 1 do Código Penal;

Ao arguido B, em co-autoria material, e na forma consumada:

– **Um crime de discriminação racial** p. e p. nos termos do art. 240 n.º 1 do Código Penal;
– **Um crime de coacção agravada**, p. e p. nos termos do art. 155 n.º 1 alínea a) do Código Penal;
– **Um crime de ofensa à integridade física qualificada**, p. e p. nos termos do art. 143, 146.º n.º 1 e 2 com referência ao art. 132 n.º 2 alínea e) do Código Penal;
– **Um crime de dano**, p. e p. nos termos do art. 212 do Código Penal;

E, em autoria material:

– **Um crime de detenção de arma proibida**, p. e p. nos termos do art. 86 n.º 1 alínea c), da Lei 5/2006 de 23 de Fevereiro, por referência ao art. 2 n.º 1 alínea ab).
– **Um crime de detenção ilegal de arma**, p. e p. nos termos do art. 6 n.º 1 da Lei 22/97 de 27 de Junho, na redacção introduzida pela Lei n.º 98/2001 de 25 de Agosto, por referência ao Dec.-Lei 207A/75

de 17 de Abril. Actualmente p. e p. nos termos do art. 86 n.º 2, da Lei 5/2006 de 23 de Fevereiro, por referência ao art. 3 n.º 5 alínea d).

Ao arguido C, em co-autoria material, e na forma consumada:

– **Um crime de discriminação racial** p. e p. nos termos do art. 240 n.º 1 do Código Penal;
– **Um crime de coacção agravada**, p. e p. nos termos do art. 155 n.º 1 alínea a) do Código Penal;
– **Um crime de ofensa à integridade física qualificada**, p. e p. nos termos do art. 143, 146 n.º 1 e 2 com referência ao art. 132 n.º 2 alínea e) do Código Penal;
– **Um crime de introdução de local vedado ao público** p. e p. nos termos do art. 191 do Código Penal;
– **Dois crimes de dano**, p. e p. nos termos do art. 212 do Código Penal;

E, em autoria material:

– **Dois crimes de detenção de arma proibida**, p. e p. nos termos do art. 86 n.º 1 alínea d) da Lei 5/2006 de 23 de Fevereiro, um por referência ao art. 2 n.º 1 alínea af) e outro à alínea aq) da Lei 5/2006 de 23 de Fevereiro.
– **Um crime de detenção de arma proibida**, p. e p. nos termos do art. 86 n.º 1 alínea d) com referência ao art. 2 n.º 3 alínea f).
– **Três contra ordenações,** p. e p. nos termos do art. 2 n.º 1 alínea e), art. 3 n.º 8 alínea a) e art. 3 n.º 2 alínea n) da Lei 5/2006 de 23 de Fevereiro.
– **Um crime de detenção de arma proibida**, p. e p. nos termos do art. 275 n.º 1 do Código Penal. Actualmente p. e p. nos termos do art. 86 n.º 1 alínea c), da Lei 5/2006 de 23 de Fevereiro, por referência ao art. 3 n.º 4 alínea b).
– **Um crime de detenção de arma proibida**, p. e p. nos termos do art. 86 n.º 1 alínea c), da Lei 5/2006 de 23 de Fevereiro, por referência ao art. 3 n.º 4 alínea b).

Ao arguido **D**, em co-autoria material, e na forma consumada:

– **Um crime de discriminação racial**, p. e p. nos termos do art. 240 n.º 1 do Código Penal;

– **Um crime de coacção agravada**, p. e p. no art. 155 n.º 1 alínea a) do Código Penal;
– **Um crime de ofensa à integridade física qualificada**, p. e p. no art. 143, 146 n.º 1 e 2 com referência ao art. 132 n.º 2 alínea e) do Código Penal;
– **Um crime de ameaça**, p. e p. nos termos do art. 153 n.º 1 do Código Penal;
– **Um crime de dano**, p. e p. nos termos do art. 212 do Código Penal;
– **Um crime de instigação pública a um crime**, p. e p. nos termos do art. 297 do Código Penal;
– **Um crime de introdução de local vedado ao público**, p. e p. nos termos do art. 191 do Código Penal;

E, em autoria material:

– **Quatro crimes de detenção de arma proibida**, sendo um p. e p. apenas nos termos do art. 86 n.º 1 alínea d) da Lei 5/2006 de 23 de Fevereiro, e os outros por referência aos art. 2 n.º 1 alínea j), ao art. 3 n.º 2 alínea g) e por referência ao art. 3 n.º 2 alínea h)do referido diploma legal;
– **Uma contra-ordenação** p. e .p nos termos do art. 97.º da Lei da Lei 5/2006 de 23 de Fevereiro por referência ao art. 3 n.º 8 alínea b) do mesmo diploma.

Ao arguido **E**, em co-autoria material, e na forma consumada:

– **Dois crimes de discriminação racial** p. e p. nos termos do art. 240 n.º 1 do Código Penal;
– **Um crime de ofensa à integridade física qualificada**, p. e p. no art. 143, 146 n.º 1 e 2 com referência ao art. 132 n.º 2 alínea e) do Código Penal, nos termos do art. 22 n.º 2, alínea c) e art. 23 do mesmo Código.
– **Um crime de discriminação racial** p. e p. nos termos do art. 240 n.º 1 do Código Penal;
– **Um crime de introdução de local vedado ao público** p. e p. no art. 191 do Código Penal;
– **Um crime de dano**, p. e p. no art. 212 do Código Penal;

E, em autoria material:

– **Um crime de ofensa à integridade física qualificada**, p. e p. no art. 143, 146 n.º 1 e 2 com referência ao art. 132 n.º 2 alínea e) do Código Penal, nos termos do art. 22 n.º 2, alínea c) e art. 23 do mesmo Código.
– **Três crimes de detenção de arma proibida**, p. e p. nos termos do art. 86 n.º 1 alínea d) da Lei 5/2006 de 23 de Fevereiro, por referência aos art. 2 n.º 1 alínea aj) e ao art. 3 n.º 2 alínea g).

Ao arguido **F**, em co-autoria material, e na forma consumada:

– **Um crime de discriminação racial** p. e p. nos termos do art. 240 n.º 1 do Código Penal;
– **Um crime de coacção agravada**, p. e p. no art. 155 n.º 1 alínea a) do Código Penal;
– **Um crime de ofensas à integridade física qualificadas**, p. e p. no art. 143, 146 n.º 1 e 2 com referência ao art. 132 n.º 2 alínea e) do Código Penal;
– **Um crime de instigação racial** p. e p. nos termos do art. 240 n.º 1 do Código Penal;
– **Dois crimes de dano**, p. e p. no art. 212 do Código Penal;
– **Um crime de introdução de local vedado ao público** p. e p. no art. 191 do Código Penal;

E, em autoria material:

– **Três crimes de detenção de arma proibida** p. e p. nos termos do art. 86 n.º 1, sendo um pela alínea a) por referência ao art. 3 n.º 2 alínea a) e outros dois nos termos do art. 86 n.º 1 alínea d) por referência à alínea g) do n.º 2 do art. 3, todos da Lei 5/2006 de 23 de Fevereiro.

Ao arguido **G**, em co-autoria material, e na forma consumada:

– **Um crime de discriminação racial** p. e p. nos termos do art. 240 n.º 1 do Código Penal;
– **Um crime de ofensas à integridade física qualificadas**, p. e p. no art. 143.º, 146.º n.º 1 e 2 com referência ao art. 132 n.º 2 alínea e) do Código Penal;
– **Um crime de introdução em local vedado ao público** p. e p. no art. 191 do Código Penal;

– **Um crime de dano**, p. e p. no art. 212 do Código Penal;

E, em autoria material:

– **Dois crimes de detenção de arma proibida** p. e p. nos termos do art. 86 n.º 1 alínea c) da Lei 5/2006 de 23 de Fevereiro, sendo um por referência ao art. 2 n.º 1 alínea t) e ambos por referência ao art. 3 n.º 4 alíneas a e b) da mesma Lei.
– **Dois crimes de detenção de arma proibida** p. e p. nos termos do art. 86 n.º 1 alínea d) da Lei 5/2006 de 23 de Fevereiro, por referência ao art. 3 n.º 2 alínea g) e ao art. 2 n.º 2 alínea j) da mesma Lei.

À arguida **H, em autoria material, e na forma consumada:**

– **Um crime de discriminação racial** p. e p. nos termos do art. 240 n.º 1 do Código Penal;
– **Um crime de detenção de arma proibida**, p. e p. nos termos do art. 275 n.º 3 do Código Penal. Actualmente p. e p. nos termos do art. 86 n.º 1 alínea d), da Lei 5/2006 de 23 de Fevereiro, por referência ao art. 2 n.º 1 alínea aj).

Ao arguido **I, em co-autoria material, e na forma consumada:**

– **Um crime de discriminação racial** p. e p. nos termos do art. 240 n.º 1 do Código Penal;
– **Um crime de instigação racial** p. e p. nos termos do art. 240 n.º 1 do Código Penal;
– **Um crime de introdução de local vedado ao público** p. e p. no art. 191 do Código Penal;
– **Três crimes de dano**, p. e p. no art. 212 do Código Penal;
– **Um crime de ofensas à integridade física qualificadas**, p. e p. no art. 143, 146 n.º 1 e 2 com referência ao art. 132 n.º 2 alínea e) do Código Penal;

E, em autoria material:

– **Um crime de detenção de arma proibida** p. e p. nos termos do art. 86 n.º 1 alínea d) da Lei 5/2006 de 23 de Fevereiro por referência ao art. 3 n.º 2 alínea g) do mesmo diploma legal,

Ao arguido **J**, em co-autoria material, e na forma consumada:

– **Um crime de discriminação racial** p. e p. nos termos do art. 240 n.º 1 do Código Penal;
– **Um crime de ofensas à integridade física qualificadas**, p. e p. no art. 143, 146 n.º 1 e 2 com referência ao art. 132 n.º 2 alínea e) do Código Penal;
– **Um crime de ameaça** p. e p. nos termos do art. 153 n.º 1 do Código Penal;
– **Um crime de instigação pública a um crime** p. e p. no art. 297.º do Código Penal;

E, em autoria material:

– **Um crime de instigação pública a um crime** p. e p. no art. 297.º do Código Penal;
– **Um crime de detenção de arma proibida** p. e p. nos termos do art. 86 n.º 1 alínea d) da Lei 5/2006 de 23 de Fevereiro por referência ao art. 3 n.º 2 alínea g) do mesmo diploma legal,
– **Um crime de detenção de arma proibida** p. e p. nos termos do art. 86 n.º 1 alínea d) da Lei 5/2006 de 23 de Fevereiro, com referência ao art. 2 n.º 3 alínea f).
– **Uma contra-ordenação** p. e p. no art. 97.º por referência aos art. 10 e art. 12 alínea a) da Lei 5/2006 de 23 de Fevereiro.
– **Dois crimes de ameaça** p. e p. nos termos do art. 153 n.º 1 do Código Penal.
– **Um crime de ofensas à integridade física qualificadas**, p. e p. no art. 143, 146 n.º 1 e 2 com referência ao art. 132 n.º 2 alínea e) e alínea g) do Código Penal;
– **Um crime de detenção de arma proibida** p. e p. nos termos do art. 86 n.º 1 alínea d) da Lei 5/2006 de 23 de Fevereiro.
– **Dois crimes de sequestro** p. e p. nos termos do art. 158 n.º 1 do Código Penal.
– **Um crime de coacção agravada** p. e p. nos termos do art. 154 n.º 1 e art. 155 n.º 1 alínea a) do Código Penal.

Ao arguido **L**, em co-autoria material, e na forma consumada:

– **Um crime de discriminação racial** p. e p. nos termos do art. 240 n.º 1 do Código Penal;

– **Um crime de ofensas à integridade física qualificadas**, p. e p. no art. 143, 146 n.º 1 e 2 com referência ao art. 132 n.º 2 alínea e) do Código Penal;
– **Um crime de ameaça** p. e p. nos termos do art. 153 n.º 1 do Código Penal.

E, em autoria material:

– **Um crime de detenção de arma proibida** p. e p. nos termos do art. 86 n.º 1 alínea d) da Lei 5/2006 de 23 de Fevereiro por referência ao art. 3 n.º 2 alínea f) do mesmo diploma legal,

Ao arguido **M**, em co-autoria material, e na forma consumada:

– **Um crime de discriminação racial** p. e p. nos termos do art. 240 n.º 1 do Código Penal;
– **Um crime de ameaça** p. e p. nos termos do art. 153 n.º 1 do Código Penal.
– **Um crime de introdução de local vedado ao público** p. e p. no art. 191 do Código Penal;
– **Um crime de dano**, p. e p. no art. 212 do Código Penal;

Ao arguido **N**, a prática em co-autoria material, e na forma consumada:

– **Um crime de discriminação racial** p. e p. nos termos do art. 240 n.º 1 do Código Penal;
– **Um crime de introdução de local vedado ao público** p. e p. no art. 191 do Código Penal;
– **Um crime de dano**, p. e p. no art. 212 do Código Penal;
– **Um crime de instigação pública a um crime** p. e p. no art. 297 do Código Penal;

E, em autoria material:

– **Três crimes de detenção de arma proibida** p. e p. nos termos do art. 86 n.º 1 alínea d) da Lei 5/2006 de 23 de Fevereiro por referência ao art. 3 n.º 2 alíneas f) e g) do mesmo diploma legal.

Ao arguido **O**, em co-autoria material, e na forma consumada:

– **Um crime de discriminação racial** p. e p. nos termos do art. 240 n.º 1 do Código Penal;
– **Um crime de dano**, p. e p. no art. 212 do Código Penal;
– **Um crime de introdução de local vedado ao público** p. e p. no art. 191 do Código Penal;

E, em autoria material:

– **Dois crimes de detenção de arma proibida** p. e p. nos termos do art. 86 n.º 1 alínea c), por referência, um ao art. 3 n.º 4 alínea b) e outro ao art. 3 n.º 5 alínea d) da Lei 5/2006 de 23 de Fevereiro.
– **Um crime de detenção de arma proibida** p. e p. nos termos do art. 86 n.º 1 alínea d) da Lei 5/2006 de 23 de Fevereiro com referência ao art. 2 n.º 3 alínea f).
– **Um crime de detenção de arma proibida** p. e p. nos termos do art. 86 n.º 1 alínea d), da Lei 5/2006 de 23 de Fevereiro por referência ao art. 3 n.º 2 alínea g).
– **Um crime de detenção de arma proibida** p. e p. nos termos do art. 86 n.º 1 alínea d) da Lei 5/2006 de 23 de Fevereiro por referência ao art. 3 n.º 2 alínea e),
– **Um crime de detenção de arma proibida** p. e p. nos termos do art. 86 n.º 1 alínea d) da Lei 5/2006 de 23 de Fevereiro por referência ao art. 2 n.º 1 alínea l);
– **Uma contra ordenação**, p. e p. nos termos do art. 97 da Lei 5/2006 de 23 de Fevereiro por referência ao art. 10 e ao art. 12 alínea f) e art. 3 n.º 8 alínea a).

Ao arguido **P**, em co-autoria material, e na forma consumada:

– **Um crime de discriminação racial** p. e p. nos termos do art. 240 n.º 1 do Código Penal;
– **Um crime de introdução de local vedado ao público** p. e p. no art. 191 do Código Penal;
– **Um crime de dano**, p. e p. no art. 212 do Código Penal;

Ao arguido **Q**, em co-autoria material, e na forma consumada:

– **Um crime de discriminação racial** p. e p. nos termos do art. 240 n.º 1 do Código Penal;
– **Um crime de detenção de arma proibida**, p. e p. nos termos do

art. 86 n.º 1 alínea d), da Lei 5/2006 de 23 de Fevereiro, por referência ao art. 3 n.º 2 alínea g).
– **Um crime de dano**, p. e p. no art. 212 do Código Penal;
– **Um crime de introdução de local vedado ao público** p. e p. no art. 191 do Código Penal;

Ao arguido **R**, em co-autoria material, e na forma consumada de:

– **Um crime de discriminação racial** p. e p. nos termos do art. 240 n.º 1 do Código Penal;

E, em autoria material:

– **Um crime de detenção de arma proibida** p. e p. nos termos do art. 86.º 1 alínea d) da Lei 5/2006 de 23 de Fevereiro por referência ao art. 3 n.º 2 alínea e), bem como art. 3 n.º 2 alínea ar) do mesmo diploma.
– **Um crime de detenção ilegal de arma**, p. e p. nos termos do art. 6 n.º 1 da Lei 22/97 de 27 de Junho, na redacção introduzida pela Lei n.º 98/2001 de 25 de Agosto, por referência ao Dec.-Lei 207A/75 de 17 de Abril. Actualmente p. e p. nos termos do art. 86 n.º 1 alínea c), por referência ao art. 3 n.º 2 alínea l).
– **Um crime de detenção de arma proibida** p. e p. nos termos do art. 275 n.º 3 do C.P., por referência ao art. 3 alínea f) do Dec.-Lei 207A/75 de 17 de Abril. Actualmente p. e p. nos termos do art. 86 n.º 1 alínea d), por referência ao art. 3 n.º 2 alínea e) da Lei 5/2006 de 23 de Fevereiro.

Ao arguido **S**, em co-autoria material, e na forma consumada:

– **Um crime de discriminação racial** p. e p. nos termos do art. 240 n.º 1 do Código Penal;
– **Um crime de ameaça**, p. e p. no art. 153 n.º 1 do Código Penal;

E, em autoria material:

– **Um crime de detenção de arma proibida** p. e p. nos termos do art. 86 n.º 1 alínea d) da Lei 5/2006 de 23 de Fevereiro por referência ao art. 3 n.º 2 alínea e) e art. 2 n.º 1 alínea aj) do mesmo diploma legal.

Ao arguido **T** a prática em co-autoria material, e na forma consumada de:

– **Um crime de discriminação racial** p. e p. nos termos do art. 240 n.º 1 do Código Penal;
– **Um crime de ofensas à integridade física qualificadas**, p. e p. no art. 143, 146 n.º 1 e 2 com referência ao art. 132 n.º 2 alínea e) do Código Penal;

Ao arguido **U, em co-autoria material, e na forma consumada:**

– **Um crime de discriminação racial** p. e p. nos termos do art. 240 n.º 1 do Código Penal;
– **Um crime de ofensas à integridade física qualificadas**, p. e p. no art. 143, 146 n.º 1 e 2 com referência ao art. 132 n.º 2 alínea e) do Código Penal;

Ao arguido **V, em co-autoria material, e na forma consumada de:**

– **Um crime de discriminação racial** p. e p. nos termos do art. 240 n.º 1 do Código Penal;
– **Um crime de ameaça**, p. e p. no art. 153 n.º 1 do Código Penal;

E, em autoria material:

– **Dois crimes de detenção de arma proibida** p. e p. nos termos do art. 86 n.º 1 alínea d), um por referência ao art. 3 n.º 2 alínea g) e outro por referência à alínea e) do mesmo n.º 2 do art. 3, da Lei 5/2006 de 23 de Fevereiro.
– **Um crime de ofensas à integridade física**, p. e p. nos termos do art. 143, n.º 1 do Código Penal.

Ao arguido **X, em co-autoria material, e na forma consumada de:**

– **Um crime de discriminação racial** p. e p. nos termos do art. 240 n.º 1 do Código Penal;
– **Um crime de ofensas à integridade física qualificadas**, p. e p. no art. 143, 146 n.º 1 e 2 com referência ao art. 132 n.º 2 alínea e) do Código Penal, nos termos do art. 22 n.º 2, alínea c) e 23.º do mesmo Código.

– **Um crime de instigação pública a um crime** p. e p. no art. 297 do Código Penal;

E, em autoria material:

– **Um crime de detenção de arma proibida** p. e p. nos termos do art. 86 n.º 1 alínea d) da Lei 5/2006 de 23 de Fevereiro.
– **Um crime de detenção de arma proibida** p. e p. nos termos do art. 86 n.º 1 alínea d) da Lei 5/2006 de 23 de Fevereiro, por referência ao art. 3 n.º 2 alínea g) do mesmo diploma.

Ao arguido **Z, co-autoria material, e na forma consumada:**

– **Um crime de discriminação racial** p. e p. nos termos do art. 240 n.º 1 do Código Penal;
– **Um crime de ofensas à integridade física qualificadas**, p. e p. no art. 143, 146 n.º 1 e 2 com referência ao art. 132 n.º 2 alínea e) do Código Penal, nos termos do art. 22 n.º 2 alínea c) e 23.º do mesmo Código.
– **Um crime de instigação pública a um crime** p. e p. no art. 297 do Código Penal;

E, autoria material:

– **Dois crimes de detenção de arma proibida**, p. e p. nos termos do art. 86 n.º 1 alínea d), da Lei 5/2006 de 23 de Fevereiro, por referência ao art. 2 n.º 3 alínea g) e ao art. 2 n.º 1 alínea af) da mesma Lei.
– **Um crime de detenção de arma proibida** p. e p. nos termos do art. 86 n.º 1 alínea d) da Lei 5/2006 de 23 de Fevereiro, por referência ao art. 2 n.º 3 alínea f) da mesma Lei.

Ao arguido **ZA, em co-autoria material, e na forma consumada:**

– **Um crime de discriminação racial** p. e p. nos termos do art. 240 n.º 1 do Código Penal;
– **Um crime de coacção agravada**, p. e p. no art. 155.º n.º 1 alínea a) do Código Penal;
– **Um crime de ofensas à integridade física qualificadas**, p. e p. no art. 143, 146 n.º 1 e 2 com referência ao art. 132 n.º 2 alínea e) do Código Penal;
– **Um crime de dano**, p. e p. no art. 212 do Código Penal;

Ao arguido **ZB**, prática em co-autoria material, e na forma consumada de:

– **Um crime de discriminação racial** p. e p. nos termos do art. 240 n.º 1 do Código Penal;
– **Dois crimes de ofensas à integridade física qualificadas**, p. e p. no art. 143, 146 n.º 1 e 2 com referência ao art. 132 n.º 2 alínea e) do Código Penal;

E, em autoria material:

– **Três crimes de detenção de arma proibida,** p. e p. nos termos do art. 86 n.º 1 alínea d) da Lei 5/2006 de 23 de Fevereiro, por referência ao art. 3 n.º 2 alíneas e) e f) da mesma Lei.

Ao arguido **ZC**, em co-autoria material, e na forma consumada:

– **Um crime de discriminação racial** p. e p. nos termos do art. 240 n.º 1 do Código Penal;
– **Um crime de ofensas à integridade física qualificadas**, p. e p. no art. 143, 146 n.º 1 e n.º 2 com referência ao art. 132 n.º 2 alínea e) do Código Penal.

E, em autoria material:

– **Dois crimes de detenção de arma proibida**, p. e p. nos termos do art. 86 n.º 1 alínea a), da Lei 5/2006 de 23 de Fevereiro, por referência ao art. 2 n.º 5 alínea h) e ao art. 3 n.º 2 alínea a) da mesma Lei.
– **Um crime de detenção de arma proibida** p. e p. nos termos do art. 86 n.º 1 alínea d) da Lei 5/2006 de 23 de Fevereiro, por referência ao art. 2 n.º 3 alínea f) da mesma Lei.

Ao arguido **ZD**, em co-autoria material, e na forma consumada:

– **Um crime de discriminação racial** p. e p. nos termos do art. 240 n.º 1 do Código Penal;
– **Um crime de ofensas à integridade física qualificadas**, p. e p. no art. 143, 146 n.º 1 e 2 com referência ao art. 132 n.º 2 alínea e) do Código Penal.

E, em autoria material:

– **Um crime de detenção de arma proibida** p. e p. nos termos do art. 86.º 1 alínea d) da Lei 5/2006 de 23 de Fevereiro por referência ao art. 3 n.º 2 alínea e) do mesmo diploma legal;
– **Uma contra-ordenação** p. e p. no art. 97 por referência aos art. 10 e art. 12 alínea f) e art. 3 n.º 8 alínea a) da Lei 5/2006 de 23 de Fevereiro.

Ao arguido ZE, em co-autoria material, e na forma consumada:

– **Um crime de discriminação racial** p. e p. nos termos do art. 240 n.º 1 do Código Penal;
– **Um crime de ofensas à integridade física qualificadas**, p. e p. no art. 143, 146 n.º 1 e n.º 2 com referência ao art. 132 n.º 2 alínea e) do Código Penal.

E, em autoria material:

– **Quatro crimes de detenção de arma proibida** p. e p. nos termos do art. 86 n.º 1 alínea d) da Lei 5/2006 de 23 de Fevereiro, por referência ao art. 3 n.º 2 alíneas d), f) e g) da mesma Lei.

Ao arguido ZF, em co-autoria material, e na forma consumada:

– **Um crime de discriminação racial** p. e p. nos termos do art. 240 n.º 1 do Código Penal;

Ao arguido **ZG**, em co-autoria material, e na forma consumada de:

– **Um crime de discriminação racial** p. e p. nos termos do art. 240 n.º 1 do Código Penal;

Ao arguido **ZH**, em co-autoria material, e na forma consumada:

– **Um crime de discriminação racial** p. e p. nos termos do art. 240 n.º 1 do Código Penal;
– **Um crime de ofensas à integridade física qualificadas**, p. e p. no art. 143, 146 n.º 1 e n.º 2 com referência ao art. 132 n.º 2 alínea e) do Código Penal.

E, em autoria material:

– **Dois crimes de detenção de arma proibida**, p. e p. nos termos do art. 86 n.º 1 alínea d), da Lei 5/2006 de 23 de Fevereiro, um por referência ao art. 3 n.º 2 alínea g) e outro por referência ao art. 2 n.º 1 alínea aj).
– **Duas contra ordenações** p. e p. no art. 97, da Lei 5/2006 de 23 de Fevereiro por referência aos art. 10 e art. 12 alínea f) e art. 3 n.º 8 alínea a) da mesma Lei.

Ao arguido **ZI**, em co-autoria material, e na forma consumada:

– **Um crime de discriminação racial** p. e p. nos termos do art. 240 n.º 1 do Código Penal;

E, em autoria material:

– **Um crime de ofensas à integridade física qualificadas** p. e p. nos termos do art. 143 e art. 146 n.º 1 e n.º 2, com referência ao art. 132 n.º 2 alínea e) do Código Penal.

Ao arguido **ZJ**, em co-autoria material, e na forma consumada de:

– **Um crime de discriminação racial** p. e p. nos termos do art. 240 n.º 1 do Código Penal;

E, em autoria material:

– **Um crime de ameaça** p. e p. nos termos do art. 153 n.º 1 do Código Penal;
– **Dois crimes de detenção de arma proibida** p. e p. nos termos do art. 86 n.º 1 alínea c) e alínea d) da Lei 5/2006 de 23 de Fevereiro, por referência ao art. 3 n.º 2 alínea g) da mesma Lei.

À arguida **ZL**, em co-autoria material, e na forma consumada de:

– **Um crime de discriminação racial** p. e p. nos termos do art. 240 n.º 1 do Código Penal;

E, em autoria material:

– **Um crime de detenção de arma proibida** p. e p. nos termos do art. 86 n.º 1 alínea d) da Lei 5/2006 de 23 de Fevereiro, por referência ao art. 3 n.º 2 alínea h) da mesma Lei.

Ao arguido ZM, em co-autoria material, e na forma consumada:

– **Um crime de discriminação racial** p. e p. nos termos do art. 240 n.º 1 do Código Penal;

E, em autoria material:

– **Um crime de ofensas à integridade física qualificadas**, p. e p. no art. 143, 146 n.º 1 e n.º 2 com referência ao art. 132 n.º 2 alínea e) do Código Penal.
– **Um crime de detenção de arma proibida**, p. e p. nos termos do art. 86 n.º 1 alínea d), da Lei 5/2006 de 23 de Fevereiro, por referência ao art. 3 n.º 2 alínea g).

Ao arguido ZN, em co-autoria material, e na forma consumada:

– **Um crime de discriminação racial** p. e p. nos termos do art. 240 n.º 1 do Código Penal;
– **Dois crimes de ofensas à integridade física qualificadas**, p. e p. no art. 143, 146 n.º 1 e n.º 2 com referência ao art. 132 n.º 2 alínea e) do Código Penal.

E, em autoria material:

– **Um crime de detenção de arma proibida** p. e p. nos termos do art. 86 n.º 1 alínea d) da Lei 5/2006 de 23 de Fevereiro, por referência ao art. 3 n.º 2 alínea g) da mesma Lei.

(Foram deduzidos pedidos cíveis)
Apresentaram contestação (…).

Por despacho proferido a 10 de Abril de 2008 (fls. 12516) foi homologada a desistência de queixa apresentada pelo queixoso …….. contra os arguidos A, J, D, V, M, pela prática, em co-autoria, de um crime de ameaças, p. e p. pelo art. 153.º do Código Penal.
Na sessão de julgamento do dia 5 de Maio de 2008 (acta de fls. 12899 e seg), veio o ofendido e queixoso …. declarar pretender desistir da queixa

apresentada contra o arguido A, pela prática de um crime de ameaças, p. e p. pelo art. 153.º do Código Penal. Pelo arguido foi dito nada ter a opor. Por despacho constante de fls. 12905 foi tal desistência homologada, e declarado extinto o procedimento criminal por tal crime.

Mantém-se a validade e regularidade da instância, pelo que nada obsta à apreciação do mérito do despacho de pronúncia e pedidos de indemnização deduzidos.

FACTOS PROVADOS

Com relevância para a decisão da causa, resultaram provados os seguintes factos:

1. A 10 de Junho de 1995, foram praticados sucessivos crimes de ofensas corporais graves, bem como o homicídio de Alcino Monteiro.

2. Tais crimes foram cometidos por um grupo de Skinheads Neonazis, no qual se integravam os arguidos **A**, condenado na pena de dois anos e seis meses de prisão **M**, condenado na pena de dezassete anos de prisão e **R**, condenado na pena de três anos e nove meses de prisão.

3. Em 31 de Maio de 2000 na Praça dos Restauradores em Lisboa, a PSP interceptou vários indivíduos ligados ao movimento "ORDEM LUSA", os quais detinham autocolantes nos quais se podia ler: *"se és preto o Estado dá-te! se és branco pede ao banco"* – *"jovens atentos"* *"Portugal não é uma colónia africana"*, sendo que alguns dos membros da "ORDEM LUSA", no Verão de 1999, visitaram em Pinheiro da Cruz, os presos condenados pelo homicídio de Alcino Monteiro.

4. A definição dos objectivos e da ideologia da IRMANDADE ARIANA foram apresentadas no "site" www.irmandadeariana.net, entretanto banido do servidor.

5. Nos finais de 2001, os arguidos **B, C, A, R e D,** entre outros, apresentaram a sua candidatura à *HAMMERSKIN NATION* (organização internacional skinhead, com *chapters* em vários países da Europa, entre os quais o *chapter* de Barcelona – Espanha, que apoiou a entrada dos Portugueses).

6. O grupo foi aceite pela *Hammerskin Nation*, passando os arguidos acima identificados a utilizar a denominação de *Hangaround* (patamar inferior da pirâmide hierárquica).

7. Durante 14 meses os referidos arguidos, apresentaram-se na comunidade Skinhead com a denominação, "Hangaround", após o que conseguiram obter os emblemas de *Prospect Of The Nation* (patamar seguinte na pirâmide hierárquica, tratando-se de uma fase probatória para ingressar, definitivamente, na *Hammerskin Nation*).

8. Na sequência da candidatura do grupo à Hammerskin Nation, os arguidos acima identificados passaram a usar blusões negros com o emblema "Prospect of the Nation" e em 2003 o arguido B, de acordo com decisão tomada por todos os elementos do grupo, arrendou na zona do Tojalinho, em Loures um armazém onde foi instalada a Skinhouse, onde realizavam encontros para recolha de fundos, vendiam propaganda nazi e material de divulgação daquela ideologia, bem como camisolas com símbolos nazis, e com os seguintes dizeres " Ódio", "Morte aos Traidores" – referentes à Banda Ódio e ao título do álbum que o referido grupo editou, *"HH 88 Born to Hate"*, *"Hammer Skins – Portugal"*.

9. Nesse espaço, militantes neonazis, bem como os arguidos **A, L, B, R e C** promoviam encontros e concertos onde actuava a banda "ÓDIO" liderada pelo arguido **D**.

10. Esta banda editou um disco com o título " Morte aos Traidores", sendo que em data posterior o vídeo da Banda Ódio foi colocado no site "YouTube".

11. Nesse disco estão incluídas canções com os títulos "O Horrível Judeu" "NS – O nosso Ideal" e "Dentro do Estádio", cujo teor se transcreve:

O Horrível Judeu

Quem vai matar o teu filho?
Quem conseguiu os barcos de guerra para o Japão?
Quem fez as regras para toda a gente?
Quem? Quem? O Horrível Judeu.
Quem? Quem? O Horrível Judeu.
Quem vence a minha noite na cidade?
Quem vai acabar no final do nosso assalto?
Quem vai morrer esta noite?
Quem? Quem? O Horrível Judeu
Ó horrível Judeu! Vais morrer esta noite

Ó horrível Judeu! Vais morrer esta noite
Ó horrível Judeu! Vais morrer esta noite
Ó horrível Judeu! Vais morrer esta noite
Vais morrer esta noite pela vitória da nossa noite
Morre, morre
Sente o mesmo que nós sentimos pelos Judeus

Ns – O Nosso Ideal

Sharps, Pretos e RASH's,
Escutem bem a nossa voz!
Nesta Terra sagrada,
Serão mortos por nós!
Parem, escutem e olhem:
As novas SS a marchar.
As nossas botas vocês temem,
Botas que vos fazem sangrar!
Somos a nova elite,
Contra esta podridão.
A verdadeira Estirpe,
Da nossa ariana Nação!
NS, o nosso ideal!
Somos jovens NS prontos a combater!
NS, o nosso ideal!
Contra os porcos terroristas lutaremos até morrer!
Contra os porcos terroristas lutaremos até morrer!
NS, o nosso ideal!
NS, o nosso ideal
NS, o nosso ideal
NS, o nosso ideal

Dentro do Estádio

Hoje nós hoje vamos cantar
Quadras de estremecer
Hoje o grande vai jogar

E' vencer ou morrer
Ainda nem começou
Mais este grande encontro
Mais um símio levou
Foi só, o primeiro confronto
Dentro do Estádio
Pedras cadeiras e petardos
Gritos de Guerra, Braço esticado
Sieg Heil!
Aparecem os cães fardados
Esses opressores do Estado
Sempre prontos a reprimir
Os que estão, do nosso lado
O inimigo chegou
Fortemente escoltado
No entanto não escapa
Vai ser massacrado
Dentro do Estádio
Pedras, cadeiras e petardos
Gritos de Guerra, Braço esticado
Sieg Heil !
O inimigo chegou
Fortemente escoltado
No entanto não escapa
Vai ser massacrado

12. Em Abril de 2004 **A e L** decidiram criar um site na Internet que denominaram www.forum-nacional.net.

13. O site www.forum-nacional.net, , cujo servidor se encontra alojado nos EUA, tem o domínio registado, sob o *IP Address* – 216.193.201.58, e através do site www.ripe.net (site de busca de *IP Address*) e estava registado no nome de: XUPAKI –

ANTÓNIO SILVA – molezas@hotmail.com
965313132
Fax: none
Rua Prof. Dgaz Monez n.º 12 2nd left
Lisboa, Lisboa 267518 – PT

14. Os dados do registo são maioritariamente falsos.

15. O responsável pelo mesmo, forneceu o seu contacto de e-mail sendo o molezas@hotmail.com e uma morada que é a Rua Prof. Egas Moniz, n.º 12 – 2.º Esq. Lisboa.

16. O endereço de e-mail em apreço, corresponde ao endereço electrónico do *administrador* do referido site que utiliza o nickname MOLEZAS, cuja foto colocada como *avatar*, é a de **L**, e a morada fornecida pelo detentor do domínio do site corresponde efectivamente à morada dos pais do arguido **A**.

17. Desde então o site passou a ser administrado pelos arguidos **A e L**, sendo estes os responsáveis pela colocação dos tópicos de discussão, alguns dos quais serão abaixo mencionados.

18. Este site visava, entre outras finalidades, divulgar e difundir mensagens com conteúdo racista e xenófobo, bem como mensagens contendo apelos à prática de agressões contra minorias étnicas, membros de correntes político – ideológicas anti racistas e homossexuais.

19. A FRENTE NACIONAL foi criada, entre outros, pelo arguido A, pretendendo ser um espaço para difusão dos ideais nacionalistas, e para dinamização dos movimentos nacionalistas.

20. Alguns dos arguidos, quer pertencentes aos hammerskins, quer à Frente Nacional, difundiam através da Internet mensagens de instigação à prática de agressões e acções violentas contra minorias étnicas, membros de movimentos e partidos com ideologias anti racistas e homossexuais.

21. A Frente Nacional apresentou-se publicamente como uma organização nacionalista, apregoando a supremacia da nação e a necessidade de a regenerar e purificar racialmente, exaltando o mito da "unidade do povo", que, como um todo, estaria sujeito à ameaça de minorias raciais, membros de partidos políticos de esquerda, bem como de militantes de movimentos sociais que lutam contra a discriminação racial.

22. A intransigência quanto à questão racial é patente em vários dos comentários colocados por alguns dos arguidos no Fórum Nacional.

23. Alguns dos arguidos visavam suscitar nas pessoas, através das suas mensagens, o medo perante os povos de "cor" da Ásia e da África e persuadir os portugueses à tomada das medidas drásticas para eliminar o "perigo" que ameaça a raça branca tópico "Pretos trazem doenças mortais".

24. O Fórum foi também utilizado por alguns dos arguidos para contestar o Estado de Direito Democrático, os partidos políticos com representação parlamentar, traduzindo-se tal contestação nos ataques desferidos

às respectivas instituições que os arguidos consideram defender os interesses das minorias étnicas e dos judeus.

25. O arguido **A**, líder da FN e do Portugal Hammerskin decidiu colocar militantes do PHS e **L** em cargos dirigentes do PNR.

26. O Fórum Nacional foi utilizado por alguns dos arguidos para a difusão da ideologia nacional-socialista através da exaltação quer do pensamento quer da acção dos dirigentes nazis, nomeadamente de Adolf Hitler e Rudolf Hess.

27. Exaltação que é igualmente feita através de panfletos, revistas, textos publicados no fórum, exibição de cruzes suásticas, célticas, símbolos nazis, fotografias de dirigentes nazis e das letras das músicas da banda "Ódio" liderada por **D**.

28. No www.ForumNacional.net foram apostas as seguintes mensagens pelos arguidos abaixo identificados:

29. Da autoria de **A** com o nickname "Amigo",

– *Alberto Costa seu monhé do car719 aqui tens a paga pelo dia que me fizeste passar nos calabouços por ser... nacionalista AGORA AGARRA-TE A ESTA JARDA SEU FILHO DUMA GANDA PU** DEFENSOR DE PEDÓFILOS!*

– *POWS Portugueses, 09/12/06, escreve, a propósito de um indivíduo que se encontra preso por ter assassinado um indivíduo tunisino, em França, que este "o único crime que cometeu é ter orgulho em ser Homem e Branco".*

30. Em 30 de Novembro de 2006 a propósito da manifestação que a FRENTE NACIONAL promoveu em 1 de Dezembro em Lisboa, o arguido **A** colocou o Post:

– *"Voltem pá selva, macacos. Voltem pá selvaaaa".*

31. No dia 7 de Novembro de 2006 no Tópico Sporting/Benfica (01DEZ06) escreveu:– *"Podes sempre vir ter connosco, isso de seres do nosso clube ou não é-nos indiferente, queremos é bater em tudo o que esteja de vermelho, comunas e NoNames."*

– *"Se és inimigo dos hammerskins estás destinado ao fracasso".*
– *"À cerca de 3/4 anos atrás os NN. envolveram-se em confrontos em Leiria com os DV do mesmo clube, e como vieram à frente para*

Lisboa fizeram-lhes uma espera no Estádio Coca-Cola, os nacionalistas dos Diabos no autocarro ligaram-nos para os irmos buscar o que fizemos de shootguns. em punho em pleno estádio e rampas de acesso..." – cfr. fls. 1538 e 1539. – "Saio todos os dias de casa preparado para matar ou morrer".

– *"Ninguém pára os nazis, ninguém pára os nazis allez ohh..".*
– *"Dia 28 Outubro realiza-se em Madrid uma manifestação da Falange em homenagem a Ramiro Ledesma Ramos e um dos melhores concertos realizados na Península Ibérica dos ultimos anos, com o seguinte alinhamento musical: Blue Max, Brutal attack, White Law, Asedio e Brigada Totenkopf*

À *semelhança do que se passou há 2 anos, naquela que foi a primeira actividade "racista e xenófoba" da Frente Nacional, voltamos a terras de nuestros Hermanos;*

Cerca de dois anos depois, tal como a primeira actividade da FN, o acto xenófobo e racista ida a Madrid

Reservas por pm para Bootboy."

– *"O mesmo filho da ****que escreveu que eu era judeu* 1, está a pedir para se acender umas velinhas, na baixa, a vitimização judaica nao dura 70 anos(holocoto), dura 500, é só para saberem que eu vou lá chamar-lhes uns nomes, quem quiser vir..estão à vontade... as ruas são nossas, não são de judeus sionistas...".*

33. Bem como a fls. 12 do Apenso G-5, da autoria do arguido **L**, que utiliza os "nickname`s", molezas e toni8:

– Mensagem Original de molezas
– *"Será que vão falar 1/1000 deste padeiro como falaram do preto alcindo? (a propósito de homicídio cometido em Portugal).*

Realmente, este tipo de situações... animais selvagens que em poucos segundos matam um homem e desgraçam a vida a uma família por causa de uns euros... eu não sei... muito sinceramente... isto consome-me de ódio, isso e pensar nos traidores que vivem exclusivamente para defender estes animais selvagens e prejudicar os portugueses com as suas tretas de merda do costume para enganar o otário que ainda vai na conversa deles... acho que toda essa grande família, de nigger-lovers e macacos, colocados numa panela de água a ferver consecutivamente durante umas semanas era muito pouco, mesmo muito pouco para aquilo que eles têm feito às pessoas do povo, às pessoas simples que têm de dar no duro para sustentar as suas famílias, e que levam diariamente com esta horde de animais selvagens que vieram não se sabe bem de onde mas que se nota perfeitamente ao que vêm.

AUTÊNTICOS ANIMAIS SELVAGENS MAS DAQUELES QUE NEM UMA JAULA MERECEM!"

34. Em 9 de Dezembro de 2006 sob o Tópico: – "Irão recebe conferência sobre o Holocausto", E colocou Post:

– *"Ok, ok, já sabemos isso tudo das criancinhas e dos terroristas, etc., mas porra, o que é que é inaceitável, é não haver liberdade de expressão no "ocidente" para discutir um dogma sionista ou realizar-se uma conferência onde as pessoas vão dar as suas opiniões, por mais absurdo ou não que sejam?! É que eu não vi esses PALHAÇOS DO SISTEMA considerarem inaceitável um partido PEDÓFILO apresentar-se publicamente na Holanda!!!!! Mas vejo que são precisamente os mesmos PALHAÇOS que andam há 60 anos a ilegalizar partidos e a prender revisionistas!!! FILHOS DE UMA GRANDA ****!!!!!!!!!"*

– *"E, não querendo fazer de advogado de defesa, porque eles não precisam, vou só acrescentar que é curioso que sempre que se fala em skins em Portugal vão sempre buscar o caso do Alcindo Monteiro no Bairro Alto, passado há mais de 15 anos e que ficou muito mal contado na imprensa (apesar de ter ficado explícito em Tribunal, e comprovado pelos testemunhos da acusação, que os skins reagiram a uma ameaça de agressão), quando nesses 15 anos que se passaram entretanto o que podemos ver é que há casos e mais casos diários de violência racista de negros contra brancos e ninguém fala neles, ou então desculpam e dissimulam a verdadeira motivação do crime com as balelas do costume; "desintegração", "pobreza", "jovem", "indivíduo", etc..."*

"*Obviamente que não, um skinhead é nacionalista mas um nacionalista não é obrigatoriamente skinhead. Um skinhead é apenas a face mais visível, o alvo a abater, o lobo que não usa coleira. Seguindo a analogia, "o povo é o rebanho de ovelhas que obedecem ao pastor", "os cães ensinados são os policias que apenas cumprem ordens", os jornalistas são "os pastores que indicam o caminho", e os donos disto tudo, os que ordenam o roubo e vivem do saque, estão em São Bento".*

35. Bem como, no dia 27 de Abril de 2006 no tópico =Somos Todos Skinheads Como os Mérdia Tanto Apregoam???=, a propósito de acções violentas dos Skinheads, escreveu expressamente:

– *"os antifas pagarão".*

36. Também no dia 09 de Janeiro de 2006 no tópico =1942 Nacional – Socialismo e Portugal (fotos)=, em que é debatida a História numa perspectiva revisionista escreveu:

– *"Hoje cai por terra um mito que, ao longo dos anos, tem sido largamente difundido por pessoas de variados «sectores», desde o ignorante antifa ao salazarista fervoroso, de que os alemães Nacional-Socialistas teriam «ódio pelos inferiores portugueses», ao ponto de algumas destas pessoas, certamente interessadas em chamar mais pessoas para «a sua causa», afirmarem com aparente «convicção» que «há provas de que os alemães queriam de certeza exterminar os portugueses».*

Pois bem, a partir de hoje – e finalmente! – esse mito cai por terra, definitivamente, pelo menos para aqueles que ainda tinham esse tipo de dúvidas. No ano de 1942 uma delegação portuguesa foi oficialmente recebida em Berlim e, por infortúnio, um dos elementos da delegação morre. As fotos que se seguem, digitalizadas dos originais que temos em nossa posse, e que nos foram oferecidas por um familiar do militar português que faleceu na viagem à Alemanha, mostram pormenores do funeral realizado em Berlim, com os soldados das «terríveis, nazis e arianas SS», a fazerem as honras do acontecimento!".

37. Ainda a fls. 9044, em resposta à notícia "Futuro secretário-geral da ONU considera "inaceitável" negação do Holocausto":

"Começa bem o Kimono, numa semana em que a nível de médio-oriente passaram-se duas coisas importantes, mas ele considera inaceitá-

vel uma delas, negar o Holocausto (delito de opinião!), mas esqueceu-se da outra, violação do cessar-fogo ontem por parte de Israel. Maldito lobby islâmico..."

38. O arguido L colocou ainda no site www.hi5.com uma fotografia sua onde se encontra acompanhado de A e C e uma fotografia de uma sala da "Skinhouse", onde se encontra hasteada uma bandeira com a cruz suástica.

39. Bem como de fls. 24, 25, 97 e 103 do Apenso G-2, da autoria do arguido C, "Arduno":

– No dia 21-02-2005, pelas 01:48, sobre o tema "Joaquim Chissano exige desculpas!!", Arduno escreve "...*Estes babuinos...realmente...se não fossem os brancos ainda hoje andavam a saltar de árvore em árvore e a comerem-se uns aos outros... Aborigenes de merda!! ...Pode ser que o povo algum dia desperte para alguma consciência racial, senão por si mesmos que seja pelo menos pelas atrocidades cometidas todos os dias por esta raça!!*"

40. No dia 08-03-2006, pelas 03:09, no tópico "Dois mil africanos morrem ao tentarem chegar à Europa", Arduno escreve uma mensagem com o seguinte conteúdo "*Imaginem se não fossem morrendo assim aos milhares....quantos mais não andariam por aí: twisted*": (comentário sobre os imigrantes africanos).

"*ÓDIO, aquilo que mais me consome e que eu mais alimento!!!*".

41. No dia 20-04-2006, pelas 01:24, no tema "Judeus celebram em Lisboa", Arduno envia uma mensagem dizendo o seguinte "*Para mim foi um dia histórico pois além de termos feito a nossa primeira contra-manif tivemos a sorte de a fazer contra os piores inimigos da nossa raça e é por isso que acho muito importante que o máximo de nacionalistas possam comparecer sexta feira para demonstrarmos a essa corja de merda que ainda existem PORTUGUESES que não vivem na apatia comum a todos os outros!*

Sexta feira vamos demonstrar mais uma vez o ódio e desprezo pelo eterno e horrível judeu que nunca em toda a nossa história deveria ter pisado solo Europeu!!

MORTE AO SIONISMO

ÓDIO... aquilo que mais me consome e que eu mais alimento!!!".

42. Bem como de fls. 94, 98, 99, 153, 165 e 185, do Apenso G-3, da autoria do arguido **Ja**, "Destemido":

– No dia 02-08-2006, pelas 21:15, no tema "Símio defende na tv americana o extermínio da população branca...", DESTEMIDO responde da seguinte maneira "...*Vou-te matar, macaco americano. Palavra!...*".

43. No dia 03-08-2006, pelas 09:27, no tema "Rússia está contra os monumentos aos SS", DESTEMIDO escreve o seguinte "...*Cada vez mais o mundo se interroga se o nazismo afinal não tem razão de ser. Com cada vez mais países que viveram e adoptaram o ideal nacional-socialista a desesperarem pelo regresso desses tempos, é natural que os regimes capitalistas, sionistas e os que o desejam ser, fiquem em alerta, pois foi sempre a única força capaz de os vergar e desmascarar. Tudo isto é bom, porque com as acções que os judeus têm praticado desde o fim do III Reich até aos nossos dias, e com as provas dadas pela c. social, o mundo começa de facto a questionar o que até hoje era visto como holocausto, genocídio bárbaro, e perseguição racial. Há de chegar o dia, e eu cada vez mais tenho a certeza de que o sonho há de se tornar realidade, em que o nacional-socialismo será os alicerces de um novo mundo, e em que as nossas forças marcharão de novo sob a cabeça de toda a escumalha mundial, e as nossas botas esmagarão toda a oposição!...*".

44. No dia 17-10-2006, pelas 00:22, referente ao tema "Racismo cresce no Bairro da Bela Vista em Setúbal", DESTEMIDO envia uma mensagem onde escreve o seguinte "...*É mais um dos muitos locais em PORTUGAL que requerem uma limpeza racial urgente!! Acho graça essa bacana que se vai queixar á amnistia"racial negra"internacional, ainda dizer que felizmente ainda tiveram consciencia de lá deixarem parte do morfes,e ainda põem os putos ao pé dos macaquinhos pequenos, porque se sentem seguros!! Até parece que foram os brancos que foram lá afanar aquilo! Quanta ignorância, homem branco!88...*".

45. No dia 20-10-2006, pelas 20:41, referente ao tema "Utentes queixam-se de insegurança na Linha de Sintra e exigem polícias", DESTEMIDO envia uma mensagem dizendo o seguinte "*O que eles andam a pre-*

cisar é dumas investidas nossas bem organizadas de vez em quando! Eu alinho! É dar e andar!! Mas esta escumalha nunca mais rebenta de uma vez por todas?!88...".

46. No dia 04-01-2007, pelas 16:29, comentando o conteúdo do tema "compilação de vários assassinatos, verdadeiramente revoltantes: (10 minutos)", DESTEMIDO escreve o seguinte "...*Escumalha nojenta, pretalhada imunda...Esse rasta de um fdp, quando quiser começar o exterminio, que venha ter comigo primeiro; tenho um amigo que está louco para o "conhecer"!! Piolhosos...Esta é a punição que Deus deixou ao Homem Branco; a espécie negra!!88...".*

47. Bem como de fls.11, 19 e 21, do Apenso G-4, da autoria do arguido G:

– Mensagem de 11/06/2006, 22:18, Directório-Temas, Sub-Directório--Racismo, Imigração e Criminalidade, Tópico-500 "PRETOS DE MERDA" assaltam praia de Carcavelos.

"Sem dúvida alguma que isto foi uma provocação no dia da PÁTRIA E DA RAÇA. Estes actos não podem ficar impunes nem cair no esquecimento e compete-nos a nós nacionalistas, às autoridades e a todos os que se dizem PORTUGUESES mas não apenas em dias de jogos da selecção, ter uma atitude forte e decidida contra toda esta ESCUMALHA que provoca gravemente a nação, manchando-a com a sua côr.

PORTUGAL É DOS PORTUGUESES (Brancos)!!!!"

48. Mensagem de 20/06/2005, 22:59, Directório-Temas, Sub-Directório-Racismo, Imigração e Criminalidade, Tópico-Assalto na Linha de Sintra faz cinco feridos:

"Estes filhos da **** cada dia q passa metem-me mais nojo eles e os brancos q os defendem.

Está na altura dos Portugueses acordarem para a negra realidade q nos rodeia e lutar contra ela.

Pretos para África PORTUGAL AINDA É NOSSO"

49. Mensagem de 29/06/2005, 23:42, Directório-Temas, Sub-Directório-Racismo, Imigração e Criminalidade, Tópico – Porque é que há tanto ódio aos judeus?

*"Depois de tanto ler sobre esta questão dos judeus, apenas digo-vos:
Foi uma pena não ter-se terminado a solução FINAL
SIEG HEIL"*

50. Bem como de fls.10 e 12 do Apenso G-5, da autoria do arguido E, "Cruz-quebrada":

– *"Secalhar esse preto de merda até estava nos quadros de trabalhadores da Junta de Freguesia.*

Todos os patrões/instituições que contratam estrangeiros... deviam levar com números desses para aprenderem..."

– *"Faz realmente... Um gajo não pode dar mesmo espaço de manobra a merdas destes... é por isso que ela anda sempre dentro do bolso do casaco. Antes preso uma eternidade e com honra do que morto!!! :evil:"*

51. Bem como de fls. 30, 38, 45 e 48, do Apenso G-6, da autoria do arguido F "Bootboy38":

– No dia 20-04-2005, pelas 02:10, no tema "Adolf Hitler – 116 Aniversário", Bootboy escreve *"Adolf Hitler é o NoSSo Deus, A Suástica a noSSa Cruz e o Mein Kampf a NoSSa Bíblia!!!!! "*

52. No dia 18-09-2005, pelas 16:36, comentando uma mensagem onde se lê o seguinte "O camarada que gritou "morte aos gays". (Esse tipo de coisas é sempre usado plos nossos inimigos e deve ser evitado...)", Bootboy 38 diz *"Nao foi morte aos gays mas sim MORTE AOS PANELEIROS :!: :!:*

E fui eu que gritei, nao gostas :?: Mete à borda do prato....... :P :lol: :lol: :lol: :lol: :lol: :lol: :lol: :lol: :lol:"

53. No dia 09-10-2005, pelas 15:06, no tema "Marrocos – Denúncia de crime contra a Humanidade", Bootboy 38 envia uma mensagem onde escreve *"Esse Macacos deviam era ser todos mortos..... :P :lol: :lol: :lol"*

54. No dia 25-01-2006, pelas 14:24, comentando uma mensagem original de um tal Leper_Messiah onde se pode ler "deus não tem raça, e maria é mãe de deus, logo maria não tem raça)", Bootboy 38 diz *"Claro*

que a Maria não tem raça!! O Judeu é o exemplo máximo da Anti-raça pois eles são 1 mixórdia racial!

55. Bem como de fls. 09, 10 do Apenso G-7 o arguido V "Rock and Roll", comentando um artigo do Semanário "Tal & Qual" sob o titulo "Skins Aterrorizam na Noite" colocou a seguinte expressão:

– *"Aquele que jura pela suástica deve renunciar a qualquer outra lealdade" "Heinrich Himmler"*

Sob o tópico "Racismo, Imigração e Criminalidade" e a propósito de um agente da PSP preso e que deteve os skineads no Bairro Alto em 1995, escreveu em 24.07.2007 a fls. 51 do apenso G-3:

"o deus Hitler não esquece...e não perdoa!"

56. Bem como de fls. 6225 dos autos o arguido X, com os nickname`s "Censurado" e "Mamífero", no tópico "Racismo, Imigração e Criminalidade", acerca da alteração da legislação de legalização dos filhos de imigrantes colocou as seguintes expressões:

– *"depois disto, só falta construírem uma ponte para África ...enfim, morte a esta corja de malfeitores!!"*
– *"eu sempre fui um rapazinho sensível e incapaz de fazer mal a um animal, mas hoje em dia, já perdi qualquer tipo de constrangimento moral, metam me o pescoço desses responsáveis políticos há frente, que eu corto!: evil:"*

57. No mesmo tópico, sob o título " Abordagens indesejadas" escreveu:

"eu recomendaria a abordagem do "atropelamento & fuga", é bastante indicada para estes casos ! se eles se continuassem a reproduzir, e a infestar o nosso, espaço publico, então a alternativa seria, promover um lanche de boas vindas, à comunidade parasita"..."e matar todos com cieneto nos "comes & bebes" ...8) depois, aproveitava se os cadáveres, para fertelizar terrenos menos ricos, em nutrientes!"

58. A fls. 6228, e ainda no mesmo tópico, sob o titulo "PSP fere cigano apanhado em flagrante" escreveu:

"se o tivessem morto e escondido o corpo ninguém ia notar a falta desse animal cigano ...desta forma o bófia ainda se vai lixar..."

59. A fls. 6229 e 6230 e sob o "nickname" Mamífero, no tópico "Música e Vídeos" sob o titulo "este teve que as papar" colocou o comentário:

"o branco cometeu o erro típico da inexperiência...deu murros na nuca do preto...aqueles murros na cabeça só foderam foi as mãos do branco ... ele deveria de dirigir os golpes todos há face, preferência ao maxilar inferior... ou então procurar outras parte moles...NA NUCA NUNCA!!! só se for ao pontapé... de resto teve bem!!"

60. Bem como de fls. 1492-1493, 1519-1520, dos autos a arguida H, com o nickname "Lady_S", no Fórum Nacional, no tópico "Movimento Nacionalista – Sporting vs Benfica" colocou as seguintes expressões

– *"ando a precisar, e com vontade, de bater em alguém. Também quero ir"*
e – *"o que me agrada é torcer pretos e nigger lovers"*,
a fls. 1662 escreveu,
– *"E vocês, combinam esse duelo ou não? Nós incentivamos à mocada, afinal o papel da mulher é o de estimular e encorajar o homem"*
terminando os comentários com a frase:
– *"Num cinema perto de si "O Holocausto em Portugal"...a estrear em 2009"* (Fls. 1492-1493, 1519-1520, 1662)
– Noutra mensagem, constante de fls. 1173, escreveu: "... bando de pretos... gorilas...".

61. Bem como de fls. 1506 dos autos o arguido ZJ, com o nickname "Nuno_ns", no Fórum Nacional, no tópico "Movimento Nacionalista – Sporting vs Benfica" colocou a seguinte expressão:

– *"O teu Saint Ettiene é que esta em grande, cheio de macacos no campo e nas bancadas... Allez les Verts"*, referindo-se aos jogadores de raça negra.

62. A fls.106 do apenso G-2, a arguida ZL, com o nickname "Ategina88" escreveu sobre o encontro dos judeus em Lisboa:

"Esses judeus de merda querem que os portugueses se culpabilizem, como fizeram ao povo alemão – NUNCA!"

"Nunca tive tão perto do meu inimigo, foi um dia histórico para os nacionais socialistas, e logo um dia antes do aniversário do tio..."
"Quem assassinou meu pai Rudolf Hess?"

63. A fls. 8228 dos autos o arguido ZC, com o nickname "lobo nazi", enviou para o Fórum Nacional, a seguinte mensagem, sob o tópico "paraquedista nazi":

"LIVE YOUR LIFE TO THE FULL, NEVER SAY DIE. KEEP BREAKING RULES UNTIL THE END".

64. Sobre o mesmo arguido foi colocado no site da internet www.youtube.com o vídeo denominado "Nazi Paraquedista" com imagens do arguido ZC envergando uma camisola com a cruz suástica a arrancar um cartaz da coligação CDU.

65. A fls. 1514 e 1515 o arguido S com o nickname "Bárbaro"no site do Fórum Nacional, no tópico "Movimento Nacionalista – Sporting vs Benfica", em resposta a comentário sobre o jogo escreveu:

"Quero é bater nos vermelhos!!!"

66. A fls. 1177 o mesmo arguido sob o tópico "onze Skinheads detidos pela polícia" escreveu sobre a PSP:

"Amigos...vejam la as confusões... não vamos dar o prazer a esses merdosos do sistema de ter camaradas presos..."

67. A fls. 102 do Apenso G-2 sobre o encontro da Comunidade Judaica em Lisboa, escreveu:

"Zefiro: és um judeu de merda!!! já começas a meter nojo..."

68. O arguido A criou um "Blog" intitulado "Homem Lobo", cujo endereço electrónico é www.homemlobo.blogspot.com, (fls. 14 do Apenso J).

69. No "Blog", a fls. 11 e 12 do Apenso J, o arguido faz o apelo à guerra racial e civil, num texto intitulado "Das milícias populares e da guerra racial e civil!", como resulta dos excertos que de seguida se transcrevem: *"As revoluções legitimam-se com ideologias politicas, temos o Nacionalismo Europeu, e com armas, não soqueiras, nem bastões de base-*

boll...", "*...aconselho os nacionalistas a comprarem armas...*", "*...vulgo shootgun, que é a arma que num conflito urbano vai ter a maior importância devido ás suas características, se o vosso registo criminal não o permitir, peçam em nome da vossa mulher, namorada, mãe ou pai...*", "*...quando a guerra racial e civil começar, os preços vão aumentar drasticamente, e será possível que próprio Governo impeça os armeiros de as vender*", "*Acredito vivamente que vamos tomar Portugal...*", "*...expulsar os invasores e pendurar os traidores, só depende de até onde estamos dispostos a ir pelo nosso ideal, as pessoas que temos são mais que suficientes*".

70. Ainda no referido "Blog":

A) Exalta-se a actuação do grupo norte-americano, "The Order Bruder Schweigen", formado por Robert Mathews, em 1983, o qual apelava ao bastião americano branco. cfr fls. 61 a 65 do Apenso J

B) Sob o título "Hammerskins – Portugal", foi publicado o comunicado da "Portugal Hammerskin" que o arguido lidera e criado nas circunstâncias acima referidas, cujo teor se dá aqui por reproduzido (cfr. fls. 66 a 68 do Apenso J).fls. 1282 a 1299

C) É divulgado um texto com o título: "Psychological Operations in Guerrilla Warfare".

Refira-se que nas páginas correspondentes a este "capítulo" do Blog do "Homem Lobo", é difundido, parte de um manual de táctica para "Guerrilheiros urbanos" (fls. 82 a 134 do Apenso J);

D) A fls. 159 e 498 do Apenso J, sob o título, "Libertar" um carro", é explicada a forma como se pode furtar uma viatura automóvel, recorrendo a gravuras exemplificativas das operações a realizar para o efeito.

E) A fls. 505 a 507 do Apenso J, é divulgado, sob o tema, "Arrombamento e Abalroamento", como se pode "arrombar" uma porta.

F) A fls. 508 e 509 do Apenso J, sob o título "Técnicas de Combate – Médium Range", o arguido ensina várias técnicas de combate, recorrendo a um manual informático, aconselhando os restantes membros da FN a procederem à colocação das respectivas páginas de acesso nos seus computadores.

G) A fls. 180 a 184 do Apenso J, sob o título, "Adolf Hitler – Líder do Sacrifício Pessoal"; é feita a exaltação da acção política de Adolf Hitler, com publicação da sua fotografia e com referência de que o mesmo foi a maior figura do milénio.

H) Sob o tema, "É assim que se combate os imigrantes... Já que os políticos não tomam conta deles, nós tomamos", é exibido um fotograma, retirado de um vídeo, onde se pode visualizar um indivíduo a ser espancado por um Skinheads.

J) A fls. 1369 do Apenso J-1, é ensinado, como se faz um "Cocktail Molotov".

L) A fls. 291 a 294 do Apenso J-1, faz-se a apologia da violência contra o povo Judeu, através da letra de uma canção, como resulta do excerto que de seguida se transcreve: "Estás preparado para fazer frente ao nojento rato, ao eterno Judeu?", "Estás preparado para sentir o poder da raça branca a persistir?";

M) Entrevista a **A**, sob o título, "Mário Machado em – Blog In Silêncio", no âmbito da qual é defendido o ideal nacional-socialista como a única solução para salvação da Europa.

71. O arguido S também criou um "Blog" intitulado "Retaliação Brutal", cujo endereço electrónico é www.retaliacaobrutal.blogspot.com.

72. Nesse "Blog" é feita a apologia da violência contra indivíduos de raça negra, através da publicação de desenhos alusivos a negros acompanhados das seguintes expressões: *"TOMA INICIATIVA: COMBATE O INIMIGO"*; *"NOSSOS IRMÃOS!? NÃO ME PARECE!"*; *"QUANDO É QUE UM PRETO FICA MESMO FRUSTRADO!?!? – QUANDO TENTA ESTOIRAR OS MIOLOS"*; *"AQUI OU NA SELVA! MACACO É MACACO"*.

A) Foi publicitado um desenho de um macaco segurando um cartaz com os seguintes dizeres: *"INJUSTIÇA! PAREM DE NOS COMPARAR COM OS "PRETOS"*.

B) No Blog foi publicada uma fotografia de três crianças de raça negra com seguinte legenda: *"POR FAVOR NÃO ALIMENTAR OS ANIMAIS"*.

C) Do mesmo Blog consta uma fotografia de um cão a morder um indivíduo de raça negra com a legendagem: *"ATÉ OS CÃES ODEIAM PRETOS"*.

D) O arguido faz ainda a apologia da banda ÓDIO liderada pelo arguido D, bem como da ideologia Nacional Socialista, das "SS", defendendo ainda a criação de um Estado Nacional Socialista.

E) Nesse Blog o arguido publica uma entrevista no âmbito da qual é negado o holocausto, defendendo-se ainda que não existiram câmaras de gás em Auschwitz.

73. Em muitos casos é feita a comparação entre seres humanos e macacos.

74. O Fórum Nacional, foi utilizado pelos arguidos, alguns deles membros da organização Skinhead Neonazi Portugal Hammerskin (PHS), bem como pelos dirigentes e militantes da Frente Nacional (FN), entre outras coisas, para definir as acções que esta organização pretendia concretizar.

75. A apologia da violência contra minorias étnicas passou a ser frequente em mensagens do Fórum.

76. Nessas mensagens, os seus autores exaltam a superioridade da raça branca, considerando as restantes raças como inferiores, que deverão, por isso ser expulsas de Portugal.

77. No dia 21.02.2004 cerca das 21:00 horas no interior do Bar "Jukebox" sito na Rua da Fé em Lisboa, o arguido ZB, após troca de palavras com o ofendido...., individuo de raça negra, aproximou-se do mesmo e, acto continuo, desferiu uma estalada na face do ....

78. Os seguranças do bar obrigaram o arguido a sair do mesmo.

79. Nesse momento o arguido ZB, dirigindo-se ao ofendido, disse: "preto de merda, vais morrer, estás fodido. Vou-te apanhar".

80. No exterior o arguido ZB aguardou pelo ofendido, e mal o avistou, desferiu-lhe uma bofetada, após o que ambos se envolveram em luta, caindo ao chão.

81. Encontrando-se o ofendido e o arguido ZB no solo, estando o arguido ZB imobilizado pelo ofendido, surgiram no local os arguidos ZN e ZH.

82. Acto contínuo, o arguido ZH desferiu um pontapé na cabeça do ofendido, deixando-o inconsciente.

83. De seguida, o arguido ZB, juntamente com dois indivíduos cuja identidade não se apurou, desferiu-lhe um número indeterminado de pontapés, atingindo-o por todo o corpo e designadamente na cabeça, encontrando-se o ofendido prostrado no solo e sem oferecer qualquer resistência.

84. Em consequência das agressões sofridas resultaram para o ofendido, designadamente, fractura dos ossos do nariz e traumatismo craniofacial com perda de conhecimento, lesões estas que determinaram como consequência directa e necessária um período de 15 dias de doença com 4 dias de incapacidade para o trabalho.

85. O arguido ZB agiu deliberada, livre e conscientemente, movido por ódio racial, querendo atingir a integridade física do ofendido, o que conseguiu.

86. O arguido ZH agiu deliberada, livre e conscientemente, querendo atingir a integridade física do ofendido, o que conseguiu.

87. Na sequência das lesões sofridas, o Centro Hospitalar de Lisboa – Zona Central/Hospital de São José, prestou assistência ao ofendido ..., concretizada na assistência de urgência e realização de exames radiológicos.

88. Tal assistência teve o custo de 95,10 €.

89. No dia 26 de Junho de 2004 a GNR interceptou no interior da Skinhouse 25 individuos, entre os quais se encontravam os arguidos A, L, B, C, e R.

A) Dentro de uma bolsa pertencente ao arguido **A**, foi encontrado um revólver da marca "ARMINIUS", de modelo HW 3, calibre .22 Long Rifle (equivalente no sistema métrico a 5,6 mm), com o número de série 781416, de origem Alemã, bem como oito (8) munições de calibre .22 Long Rifle (equivalente a 5,6 mm no sistema métrico) sendo seis (6) de marca WINCHESTER (H), de origem Norte-Americana; e duas (2) de marca SELLIER & BELLOT, de origem Checa. – Fls. 71 apenso K Auto de exame directo e avaliação; Fls. 49 a 51 apenso K Auto de busca e apreensão.

A arma encontrava-se em boas condições de funcionamento. – Relatório pericial de fls. 366 a 371 do Apenso K.

O arguido não possuía licença de uso e porte de arma, conhecia as características da referida arma e munições e sabia que a sua posse é proibida por lei.

B) No interior do veículo automóvel de marca Opel, modelo Meriva 1.6CD, utilizado pelo arguido B, foi encontrado um revólver da marca "ARMINIUS", de modelo 106 S, calibre .22 Long Rifle (equivalente no sistema métrico a 5,6 mm), com o cano de aproximadamente 103 mm de comprimento, com o número de série 116146, de origem Alemã, bem como oito (8) munições de calibre .22 Long Rifle (equivalente a 5,6 mm no sistema métrico) sendo três (3) de origem Inglesa, e cinco (5) de origem Checa. – Fls. 75 apenso K: Auto de busca e apreensão (numa bolsa em cima do banco da frente do lado direito); Fls. 76 apenso K: Foto da arma; Fls. 77 apenso K: Auto de exame directo e avaliação;

A arma encontrava-se em boas condições de funcionamento. – Relatório pericial de fls. 366 a 371 do Apenso K.

O arguido, conhecia as características da referida arma e munições e sabia que a sua posse é proibida por lei.

C) No interior do veículo automóvel de marca Audi, modelo A3, utilizado pelo arguido C, foi encontrado um revólver, de calibre.32 Smith & Wesson Long (equivalente a 7,65 mm no sistema métrico), de marca TAURUS, de provável modelo 73, com o número de série rasurado, apresentando o n.º 7099 no eixo de basculamento do tambor, fabricado por "Forjas Taurus S. A", em Porto Alegre, Brasil, e seis (6) munições (6), de calibre. 32 Smith & Wesson Long (equivalente a 7,65 mm no sistema métrico), sendo cinco (5) de marca G.F.L./FIOCCHI, de origem Italiana; e uma (1) de marca WINCHESTER (W-W), de origem Norte-Americana. – Fls. 78 apenso K: Auto de busca e apreensão (debaixo do banco do condutor); Fls. 80 apenso K: Foto da arma; Fls. 79 apenso K: Auto de exame directo e avaliação;

A arma encontrava-se em boas condições de funcionamento. – Relatório pericial de fls. 366 a 371 do Apenso K.

O arguido, conhecia as características da referida arma e munições e sabia que a sua posse é proibida por lei.

D) No interior do veículo automóvel de marca Peugeot, modelo 106, utilizado pelo arguido R, foi encontrada uma pistola semi-automática, de marca TANFOGLIO, de modelo GT 28, originalmente de calibre nominal 8 mm e destinada essencialmente a deflagrar munições de alarme, posteriormente adaptada a disparar munições com projéctil, de calibre 6,35 mm BROWNING (.25 ACP ou .25 AUTO na designação anglo-americana), sem número de série visível, munida do respectivo carregador, fabricada por "Fratelli Tanfoglio", em Gardone, na Zona de Brescia, em Itália, apresentando gravadas as falsas inscrições "STAR CAL. 6,35", bem como seis munições, de calibre 6.35 mm Browning (.25 ACP ou .25 AUTO na designação anglo-americana), sendo cinco de marca GECO, de origem Alemã; e uma de marca FN, de origem Belga.– Fls. 72 apenso K: Auto de busca e apreensão (no porta luvas do veículo); Fls. 73 apenso K: Foto da arma e munições;Fls. 74 apenso K: Auto de exame directo e avaliação; Relatório pericial de fls. 366 a 371 do Apenso K.

A arma encontrava-se em boas condições de funcionamento.

O arguido, conhecia as características da referida arma e munições e sabia que a sua posse é proibida por lei.

E) O arguido R possuía ainda uma soqueira, sendo que não justificou a sua posse, bem sabendo que tal objecto, pela sua natureza pode causar lesões graves na integridade física da pessoa contra quem seja utilizada. – Fls. 72 apenso K: Auto de busca e apreensão (no porta luvas do veículo);Fls. 73 apenso K;

F) Na skinhouse encontrava-se hasteada uma bandeira com a cruz suástica, uma bandeira com a cruz céltica, uma bandeira do partido nazi com a cruz suástica e a cruz de ferro, várias folhas contendo inscrições e emblemas nazis, uma moldura com retrato de Adolfo Hitler, um poster com as inscrições *"Rudolf Hess"*, uma faixa com os dizeres *"PROSPECT OF THE NATION"*, bem como setenta t-shirts com várias inscrições, entre as quais *"Ódio – Racial Hate Core Music"*, *"Skinhouse Portugal 38"*, *"O Pesadelo voltou … Grupo 1143"*, *"Eightyhate Fanatic"*, foto de propaganda alusiva ao CD da Banda ÓDIO .– intitulado *"MORTE AOS TRAIDORES"*, quadro com foto de Soldado Alemão das SS, uma bola de bilhar com uma corrente, um bastão de borracha, dois tacos de basebol.-fls. 49 a 51, 473 a 490 do Apenso K (Inquérito 33/04.8GBLRS).

90. Na skinhouse promoviam reuniões de convívio, e ali eram vendidos material de divulgação da ideologia nazi, as t-shirts acima mencionadas, e CDs da banda Ódio, bem como bebidas e outros artigos de cafetaria.

91. No dia 06/11/2004 o arguido A, participou no encontro anual da Hammerskin em Berlim.

92. Na noite de 10.04.2005, desconhecidos pintaram cruzes suásticas e célticas, bem como os dizeres *"2yt4u"* (lê-se "two white for you" – demasiado branco para ti), assim como os números *"88"*, significando a oitava letra do alfabeto – HH – , ou seja "Heil Hitler", nas paredes e nos pilares do prédio sito na Rua Teófilo Braga, n.º 11 – 3.º Esq. em Lisboa, onde reside Miguel José Cordeiro Lopes.

93. No dia 17.04.2005, cerca das 03H30, os arguidos A, B, D, e C decidiram dirigir-se ao bar *LOUKURAS*, sito em Peniche, de que é proprietário Nelson dos Santos Frutuoso.

94. Ali chegados e de acordo com o previamente combinado, entraram no bar, os arguidos B, D e C, tendo o arguido A ficado à porta do bar.

95. Na sequência do planeado, o arguido A aproximou-se do ofendido …… e empunhando uma faca que encostou ao abdómen do ofendido disse "Quieto. Vens connosco, ou ficas aqui?".

96. Uma vez no interior do bar, e em execução do plano, os arguidos B, D, e C, entre outros não identificados, agrediram o ofendido … com socos e pontapés atingindo-o por todo o corpo e designadamente na cabeça.

97. De tais agressões resultaram no ofendido, entre outras lesões, ferida contusa com 15 mm na face externa da sobrancelha direita, hema-

toma peri-orbitário unilateral exuberante à esquerda, hematoma na região mentoniana e retro-auricular esquerdo. – Autos de Exame de fls. 6, e Boletim Clínico de fls. 127 do Apenso G.

98. Lesões que determinaram como consequência directa e necessária um período de 10 dias de doença com incapacidade para o trabalho.

99. Na sequência das agressões, e mantendo-se o arguido A à porta do bar, com o propósito de impedir que o ofendido ... pedisse auxilio, o arguido B destruiu uma máquina de diversão ali colocada, com o valor de 3077,60 euros, propriedade de ....

100. O arguido B agiu deliberada, livre e conscientemente, com o propósito de provocar estragos na máquina, como efectivamente aconteceu.

101. Os arguidos A, B, D e C agiram deliberada, livre e conscientemente, querendo atingir a integridade física do ofendido ..., o que conseguiram, e sabendo que, nas circunstâncias referidas, aquela actuação era susceptível de causar receio, e agiram com o objectivo concretizado de impedir o ofendido ... de reagir, o que conseguiram.

102. O ofendido ... é beneficiário da Segurança Social com o n.º ..

103. Em virtude das lesões sofridas o Hospital de S. Pedro Gonçalves Telmo prestou assistência hospital ao ofendido ..., concretizada num episódio de urgência, realização de exames radiológicos, penso e sutura:

104. Tal assistência hospital teve o custo de € 87,40 – Episódio de urgência constante dos autos a fls. 10498 e factura e nota de débito de fls. 10499 e 10500.

105. No dia 14/05/2005, o arguido A participou no encontro anual da Hammerskin em França.

106. No dia 20.05.2005, cerca das 19H20, os arguidos A e X, entre outros não identificados deslocaram-se a Coruche, fazendo-se aqueles arguidos transportar numa viatura BMW de matrícula .... Fls. 317, 318 e 321.

107. Os arguidos entraram no Bar "A Tasca".

108. Tal deslocação foi efectuada na sequência do post colocado no Fórum Nacional pelo arguido **A**, que de seguida se transcreve:

– *"Dezenas de ciganos agridem brancos em Coruche, mesmo agora em directo vi uma cigana a meter as mãos numa branca, eles disparam tiros para o ar, ameaçam a GNR, e os 200 brancos nativos, com bastante receio lá foram +- envergonhadamente fazer frente. Isto deu agora) (quinta-feira 2100 no jornal da tvi (3 vezes em directo).*

Amanhã e segundo a reportagem esperam-se dezenas ou centenas de ciganos na região.

Os nacionalistas que estiverem disponíveis têm a obrigação cívica e patriótica de se deslocarem amanhã para o local.

Os nacionalistas (politicos) levem a propaganda, que os activistas de rua levam os paus.
É UM APELO ÀS ARMAS!!
Amanhã CORUCHE!!!!

109. Agiu o arguido A deliberada, livre e conscientemente, apelando aos utilizadores do Fórum Nacional que agredissem os indivíduos de etnia cigana que se encontrassem em Coruche.

110. Em 27.05.2005 foi colocada no site do Fórum Nacional uma entrevista que o arguido **A** deu ao jornal "Correio da Manhã", entre outros assuntos, sobre a deslocação a Coruche e na qual afirma, quanto à comunidade cigana: *"Queremos que compreendam que esta não é a terra deles. Para estarem aqui têm que se comportar segundo as normas da sociedade".*

111. Na mesma entrevista, o arguido A afirma que o movimento Skinhead, está ligado à Frente Nacional e ao Partido Nacional Renovador (PNR).

112. No dia 18/06/2005, a Frente Nacional promoveu uma manifestação em Lisboa contra a criminalidade, constando como proponentes os arguidos A e L – cfr. 563.

113. A essa manifestação compareceram, entre outros, os arguidos A, L, ZC, ZD, ZE, ZJ, ZL, ZN, C e E.

114. Nessa manifestação o arguido **A** fez a saudação nazi.

115. Os manifestantes, entre os quais os arguidos, exibiam faixas com os seguintes dizeres: "n*ão existem direitos iguais quando és um alvo por seres branco"*, *"basta imigrantes = crime".*

116. No dia 20/08/2005, na sequência do apelo feito no Fórum Nacional pelo arguido Mário Machado, sobre o tópico *"Homenagem a Rodolf Hess"*, onde são publicados textos exaltando a acção política daquele dirigente Nazi, os arguidos A, D, ZJ, J, ZD compareceram numa artéria junto à Embaixada da Alemanha em Lisboa, munidos de faixas alegóricas à manifestação.

117. Porém a PSP dispersou os manifestantes, os quais gritavam: *"Rudolf Hess, Rudolf Hess"* enquanto faziam a saudação NAZI.

118. O arguido A, em entrevista a uma estação de televisão, disse: *"Existem apenas duas formas de chegar ao povo. É a maneira democrática, que é a que nós queremos, e que todas as semanas nos é vedada. E existe a outra maneira. Que é, talvez, a única que os políticos compreendem. Talvez um dia quando começarmos a ver os políticos pendurados no Terreiro do Paço, eles compreendam que os nacionalistas também têm direito a ter a sua voz".*

119. O arguido proferiu tais expressões com o propósito de denegrir a imagem das instituições democráticas.

120. No dia 04.10.2005, junto da estação da CP de Cascais, os arguidos T e U abordaram ... e ..., cujas fotografias constavam do fórum nacional colocadas nas circunstâncias referidas nos arts. 48 e 49.

121. De seguida, o arguido T, após troca de palavras com o ..., empurrou a ... contra uma árvore, provocando-lhe escoriações na omoplata esquerda.

122. O arguido T agiu deliberada, livre e conscientemente, querendo atingir a integridade física da ofendida, o que conseguiu.

123. No dia 05.10.2005, indivíduos não identificados dirigiram-se à residência dos mesmos ofendidos, sita na Rua do Alvide, 883, em Cascais, e na parede exterior do prédio pintaram uma cruz céltica e uma cruz suástica e o n.º 88 (Heil Hitler).

124. No dia 26.10.2005, pelas 07h40, na Rua Marquês da Fronteira, em Lisboa, o arguido L, abordou ... e perguntou-lhe: *"então hoje vai também fazer greve?"*.

125. Para esse dia estava convocada uma greve geral.

126. Ao ..., em observação clínica efectuada no dia 26 de Outubro de 2005, foram diagnosticadas contusão do ombro esquerdo e do joelho direito – boletim clínico de fls. 924, e no auto de exame a fls. 1008.

127. Em virtude de tais lesões, foi o ... assistido pelo Hospital Curry Cabral, onde lhe foram prestados cuidados de urgência e realizados exames radiológicos.

128. Tais serviços tiveram o custo de € 66,80. – factura n. 25009956, de fls. 10152; boletim clínico de fls. 924.

129. No dia 15.02.2006, pelas 20H29, ..., recebeu na sua caixa de e-mail – trad_skin@hotmail.com – uma mensagem enviada pelo arguido S que utiliza o nickname, "Bárbaro" – alexbarbaro88@hotmail.com, com o seguinte teor: *"Olá porco, era só para te dizer que já tenho foto tua... tas com azar do caralho pk por acaso até paro em telheiras. Olha, sincera-*

mente, até nem te vou bater muito (mas um dentinho vai ter de cair), o pior vai ser os miúdos da tua idade que até se mordem todos para te partir a cara... tens a cabeça a prémio miúdo...".

130. O arguido agiu deliberada, livre e conscientemente, sabendo que as palavras proferidas eram susceptíveis de causar justo receio no ofendido sendo certo que com as mesmas pretendia assustá-lo, o que conseguiu.

131. No dia 24 de Fevereiro de 2006, o arguido S apresentou uma queixa crime contra desconhecidos, da qual consta que, no dia 10 desse mesmo mês e ano, surgiu num site da Internet uma fotografia sua, o seu curriculum vitae, morada e outros elementos identificativos pessoais.

132. No dia 17.01.2006 pelas 11:30 horas no aeroporto da Portela em Lisboa o arguido **B**, na sequência de revista pessoal e à bagagem que transportava, foi interceptado na posse de quatro embalagens contendo cocaína, com o peso bruto aproximado de 1,480 gramas, dissimuladas no interior de dois pares de ténis.

133. No dia 13 de Fevereiro de 2006, uma delegação portuguesa da FRENTE NACIONAL e dos PORTUGAL HAMMERSKINS deslocou-se a Dresden – Alemanha. A comitiva Portuguesa era composta por A, C, F, G e L.

134. Conforme anunciado no site www.forum-nacional.net a comitiva Portuguesa participou numa manifestação em Dresden, com uma faixa com os dizeres *"os resistentes nacionalistas Portugueses não esquecem o holocausto cometido em Dresden"*.

135. Os arguidos guardaram as fotografias da deslocação a Dresden.

136. Na madrugada do dia 20/04/2006, cerca das 02H45, na Praça dos Restauradores em Lisboa, junto do Hard Rock Café, quando por ali passava ..., os arguidos ZB, ZE, ZC, ZN e ZD avistaram-no e apercebendo-se que o mesmo era indiano perseguiram-no.

137. Tendo procurado fugir, o ofendido foi atirado ao solo.

138. De seguida encontrando-se o ofendido prostrado no solo e sem oferecer qualquer resistência, os arguidos continuaram a agredi-lo, desferindo-lhe um número indeterminado de socos e pontapés, atingindo-o por todo o corpo e designadamente na cabeça.

139. Em consequência das agressões sofridas resultaram para o ofendido, designadamente traumatismo craniofacial com perda de conhecimento, traumatismos na região lombar e membro superior e inferior esquerdo, lesões estas que determinaram como consequência directa e

necessária um período de 30 dias de doença com 30 dias de incapacidade para o trabalho. – Boletim Clínico de fls. 61 e 62 e no Exame de fls. 100 a 103 do Apenso I.

140. Tais lesões provocaram ainda um discreto desvio da pirâmide nasal.

141. Os arguidos agiram deliberada, livre e conscientemente, movidos por ódio racial, querendo atingir a integridade física do ofendido, o que conseguiram.

142. Na sequência das lesões sofridas o Centro Hospitalar de Lisboa Central/Hospital de São José, prestou assistência hospitalar a ..., a qual consistiu em assistência de urgência, exames laboratoriais, exames radiológicos e TACs.

143. O custo da referida assistência importou em € 227,80. – fls. 61 e 62 do Apenso I e fls. 10567 e 10568 do processo (factura n.º 6007717).

144. No dia 06.06.2006, o arguido A foi entrevistado no canal 1 da RTP.

145. Na referida entrevista, o arguido afirmou: *"todos os nacionalistas, são portadores de armas de fogo...e estão preparados para tomar de assalto as ruas, quando for necessário"*.

146. Na altura, o arguido A, exibiu uma arma de fogo apelando à utilização de armas por todos os nacionalistas.

147. Na sequência dessa entrevista, a PSP no dia 06.06.2006, realizou buscas nas residências do arguido A, tendo apreendido armas de fogo, uma besta, um maço, munições, três bandeiras ostentando a cruz suástica, vários punhais, embalagens com spray tóxico, um aparelho de choques eléctricos e duas soqueiras.

148. No dia 10.06.2006, cerca das 22H00, na Rua Ribeira das Naus em Lisboa, perto da Estação Fluvial do Cais Sodré o arguido J e outros indivíduos cuja identidade não se apurou, aproximaram-se de ..., ..., ... e....

149. Os arguidos J, ZG e ZF possuíam soqueiras, descritas a fls. 1057, 1058 e 1059 e examinadas a fls. 1084, 1088 e 1089, sendo que não justificaram a sua posse, bem sabendo que tais armas, pela sua natureza, podem causar lesões graves na integridade física da pessoa contra quem sejam utilizadas.

150. Ao arguido J foi ainda apreendida uma pistola de alarme, de marca BBM, modelo Police, sem número de série, calibre 8 mm, tendo incorporada um carregador com três munições de salva – fls. 7559 a 7562 (exame) e 1057 (Auto de apreensão).

151. No dia 15 de Junho de 2006 pelas 04:00 horas, no interior da discoteca PLATEAU, sita nas Escadinhas da Praia em Lisboa, o arguido G aproximou-se do ofendido ..., por estar convencido da ocorrência de um incidente entre este e uma das pessoas que acompanhava o arguido.

152. Após troca de palavras entre ambos, o arguido disse ao ofendido, entre outras, "preto do caralho, apalpaste a mulher do meu irmão", e acto contínuo, o arguido agrediu o ofendido com uma cabeçada atingindo-o na região malar direita.

153. De tais agressões resultaram no ofendido ferida incisa transversal com dois centímetros de comprimento na região malar direita.

154. Lesões que determinaram como consequência directa e necessária um período de 8 dias de doença e 5 de incapacidade para o trabalho.

155. O arguido G agiu deliberada, livre e conscientemente, querendo atingir a integridade física do ofendido, o que conseguiu.

156. No interior da discoteca encontrava-se a arguida H a qual possuía uma soqueira, um spray paralisante e um aerossol, apreendidos a fls. 5, e examinados a fls. 17.

157. A arguida H não justificou a posse da soqueira, bem sabendo que tal arma, pela sua natureza, pode causar lesões graves na integridade física da pessoa contra quem seja utilizada.

158. A arguida sabia que a detenção de tal objecto e substâncias era proibida e punida por lei, tendo agido de forma voluntária, livre e consciente.

159. Em Agosto de 2006, em Alcântara, o arguido A, fazendo-se transportar num veículo Audi, modelo TT, avistou ..., cuja fotografia consta de fls. 12 e 12 A, com o número 3, e de imediato apontou-lhe uma arma de fogo dizendo-lhe: *"se tu continuares a ser um SHARP, uma destas munições é para ti"*.

160. Fê-lo deliberada, livre e conscientemente, sabendo que nas circunstâncias referidas, as palavras proferidas eram susceptíveis de causar receio e agiu com o objectivo concretizado de assustar o ofendido, o que conseguiu.

161. No dia 01.12.2006, à porta do estádio de futebol do Sporting Clube de Portugal (SCP), os arguidos, A, N, D e I, entre outros indivíduos não identificados, gritavam: "vamos *a eles, todos juntos!*".

162. No Fórum Nacional, no tópico "Sporting vs Benfica", pelos arguidos A, J, F e E foram colocados os seguintes comentários: *"Queremos é bater em tudo o que esteja de vermelho, Comunas e Non Name"*,

"esta vai ser a maior enchente nazi, desde sempre, em Alvalade", *"eu sei é que já há muito tempo, não via muito preto e paneleiros do Benfica a levarem na boca!"*, *"preferimos gastar o nosso dinheiro em armas!"*.

163. No dia 11 de Dezembro de 2006, na Rua de São Bento, Lisboa, os arguidos, A e L, abordaram ..., sabendo que o mesmo é membro da comissão politica do partido "Bloco de Esquerda" e colunista do semanário "Expresso".

164. Então, o arguido A, dirigindo-se a .., disse-lhe com o propósito de o intimidar: *"paneleiro de merda, não voltas a escrever sobre mim!"*, *"tem cuidado a andar na rua, parto-te todo, um dia ainda te arranco a cabeça, meu paneleiro!"*

165. O arguido, L, dirigindo-se ao arguido A, e falando sobre o ..., disse: "Deixa lá esse palhaço".

166. O arguido A actuou deliberada, livre, conscientemente, sabendo que nas circunstâncias referidas, as palavras por si proferidas eram susceptíveis de causar receio no ofendido, como causaram sendo certo que pretendia assustá-lo e dar-lhe a entender que o agrediria.

167. Na sequência dos factos acima descritos, o arguido A, escreveu no Fórum Nacional: *"realmente...já não se pode andar na rua. É chato, mas os nazis, estão em todo o lado"*, *"Hoje nas ruas, amanhã esticar as cordas no Terreiro do Paço, para todos os Daniéis deste país"*.

168. No Fórum Nacional, os arguidos C e L, comentaram os factos acima descritos: *"Realmente acho piada a estes merdas de esquerda"*, *"...este asqueroso, possivelmente até andou por lá, com alguns dos seus camaradas do bloco"*, *"Devem ter andar a saquear para o partido"*.

"Já não se pode andar na rua.", *"Realmente é verdade, já não se pode andar na rua, mas não é por causa de meros insultos, ou ameaças aos ilustres merdas do bloco de esterco, a culpa é da escumalha que rouba, agride e assassina pessoas e que esse Bloco e essa gente do Bloco, insiste em desculpar e defender"* (termina assinado, *"Tenho sempre duas pedras na mão; uma é para esmagar o que dizes, a outra é para te abrir ao meio"*

169. O assistente, por causa destes factos, passou a sentir medo de andar na rua, passou a pedir a companhia de pessoas amigas para se deslocar a determinados locais, deixou de frequentar o Bairro Alto à noite, com receio de aí poder vir a encontrar o arguido.

170. No mesmo dia 11.12.2006, o arguido **A**, colocou novo post no site do Fórum Nacional, apelando à expansão em todo o território nacio-

nal, do PHS ("Portuguese Hammer Skin"), referindo que a expansão é um dos principais objectivos para 2007.
Termina com a frase, *"Hitler é fixe"*.

171. Em 21.01.2007, os arguidos A, D, C, E,**F, I, G, M, N, O, P e Q**.

172. Com o propósito de se confrontarem com elementos do grupo "Blood and Honour" (Sangue e Honra), fizeram-se transportar em 4 viaturas, e dirigiram-se ao hipermercado "Jumbo", da Maia.

173. Ali chegados, junto às linhas de caixa, ... disse ao arguido **A,** na presença dos arguidos C, E e I, que não poderiam entrar, dado que o estabelecimento se encontrava encerrado, o que não os impediu de entrarem.

174. De seguida, os restantes arguidos, com excepção dos arguidos Q e M, entraram na zona do hipermercado, e dirigiram-se para a zona da peixaria, visando a localização de um dos membros da "Blood and Honour", ...

175. Como não o encontraram, acabaram por abandonar o local, onde entraram e permaneceram. Os arguidos A, C, E e I agiram deliberada, livre e conscientemente, sem autorização dos legais representantes do hipermercado, bem sabendo que se tratava de um espaço vedado ao público e que as suas condutas não eram permitidas por lei.

176. Ainda nesse dia, já na Estrada Nacional Maia/Porto, o arguido A, após troca de palavras com ...., que então conduzia um veículo da marca Porshe, com matrícula inglesa, saiu da viatura em que seguia e dirigiu-se para junto do veículo Porsche.

177. Os arguidos O, C, I, E, D e N, após saírem das viaturas em que seguiam, aproximaram-se do referido veículo e cercaram-no.

178. Assustado, o condutor, tentou pôr-se em fuga.

179. Nesse momento, os arguidos A, O, E, I e C desferiram um número indeterminado de pontapés e socos na viatura, provocando estragos cuja reparação ascendeu a € 1.500.

180. Agiram os arguidos de comum acordo, deliberada, livre e conscientemente, com o propósito de provocarem estragos no veículo, como efectivamente aconteceu.

181. Em 31.01.2007, cerca das 20:00 horas no Alto dos Moinhos, em Lisboa, ..., identificada a fls. 15, foi interceptada por ZI, dado que a reconheceu como sendo uma das pessoas ligadas ao movimento SHARP.

182. Por causa da ideologia perfilhada pela ..., após troca de pala-

vras entre ambos, o arguido agarrou-a, empurrou-a e desferiu-lhe, pelo menos, uma estalada na face, provocando-lhe edema nasal e frontal.

183. O arguido agiu deliberada, livre e conscientemente, movido por ódio politico, querendo atingir a integridade física da ofendida, o que conseguiu.

184. No dia 02.03.2007, pelas 17H45, na Rua Garrett, junto à loja "Cartier" em Lisboa, o arguido, I, avistou ...., o qual se encontrava acompanhado por ....

185. O arguido conhecia-os e associava-os ao movimento PUNK e perfilhando ideais anti-fascistas.

186. Ao passar por eles, e ouvindo a expressão "Fascismo nunca mais", proferida pelo ..., o arguido, empunhando um bastão extensível, aproximou-se do ... e, acto contínuo, utilizando tal bastão, desferiu-lhe uma pancada, atingindo-o na cabeça.

187. Da agressão resultaram no ofendido ferida inciso contusa na região parietal esquerda, lesão que determinou como consequência directa e necessária um período de 8 dias de doença com 8 dias de incapacidade para o trabalho.

188. O arguido agiu deliberada, livre e conscientemente, movido por ódio politico, querendo atingir a integridade física do ofendido, o que conseguiu.

189. O arguido não justificou a posse do bastão extensível, bem sabendo que tal arma, pela sua natureza pode causar lesões graves na integridade física da pessoa contra quem seja utilizada.

190. No dia 15.03.2007, pelas 15H30, junto à estação da CP da Amadora, ... e..., foram abordados pelo arguido J.

191. O arguido, depois de uma troca de palavras com o ... sobre a roupa que vestia chamou-lhe "*preto*".

192. Acto contínuo, o arguido J, empunhou uma arma de fogo que trazia consigo e apontou-a ao abdómen de ... dizendo, "*põe-te a andar preto*".

193. Assustados, ... e ... procuraram a polícia, e perseguiram o arguido, para que este não fugisse.

194. No decurso da perseguição, o arguido **J** empunhou a arma de fogo, que não foi possível examinar mas que dispara projécteis de calibre 6.35 mm, e disparou pelo menos dois tiros na direcção dos ofendidos, encontrando-se relativamente perto destes.

195. Um dos projécteis atingiu o ofendido ..., provocando-lhe uma

ferida contusa na região acromio-clavicular esquerda, a qual determinou como consequência directa e necessária um período de 5 dias de doença com 5 dias de incapacidade para o trabalho.

196. O segundo projéctil atingiu o ofendido ... de raspão na omoplata esquerda provocando-lhe uma escoriação.

197. O arguido agiu deliberada, livre e conscientemente, movido por ódio racial, querendo atingir a integridade física dos ofendidos, o que conseguiu.

198. O arguido conhecia as características da arma de fogo que utilizou, contendo munições de calibre 6.35 mm Browning, a qual, pelas suas características é susceptível de causar lesões graves na integridade física das pessoas contra as quais seja utilizada.

199. Após os disparos, o arguido pôs-se em fuga e introduziu-se no veículo marca SEAT, modelo TOLEDO, com matrícula ... ao volante do qual se encontrava ..., e no qual se fazia transportar ....

200. Acto contínuo, o arguido obrigou ... a pôr o veículo em marcha apontando-lhe para o efeito a arma à cabeça.

201. Assustado e temendo pela sua segurança e da sua filha, ... pôs o veiculo em marcha conduzindo-o até à localidade do Vale Pequeno, num trajecto de cerca de 3 Km, como exigido pelo arguido.

202. O arguido ameaçou o ofendido, usando para o efeito uma arma de fogo, com o propósito de o obrigar a transportá-lo no veículo ao local indicado, o que conseguiu.

203. Sabia o arguido que ao agir da forma descrita privava da liberdade ... e..., como privou, utilizando para o efeito uma arma de fogo.

204. Bem sabia o arguido que com a conduta descrita provocava nos ofendidos sofrimento físico e psicológico, como provocou, obrigando-os a viver momentos de pânico e incerteza.

205. Durante o percurso efectuado, o arguido pediu desculpa aos ofendidos ..., e disse que não iria fazer mal "a pessoas do mesmo país" que ele, mas que tinha de o fazer.

206. No dia 15 de Março de 2007, encontravam-se os arguidos **C, E, I, O, N, G, V e ZI**, junto à Faculdade de Letras da Universidade de Lisboa, pretendendo aí manifestar-se contra a pintura de um mural alusivo ao 25 de Abril.

207. Assim, cerca das 15H20, na escadaria da Faculdade de Letras – Lisboa, os arguidos E e C, rodearam o ofendido ..., acto contínuo, o arguido E desferiu uma joelhada na perna do ....

208. Enquanto isso aproximaram-se ainda do ofendido, os arguidos **ZI, I, O e G**.

209. Os arguidos foram interceptados pela PSP e obrigados a dispersar.

210. O arguido E, agiu da forma descrita, por saber que o ofendido E, perfilha ideais anti-fascistas.

211. O arguido E agiu deliberada, livre e conscientemente, movido por ódio político, querendo atingir a integridade física do ofendido, o que conseguiu.

212. No dia seguinte no site Fórum Nacional e sob o tópico – *Pintura de Mural 15MAR07 na Faculdade de Letras de UL* –, o arguido G, referindo-se aos agentes da PSP, colocou o post: *"Alem da antifalhada, estavam lá os guardadores de antifas, os cães fardados"*, *"Esses filhos de uma cadela, corruptos e servidores do sistema"*.

"SIEG HEIL".

213. Em Abril de 2007, e na sequência da colocação de um cartaz no Marquês de Pombal onde o grupo "Gato Fedorento" satiriza frases de teor xenófobo colocados num cartaz do PNR, onde se exige a expulsão dos imigrantes, o arguido ZJ com o nickname "NS_NUNO" colocou um "post", sob o titulo: *"Gato Fedorento ataca cartaz do PNR "* e escreveu:

– *"Como não colocaram o endereço electrónico para os felicitar, creio que terei de fazer um destes dias uma visita à hora de saída do Colégio do Campo de Flores, sito em Lazarim da Caparica, onde um destes burgueses esquerdistas tem os seus filhos a estudar e assim parabeniza-lo pessoalmente pelo brilhante cartaz,"*...

"...E curioso que estes merdas que gostem tanto de verem as escolas secundarias invadidas por não europeus, tenham depois o displante de não proporcionar ao seus filhos a sociedade multicultural que tanto apregoam.

Gato fedorento merdoso podes correr mas não te podes esconder.".

214. O arguido referia-se ao colégio frequentado pela filha menor ....

215. Ao escrever tais frases o arguido agiu deliberada, livre e conscientemente, sabendo que nas circunstâncias referidas, as palavras escritas eram susceptíveis de causar receio no ofendido, sendo certo que com as

mesmas quis assustá-lo, e dar-lhe a entender que concretizaria o mal que anunciava, o que conseguiu.

216. No dia 26.07.2007 cerca das 19H30, na Av. João XXI em Lisboa, os arguidos V e ZM avistaram o ofendido …, cuja fotografia consta de fls. 12 A com o n.º 3 do inquérito 1706/04.0PTLSB, e ….., e decidiram abordá-lo pelo facto do … ter apresentado uma queixa-crime contra o V, por uma situação ocorrida entre o ofendido e este arguido na Baixa--Chiado.

217. Então o arguido V iniciou uma discussão com o …

218. A dada altura, o arguido ZM desferiu no ofendido uma pancada com um tubo de ferro, atingindo-o na cabeça.

219. Da agressão resultaram no ofendido traumatismo do couro cabeludo e ferida contusa na região temporal esquerda.

220. Tais lesões determinaram como consequência directa e necessária um período de 8 dias de doença com 8 dias de incapacidade para o trabalho.

221. O arguido ZM agiu deliberada, livre e conscientemente, querendo atingir a integridade física do ofendido, o que conseguiu.

222. O arguido ZM não justificou a posse do tubo em ferro, bem sabendo que tal objecto, pela sua natureza pode causar lesões graves na integridade física da pessoa contra quem seja utilizada.

Buscas e Apreensões

(…)

Todos os arguidos que detinham como acima referido soqueiras, bastões, mocas, matracas, punhais, tacos de basebol, facas do mato, bastões extensíveis, navalhas borboletas e outras, não justificaram a sua posse, sendo certo que pelas suas características, podem causar lesões graves na integridade física da pessoa contra quem sejam utilizadas.

Todos os arguidos conheciam as características das embalagens que continham gás tóxico, das armas de fogo e das munições que detinham e que se encontravam em bom estado de utilização e funcionamento, bem sabendo que a sua detenção era proibida por lei.

Todos os arguidos actuaram deliberada, livre e conscientemente, bem sabendo que as suas condutas são proibidas por Lei.

....

DO CRIME DE DISCRIMINAÇÃO RACIAL, RELIGIOSA OU SEXUAL

Dispõe o art. 240.º do Código Penal:

"1 – Quem:

a) Fundar ou constituir organização ou desenvolver actividades de propaganda organizada que incitem à discriminação, ao ódio ou à violência contra pessoa ou grupo de pessoas por causa da sua raça, cor, origem étnica ou nacional, religião, sexo ou orientação sexual, ou a encorajem; ou
b) Participar na organização ou nas actividades referidas na alínea anterior ou lhes prestar assistência, incluindo o seu financiamento; é punido com pena de prisão de um a oito anos.

2 – Quem, em reunião pública, por escrito destinado a divulgação ou através de qualquer meio de comunicação social ou sistema informático destinado à divulgação:

a) Provocar actos de violência contra pessoa ou grupo de pessoas por causa da sua raça, cor, origem étnica ou nacional, religião, sexo ou orientação sexual; ou
b) Difamar ou injuriar pessoa ou grupo de pessoas por causa da sua raça, cor, origem étnica ou nacional, religião, sexo ou orientação sexual, nomeadamente através da negação de crimes de guerra ou contra a paz e a humanidade; ou
c) Ameaçar pessoa ou grupo de pessoas por causa da sua raça, cor, origem étnica ou nacional, religião, sexo ou orientação sexual; com a intenção de incitar à discriminação racial, religiosa ou sexual, ou de a encorajar, é punido com pena de prisão de seis meses a cinco anos".

A redacção dada ao preceito, tal como citado, decorre da Lei n.º 59/2007, de 4 de Setembro. À data da prática dos factos, vigorava a redacção dada pela Lei n.º 65/98, de 2 de Setembro, não se encontrado nessa versão a tipificação da discriminação em razão do género (sexo) ou da orientação sexual.

Não estando tais formas de discriminação tipificadas como crime, não seriam as mesmas susceptíveis de serem punidas, em obediência aos princípios da legalidade e tipicidade (*nullum crimen sine lege*), previstos no art. 1.º, n.º 1 do Código Penal, com consagração constitucional no art. 29.º, n.º 1 da Constituição da República Portuguesa (CRP), e decorrentes do disposto no art. 11.º, n.º 2 da Declaração Universal dos Direitos do Homem (aprovada e proclamada a 10 de Dezembro de 1948, e publicada no DR n.º 57/78, de 9 de Março de 1978).

Na verdade, conforme abaixo se verá, o presente crime possui uma área em que a conduta típica, visando tutelar determinado valor juridicamente relevante, importa, necessariamente, a limitação do exercício de outros direitos constitucionalmente consagrados, como sejam a liberdade de expressão ou a de criação artística. A admitir-se uma tal limitação, terá necessariamente de entender-se que a mesma só poderá decorrer de uma tipificação muito concreta e pormenorizada das condutas que legitimam essa restrição.

Se assim é, não prevendo a lei como crime determinada forma de discriminação (no caso concreto, em razão do género e da orientação sexual), e optando o legislador, em nova redacção do tipo, por tipificar, também, tais formas de discriminação como crime, teremos de considerar que as condutas susceptíveis de integrar os conceitos de discriminação sexual ou em razão da orientação sexual não constituíam crime à luz da redacção primitiva do preceito. E não podendo a nova incriminação decorrente da alteração legal ser aplicada retroactivamente (art. 1.º, n.º 1 e 2.º, n.º 1 do Código Penal), ou seja, a actos praticados antes da conduta ser considerada crime pelo ordenamento jurídico, impõe-se concluir que tais actos não poderão ser punidos – ainda que, à luz da nova lei, fossem já puníveis.

Tais considerações relevam para o presente processo, na medida em que, de entre os factos imputados aos arguidos A, L e F, consta a participação numa manifestação promovida pela Frente Nacional, no dia 17 de Setembro de 2005, alegadamente contra os homossexuais, bem como a autoria de várias mensagens electrónicas comentando tal manifestação (Factos descritos no ponto XI do art. 64.º do despacho de pronúncia).

Independentemente de se saber se tais actos integram ou não o tipo criminal de discriminação em razão da orientação sexual, a verdade é que, ainda que tal ocorresse, tais factos não eram puníveis à data em que alegadamente ocorreram.

Assim, porque tais condutas nunca poderiam ser puníveis como crime, pelas razões acima expostas, optou o Tribunal por não produzir prova sobre as mesmas, não se pronunciando na fundamentação de facto sobre a sua prova ou não prova, já que tal constituiria a prática de um acto inútil, pois que dele não poderiam ser retiradas quaisquer consequências jurídicas.

Analisando em pormenor o preceito incriminador (na redacção vigente à data dos factos praticados), não restam dúvidas que o bem jurídico tutelado será o da igualdade entre todos os cidadãos.

Dispõe o art. 13.º da CRP:

"1 – Todos os cidadãos têm a mesma dignidade social e são iguais perante a lei.

2 – Ninguém pode ser privilegiado, beneficiado, prejudicado, privado de qualquer direito ou isento de qualquer dever em razão da sua ascendência, sexo, raça, língua, território de origem, religião, convicções políticas ou ideológicas, instrução, situação económica ou condição social".

Por discriminação racial entende-se "(...) qualquer distinção, exclusão, restrição ou preferência fundada na raça, cor, ascendência na origem social ou étnica que tenha como objectivo ou como efeito destruir ou comprometer o reconhecimento, o gozo ou o exercício, em condições de igualdade, dos direitos do homem e das liberdades fundamentais nos domínios político, económico, social, cultural ou em qualquer outro domínio da vida pública" – art. 1.º, n.º 1 da Convenção Internacional sobre a Eliminação de Todas as Formas de Discriminação Racial", aprovada pela Lei n.º 7/82, de 29 de Abril. Idêntica noção legal pode encontrar-se também no art. 3.º da Lei n.º 134/99, de 28 de Agosto.

Em face de tal enquadramento legal, encontraremos a conduta criminosa na acção ou conjunto de acções que visam como resultado causar uma fractura na igualdade entre os cidadãos, impedindo o reconhecimento, gozo ou exercício de direitos e liberdades, a determinada pessoa ou grupo, pela circunstância destes pertencerem a determinada raça, cor, etnia, confissão religiosa, etc.

No que diz respeito ao conceito de raça, vem sendo discutido no domínio da sociologia e biologia se faz sentido a existência de um tal conceito – sobre uma análise da discussão em torno de tal problemática, vide Rosa Cabecinhas, *Preto e branco – A naturalização da discriminação racial*, Campo das Letras, 2007.

Sempre muito próximo de concepções políticas directa ou indirectamente ligadas à forma de organização do Estado, o conceito ora aparece associado à justificação de um tratamento diferenciado entre pessoas (como sejam, por exemplo, os fenómenos da escravatura, do colonialismo, dos ghettos, etc), como surge associado aos movimentos de reconhecimento da diferença inerentes à igualdade entre os povos (com particular desenvolvimento na fase de surgimento dos novos Estados africanos). A par daquelas duas grandes tendências, surgem actualmente posições, julgadas desaparecidas com o termo da II Guerra Mundial, que voltam novamente a associar a raça a fenómenos geradores de desigualdade.

Ou seja, enquanto fenómeno politicamente tratado, a raça continua a constituir um conceito de referência, esteja ou não suportado por fundamentos biológicos.

De todo o modo, quer na sua vertente biológica e sociológica, quer enquanto objecto de querela política, hoje potenciada nos planos da segurança e da imigração, o conceito de raça não será estudado no presente acórdão.

Pela simples razão do ordenamento jurídico português assumir a sua existência, e censurar penalmente fenómenos de desigualdade que o tenham por fundamento. Na verdade, os valores jurídicos em que o legislador se apoiou na construção do edifício normativo vigente pressupõem a igualdade entre raças, promovem tal igualdade onde ela não ocorre, e censuram quem procure agir no sentido de não a reconhecer. Pouco importa pois saber se do ponto de vista cientifico tal igualdade existe ou não, se do ponto de vista sociológico o tratamento igual se justifica, ou se do ponto de vista político-ideológico é defensável uma doutrina que tenha por fundamento o tratamento desigual de uma classe de cidadãos. No plano jurídico-criminal, que é o que para o caso nos importa, não se trata de uma questão em aberto.

Também do ponto de vista do intérprete/aplicador pouco relevo terá discutir a origem dos valores que enformaram o ordenamento jurídico em análise.

São muitas as formas da comunidade, e em particular, da comunidade jurídica, eleger os valores que considera fundamentais e carentes de tutela. Em tese, dir-se-á que tais valores resultam do evoluir histórico dessa comunidade e das vicissitudes a que está sujeita, nomeadamente, dos momentos de continuidade ou ruptura que atravessa. Outros dirão que tais valores resultam da imposição de forças externas à comunidade, numa lógica de vencedores e vencidos. Também se afirma que tais valores podem resultar do jogo de influências protagonizado por agrupamentos sociais, não representativos mas profundamente preponderantes no processo decisório do poder político.

Sendo interessantíssima do ponto de vista político, tal questão deverá permanecer alheia ao julgamento das situações trazidas ao Tribunal, não cabendo nunca a este questionar, no plano da aplicação concreta, a legitimidade dos valores subjacentes à norma cuja aplicação lhe é pedida. Expressando-se o poder judicial no exercício de um poder soberano, não deixa contudo de constituir um poder limitado (como todos os outros), desde logo pela própria natureza da sua função: a da aplicação do Direito ao caso concreto. Tal tarefa pressupõe, em primeira linha, o respeito pela norma, não sendo de esperar que o Tribunal a questione, quer do ponto de vista da sua legitimidade valorativa, quer do ponto de vista circunstancial em que é chamado a aplicá-la.

Na verdade, da mesma forma que não pode o Tribunal desaplicar a Lei por a considerar não representativa dos valores legítimos e originários da comunidade em nome da qual aplica o Direito (e com que legitimidade o faria?), não pode também o Tribunal derrogar a validade da norma em função das circunstâncias conjunturais da sociedade, e dessa forma justificar as condutas que lhe são apresentadas para avaliação.

Concretizando com a situação do caso presente:

A defesa política das posições assumidas por alguns dos arguidos no presente caso passa, por um lado, por considerar que os valores actualmente vigentes resultam de uma imposição dos vencedores da II Guerra Mundial, profundamente devedores da causa judaica ou sionista, sendo por isso, aqueles valores instrumentalizados por forma a favorecer aquela causa; por outro, a situação de insegurança, injustiça social, desemprego, etc, que no entender de alguns caracterizam as sociedades ocidentais actuais, têm origem em fenómenos como a imigração descontrolada e no favorecimento de apenas alguns dos sectores da sociedade (dominados por movimentos sionistas ou de outra natureza menos clara), pelo que se justifica que cada cidadão, enquanto tal, combata esse estado de coisas através dos meios que tiver ao seu alcance, legitimando-se, inclusive, o recurso às armas.

Ora, de acordo com o que já acima se expôs, dificilmente tal argumentação poderá obter enquadramento no plano da aplicação do Direito.

Não podendo o Tribunal questionar a legitimidade substancial ou valorativa da norma (excepto no caso da sua desconformidade à Constituição, o que de nada serve para aquele ponto de vista da defesa, já que, no seu entender, a Constituição será, precisamente, a maior "refém" da mencionada instrumentalização), jamais poderá afastar a sua aplicação com o argumento da mesma não responder aos verdadeiros e legítimos valores da sociedade. Sob pena de passarem a ser os Tribunais a definir, a partir do julgamento dos casos concretos, quais são os valores que a sociedade deve defender, os que são ou não legitimamente defensáveis, e os que, pura e simplesmente devem ser abolidos por não corresponderem ao sentir comunitário. Em tal tarefa de análise e eleição, mais não faria que imiscuir-se no âmbito das competências do poder político, mais propriamente do legislativo, a quem cabe, em cada momento, definir o Direito de acordo com os valores considerados relevantes pela comunidade que o elege.

E com que legitimidade o faria, é questão que se impõe colocar. É certo que se podem encontrar experiências mais ou menos pontuais, em que os Tribunais, fazendo apelo a princípios não consagrados em normas escritas (Direito Natural, Ius Cogens, etc), tomaram decisões que, na prática afastaram o Direito positivado vigente em determinado ordenamento jurídico. A verdade porém, é que a legitimidade de tais Tribunais nunca esteve isenta de ataques, o que levou a que a evolução subsequente passasse pela sua institucionalização, e pela positivação de tais princípios sempre que possível (de que são expressão máxima do primeiro fenómeno a criação do Tribunal Penal Internacional, e do segundo, o crescente número de convenções internacionais destinadas a consagrar todo um universo de direitos reconhecidos mas ainda sem consagração formal). E a verdade que também importa acrescentar é que, sempre que tais Tribunais vieram a funcionar, acabaram precisamente por reconhecer os valores que o crime de discriminação racial põe em causa e atinge.

Por outro lado, no que concerne ao circunstancialismo em que a decisão judicial é tomada (eventualmente marcado pela violação plúrima e múltipla de vários outros valores constitucionalmente consagrados, ou se quisermos, de validade comunitária reconhecida, como sejam a segurança comunitária, a vida humana, a propriedade privada, etc), jamais poderá o mesmo constituir factor determinante para uma decisão judicial afastar a aplicação de uma norma que tutele um qualquer outro valor (como seja, no caso presente, a igualdade entre povos, raças ou etnias). Em termos mais simples, não pode o Tribunal afirmar que não se justifica uma condenação por discriminação racial (que implica, necessariamente, que se conclua pela verificação concreta de uma fractura na igualdade entre os cidadãos), porque a sociedade revela sinais de forte insegurança e desrespeito pelo valor da vida humana, atribuídos (por quem?) a determinado conjunto de cidadãos pertencentes a determinada raça, etnia ou nacionalidade. Estando a intervenção do Tribunal exclusivamente limitada ao caso concreto que lhe é apresentado a julgamento, cabe-lhe apenas avaliar se, em tal caso, o valor jurídico tutelado por determinada norma ou conjunto de normas foi ou não violado. Sem que deva ou possa tecer considerações a propósito de outros valores alheios ao caso concreto que ponham em causa a validade da norma que lhe cabe ou não aplicar – não podendo nunca desaplicá-la com o argumento de que, em várias outras situações, outros valores e outras normas não são também respeitados.

Convém não esquecer que os Tribunais são independentes não apenas porque o devam ser, mas porque só assim servem o fim a que se destinam: aplicar o sistema normativo jurídico vigente na comunidade. A definição de tal sistema, sua extensão e limites, constitui matéria da exclusiva competência do poder político, na qual não pode o Tribunal intrometer-se.

Chegados a este ponto, importa averiguar, através da análise do tipo legal, por que formas pode o princípio da igualdade tutelado ser atingido e violado.

"No que toca à conduta do agente, o n.º 1 autonomiza três modalidades de acção distintas: a fundação, constituição ou participação em organização que incite, ou encoraje, à discriminação, ao ódio ou à violência raciais ou religiosas; o desenvolvimento ou a participação em actividades de propaganda organizada que incitem, ou encorajem, à discriminação, ao ódio ou à violência raciais ou religiosas; e a prestação de assistência a tais organizações ou actividades discriminatórias, incluindo o seu financiamento. No n.º 2 a conduta do agente consiste em provocar actos de violência contra pessoa ou grupo de pessoas por causa da sua raça, cor, origem étnica ou nacional ou religião, ou em difamar ou injuriar pessoa ou grupo de pessoas por causa da sua raça, cor, origem étnica ou nacional ou religião" – Maria João Antunes, anotação ao art. 240.º, em <u>Comentário Conimbricense do Código Penal</u>, Parte Especial, Tomo II, Coimbra Editora, p. 576 (ainda na redacção anterior à entrada em vigor da Lei n.º 59/2007, de 4 de Setembro).

No que concerne ao meio executivo por via do qual as condutas tipificadas se mostram preenchidas, esclarecem Leal Henriques e Simas Santos (em <u>Código Penal Anotado</u>, 2.º Vol., Rei dos Livros, p. 663) que, no que concerne às condutas previstas pelo n.º 1 do art. 240.º, podem as mesmas ser praticadas por recurso a qualquer meio, incluindo o financiamento da organização ou das actividades; no que diz respeito ao n.º 2, a conduta terá de ser praticada em reunião pública, por escrito destinado à divulgação, ou através de qualquer meio de comunicação social.

Do que fica exposto constata-se que uma parte muito significativa das acções enquadráveis nas condutas tipificadas pelo preceito em análise tem na sua base a verbalização e difusão de ideias ou conceitos. Ou seja, beneficiam, à partida, da protecção conferida pela liberdade de expressão consagrada pelo art. 37.º, n.º 1 da Constituição da República Portuguesa.

Estipula este preceito que:

"1 – Todos têm o direito de exprimir e divulgar livremente o seu pensamento pela palavra, pela imagem ou por qualquer outro meio, bem como o direito de informar, de se informar e de ser informados, sem impedimentos nem discriminações.

2 – O exercício destes direitos não pode ser impedido ou limitado por qualquer tipo ou forma de censura.

3 – As infracções cometidas no exercício destes direitos ficam submetidas aos princípios gerais de direito criminal ou do ilícito de mera ordenação social, sendo a sua apreciação respectivamente da competência dos tribunais judiciais ou de entidade administrativa independente, nos termos da lei.

(...)"

Importa pois saber em que medida pode a liberdade de expressão ser limitada, de forma legítima, por força de outros direitos e liberdades que merecem igual consagração constitucional.

Por um lado, desde logo resulta do n.º 3 do citado preceito constitucional que o exercício da liberdade de expressão é susceptível de levar ao cometimento de infracções, susceptíveis de serem punidas. Logo, a responsabilidade penal por crime praticado no exercício da liberdade de expressão, conforme decorre expressamente da própria Constituição, não pode nunca ser considerado como uma forma de censura.

A censura constitui sempre uma forma de limitação ao exercício daquela liberdade, tratando-se de um acto ou conjunto de actos que impede esse exercício ou o limita.

A susceptibilidade de aplicação de uma sanção penal por delito cometido no exercício dessa liberdade, ao invés de a limitar, antes responsabiliza o autor da infracção. De uma forma mais simples: ninguém pode ser impedido de dizer o que quiser, mas todos podem ser responsabilizados por aquilo que disserem, se daí resultarem a prática de crimes.

Não se trata de qualquer novidade do ponto de vista jurídico.

A todos os cidadãos é reconhecido o direito à liberdade, compreendendo as liberdades de movimento e de acção, mas tais liberdades não conferem a nenhum indivíduo o direito de matar, agredir, privar terceiros da sua própria liberdade, etc. E por isso, quem pratique tais actos, susceptíveis de constituírem crimes, responde criminalmente por tais actos, sem que se possa valer do exercício daqueles direitos e liberdades.

De igual modo, no que tange à liberdade de expressão, esta não confere ao seu titular o direito de injuriar, difamar, difundir segredos de Estado, violar o segredo de justiça, etc. Ou discriminar. E por isso, quem pratique tais actos, susceptíveis de constituírem crimes, responde criminalmente por tais actos, sem que se possa valer do exercício da liberdade de expressão.

No que diz respeito à discriminação propriamente dita, quando praticada ao abrigo da liberdade de expressão, tem a mesma sido denominada pelas instâncias internacionais pelo termo "discurso do ódio" (tradução directa de "hate speach", ou "discours de la haine").

Assim, pelo tratamento que tem dado à questão da liberdade de expressão e das suas limitações no campo da discriminação, importará analisar com algum detalhe as decisões do Tribunal Europeu dos Direitos do Homem (TEDH).

No acórdão *Handyside v. United Kingdom* (7 de Dezembro de 1976) veio o Tribunal afirmar o papel fundamental da liberdade de expressão nas sociedades democráticas. Aí se afirma que tal liberdade é um dos fundamentos essenciais da democracia, e que a mesma "constitui uma das condições primordiais do seu progresso e do desenvolvimento pessoal de cada individuo". Se assim é, uma tal concepção importa necessariamente uma protecção extensa do seu exercício, que cubra não só as ideias ou informações acolhidas com favor ou consideradas inofensivas ou indiferentes, mas também aquelas que ferem, chocam ou inquietam o Estado ou uma fracção da população – assim se pode ler no mencionado acórdão. Por esta via, tem o Tribunal a intenção de proteger, essencialmente, o discurso político.

Assim, e por isso mesmo, tem a jurisprudência do Tribunal evitado a conceptualização das situações de discriminação através do discurso do ódio, antes procurando uma abordagem caso a caso, partindo das situações concretas, para definir violações concretas praticadas ao abrigo da liberdade de expressão.

Não obstante, no que concerne ao discurso do ódio, considera aquele Tribunal (no seguimento, aliás de uma Recomendação do Conselho de Ministros de 30 de Outubro de 1997) "todas as formas de expressão que propaguem, incitem, promovam ou justifiquem o ódio racial, a xenofobia, o anti-semitismo ou outras formas de ódio fundadas em intolerância, compreendendo ainda a intolerância que se exprime sobre a forma de nacionalismo agressivo e de etnocentrismo, de discriminação e de hostilidade contra minorias, imigrantes, (...)" – conceito este acolhido, entre outros, no acórdão *Gunduz v. Turkey* (4 de Dezembro de 2003).

Nos casos em que não recorreu a tal conceptualização, considerou o Tribunal como violações praticadas ao abrigo da liberdade de expressão (utilizando uma fórmula que poderá traduzir-se como "afirmações que não beneficiam da protecção do art. 10.º da Convenção, por se destinarem a por em causa outros valores protegidos pela Convenção, conforme dispõe o art. 17.º"), entre outras, as seguintes afirmações e formas de expressão:

- "Os pretos não são seres humanos... se vires um gorila numa fotografia e depois olhares para um preto, é a mesma estrutura física... Um preto não é um ser humano, é um animal, parecido a todos os outros trabalhadores estrangeiros, turcos, jugoslavos e companhia" – Ac. *Jersild v. Danmark* (23 de Setembro de 1994);
- Um cartaz com as Twin Towers em chamas e com a frase "Fora o Islão – Protejamos o povo britânico" – Ac. *Norwood v. United Kingdom* (16 de Novembro de 2004);
- A justificação de uma política pró-nazi não poderá beneficiar da protecção do art. 10.º – Ac. *Lehideux et Isorni v. France* (23 de Setembro de 1998);
- "A negação ou a revisão de factos históricos deste tipo (holocausto judeu) põem em causa os valores que fundamentam a luta contra o racismo e o anti-semitismo e são de natureza a perturbar gravemente a ordem pública", considerando que o autor de um texto com tal conteúdo "fez uso do seu direito à liberdade de expressão para fins contrários à letra e espírito da Convenção", não podendo beneficiar da sua protecção – Ac. *Garaudy v. France* (24 de Junho de 2003).

Muitos outros casos concretos analisados pelo TEDH (para uma visão mais extensa, vide *La Liberté d'Expression en Europe*, Edições do Conselho da Europa, Estrasburgo, 2006) permitem concluir pela formação de uma tendência: a distinção do discurso e da sua valoração consoante esteja ou não inserido num debate de interesse público, e consoante o autor das afirmações esteja ou não envolvido no jogo político – embora, refira-se, nunca em tais casos admita um discurso equivalente aos exemplos dados, para os quais, de acordo com o Tribunal, não há justificação ou envolvimento político que o justifique – Mario Oetheimer, *La Cour Européenne des Droits de L'Homme Face ao Discours de Haine*, Revue Trimestrielle des Droits de L'Homme, Ano 69, Janeiro de 2007.

Também o Comité para a Eliminação da Discriminação Racial (instituído no âmbito da Convenção Internacional sobre Eliminação de Todas as Formas de Discriminação, já citada), tem tomado posição sobre a questão do discurso do ódio em várias decisões, sendo expressivas as constantes das decisões dos processos *L.K. v. The Netherlands*, CERD de 16 de Março de 1993; *Sadic v. Denmark*, CERD de 21 de Março de 2003; *Quereshi v. Denmark*, CERD de 9 de Março de 2005; *Ahmad v. Denmark*, CERD 13 de Março de 2000; *EIF v. The Netherlands*, CERD 21 de Março de 2001 – acessíveis em http://www.bayefsky.com/themes/expression_hate-speech_jurisprudence.pdf.

Feita assim a análise das situações em que o exercício da liberdade de expressão pode conduzir a uma violação de outros direitos ou liberdades, importa agora averiguar se, no caso concreto, tais violações ocorreram, e em que situações as mesmas se verificaram.

Não obstante, importará à luz daquela mesma jurisprudência, estabelecer o saneamento das situações e factos que, em nosso entender, não podem integrar o conceito de discriminação racial, por não importarem, em si mesmas, situações de quebra da igualdade entre os cidadãos.

A apologia do nacional-socialismo (desde que não sob a forma de associação, pois a tal impede o art. 46.º da CRP), ainda que sendo objecto de propaganda, enquanto tal, não é susceptível de constituir um acto de discriminação racial: ainda que se saiba que tal ideologia, na sua expressão prática alemã, passou pela defesa da supremacia da raça ariana e, no seu extremo, conduziu à perseguição e ao extermínio de milhares ou milhões de pessoas pelo facto de serem judeus, a verdade é que, muitas outras ideologias com cabimento no espectro político, em algumas das suas expressões práticas, serviram de justificação para a perseguição de grupos raciais, étnicos ou nacionais, e práticas de genocídio.

Por maioria de razão, a apologia do nacionalismo, enquanto corrente ideológica, também não o poderá ser, desde que não assuma o etnocentrismo por paradigma e como justificação de exclusão de outros grupos (o que no caso presente não se traduziu em factos provados).

A exibição de símbolos nazis ou associados ao nacional-socialismo, seja em bandeiras, tatuagens, peças de roupa, objectos ou qualquer forma de manifestação estética (no que se inclui a forma de saudação empregue), também não é susceptível de constituir um acto discriminatório. Entende-se também que a venda de objectos contendo tal simbologia não constitui um acto de propaganda discriminatória.

A participação e presença em actos de homenagem a figuras do nacional-socialismo, em encontros associados ao nacional-socialismo, em manifestações nacionalistas, ou outra forma de manifestação de um conceito ideológico, não constituem, em nosso entender, actos de discriminação racial – daqui se retirando, por isso, relevo jurídico-penal a alguns dos factos constantes do despacho de pronúncia e dados por provados, como sejam, a participação em manifestações de skinheads no estrangeiro; a manifestação contra a insegurança organizado no dia 18 de Junho de 2005; a homenagem a Rudolf Hess junto à embaixada da Alemanha; a deslocação a Dresden (ainda que sob o pretexto de homenagear as vítimas alemãs dos bombardeamentos aliados da II Guerra, tal facto não constitui, enquanto tal, a negação do holocausto judeu) em sentido diverso, a propósito de uma manifestação de homenagem a Rudolf Hess mas onde foram proferidos discursos com carácter marcadamente ofensivo contra judeus e imigrantes, decidiu o Comité para a Eliminação da Discriminação Racial no proc. *The Jewis Community of Oslo v. Norway*, CERD, 15 de Agosto de 2005.

A posse de literatura associada ao nacionalismo e ao nacional-socialismo, por razões óbvias, que nos escusamos de explicar, também não é susceptível de constituir um acto de discriminação racial. Já a difusão de tal literatura, desde que esta assuma um conteúdo discriminatório, poderá sê-lo, na vertente da propaganda de incitamento, tudo dependendo do seu conteúdo.

A posse e difusão de material de propaganda do Partido Nacionalista Renovador, estando tal partido validamente constituído e admitido a concorrer a eleições, não pode constituir um acto de discriminação, a menos que, pela análise do seu conteúdo, se conclua que tal material assume uma função discriminatória. A este propósito, assume particular interesse a questão do material de propaganda apreendido relativo à oposição à adesão da Turquia à União Europeia. Ainda que se possa suspeitar que tal posição tem na sua origem uma atitude xenófoba, a verdade é que, em teoria, se pode admitir este tipo de reacção de oposição a qualquer outro Estado que pretenda aderir às Comunidades – sendo conhecidas as reacções vividas em vários outros Estados europeus à eventual adesão de países dos Balcãs, com base nos mais diversos fundamentos. E por outro lado, mesmo no que se reporta à questão turca, são conhecidas variadíssimas posições contrárias à sua adesão, todas elas legitimamente expressas, e sem que os seus autores sejam minimamente tocados pelo estigma da xenofobia.

Por fim, o mesmo se dirá da pertença ou participação em grupos de skinheads ou no sub-grupo hammerskin. Da literatura que nos foi possível consultar, podem caracterizar-se aqueles grupos, em termos necessariamente sintéticos e superficiais, como um movimento estético nascido no final da década de 60 do séc. XX, no Reino Unido, (com um tipo de música próprio, um visual próprio, composto por cortes de cabelo definidos, peças de vestuário definidas e o uso de tatuagens com simbologia específica), desde cedo se assumindo como uma das primeiras sub-culturas (ou "tribos") urbanas. Não tem na sua génese qualquer concepção político-ideológica dominante. Com a sua associação ao fenómeno do hooliganismo das claques de futebol, assume uma feição violenta, que caracteriza quase todos os sub-grupos que, ao longo dos tempos, se formam dentro do movimento. As crises económicas e sociais vividas naquele país durante as décadas de 70 e 80, levam à sua aproximação aos movimentos de extrema-direita, e às primeiras tomadas de posição de cariz racista, anti-imigração e xenofobia. É também por essa altura que se dão os primeiros contactos com movimentos da extrema-direita existentes nos Estados Unidos da América, com alguns dos grupos integrados no Ku Klux Klan, assim ganhando dimensão o factor racista que há-de caracterizar algumas das facções do movimento. Neste contexto, a ideologia nacional-socialista ganha pleno acolhimento, e é assimilada como característica genética do movimento, estando presente nos seus objectivos (que são agora, assumidamente políticos), na sua religião (de inspiração no paganismo) e na sua estética. É já sob esta forma que o movimento se dispersa pelo resto dos países europeus, tornando-se na face mais visível dos partidos de extrema-direita ou nacionalistas, aos quais estão associados de forma mais ou menos indirecta. Os hammerskins constituirão pois esta facção nacionalista dos skinheads, sendo que várias outras facções evoluíram noutros sentidos, seguindo ou não outras correntes ideológicas. Destas leituras é possível concluir também que os hammerskins constituem uma organização de dimensão europeia, com chapters em praticamente todos os países da EU, de cariz nacionalista ou nacional-socialista, defensora da supremacia da raça branca sobre as demais raças, apologista da expulsão de membros de outras raças ou etnias, que associa aos fenómenos de desestabilização social e criminalidade, fomentando a perseguição dessas raças, com recurso à violência física e defendendo o recurso indiscriminado a armas.

Todas estas características poderão ser encontradas na literatura disponível, da qual se conclui tratar-se de uma organização que se dedica, primordialmente, à propaganda e incitamento à discriminação e ódio raciais – para maior e mais pormenorizada informação, vide, Mariano Sánchez Soler, *Descenso a Los Fascismos*, Ediciones B; Yaron Svoray, *A Sombra de Hitler*, Ediciones B; constituindo ambos bibliografia encontrada a partir de António Salas, *Diário de um Skin*, Livros d'Hoje.

E assim sendo, a mera pertença aos hammerskins, enquanto organização com tais características e finalidades, sempre constituiria, só por si, a prática de um acto de discriminação racial.

Contudo, uma vez que a convicção do julgador não pode valer-se da literatura que tem por objecto tal fenómeno social, sempre terá o Tribunal que definir os hammerskins e os seus objectivos a partir da prova produzida em julgamento e constante do processo. E no que diz respeito à prova produzida sobre o grupo hammerskins, muito pouco há a dizer. Sabe-se que o grupo existe, que se assume como nacionalista, que alguns dos arguidos do presente processo integram esse grupo, que possuem um local de reuniões, que existe uma banda musical que financia parte das suas actividades, mas desconhece-se que actividades são essas, para além de algumas viagens que um ou outro dos seus elementos fazem ao estrangeiro para se reunirem com outros hammerskins, participarem em manifestações, ou assistirem a concertos. Do comunicado do Portugal Hammerskin de 31 de Janeiro de 2005 (fls. 66 e seg. do Apenso AB) nada se retira de discriminatório, sendo que, no que diz respeito às finalidades de uma tal organização aí se afirma laconicamente: "Os objectivos que pretendemos alcançar só dizem respeito aos irmãos". A citação das chamadas catorze palavras ("Devemos assegurar a existência do nosso povo e um futuro para as crianças brancas" da autoria de David Lane), na versão em que se encontra ("... nossas crianças") retira-lhe parte do conteúdo racista, sendo que, embora se saiba que tal frase constitui um dos pilares fundamentais da ideologia do movimento, quando desinserida de um contexto mais vasto e de um programa de acção que a concretize, não assume uma verdadeira carga racista ou xenófoba.

Sendo assim, não se pode afirmar que a pertença a um tal grupo seja, em si mesmo, um acto de discriminação racial.

O mesmo se diga relativamente à pertença ao movimento Frente Nacional. Para além de ser um movimento nacionalista, pouco mais se sabe, através da prova produzida em audiência e constante do processo, desconhecendo-se mesmo quem fazia parte de tal movimento, para além de dois ou três dos arguidos aqui julgados.

Foram de igual modo excluídas todas as referências relativas ao fenómeno da imigração, quando tratado de forma abstracta, sem menção directa a raças, etnias ou povos. Na verdade, podendo tais posições configurar ideais xenófobos, a imigração não deixa também de constituir hoje um dos grandes temas em debate nas sociedades ditas ocidentais, não podendo por isso ser tratado como um tema tabu, ou só acessível a quem participe no confronto político. Sendo um tema em aberto, não pode deixar de se julgar admissível a livre expressão de opiniões sobre ele, ainda que estas assumam um carácter extremista ou radical.

Assim, consideraram-se discriminatórios os seguintes actos ou afirmações, da autoria dos seguintes arguidos:

A

Em 9 de Dezembro de 2006 escreveu, a propósito de um indivíduo que se encontra preso por ter assassinado um indivíduo tunisino, em França, que este " o único crime que cometeu é ter orgulho em ser Homem e Branco".

Em 30 de Novembro de 2006 escreveu: *"Voltem pá selva, macacos. Voltem pá selvaaaa".*

> – *"O mesmo filho da ****que escreveu que eu era judeu * 1, está a pedir para se acender umas velinhas, na baixa, a vitimização judaica não dura 70 anos(holocoto), dura 500, é só para saberem que eu vou lá chamar-lhes uns nomes, quem quiser vir..estão à vontade... as ruas são nossas, não são de judeus sionistas."*

No Blog Homem Lobo, num texto intitulado "Das milícias populares e da guerra racial e civil!", o arguido escreveu as seguintes afirmações: *"As revoluções legitimam-se com ideologias politicas, temos o Nacionalismo Europeu, e com armas, não soqueiras, nem bastões de baseboll...", "...aconselho os nacionalistas a comprarem armas...", "...vulgo shootgun, que é a arma que num conflito urbano vai ter a maior importância devido ás suas características, se o vosso registo criminal não o permitir, peçam em nome da vossa mulher, namorada, mãe ou pai...", "...quando a guerra racial e civil começar, os preços vão aumentar drasticamente, e será possível que próprio Governo impeça os armeiros de as vender", "Acredito vivamente que vamos tomar Portugal...", "...expulsar os invasores e pendurar os traidores, só depende de até onde estamos dispostos a ir pelo nosso ideal, as pessoas que temos são mais que suficientes".*

No mesmo blog, sob o tema, *"É assim que se combate os imigrantes... Já que os políticos não tomam conta deles, nós tomamos"*, é exibido um fotograma, retirado de um vídeo, onde se pode visualizar um indivíduo a ser espancado por um Skinhead. Embora tenhamos dito acima que, em termos gerais, as referências e opiniões sobre imigração não eram susceptíveis de integrar um acto de discriminação, entende-se que o tipo de lógica argumentativa constante desta mensagem é profundamente discriminatório.

A fls. 291 a 294 do Apenso J-1, faz-se a apologia da violência contra o povo Judeu, através da letra de uma canção, como resulta do excerto que de seguida se transcreve: "Estás preparado para fazer frente ao nojento rato, ao eterno Judeu?", "Estás preparado para sentir o poder da raça branca a persistir?".

Através destas mensagens, apresenta o arguido um discurso de ódio canalizado contra a raça negra e contra os judeus, incentiva a compra de armas a fim de serem utilizadas numa guerra racial, e apela à prática de actos de violência física contra imigrantes.

L

– *"Será que vão falar 1/1000 deste padeiro como falaram do preto alcindo? (a propósito de homicídio cometido em Portugal).*

Realmente, este tipo de situações... animais selvagens que em poucos segundos matam um homem e desgraçam a vida a uma família por causa de uns euros... eu não sei... muito sinceramente... isto consome-me de ódio, isso e pensar nos traidores que vivem exclusivamente para defender estes animais selvagens e prejudicar os portugueses com as suas tretas de merda do costume para enganar o otário que ainda vai na conversa deles... acho que toda essa grande família, de nigger-lovers e macacos, colocados numa panela de água a ferver consecutivamente durante umas semanas era muito pouco, mesmo muito pouco para aquilo que eles têm feito às pessoas do povo, às pessoas simples que têm de dar no duro para sustentar as suas famílias, e que levam diariamente com esta horde de animais selvagens que vieram não se sabe bem de onde mas que se nota perfeitamente ao que vêm.

AUTÊNTICOS ANIMAIS SELVAGENS MAS DAQUELES QUE NEM UMA JAULA MERECEM!"

C

No dia 21-02-2005, sobre o tema "Joaquim Chissano exige desculpas!!", Arduno escreve "*...Estes babuinos...realmente...se não fossem os brancos ainda hoje andavam a saltar de árvore em árvore e a comerem-se uns aos outros... Aborigenes de merda!! ...Pode ser que o povo algum dia desperte para alguma consciência racial, senão por si mesmos que seja pelo menos pelas atrocidades cometidas todos os dias por esta raça!!*"

No dia 08-03-2006, no tópico "Dois mil africanos morrem ao tentarem chegar à Europa", Arduno escreve uma mensagem com o seguinte conteúdo "*Imaginem se não fossem morrendo assim aos milhares....quantos mais não andariam por aí: twisted*".

No dia 20-04-2006, no tema "Judeus celebram em Lisboa", Arduno envia uma mensagem dizendo o seguinte: "*Para mim foi um dia histórico pois além de termos feito a nossa primeira contra-manif tivemos a sorte de a fazer contra os piores inimigos da nossa raça e é por isso que acho muito importante que o máximo de nacionalistas possam comparecer sexta feira para demonstrarmos a essa corja de merda que ainda existem PORTUGUESES que não vivem na apatia comum a todos os outros!*

Sexta feira vamos demonstrar mais uma vez o ódio e desprezo pelo eterno e horrível judeu que nunca em toda a nossa história deveria ter pisado solo Europeu!!
MORTE AO SIONISMO"

J

No dia 02-08-2006, no tema "Símio defende na tv americana o extermínio da população branca...", DESTEMIDO responde da seguinte maneira "...*Vou-te matar,macaco americano.Palavra!...*".

No dia 03-08-2006, no tema "Rússia está contra os monumentos aos SS", DESTEMIDO escreve o seguinte "...*Cada vez mais o mundo se interroga se o nazismo afinal não tem razão de ser. Com cada vez mais países que viveram e adoptaram o ideal nacional-socialista a desesperarem pelo regresso desses tempos, é natural que os regimes capitalistas, sionistas e os que o desejam ser, fiquem em alerta, pois foi sempre a única força capaz de os vergar e desmascarar. Tudo isto é bom, porque com as acções que os judeus têm praticado desde o fim do III Reich até aos nossos dias, e com as provas dadas pela c. social, o mundo começa de facto a questionar o que até hoje era visto como holocausto, genocídio bárbaro, e perseguição racial. Há de chegar o dia, e eu cada vez mais tenho a certeza de que o sonho há de se tornar realidade, em que o nacional-socialismo será os alicerces de um novo mundo, e em que as nossas forças marcharão de novo sob a cabeça de toda a escumalha mundial, e as nossas botas esmagarão toda a oposição!...*".

No dia 17-10-2006, referente ao tema "Racismo cresce no Bairro da Bela Vista em Setúbal", DESTEMIDO envia uma mensagem onde escreve o seguinte "...*É mais um dos muitos locais em PORTUGAL que requerem uma limpeza racial urgente!! Acho graça essa bacana que se vai queixar á amnistia"racial negra"internacional, ainda dizer que felizmente ainda tiveram consciência de lá deixarem parte do morfes, e ainda põem os putos ao pé dos macaquinhos pequenos, porque se sentem seguros!! Até parece que foram os brancos que foram lá afanar aquilo! Quanta ignorância, homem branco!88...*".

No dia 04-01-2007, comentando o conteúdo do tema "compilação de vários assassinatos, verdadeiramente revoltantes: (10 minutos)", DESTEMIDO escreve o seguinte "...*Escumalha nojenta, pretalhada imunda... Esse rasta de um fdp, quando quiser começar o exterminio, que venha ter comigo primeiro; tenho um amigo que está louco para o "conhecer"!! Piolhosos...Esta é a punição que Deus deixou ao Homem Branco; a espécie negra!!88...*".

G

– Mensagem de 11/06/2006, no Sub-Directório-Racismo, Imigração e Criminalidade, Tópico – "500 PRETOS DE MERDA assaltam praia de Carcavelos":

"Sem dúvida alguma que isto foi uma provocação no dia da PÁTRIA E DA RAÇA. Estes actos não podem ficar impunes nem cair no esquecimento e compete-nos a nós nacionalistas, às autoridades e a todos os que se dizem PORTUGUESES mas não apenas em dias de jogos da selecção, ter uma atitude forte e decidida contra toda esta ESCUMALHA que provoca gravemente a nação, manchando-a com a sua côr.

PORTUGAL É DOS PORTUGUESES (Brancos)!!!!"

Mensagem de 20/06/2005, no Sub-Directório-Racismo, Imigração e Criminalidade, Tópico "Assalto na Linha de Sintra faz cinco feridos":

"Estes filhos da **** cada dia q passa metem -me mais nojo eles e os brancos q os defendem.
Está na altura dos Portugueses acordarem para a negra realidade q nos rodeia e lutar contra ela.
Pretos para África PORTUGAL AINDA É NOSSO"

Mensagem de 29/06/2005, no Sub-Directório-Racismo, Imigração e Criminalidade, Tópico "Porque é que há tanto ódio aos judeus?":

"Depois de tanto ler sobre esta questão dos judeus,apenas digo-vos:
Foi uma pena não ter-se terminado a solução FINAL
SIEG HEIL"

E

"Se calhar esse preto de merda até estava nos quadros de trabalhadores da Junta de Freguesia.
Todos os patrões/instituições que contratam estrangeiros... deviam levar com números desses para aprenderem..."
"Fdz realmente... Um gajo não pode dar mesmo espaço de manobra a merdas destes... é por isso que ela anda sempre dentro do bolso do casaco. Antes preso uma eternidade e com honra do que morto!!!: evil:"

X

No tópico "Racismo, Imigração e Criminalidade", acerca da alteração da legislação de legalização dos filhos de imigrantes colocou as seguintes expressões:

– *"depois disto, só falta construírem uma ponte para África ... enfim, morte a esta corja de malfeitores!!"*

No mesmo tópico, sob o título " Abordagens indesejadas" escreveu:

"Eu recomendaria a abordagem do "atropelamento & fuga", é bastante indicada para estes casos! se eles se continuassem a reproduzir, e a infestar o nosso, espaço publico, então a alternativa seria, promover um lanche de boas vindas, à comunidade parasita"..."e matar todos com cieneto nos "comes & bebes" ... 8) depois, aproveitava se os cadáveres, para fertelizar terrenos menos ricos, em nutrientes!"

Ainda no mesmo tópico, sob o titulo "PSP fere cigano apanhado em flagrante" escreveu:

"se o tivessem morto e escondido o corpo ninguém ia notar a falta desse animal cigano ... desta forma o bófia ainda se vai lixar..."

No tópico "Música e Vídeos" sob o titulo "este teve que as papar" colocou o comentário:

"o branco cometeu o erro típico da inexperiência...deu murros na nuca do preto... aqueles murros na cabeça só foderam foi as mãos do branco ... ele deveria de dirigir os golpes todos há face, preferência ao maxilar inferior... ou então procurar outras parte moles...NA NUCA NUNCA!!! só se for ao pontapé... de resto teve bem!!"

H

No Fórum Nacional, no tópico "Movimento Nacionalista – Sporting vs Benfica" colocou as seguintes expressões:

– *"ando a precisar, e com vontade, de bater em alguém. Também quero ir"*

e – *"o que me agrada é torcer pretos e nigger lovers"*,

– *"E vocês, combinam esse duelo ou não? Nós incentivamos à mocada, afinal o papel da mulher é o de estimular e encorajar o homem"*

termina os comentários com a frase:

– *"Num cinema perto de si "O Holocausto em Portugal"...a estrear em 2009".*

ZJ

No Fórum Nacional, no tópico "Movimento Nacionalista – Sporting vs Benfica" colocou a seguinte expressão:

– *"O teu Saint Ettiene é que esta em grande, cheio de macacos no campo e nas bancadas... Allez les Verts"*, referindo-se aos jogadores de raça negra.

ZL

Escreveu sobre o encontro dos judeus em Lisboa:

"Esses judeus de merda querem que os portugueses se culpabilizem, como fizeram ao povo alemão – NUNCA!"
"Nunca tive tão perto do meu inimigo, foi um dia histórico para os nacionais socialistas, e logo um dia antes do aniversário do tio..."

ZC

No computador do arguido FRANCISCO ROSA ficou registado um acesso ao *Fórum Nacional*, no tópico denominado *A escumalha, ou os Antifas de extrema-direita*. No tópico em apreço o utilizador com o nickname de *LOBO* (ZC) solicita informações sobre os *Antifas* (morada, trabalho, onde param etc) e termina com a frase: *"finalmente uma mensagem racista neste fórum: MORTE AOS PRETOS!!!"*

S

No Blog intitulado "Retaliação Brutal", cujo endereço electrónico é www.retaliacaobrutal.blogspot.com, é feita a apologia da violência contra indivíduos de raça negra, através da publicação de desenhos alusivos a negros acompanhados das seguintes expressões: *"TOMA INICIATIVA:*

COMBATE O INIMIGO"; "NOSSOS IRMÃOS!? NÃO ME PARECE!"; "QUANDO É QUE UM PRETO FICA MESMO FRUSTRADO!?!? – QUANDO TENTA ESTOIRAR OS MIOLOS"; "AQUI OU NA SELVA! MACACO É MACACO".

No mesmo blog foi colocado um desenho de um macaco segurando um cartaz com os seguintes dizeres: *"INJUSTIÇA! PAREM DE NOS COMPARAR COM OS "PRETOS".*

Também foi colocada uma fotografia de três crianças de raça negra com seguinte legenda: *"POR FAVOR NÃO ALIMENTAR OS ANIMAIS";*

Uma fotografia de um cão a morder um indivíduo de raça negra com a legendagem: *"ATÉ OS CÃES ODEIAM PRETOS".*

Nesse Blog o arguido publica ainda uma entrevista no âmbito da qual é negado o holocausto, defendendo-se ainda que não existiram câmaras de gás em Auschwitz, cfr. fls. 8283 a 8291 cujo teor aqui se dá por reduzido.

D

Sendo o autor das letras da Banda Ódio, transcritas nos factos provados, e por se entender que o seu conteúdo é manifestamente discriminatório e incentiva o ódio, principalmente contra os judeus, entende-se que tais letras de canções constituem, em si mesmas, uma criação artística com conteúdo discriminatório.

Estando aqui em causa a liberdade de criação artística (consagrada pelo art. 42.º da Constituição da República Portuguesa), entende-se que esta não deve gozar de uma tutela superior ou diversa da conferida à liberdade de expressão, não sendo de admitir, ao abrigo de tal liberdade, a violação de outros direitos e liberdades, quando tal violação não seja admitida se praticada no exercício da liberdade de expressão.

Assim, todas as considerações feitas a propósito da responsabilização pela prática de infracções no exercício da liberdade de expressão, valem plenamente para a liberdade de criação artística.

Tende a considerar-se a liberdade de criação artística como ilimitada, podendo a arte atingir pontos ou tópicos da vida social de forma mais ampla que através do mero discurso. E são conhecidos casos de representação de judeus, negros, ciganos, etc, onde estes assumem características negativas, normalmente sob forma caricatural ou estereotipada (a título de exemplo, basta mencionar o judeu Shylock no Mercador de Veneza de

Shakespeare). Sem que caiba aqui analisar essas concretas manifestações artísticas, pois não é delas que nos ocupamos, sempre se dirá que, em nenhuma das que estamos recordados, é feita uma apologia tão directa ao ódio e à violência racial ou étnica como no caso presente.

No que concerne à prática de actos com conteúdo discriminatório, entendeu o Tribunal que apenas um se enquadrava no conceito: o episódio relativo à ida dos arguidos A e X a Coruche.

Embora não tenha ficado provado que os arguidos pretendiam deslocar-se àquela localidade com a intenção de agredir ciganos, propósito que só não alcançaram devido à intervenção das forças policiais (e por falta de prova dessa intenção, impõe-se, necessariamente, absolver os arguidos do crime de ofensas à integridade física qualificadas, na forma tentada), resultou provado que tal deslocação teve uma intenção:

"Amanhã e segundo a reportagem esperam-se dezenas ou centenas de ciganos na região.

Os nacionalistas que estiverem disponíveis têm a obrigação cívica e patriótica de se deslocarem amanhã para o local.

Os nacionalistas (políticos) levem a propaganda, que os activistas de rua levam os paus.

É UM APELO ÀS ARMAS!!
Amanhã CORUCHE!!!!"

Ou seja, incentivar pessoas, através de um meio de difusão tão vasto como é a Internet, a deslocarem-se a Coruche, levando armas, de forma a poderem confrontar-se com a população cigana. Trata-se pois, manifestamente, de um acto de incentivo à prática de agressões contra uma etnia determinada.

Esta factualidade, de acordo com o despacho de pronúncia, vem configurada e qualificada como um crime de instigação à prática de um crime, p. e p. pelo art. 297.º do Código Penal. No entanto, exige aquele preceito que o incitamento seja à prática de um crime determinado. "A provocação deve dirigir-se expressamente ao cometimento de um crime. Assim, actos de perseguição genérica contra grupos religiosos, étnicos ou sociais, (...) não bastam, (...): uma violação da paz pública apenas ocorre quando tais condutas têm em vista de forma inequívoca a prática de crimes. (...) No que diz respeito aos crimes de incitamento à guerra (art. 236.º), de incitamento à guerra civil (art. 326.º) e incitamento à desobediência colectiva (art. 330.º) surge uma situação de concurso aparente por especialidade" – Helena Moniz, em <u>Comentário Conimbricense ao Código Penal, Parte Especial</u>, Tomo II, Coimbra Editora, p. 1143 e 1144. No caso presente, se é certo que a possibilidade de agressões é configurada na intenção do autor da mensagem (o arguido A), a verdade porém, é que tais agressões (que não terão necessariamente de ocorrer), se enquadram no âmbito mais vasto do plano de discriminação: demonstrar que a etnia cigana não pertence à comunidade nacional da qual o arguido considera fazer parte. Essa demonstração passa necessariamente por uma manifestação de força, mas que não tem de se concretizar na prática de agressões.

Assim, entendeu-se que, apesar de se tratar de um apelo à presença armada, o objectivo pretendido incluía, mais do que a prática de um crime concreto e determinado, uma manifestação de supremacia e superioridade perante determinada minoria étnica. Nessa medida, considerou o Tribunal que estes factos integram sim a prática do crime de discriminação racial (sendo um dos factos que o constituem) e não o crime de instigação pelo qual os arguidos vinham pronunciados.

Analisados os factos que, no entender do Tribunal integram a prática do crime de discriminação racial, importa agora averiguar da verificação do outro elemento exigido pela tipificação dada pelo art. 240.º do Código Penal, ou seja, a organização que incite à discriminação, ao ódio, ou à violência dirigida contra pessoa ou grupo de pessoas em função da sua raça, cor, etnia, etc.

No que concerne ao conceito de organização, invocou a Ex.ª Procuradora da República, em sede de alegações, a noção constante da Lei n.º 64/78, de 6 de Outubro, por via do qual, se considera "(...) que existe uma organização sempre que se verifique qualquer concertação de vontades ou esforços, com ou sem o auxílio de meios materiais, com existência jurídica, independente de forma, ou apenas de facto, de carácter permanente ou apenas eventual" – art. 2.º daquela Lei.

Esta lei, conforme é sabido, destinou-se a dar execução à proibição de organizações racistas ou que perfilhem a ideologia fascista, imposta pelo art. 46.º, n.º 4 da Constituição. Tratando-se de uma lei que resulta de uma imposição constitucional, e que incide sobre uma séria limitação ao direito de liberdade de associação que aquele art. 46.º consagra, desde logo se pode afirmar que os requisitos para se aferir da existência de uma organização para o efeito de ser decretada a sua proibição, terão de ser mais rígidos dos que os exigidos para a verificação da prática de um crime, nomeadamente, o de discriminação racial. Mas ainda que assim se não entenda, considera-se absolutamente pertinente a integração do conceito de organização previsto pelo art. 240.º do Código Penal por recurso ao conceito oferecido por aquela Lei, não fazendo aqui sentido convocar, nomeadamente, o conceito de associação criminosa.

Numa primeira observação à luz do conceito pelo qual se optou, desde logo importa dizer, conforme acima afirmámos, que as organizações Hammerskin e Frente Nacional, face à prova produzida não podem ser as organizações que preenchem a tipicidade do crime. Não porque não se enquadrem no conceito (com alguma probabilidade, integrariam o conceito de organização), mas por falta de prova sobre as suas finalidades e objectivos. Por esse motivo, dissemos já, a pertença a qualquer uma dessas organizações não pode constituir a acção típica do crime previsto pelo art. 240.º do Código Penal.

No caso presente, e face aos factos dados por provados, temos essencialmente um conjunto de pessoas (umas pertencentes aos hammerskins, outras à Frente Nacional, e outras desconhecendo-se se integram ou não algum desses dois movimentos), que durante um período mais ou menos prolongado no tempo, num fórum da Internet supostamente criado para difundir o ideário nacionalista, partilham as suas opiniões e ideias sobre questões várias, muitas delas tendo cariz racista ou xenófobo, e outras incitando à discriminação racial ou étnica. Este fórum é criado, pelo menos, por uma dessas pessoas (o arguido L), é administrado por duas delas (os arguidos L e A, os quais dispõem do poder, entre outros, de nele inserir tópicos com cariz racista e xenófobo, de excluir mensagens e de banir utilizadores), e alimentado pelas mensagens colocadas pelos restantes arguidos acima identificados. Alguns dos arguidos (A e S) optam por criar blogs também eles com conteúdo discriminatório e contendo mensagens incitando ao ódio racial ou à xenofobia, sendo que do mencionado fórum constam links que permitem uma ligação directa a tais blogs.

Ou seja, através destes instrumentos informáticos, constitui-se uma comunidade "virtual" que expressa e difunde para um número indeterminado de utilizadores mensagens com conteúdo discriminatório e de incitamento ao ódio racial, querendo todos os arguidos que tal difusão se verifique.

Estamos pois em presença de uma concertação de vontades (a difusão de mensagens para um número indeterminado de pessoas), de uma concertação de esforços (cada um dos arguidos contribui com as suas ideias e mensagens, e o site faculta o acesso a outros meios de difusão de mensagens como sejam os blogs), possuindo esta estrutura apenas uma existência de facto (de criação quase espontânea, ou pelo menos, sem necessidade de qualquer acordo prévio nesse sentido), e com um carácter que tende para a permanência.

Dois arguidos criam os meios e gerem-nos, os restantes participam com as suas mensagens, todos sabendo e querendo que, por esta via, são difundidas para a generalidade das pessoas (em teoria, todos os utentes de computadores com acesso à Internet) mensagens com conteúdo discriminatório e incentivando ao ódio.

Pode afirmar-se que quem coloca mensagens naquele fórum não tem necessariamente de saber o conteúdo das restantes mensagens que dele constam, pelo que poderia estar a participar involuntariamente na prática de um crime de discriminação racial pelo simples facto de aí colocar uma mensagem. Assim seria, se todos os utentes do fórum que aí colocaram mensagens viessem a ser condenados pela prática desse crime. Contudo, tendo o fórum milhares de leitores e utilizadores (conforme pudemos constatar), só alguns deles serão, a final, condenados pelo crime. E embora haja provas que a maior parte dos arguidos aqui julgados consultam ou consultaram o fórum, e nele escreveram mensagens, só alguns deles serão condenados pelo crime. Na verdade, a punição não incidirá sobre toda e qualquer forma de participação no fórum, mas apenas sobre aquelas que, em concreto, assumam natureza discriminatória, sendo que por elas só respondem os seus autores e não qualquer outro terceiro que inadvertidamente tenha consultado o fórum, ou aí tenha colocado mensagens isentas de conteúdo discriminatório.

Para além dessa forma e meio de difusão de mensagens, nos quais participaram os arguidos acima mencionados e nos termos descritos, este conjunto de pessoas (ou pelo menos, os arguidos A e L), fizeram uso do fórum para difundir a organização de manifestações com conteúdo racista, como seja a mencionada ida a Coruche (na qual acabaram por participar apenas os arguidos A e X), bem como para difundir músicas com idêntico conteúdo, da Banda Ódio e da autoria do arguido D. A importância dessa banda para a difusão das ideias aqui em causa é realçada pelo arguido A no blog "Homem Lobo" (fls. 242 do Apenso AB), sendo que, num post colocado nesse mesmo blog a 19 de Dezembro de 2005, informa o arguido que *"ÓDIO é provavelmente a única banda nacionalista europeia em que todos os lucros do seu material, sejam eles tshirts ou cds, são entregues a 100% para o movimento nacionalista, como tal falsificações ou cópias serão fortemente desencorajadas e punidas*" (fls. 290 do Apenso AB). Ou seja, as mensagens constantes das músicas desta banda são difundidas também por via da estrutura a que vimos fazendo referência, sendo que o autor das letras e membro da banda, D, aceita e quer tal difusão, tanto mais que participa com os royalties da banda para o financiamento do movimento nacionalista.

E se é certo que o movimento nacionalista é mais vasto e ultrapassa A organização a que temos vindo a fazer referência (e teremos de admitir que nem todos os que dele participam são adeptos da discriminação racial ou étnica), a verdade é que, na face discriminatória de tal movimento, e só esta nos interessa, constam as obras artísticas do arguido D, as quais têm, em si mesmas, um conteúdo discriminatório. Daí que se entenda que este arguido participa na organização a que nos reportamos, e através de um meio muito importante de difusão das mensagens discriminatórias: a música.

Conclui-se assim que as condutas acima descritas e dadas por provadas dos arguidos A, L, C, J,G, E, X, H, ZJ, ZL, ZC, S e D preenchem os elementos típicos do crime de discriminação racial, p. e p. pelo art. 240.º do Código Penal, sendo ilícitas e culposas, porquanto não se encontram abrangidas por qualquer causa de exclusão da ilicitude ou da culpa.

Razão pela qual terão os mesmos de ser condenados pela prática de tal crime.

As condutas dos demais arguidos dadas por provadas, não sendo susceptíveis de preencher os elementos típicos do crime em causa, não merecem a formulação de um juízo de censura de natureza penal, razão pela qual serão todos os restantes arguidos absolvidos da prática do crime de discriminação racial.

CRIME DE DETENÇÃO DE ARMA PROIBIDA

Sobre a evolução no tempo de regime punitivo, passamos a citar o Ac. do Supremo Tribunal de Justiça de 17 de Outubro de 2007 (Rel. Conselheiro Raul Borges; disponível em www.dgsi.pt), onde é feita a resenha histórica daquele regime. No que para o caso presente importa, diz-se naquela decisão:

"A Lei n.º 22/97, de 27 de Junho, veio alterar o regime de uso e porte de arma, definindo no art. 1.º, n.º 1, o que se consideravam armas de defesa, (...), regulando-se no n.º 2 as condições de concessão para fins de defesa, pelo Comando-Geral da Polícia de Segurança Pública, de licença de uso e porte de arma.

Prevendo o caso de detenção ilegal de arma de defesa, dispunha o artigo 6.º do referido diploma: «Quem detiver, usar ou trouxer consigo arma de defesa não manifestada ou registada, ou sem a necessária licença nos termos da presente lei, é punido com pena de prisão até dois anos ou com pena de multa até 240 dias».

Esta lei veio a ser rectificada pela Lei n.º 93-A/97, de 22 de Agosto, e alterada pela Lei n.º 29/98, de 26 de Junho, em ambos os casos sem interferência, porém, com as normas aqui aplicadas.

Com a 3.ª alteração à Lei n.º 22/97 operada pela Lei n.º 98/2001, de 25 de Agosto, foi modificado o artigo 6.º, cujo n.º 1 passa a dispor: «Quem detiver, usar ou trouxer consigo arma de defesa ou de fogo de caça não manifestada ou registada, ou sem a necessária licença nos termos da presente lei, é punido com pena de prisão até 2 anos ou com pena de multa até 240 dias».

(...) A Assembleia da República pela Lei n.º 24/2004, de 25 de Julho, veio autorizar o Governo a legislar sobre o regime jurídico das armas e suas munições, com o sentido, além do mais, de proceder à classificação das armas, munições e outros acessórios por classes, de acordo com o grau de perigosidade, o fim a que se destinam e a sua utilização, de definir e estabelecer o regime jurídico relativo à concessão, renovação, caducidade e cassação de licenças de detenção e de uso e porte das armas classificadas e de criar e tipificar um regime específico de responsabilidade criminal e finalmente de proceder à revogação de várias normas legais e diplomas, entre os quais os quatro citados.

O novo regime é implementado com a publicação da Lei n.º 5/2006, de 23 de Fevereiro, que aprova o novo regime jurídico das armas e suas munições, apresentando no artigo 2.º uma longa lista de definições respeitantes a tipos de armas, partes das armas de fogo, munições das armas de fogo e seus componentes, funcionamento das armas de fogo e outras definições.

(...) Em sede de responsabilidade criminal, sob a epígrafe "detenção de arma proibida", o artigo 86.º prevê 4 situações de acordo com as classes de armas, dispondo:

1 – Quem, sem se encontrar autorizado, fora das condições legais ou em contrário das prescrições da autoridade competente, detiver, transportar, importar, guardar, comprar, adquirir a qualquer título ou por qualquer meio ou obtiver por fabrico, transformação, importação ou exportação, usar ou trouxer consigo: (...)

2 – A detenção de arma não registada ou manifestada, quando obrigatório, constitui, para efeitos do número anterior, detenção de arma fora das condições legais.

Prevê ainda o artigo 90.º a possibilidade de aplicação de penas acessórias, como a interdição de detenção, uso e porte de armas.

Pelo artigo 118.º são revogados vários diplomas reguladores da matéria, incluindo os quatro supra referidos, maxime, a Lei n.º 22/97, de 27 de Junho – alínea h).

A Lei n.º 5/2006 entrou em vigor em 22 de Agosto de 2006, de acordo com o disposto no artigo 120.º, já que as necessidades de legislação especial previstas no artigo 119.º nada têm a ver com a detenção ilegal, por indocumentação, de arma de defesa.

(...) Consigna-se que pelos artigos 7.º e 11.º, alínea e), da Lei 59/2007, de 4 de Setembro (diploma que procede à 23.ª alteração ao Código Penal de 1982), foi alterado o artigo 95.º e revogado o artigo 96.º da Lei 5/2006, mas sem qualquer influência na análise da questão que nos ocupa, já que aquele preceito rege sobre a responsabilidade penal das pessoas colectivas e equiparadas.

Dispõe o artigo 29.º, n.º 4 da Constituição da República, que ninguém pode sofrer pena ou medida de segurança mais graves do que as previstas no momento da correspondente conduta ou da verificação dos respectivos pressupostos, aplicando-se retroactivamente as leis penais de conteúdo mais favorável ao arguido.

Em consonância com este princípio, estabelece o artigo 2.º, n.º 4, do Código Penal, na actual redacção dada pela Lei 59/2007, de 4 de Setembro: «Quando as disposições penais vigentes no momento da prática do facto punível forem diferentes das estabelecidas em leis posteriores, é sempre aplicado o regime que concretamente se mostrar mais favorável ao agente; se tiver havido condenação, ainda que transitada em julgado, cessam a execução e os seus efeitos penais logo que a parte da pena que se encontrar cumprida atinja o limite máximo da pena prevista na lei posterior».

(...) Como refere Taipa de Carvalho, Sucessão de Leis Penais, p. 81, «Os pressupostos da sucessão de leis penais stricto sensu e, consequentemente, da aplicação da lei penal mais favorável são os seguintes:

a) sucessão de leis penais;
b) aplicabilidade, ao facto concreto, quer da lei vigente no momento da prática do facto («tempus delicti») quer da lei sucessiva;
c) que, quando entra em vigor a lei penal nova, a situação jurídico--penal, criada, na vigência da lei penal anterior, pela infracção, não se tenha esgotado plenamente, isto é, que não se tenha extinguido toda a responsabilidade penal (pena principal, penas acessórias e efeitos penais da condenação);
d) que a lei penal nova, não extinguindo embora a situação jurídico-penal existente à data da sua entrada em vigor, altere os termos da responsabilidade penal imputada ao agente do facto pela lei penal antiga, agravando-a ou atenuando-a».

Verificada a sucessão de leis penais, há que determinar qual das leis em confronto é mais favorável, ou menos desfavorece, o arguido, através de uma ponderação concreta como injunge o citado dispositivo e de uma ponderação unitária ou global, significando que é a lei na sua totalidade, na globalidade das suas disposições, que deve ser aplicada, ou seja, tem lugar a aplicação em bloco de uma das leis em confronto, opção que corresponde à afirmação dominante na jurisprudência – cfr. a motivação constante do Assento de 15 de Fevereiro de 1989, in DR-I Série de 17-03-1989, onde , a propósito do n.º 4 do art. 2.º se pode ler: «Relativamente ao «projecto» de 1963, substituiu-se a expressão «normas mais favoráveis» por «regime que concretamente se mostre mais favorável». A referência a «regime», em vez de «normas», implica a ideia de que não se pode escolher de cada uma das leis os preceitos isolados que forem mais favoráveis ao agente, mas há que aplicar uma só lei, prescrevendo um conjunto normativo (bloco) definidor do instituto ou infracção, que constitui o regime do instituto ou infracção» e acórdãos do STJ, de 04-07-1984, BMJ, 339, 223, de 20-03-1991, processo 41725, de 20-05-1992, BMJ 417, 355, de 10-02-2000, CJSTJ2000, T1, 208, de 15-06-2000, CJSTJ2000, T2, 218, e das Relações, de Lisboa, de 04-08-1988, BMJ, 377, 536, do Porto, de 14-12-1983, CJ1983, T5, 249, de Coimbra, de 05-07-1984, CJ1984, T4, 66, de Évora, de 14-02-1984, BMJ 336, 478.

No sentido da opção pela ponderação concreta e diferenciada, aplicando-se de cada uma das leis em confronto as disposições que sejam concretamente mais favoráveis ao infractor – Taipa de Carvalho, ibidem, p. 154 a 160.

(…) a questão deverá ainda ser analisada à luz de outros elementos que demandam a convocação do disposto no artigo 2.º, n.º 2, do Código Penal, que diz: "O facto punível segundo a lei vigente no momento da sua prática deixa de o ser se uma lei nova o eliminar do número das infracções; neste caso, e se tiver havido condenação, ainda que transitada em julgado, cessam a execução e os seus efeitos penais".

Entre as disposições transitórias e finais do Capítulo XI da Lei 5/2006 e do regime transitório constante da secção I, figura o artigo 115.º, que no n.º 1 estabelece: "Todos os possuidores de armas de fogo não manifestadas ou registadas devem, no prazo de 120 dias contado da sua entrada em vigor, requerer a sua apresentação a exame e manifesto, não havendo nesse caso lugar a procedimento criminal".

Para o passo seguinte da regularização das situações ilegais esclarece o n.º 2 do mesmo preceito que após exame e manifesto, a requerimento do interessado, as referidas armas ficam, se susceptíveis de serem legalizadas ao abrigo deste diploma, em regime de detenção domiciliária provisória pelo período de 180 dias, devendo nesse prazo habilitar-se com a necessária licença, ficando perdidas a favor do Estado se não puderem ser legalizadas."

Admitindo-se a citação como demasiado extensa, não deixa contudo de ser feita, uma vez que, de forma exaustiva, trata aquele acórdão de uma boa parte das questões que se colocam no caso presente.

Na verdade, conforme abaixo se verá a propósito das situações concretas de cada um dos arguidos, temos nos autos situações de apreensões de armas ocorridas na vigência da Lei n.º 22/97, de 27 de Junho, bem como do art. 275.º do Código Penal (na versão introduzida pelo DL n.º 48/95, de 15 de Março), e que, por via da entrada em vigor da Lei n.º 5/2006, de 23 de Fevereiro (e por via das revogações daqueles normativos pelo art. 118.º, alíneas h) e o) desta Lei), passam a ser subsumíveis ao novo regime legal.

E a primeira questão que se coloca, tem desde logo a ver com o acima citado art. 115.º da Lei n.º 5/2006.

Por via daquele preceito, é estabelecido um prazo de 120 dias contado da data da entrada em vigor da lei, para os portadores de armas de fogo não manifestadas ou registadas requererem a sua apresentação a exame e manifesto. Em tal caso, conforme decorre da lei, não haverá lugar a procedimento criminal.

Tendo a Lei sido publicada a 23 de Fevereiro de 2006, e tendo entrado em vigor no mesmo dia de Agosto de 2006, constata-se que aquele prazo de apresentação voluntária das armas a registo ou manifesto decorreu entre 24 de Agosto de 2006 e 24 de Dezembro do mesmo ano.

No caso dos autos, no que para o caso interessa, foram apreendidas armas de fogo no dia 26 de Junho de 2004, ou seja, antes da entrada em vigor da lei, e antes de iniciado o prazo de apresentação voluntária. O que significa que, na prática, não tiveram os arguidos a possibilidade de, querendo, proceder a essa apresentação de armas, já que as que possuíam se encontravam apreendidas.

De forma a acautelar todas as interpretações possíveis a dar àquele normativo, já no decurso da audiência, foram os arguidos que se encontravam em tal situação notificados para, querendo, virem declarar pretender proceder à apresentação de armas, o que todos fizeram. De todo o modo, o despacho que determinou tal notificação não se vinculou a qualquer interpretação da norma, nem se pronunciou sobre os efeitos jurídicos de uma tal declaração por parte dos arguidos.

Analisada a disposição em causa, pensamos que a mesma se reconduz a uma condição de punibilidade ou procedibilidade, transitória. Por condição de punibilidade deve entender-se a circunstância que se encontra numa relação directa com o facto punível, mas que não pertença nem ao tipo de ilícito, nem ao da culpa – para uma relevante análise do instituto, vide Ac. para fixação de jurisprudência do Supremo Tribunal de Justiça n.º 6/2008 (DR, 1.ª série, de 15 de Maio de 2008), Rel. Conselheiro Santos Cabral.

Não constando a mesma da lei vigente à data da prática dos factos, e passando a constar, ainda que temporariamente, da lei nova, importa apurar se, em concreto, a mesma se mostra ou não mais favorável aos arguidos: "Observamos assim, que a consagração ex novo da existência de uma condição de punibilidade permite concluir no sentido de a fazer aparecer como mais favorável em confronto com aquela disposição de lei penal em que a punição do mesmo facto emergia incondicionalmente. Pode-se objectar que, na sua essência, a subordinação da punição de um facto à presença de uma condição de punibilidade não tem por finalidade, em princípio, o favorecimento do réu. Todavia, não se pode ignorar que, embora a condição não seja emitida com o propósito de favorecer aquele, o certo é que a situação que objectivamente se configura é uma situação mais favorável para o eventual transgressor da norma penal. Por outro lado, (...), se a lei posterior inova no confronto com a lei anterior no sentido de que considera dever punir sob condição um facto que a lei revogada reprimia incondicionalmente, é evidente que falta um interesse em punir quando não esteja verificada a condição" – conforme se pode ler no acima mencionado acórdão para fixação de jurisprudência.

Passando ao caso presente, temos que, caso os arguidos, no prazo legal fixado para o efeito, tivessem feito a entrega das armas, não seria instaurado procedimento criminal. Mas, à data em que se iniciou o prazo para a prática desse acto, já as armas se encontravam apreendidas – e diga-se, legitimamente apreendidas, pois à data da diligência, ainda a nova lei não havia entrado em vigor. Caso os arguidos, já após a apreensão das armas, e no decurso do prazo previsto pelo art. 115.° tivessem proferido declaração de conteúdo idêntico à que apresentaram em julgamento, manifestando a sua vontade de proceder à entrega das armas, poderia ser reconhecida a tal declaração um efeito jurídico equivalente ao acto de entrega (acto este que lhes estava vedado, já que as armas se encontravam apreendidas).

Mas, no decurso daquele prazo, os arguidos nada fizeram, pelo que, ultrapassado que ficou o prazo, perderam os mesmos a possibilidade de beneficiar da faculdade de pôr termo ao procedimento.

Entende-se, por isso, que as declarações apresentadas em audiência são extemporâneas, não podendo os arguidos delas retirarem o efeito jurídico previsto pelo art. 115.° da Lei n.° 5/2006, de 23 de Fevereiro.

Analisando agora o tipo legal do crime de detenção de arma proibida (ou de detenção ilegal de arma), pode afirmar-se que se trata de um crime de perigo comum e de perigo abstracto, já que a conduta tipificada não lesa de forma directa e imediata qualquer bem jurídico, apenas implicando a probabilidade de um dano contra um objecto indeterminado.

Assim, o que se visa é a punição de comportamentos perigosos para a ordem e segurança públicas, potenciadores do cometimento de crimes, estes sim de dano, em particular contra a vida e a integridade física das pessoas.

O bem jurídico protegido é a segurança da comunidade face aos riscos da livre circulação e detenção de armas, engenhos e matérias explosivas ou instrumentos que objectivamente sejam considerados perigosos para a segurança e integridade física das pessoas e como tal são considerados armas proibidas.

No que diz respeito ao actual regime legal das armas, constata-se, pela análise do art. 86.º da Lei n.º 5/2006, que a ilicitude das condutas (expressa nas penas aí previstas), encontra-se graduada em função da perigosidade das armas propriamente ditas, entendendo o legislador justificar-se a formulação de um diverso juízo de censura, expresso na pena, em função do perigo que ofereçam as actividades típicas, sendo esse perigo determinado a partir do tipo de arma em causa.

Se assim é, entende-se que a posse de várias armas susceptíveis de serem enquadradas em diversas alíneas daquele artigo, ainda que numa só ocasião, constitui uma pluralidade de violações da norma (pois é de ilicitude que falamos), a justificar punições distintas. Nessa medida, o infractor cometerá tantos crimes quantas as normas que, em concreto são violadas, estando todos os crimes numa relação de concurso entre si.

Já não assim relativamente às armas que se enquadrem na mesma alínea do art. 86.º. Num tal caso, em termos de violação concreta da norma, temos uma pluralidade de condutas que afectam o bem jurídico tutelado, mas sempre com idêntica intensidade: o perigo para a comunidade jurídica é idêntico quando o agente está na posse de uma soqueira ou de duas; ou quando está na posse de uma soqueira e de um bastão. Por isso, a pluralidade de armas encontradas, desde que aptas a causar um certo e determinado perigo que o legislador pretendeu evitar através do recurso à técnica legislativa empregue, devem constituir um só crime, independentemente do número de armas que estejam em causa.

Interpretadas as normas desta maneira, passemos então a analisar as concretas condutas dos arguidos. No que diz respeito à de detenção de armas proibidas, encontram-se os arguidos pronunciados pela prática dos seguintes crimes:

(…)

DEMAIS CRIMES IMPUTADOS AOS ARGUIDOS

Passando agora à análise dos demais crimes imputados aos arguidos no despacho de pronúncia, serão os mesmos abordados agora numa perspectiva diversa, através da verificação dos elementos típicos em função das situações concretas descritas em tal despacho – o que só não faremos relativamente às armas encontradas na posse dos arguidos, matéria que merecerá um tratamento autónomo, à semelhança do que foi feito para o crime de discriminação racial.

Porém, antes de passarmos à análise das situações concretas, importa fazer uma referência, genérica e sucinta a uma das agravantes de vários dos crimes imputados aos arguidos. A saber, a determinação do crime por ódio racial, religioso ou político (feita por remissão para a alínea e) do n.º 2 do art. 132.º do Código Penal – actual alínea f) do mesmo número e artigo, após a revisão operada pela Lei n.º 59/2007, de 4 de Setembro, a qual acrescentou, àquelas três causas de qualificação, a determinação por ódio gerado pela cor, origem étnica ou nacional, pelo sexo ou pela orientação sexual da vítima).

Conforme se encontra inquestionavelmente definido pela doutrina e pela jurisprudência, esta circunstância agravante, à semelhança de todas as outras elencadas pelo n.º 2 do art. 132.º do Código Penal, não são de funcionamento automático – assim, Leal Henriques e Simas Santos, Código Penal, 2.º Vol., 1996, p. 39; no mesmo sentido vem decidindo o Supremo Tribunal de Justiça, citando-se apenas a título exemplificativo o Ac. de 10 de Março de 2005 (Rel. Conselheiro Santos Carvalho): "Quando o legislador prevê um tipo simples, acompanhado de um tipo privilegiado e um tipo agravado, é no crime simples ou no crime-tipo que desenha a conduta proibida enquanto elemento do tipo e prevê o quadro abstracto de punição dessa mesma conduta. Depois, nos tipos privilegiado e qualificado, vem definir os elementos atenuativos ou agravativos que modificam o tipo base conduzindo a outros quadros punitivos. E só a verificação afirmativa, positiva desses elementos atenuativo ou agravativo é que permite o abandono do tipo simples"; também, Ac. STJ de 12 de Junho de 2003, Rel. Conselheiro Carmona da Mota.

A qualificação do crime (seja de homicídio, seja de qualquer outro qualificado por remissão para o art. 132.º) constitui uma forma agravada do tipo base, e não um ilícito autónomo embora protector do mesmo bem jurídico (tese esta defendida, por exemplo, por Muñoz Conde, *Derecho Penal, Parte Especial*, 10.ª Ed., 1996, p. 44). Trata-se pois de um tipo de culpa agravado, construído a partir de dois conceitos indeterminados ("especial censurabilidade ou perversidade"), de preenchimento indiciário por circunstâncias ou elementos relativos quer ao facto, quer ao autor, elencados de forma não exaustiva no n.º 2 do art. 132.º (a que se pode chamar uma enumeração por recurso a exemplos-padrão) – cfr. Teresa Serra, *Homicídio Qualificado. Tipo de Culpa e Medida da Pena*, 1990).

Na medida em que o crime qualificado não constitui um crime distinto do tipo base, mas tão somente um tipo de culpa distinto, não dependendo da verificação concreta das circunstâncias qualificativas a realização do crime, assim se compreende que a qualificação deva verificar-se relativamente a cada participante no crime, de forma autónoma, não sendo extensível a todo e qualquer comparticipante, sem que se apure, face a cada um deles, se o tipo de culpa em concreto se verifica – cfr. Fernanda Palma, *O Homicídio Qualificado no Novo Código Penal Português*, RMP, Ano 4.º, n.º 15, p. 59 e seg.

No que concerne à qualificativa concretamente invocada no despacho de pronúncia (ódio racial, religioso ou político), escrevem Leal Henriques e Simas Santos (op. cit., p. 44): "É o chamado crime por fanatismo. Todos os cidadãos são iguais perante a lei, independentemente de qualquer circunstancialismo alheio à própria condição humana, pelo que o homicídio cometido com desrespeito por essa igualdade deve ser mais severamente punido. Qualquer infracção cometida movida por intuitos discriminatórios contém em si um sintoma de inadequação às regras e princípios de fraternidade humana que devem presidir a todo o comportamento social, cabendo, por isso, ao Estado cobrir o "deficit" com uma correcção penal acrescida".

Passemos então à análise das situações concretas descritas no despacho de pronúncia, e ao seu enquadramento legal – não considerando já todas as situações mencionadas a propósito do crime de discriminação racial).

(…)

Da escolha e determinação da medida das penas

Sendo a conduta dos arguidos típica, ilícita e culposa, porquanto não praticadas ao abrigo de qualquer causa de exclusão da ilicitude ou da culpa, importa proceder à escolha e determinação da medida concreta das penas a aplicar-lhes, a partir dos parâmetros definidos pelos arts. 40.º e 71.º do Código Penal.

Como explica Figueiredo Dias (Direito Penal, Parte Geral, Tomo I, Coimbra Editora, 2004, pág. 79), "a verdadeira função da culpa no sistema punitivo reside efectivamente numa incondicional proibição de excesso; a culpa não é fundamento da pena, mas constitui o seu pressuposto necessário e o seu limite inultrapassável". Ou seja, rejeitando o paradigma retributivo do fim das penas, em que estas simplesmente se assumem como um "castigo" aplicável ao prevaricador da norma, o ordenamento jurídico-penal português elege a culpa como pressuposto do seu funcionamento ("Não há pena sem culpa") e, simultaneamente, como limite ao seu próprio funcionamento ("A medida da pena não pode ultrapassar em caso algum a medida da culpa").

Em situações de co-autoria, conforme sucede nalguns dos crimes apreciados no presente processo, impõe-se obter a individualização da culpa de cada um dos comparticipantes, conforme preceitua o art. 29.º do Código Penal.

Simultaneamente, e também como limite do sistema, surge a necessidade do Estado subtrair à disponibilidade e autonomia de cada individuo o mínimo dos seus direitos, liberdades e garantias, na estrita medida em que tais limitações se revelem indispensáveis ao funcionamento da sociedade e à preservação dos seus bens jurídicos essenciais, assumindo assim a pena uma primeira função finalista: enquanto ameaça, na sua aplicação concreta e na sua execução, visa a prevenção da prática de futuros crimes.

Tutelados por esta via os bens jurídico-penalmente relevantes (não numa perspectiva retrospectiva, face a um crime já verificado, mas mais numa visão prospectiva, traduzido na necessidade de tutela da confiança e das expectativas da comunidade na manutenção e revalidação da norma violada), procura a pena o restabelecimento da paz jurídica comunitária abalada pela prática do crime, restaurando o sentimento de segurança e confiança nas pessoas e instituições.

Assim, a pena, sempre balizada pelo limite máximo da medida da culpa individual de cada um dos agentes, há-de encontrar-se numa moldura de prevenção geral, que terá como limite a medida óptima de tutela dos bens jurídicos, e como limite mínimo as exigências irrenunciáveis de defesa do ordenamento jurídico visando manter a crença da comunidade na validade e vigência da norma incriminadora.

Por fim, e prosseguindo uma segunda função finalista, a pena terá de encontrar a medida que melhor sirva as exigências de socialização e advertência individual do agente, isto é, segundo as exigências de prevenção especial.

Conforme bem se compreende, os factos que o Tribunal der como provados sobre a personalidade do agente do crime, os seus antecedentes criminais, o seu percurso de vida e inserção social, assumem-se como relevantíssimos para a operação de determinação das penas concretas, pois será a partir deles que se formulam os juízos de necessidade de prevenção especial, bem como, convém referir, a determinação da própria medida da culpa (entendida como o grau de exigibilidade da conduta conforme ao Direito).

Por razões compreensíveis face à extensão do presente acórdão, escusamos de repetir nesta sede quais os factos relevantes para esse efeito a propósito de cada um dos arguidos, mencionando o Tribunal apenas que, na operação de determinação da medida da pena concreta de cada um dos crimes praticados por cada um dos arguidos, considerou o Tribunal tais factos, que constam da matéria de facto dada por provada, e para a qual se remete.

Regime Penal para Jovens Delinquentes

Uma vez que o arguido Z, nascido a 12 de Maio de 1986, à data da prática dos únicos factos pelos quais será condenado (detenção de armas proibidas, apreendidas no dia 18 de Abril de 2007), ainda não tinha completado os 21 anos de idade, importa ponderar o disposto no DL 401/82, de 23 de Setembro (Regime Penal Especial para Jovens com Idade Compreendida entre os 16 e os 21 anos), o qual concretiza a imposição constante do art. 9.º do Código Penal. Assim, no seu art. 4.º estatui-se que "Se for aplicável pena de prisão, deve o juiz atenuar especialmente a pena nos termos dos artigos 73.º e 74.º do Código Penal, quando tiver sérias razões para crer que da atenuação resultem vantagens para a reinserção social do jovem condenado".

Conforme vem sendo entendido pelo STJ, o regime penal especial para jovens delinquentes não é de aplicação automática – entre outros, Ac. STJ de 5/4/2000, proc. 55/2000 e de 29/4/2004, proc. n.º 04P1131, acessíveis em www.dgsi.pt.

"A imposição de um regime penal próprio para os designados 'jovens delinquentes' traduz uma das opções fundamentais de política criminal, ancorada em concepções moldadas por uma racionalidade e intencionalidade de preeminência das finalidades de integração e socialização, e que, por isso, comandam quer a interpretação, quer a aplicação e a avaliação das condições de aplicação das normas pertinentes. /A delinquência juvenil, com efeito, e em particular a delinquência de jovens adultos e de jovens na fase de transição para a idade adulta, é um fenómeno social muito próprio das sociedade modernas, urbanas, industrializadas e economicamente desenvolvidas, obrigando, desde logo o legislador, a procurar respostas exigidas por este problema de indiscutível dimensão social. (...)/ O regime penal especial aplicável aos jovens entre os 16 e os 21 anos constitui, pois, uma imediata injunção de política criminal que se impõe, por si e nos respectivos fundamentos, à modelação interpretativa dos casos concretos objecto de apreciação e julgamento. (...), uma das ideias essenciais é a de evitar, na medida do possível, a aplicação de penas de prisão aos jovens adultos. Na verdade, 'comprovada a natureza criminogénea da prisão, sabe-se que os seus malefícios se exponenciam nos jovens adultos, já porque se trata de indivíduos particularmente influenciáveis, já porque a pena de prisão, ao privar o jovem do meio em que é suposto ir inserir-se progressivamente, produz efeitos dessocializantes devastadores' (cfr. Proposta de lei n.º 45/VIII)" – Ac. STJ de 13/7/2005, proc. n.º 2122/05.

Conforme resulta claro do preâmbulo do diploma legal a que vimos fazendo referência, "Trata-se, em suma, de instituir um direito mais reeducador do que sancionador, sem esquecer que a reinserção social, para ser conseguida, não poderá descurar os interesses fundamentais da comunidade, e de exigir, sempre que a pena prevista seja a de prisão, que esta possa ser especialmente atenuada, nos termos gerais, se para tanto concorrerem sérias razões no sentido de que, assim, se facilitará aquela reinserção".

Nessa medida, importará ponderar, por um lado, a gravidade do crime cometido, aferida pela medida da pena aplicável, e posteriormente, aplicar-se a atenuação especial prevista por este regime quando tiver sérias razões para crer que da atenuação resultem vantagens para a reinserção social do jovem condenado.

Dos factos provados resulta que o arguido foi encontrado na posse de munições de caça, uma arma de ar comprimido, uma soqueira, um bastão, e outras munições, tendo o Tribunal integrado tais condutas no tipo legal previsto pelo art. 86.º, n.º 1, alínea d) da Lei n.º 5/2006, de 23 de Fevereiro, e aí punido com pena de prisão até 3 anos ou multa até 360 dias.

Embora se trate de um crime de gravidade considerável face à frequência com que o mesmo ocorre, e sendo premente a necessidade de evitar a proliferação de armas ilegais, as quais estão presentes numa parte muito considerável da criminalidade violenta a que vimos assistindo, entende-se que a conduta do arguido, porque dissociada de qualquer outro tipo de criminalidade (visto não se ter provado a prática, pelo mesmo, de qualquer outro crime), se situa ainda num plano típico de delinquência juvenil, gerada em dinâmicas de grupo, sob motivações muito típicas de uma fase de adolescência.

Face a tal inserção, entende-se ser possível fazer o juízo de prognose favorável exigido pelo art. 4.º do DL 401/82, de 23 de Setembro, pelo que será de aplicar a atenuação especial das penas, nos termos do art. 73.º do Código Penal.

Assim, ficam reduzidos de um terço os limites máximos das penas (art. 73.º, n.º 1, alínea a) do Código Penal), sendo o limite mínimo reduzido ao mínimo legal de um mês (art. 73.º, n.º 1, alínea b) e 41.º, n.º 1 do Código Penal. Assim, o crime pelo qual o arguido será punido ficará com uma moldura penal entre um mês e dois anos de prisão, ou multa.

Do Cúmulo Jurídico

Uma vez determinadas as penas concretamente aplicáveis a cada um dos crimes praticados pelos arguidos, importará, nos casos em que estes tenham cometido uma pluralidade de ilícitos, proceder à formulação de cúmulo jurídico de penas.

Numa tal situação, entende-se que, face às penas parcelares, não deverá o Tribunal lançar mão de medidas alternativas ou substitutivas das penas fixadas, só devendo fazê-lo, se for caso disso, face à pena única que venha a ser encontrada. Nesse sentido, escreve Figueiredo Dias, em *Direito Penal Português – As Consequências Jurídicas do Crime*, Coimbra Editora, p. 285: "Em princípio, dir-se-ia nada se opor a que o tribunal considerasse que qualquer das penas parcelares de prisão deveria ser substituída, se legalmente possível, por uma pena não detentiva (…). Não pode, no entanto, recursar-se neste momento a valoração, pelo tribunal, da situação de concurso de crimes, a fim de determinar se a aplicação de uma pena de substituição ainda se justifica do ponto de vista das exigências da prevenção, nomeadamente, da prevenção especial. Por outro lado, sabendo-se que a pena que vai ser efectivamente aplicada não é a pena parcelar, mas a pena conjunta, torna-se claro que só relativamente a esta tem sentido pôr a questão da sua substituição".

Nos termos do disposto no art. 77.º, n.º 1, do Código Penal, "Quando alguém tiver praticado vários crimes antes de transitar em julgado a condenação por qualquer deles é condenado numa pena única. Na medida da pena são considerados, em conjunto, os factos e a personalidade do agente", prescrevendo ainda o n.º 1 do art. 78.º do mesmo diploma legal que "Se, depois de uma condenação transitada em julgado, mas antes de a respectiva pena estar cumprida, prescrita ou extinta, se mostrar que o agente praticou, anteriormente àquela condenação, outro ou outros crimes, são aplicáveis as regras do artigo anterior"– (cfr. n.º 2 do art. 78.º).

Assim sendo, nos casos em que se imponha o cúmulo jurídico, passa o Tribunal a dispor de uma moldura penal única, sendo o seu limite mínimo determinado pela mais alta das penas parcelares fixadas, e o limite máximo composto pela soma de todas as penas que integrem o cúmulo – art. 77.º, n.º 2 do Código Penal. Na determinação da pena única, irá então o Tribunal, dentro da moldura assim determinada, ponderar, em conjunto, os factos, o grau de ilicitude dos mesmos, o grau de culpa, as exigências de prevenção especial, e as necessidades de prevenção geral já apontadas.

Analisemos então agora cada um dos crimes praticados por cada um dos arguidos, com vista à determinação da penas parcelares e, nos casos em que tal se mostre necessário, à determinação da pena única a aplicar a cada um deles, bem como, à possibilidade de suspensão da execução da pena única, ou sua substituição por pena alternativa.

A:

No que diz respeito **crime de discriminação racial**, importa considerar que o arguido constituiu um dos elementos fulcrais da organização a que fizemos referência, tendo estado na origem da formação do site Fórum Nacional, sendo um dos seus administradores. Tinha por isso os instrumentos necessários para evitar que esse fórum fosse utilizado para a dispersão de mensagens de conteúdo discriminatório e racista, podia evitar que as mesmas fossem difundidas, mas não terá agido com a diligência que lhe era exigível para evitar esse resultado. Pelo contrário, enquanto administrador do Fórum, era responsável pela colocação dos tópicos de discussão, muitos deles eivados de considerações racistas ou discriminatórias. Foi também o impulsionador, organizador e participante no único acto concreto de discriminação étnica dado por provado (o episódio ocorrido em Coruche, face à comunidade cigana). Por outro lado, dispunha também de um blog, no qual colocou textos de conteúdo racista ou discriminatório. Em várias mensagens tentou passar a ideia da necessidade de uma guerra racial como forma de resolução de vários problemas da sociedade actual. Não só difundiu tal opinião, como aconselhou a compra de armas para esse fim, e colocou à disposição dos internautas que o lessem vários textos sobre tácticas de guerrilha, elaboração de engenhos explosivos, etc. A difusão desta informação, bem como o aconselhamento à compra de armas, encontra-se inserido no contexto de confronto étnico e racial que o arguido defende no seu blog, bem como nas mensagens que coloca no fórum, ou nas participações em entrevistas televisivas.

O arguido agiu sempre com dolo directo e muito intenso.

No entanto, não resulta do processo que o arguido tenha praticado qualquer acto violento sob motivação discriminatória, ou que qualquer outro arguido o tenha feito na sequência das mensagens que o arguido difundiu. Na verdade, nenhum dos outros crimes concretamente praticados quer pelo arguido, quer pelos demais, podem ser associados à organização a que fizemos referência como um dos elementos do tipo.

Nessa conformidade, embora se justifique que ao arguido seja aplicada, por este crime, uma pena mais elevada que a que venha a ser encontrada para os restantes, entende-se que tal pena se deve situar abaixo do meio da moldura penal prevista.

Assim, considera-se adequada a fixação da pena por este crime em **dois anos e seis meses de prisão**.

Quanto ao **crime de ameaças,** tendo por ofendido o assistente ..., considera-se que as circunstâncias que levaram o arguido a agir pela forma dada por provada e a praticar o crime, de modo algum o justificam. Na verdade, alegou o arguido que as ameaças proferidas decorreram do teor de um artigo escrito pelo assistente, o qual teria um conteúdo ofensivo para o arguido. Admite-se que o artigo tivesse um tal conteúdo ofensivo. O que já se não admite é que, num Estado de Direito, a defesa da honra possa ser feita através da prática de crimes, nomeadamente, através de uma ameaça para o caso do assistente voltar a escrever sobre o arguido.

O dolo do crime é directo.

Tendo em conta a aptidão da ameaça praticada para causar o medo pretendido, entende-se desadequada a opção pela pena de multa prevista no preceito incriminador para a prossecução das necessidades de prevenção especial que o crime envolve, razão pela qual se opta pela condenação do arguido na pena de **cinco meses de prisão**.

Quanto aos **crimes de coacção agravada e de ofensas à integridade física qualificadas**, praticados no bar Loukuras, em Peniche, importa considerar que o primeiro crime foi praticado através da prática de uma ameaça, na qual o arguido fez uso de um objecto cortante, e como tal apto a causar graves ofensas à integridade física. O arguido agiu na sequência de um plano levado a cabo por, pelo menos, mais três arguidos, e o crime de coacção teve por finalidade evitar que o porteiro do bar constituísse um obstáculo à intenção dos arguidos agredirem pessoas no interior do bar, ou que se afastasse do local procurando ajuda, nomeadamente, das autoridades policiais.

Sendo altamente censurável todo o plano desenvolvido, bem como o modo como o mesmo foi executado, entende-se ainda que o mesmo é revelador de uma personalidade particularmente indiferente aos valores jurídicos postos em causa nestes crimes, quer pela violência empregue, quer pelo facto de os arguidos não conhecerem, sequer, as vítimas dos seus actos.

Os arguidos agiram com dolo necessário quanto ao crime de coacção, e directo, quanto ao crime de ofensas à integridade física.

Assim, a culpa dos arguidos, que se mostra muito elevada, bem como as fortes necessidades de prevenção especial que os seus antecedentes criminais fazem tornar patentes, desaconselham a aplicação da pena de multa prevista para os crimes em causa, levando o Tribunal a optar pelas penas de prisão, que se fixam em **um ano e seis meses de prisão** para o crime de coacção agravada, e **um ano e seis meses de prisão** para o crime de ofensas à integridade física qualificadas.

Quanto ao **crime de dano**, ocorrido no Porto, sobre o Porsche de ..., importa considerar que o mesmo decorreu de um desentendimento estradal, não relacionado com qualquer fenómeno de índole racial. Contudo, a ser assim, temos um crime praticado por um motivo perfeitamente fútil, dificilmente se compreendendo que uma discussão sobre o comportamento estradal possa conduzir a que várias pessoas saíam dos seus carros e comecem a danificar um outro veículo. E se é esse o seu modo de agir, justifica-se que sejam claramente advertidas por via das penas, que um tal comportamento não é admissível entre pessoas com o mínimo de esclarecimento intelectual (quanto mais entre pessoas como os arguidos, que se assumem como politicamente esclarecidos, e defensores de uma sociedade segura onde os cidadãos não sejam vítimas de violência).

Os arguidos agiram com dolo directo, de intensidade mediana, não havendo indícios de qualquer premeditação.

Estamos pois em presença de um grau de culpa bastante elevado, na medida em que era altamente exigível aos arguidos, um comportamento completamente distinto daquele que protagonizaram.

As necessidades de prevenção geral, neste caso, mostram-se muito elevadas, não podendo a comunidade viver sob a ameaça deste tipo de atitudes motivadas por meros desentendimentos sem nenhum significado ou relevo.

Por tais circunstâncias, considera-se desadequada a opção pela pena não privativa da liberdade, razão pela qual se opta pela pena de prisão, que se fixa em **seis meses**.

No que concerne ao **crime de introdução de local vedado ao público,** praticado no Jumbo da Maia, entende-se aqui que, visto tratar-se de um espaço comercial, sem barreiras físicas evidentes, e onde ainda circulavam pessoas no seu interior (ou seja, embora não fosse permitido o acesso, não se encontrava encerrado), não foi a conduta dos arguidos particularmente ofensiva para o bem jurídico tutelado por este crime.

Por outro lado, no plano da culpa, não tiveram os arguidos de superar consideráveis barreiras axiológicas, na medida em que o espaço em causa era público e estava a ser frequentado por público. Importa também considerar que agiram com dolo necessário.

Assim, entende-se que nenhuma das finalidades das penas justifica a aplicação de uma sanção particularmente severa, razão pela qual, optando-se pela pena não privativa da liberdade, opta-se pela condenação do arguido na pena de **quarenta e cinco dias de multa, à taxa diária de 10,00 €, perfazendo o total de 450,00 € (quatrocentos e cinquenta euros)**.

Quanto ao **crime de detenção ilegal de arma**, importa considerar, pelo conhecimento que se tem dos demais factos do processo, e que já acima foram referidos a propósito do crime de discriminação racial, que o arguido não concebe a detenção de armas proibidas ou sem licença como um verdadeiro ilícito. Defende publicamente a sua posse, aconselha a sua compra, e justifica a sua utilização através de uma determinada concepção da vida em sociedade. Embora à data destes factos não tivesse antecedentes criminais neste tipo de criminalidade, esta não será já a primeira condenação do arguido pela prática deste crime.

O arguido agiu com dolo directo.

Perante um tal entendimento do fenómeno das armas por parte do arguido, facilmente se conclui que as necessidades de prevenção especial se mostram muito significativas.

No que diz respeito às necessidades de prevenção geral, conforme acima se explicou já, mostram-se as mesmas muito elevadas nos actuais tempos, face ao elevado número de armas ilegais existentes no país, e ao facto de estarem indubitavelmente associadas ao fenómeno da criminalidade violenta. Independentemente desse tipo de criminalidade estar ou não a aumentar, a verdade é que poucos são os casos hoje em dia, de criminalidade violenta não associada ao uso de armas.

Este arguido em particular, defende que o uso de armas pode diminuir consideravelmente aquele tipo de criminalidade. Sendo uma opinião defensável, como todas, a verdade é que à face da lei, e no que concerne a armas proibidas ou detidas fora das condições legais, todas são punidas, sejam as que são usadas para praticar crimes, sejam as que são usadas para a defesa desses crimes. Numa visão maniqueísta, não há armas proibidas boas e armas proibidas más, muito menos armas proibidas em boas mãos e armas proibidas em más mãos (estando por definir quem poderia fazer uma tal qualificação).

Entende-se, por isso, ser impensável, neste caso, optar-se pela pena não privativa da liberdade em qualquer um dos regimes penais susceptíveis de serem aplicados ao caso concreto.

Face às molduras em causa, entende-se adequada a condenação do arguido na pena de **um ano de prisão** no regime da lei n.º 22/97, e na pena de **um ano e seis meses** no regime actualmente vigente.

Por ser o que em concreto se mostra mais favorável – art. 2.º, n.º 4 do Código Penal –, vai o arguido condenado por um crime de detenção ilegal de arma, p. e p. nos termos do art. 6 n.º 1; 1.º, n.º 1, alínea d) da Lei 22/97 de 27 de Junho, na redacção introduzida pela Lei n.º 98/2001 de 25 de Agosto, por referência ao Dec.-Lei 207A/75 de 17 de Abril, na pena de **um ano de prisão**.

Quanto ao **crime de ameaças,** tendo por ofendido ..., importa considerar que o mesmo foi praticado mediante a exibição de uma arma de fogo, e, na sequência da expressão proferida pelo arguido resulta que o crime foi praticado pelo facto do ofendido ser SHARP, ou seja, por ter uma filosofia de vida, uma concepção política do mundo e da sua organização, e defender uma forma de convivência entre os vários povos, completamente distintas das do arguido. Não se quer com isto defender o movimento SHARP, ou considerar que os seus princípios são melhores ou que a sua forma de estar é mais defensável – até por não termos conhecimento, oriundo do processo, sobre tal movimento.

O que se quer dizer é que, conforme decorre dos factos provados, o arguido ameaçou o ofendido por ele pensar de uma maneira diferente da sua. O que não pode ser tolerado num Estado de Direito Democrático.

Valendo para este crime a maior parte das considerações já expostas a propósito do outro crime de ameaças pelo qual o arguido vai punido, entende-se por desadequada a aplicação da pena de multa prevista pelo artigo que pune o crime de ameaças, e opta-se pela condenação do arguido na pena de **sete meses de prisão**.

Cumuladas todas as penas, julga-se justa e adequada a condenação do arguido na pena única de **quatro anos e dez meses de prisão, e quarenta e cinco dias de multa, à taxa diária de dez euros, perfazendo o total de quatrocentos e cinquenta euros**.

Atenta a gravidade dos crimes, as elevadas necessidades de prevenção especial que os mesmos revelam, bem como as elevadas necessidades de prevenção geral que a maior parte deles suscita, entende-se que a simples ameaça da pena não será suficiente para dissuadir o arguido de praticar novos crimes de idêntica natureza, razão pela qual não se opta pela suspensão da pena. Para a formulação desta conclusão, atendeu-se também à circunstância de alguns dos crimes terem sido praticados já depois do arguido ter sido objecto de pelo menos uma condenação pela prática de crimes violentos (extorsão e sequestro), pela qual havia sido condenado em pena de prisão suspensa.

B:

No que concerne aos crimes de **coacção agravada e de ofensas à integridade física qualificadas**, praticados em Peniche, no Bar Loukuras, valem aqui integralmente as considerações feita na mesma sede a propósito do arguido A. Não havendo nas respectivas condutas uma qualquer diferença que justifique uma distinção nas penas a aplicar a cada um dos arguidos, considera-se adequada a condenação do arguido nas penas de **um ano e seis meses de prisão** para o crime de coacção agravada, e **um ano e seis meses de prisão** para o crime de ofensa à integridade física qualificada.

Quanto ao **crime de dano**, praticado pelo arguido no mesmo bar, e no qual nenhum dos outros arguidos participou, há que ponderar que nada nem nenhuma circunstância exterior justificou a conduta do arguido, senão a intenção de demonstrar uma personalidade atemorizadora. Convém não esquecer que este crime surge na sequência dos dois anteriores, logo, num ambiente de terror, que este arguido potenciou com a sua conduta.

É um acto totalmente descabido, sem qualquer fundamento, mas ainda assim praticado com dolo directo.

Pelo que revela de uma personalidade desconforme ao Direito, e evidencia em termos de necessidades de prevenção especial, nada aconselha a que se opte pela pena não privativa da liberdade, pelo que se decide condenar o arguido na pena de **seis meses de prisão**.

Quanto ao **crime de detenção de arma proibida**, importa considerar que o arguido não possui qualquer justificação para deter uma arma daquela natureza, a não ser para utilizá-la na prática de crimes. Por outro lado, na data em que a arma foi apreendida na sua casa (encontrando-se o arguido já recluso), já lhe havia sido apreendida uma outra arma – por cuja posse será igualmente condenado neste processo –, pelo que não podia desconhecer que a detenção de armas proibidas constituía um comportamento ilícito e punido.

Tendo agido com dolo directo, e não aconselhando os antecedentes criminais do arguido a sua condenação numa pena de multa pela prática de um tal crime, julga-se adequada a fixação da pena em **dois anos de prisão**.

Quanto ao **crime de detenção ilegal de arma**, pela apreensão efectuada na Skinhouse, valendo aqui parte das considerações já acima expostas a propósito das necessidades de prevenção que esta criminalidade gera, atento o dolo, e as necessidades de prevenção especial que o arguido demonstra, considera-se ser de afastar a possibilidade de aplicação de uma pena não privativa da liberdade que ambos os regimes permitem, e opta-se pela condenação do arguido na pena de **um ano de prisão** à luz do regime vigente à data da prática dos factos, e na pena de **um ano e seis meses** à luz do regime actualmente vigente.

Atento o disposto no art. 2.º, n.º 4 do Código Penal, por ser o regime concretamente mais favorável ao arguido, vai o mesmo condenado pela prática de um crime p. e p. pelo art. 6 n.º 1 da Lei 22/97 de 27 de Junho, na redacção introduzida pela Lei n.º 98/2001 de 25 de Agosto, por referência ao Dec.-Lei 207A/75 de 17 de Abril, na pena de **um ano de prisão**.

Cumuladas aquelas penas parcelares, julga-se justa e adequada a condenação do arguido na pena única de **três anos e nove meses de prisão**.

Face aos antecedentes criminais do arguido, alguns deles já pela prática de crimes violentos, entende-se não ser de suspender a execução desta pena, não obstante a mesma ser inferior a cinco anos de prisão. Na verdade, o arguido já anteriormente havia sido condenado numa pena de prisão suspensa na sua execução, pela prática de crimes violentos, podendo hoje dizer-se, em face dos factos provados, que em tal caso, a simples ameaça do cumprimento dessa pena não foi o bastante para cumprir as finalidades da punição.

C:

Quanto ao **crime de discriminação racial**, importa considerar que, dos factos provados resulta que este arguido terá tido um grau de participação menor do que o do arguido A nos factos que integram o crime em causa. No entanto, o teor das frases por si colocadas no Fórum Nacional, revela uma postura de desrespeito muito intensa face aos valores tutelados pela norma, não se abstendo o arguido de violar esse bem jurídico de forma totalmente gratuita.

Dando aqui por reproduzidas as considerações já expendidas a propósito deste crime na determinação de pena do arguido acima mencionado, e face à intensidade do dolo manifestada, considera-se adequada a sua condenação na pena de **um ano e dez meses de prisão**.

Para os **crimes de coacção agravada e de ofensas à integridade física qualificadas**, praticados no Bar Loukuras, em Peniche, valendo aqui o que já se expôs a propósito dos arguidos A e B, considera-se justa e adequada a condenação do arguido nas penas de **um ano e seis meses de prisão** para o crime de coacção agravada, e de **um ano e seis meses de prisão** para o crime de ofensas à integridade física qualificadas.

Quanto aos **crimes de dano e de introdução em local vedado ao público**, praticado o primeiro sobre o veículo de marca Porsche, no Porto, e o segundo ocorrido no Jumbo da Maia, valendo aqui o que já se expôs a propósito do arguido A, entende-se adequada a condenação do arguido na pena de **seis meses de prisão** para o crime de dano, e de **quarenta e cinco dias de multa, à taxa diária de 10,00 €, perfazendo o total de 450,00 € (quatrocentos e cinquenta euros)** para o crime de introdução em local vedado ao público.

Quanto ao **crime de detenção ilegal de arma**, ocorrido na Skinhouse, valendo aqui as considerações já expostas a propósito do arguido B, considera-se adequada a condenação do arguido na pena de **um ano de prisão** face ao regime vigente à data da prática dos factos, e na pena de **um ano e seis** meses, face ao regime actualmente em vigor.

Atento o disposto no art. 2.º, n.º 4 do Código Penal, por ser o regime concretamente mais favorável ao arguido, vai o mesmo condenado pela prática de um crime p. e p. pelo art. 6 n.º 1 da Lei 22/97 de 27 de Junho, na redacção introduzida pela Lei n.º 98/2001 de 25 de Agosto, por referência ao Dec.-Lei 207A/75 de 17 de Abril, na pena de **um ano de prisão**.

No que diz respeito ao **crime de detenção de arma proibida**, p. e p. nos termos do **art. 86 n.º 1 alínea c)**, da Lei 5/2006 de 23 de Fevereiro, teve o Tribunal em conta, para além de tudo o que já foi sendo dito em apreciações de crimes praticados por outros arguidos, a circunstância do arguido ter sido encontrado com duas armas que integram este crime. Assim, face à moldura penal aplicável, considera-se adequada a condenação em **dois anos de prisão**.

Para o **crime de detenção de arma proibida**, p. e p. nos termos do **art. 86 n.º 1 alínea d)**, face ao número de armas e munições apreendidas na posse do arguido, considera-se adequada a sua condenação na pena de **um ano e seis meses de prisão**.

Quanto à **contra ordenação,** implicando a determinação da coima o uso dos mesmos critérios que os empregues na determinação das penas, considera-se adequada a condenação do arguido no pagamento da coima de **novecentos euros**.

Cumuladas as penas assim determinadas, julga-se justa e adequada a sua condenação na pena única de **cinco anos de prisão, e quarenta e cinco dias de multa, à taxa diária de dez euros, perfazendo o total de quatrocentos e cinquenta euros**.

Também aqui, e face aos antecedentes criminais do arguido, que foi já condenado pela prática de crimes violentos em pena de prisão suspensa na sua execução, entende-se que as finalidades das penas não se mostram acauteladas com uma nova ameaça, a qual já se revelou insuficiente para afastar o arguido da prática de novos crimes, conforme se constata pelo presente processo. Assim, o arguido cumprirá a pena de prisão em que vai condenado.

Mais vai condenado no pagamento da coima de **novecentos euros**.

D:

No que concerne ao **crime de discriminação racial**, importa considerar que o grau de participação deste arguido tem, ao nível do desvalor do resultado, um grau consideravelmente superior ao de muitos outros, em face do veículo empregue para a difusão das mensagens de conteúdo racista. Na verdade, o arguido usava a música que tocava com uma banda para difundir letras de conteúdo muito violento, incitando à violência contra judeus, nomeadamente. As letras destas músicas circulavam pela Internet, bem como os vídeos de algumas delas, sendo que os lucros das vendas dos CDs revertiam para a "causa nacionalista". Entende-se, por isso, que a sua participação, para efeitos da consumação da intenção criminosa, é mais relevante, que a mera aposição de mensagens com conteúdo racista no fórum. Por isso mesmo, entende-se por adequada a sua condenação numa pena de **dois anos de prisão**.

Para os **crimes de coacção agravada e de ofensas à integridade física qualificadas**, praticados no Bar Loukuras, em Peniche, valendo aqui o que já se expôs a propósito dos arguidos A e C, considera-se justa e adequada a condenação do arguido nas penas de **um ano e seis meses de prisão** para o crime de coacção agravada, e de **um ano e seis meses de prisão** para o crime de ofensas à integridade física qualificadas.

Quanto ao **crime de detenção de arma proibida**, valendo aqui as considerações já expostas a propósito deste mesmo crime praticado por arguidos anteriores, entende-se como adequada a condenação do arguido na pena de **um ano de prisão**, face à quantidade de armas e munições apreendidas na sua posse.

No que concerne à **contra ordenação,** p. e p. nos termos dos art. 97.º; 3 n.º 8 alínea b) da Lei 5/2006 de 23 de Fevereiro, vai condenado no pagamento da coima de **seiscentos euros**, a qual se fixou no seu valor mínimo por se tratar apenas de uma arma de colecção.

Cumuladas as penas parcelares, considera-se justa e adequada a sua condenação na pena única de **três anos e seis meses de prisão**.

Esta pena vai suspensa na sua execução, por igual período de tempo, uma vez que não são conhecidos ao arguido antecedentes em criminalidade conexa com a apreciada no processo, ou em criminalidade violenta (na verdade, apesar do arguido ter mencionado ter já sido condenado pela prática de um crime de discriminação racial, e de tal informação constar também do seu relatório social, a verdade é que tal condenação não transitou em julgado, encontrando-se em recurso, pelo que não pode ser valorada como antecedente criminal). Na falta de tais antecedentes, e face à inserção sócio-profissional do arguido, entende-se que a simples ameaça do cumprimento desta pena será bastante para evitar que o arguido volte a praticar outros crimes.

E:

Quanto ao **crime de discriminação racial**, há a considerar que apenas foi encontrada uma mensagem de teor discriminatório, o que não permite concluir pela presença de um dolo muito intenso. Assim, devendo a pena ser fixada próximo do seu mínimo, julga-se adequada a condenação do arguido na pena de **um ano e quatro meses de prisão**.

Quanto aos **crimes de dano e de introdução em local vedado ao público**, ocorridos no Porto (Porsche de ...) e Jumbo da Maia, valendo aqui as considerações já expostas para os outros arguidos comparticipantes, entende-se ser de condenar o arguido nas penas de **seis meses de prisão** para o crime de dano, e de **quarenta e cinco dias de multa, à taxa diária de 10,00 €, perfazendo o total de quatrocentos e cinquenta euros** para o crime de introdução em lugar vedado ao público.

No que diz respeito ao **crime de ofensas à integridade física qualificadas**, pelos factos ocorridos na Faculdade de Letras de Lisboa, importa considerar que a lesão física concretamente decorrente da conduta do arguido não assume relevo negativo. No entanto, o grau de desvalor da acção é muito elevado, já que agressão ocorreu não só por motivos políticos (o que já de si qualifica o tipo base, pelo que não pode ser valorado autonomamente em sede de medida concreta da pena), mas também porque a vítima estava a participar numa acção de manifestação dos seus ideais. O que dá à agressão um contexto mais grave, do que se tivesse ocorrido num outro local qualquer, ainda que pelo mesmo motivo.

Fazendo os arguidos valer sempre que podem o seu direito à manifestação, como um dos grandes meios de expressão da ideologia nacionalista, e censurando os poderes instituídos pelo controlo e pressão que exercem sobre esse seu direito, dificilmente se compreende que, quando outros decidem fazer valer esse mesmo direito para difusão das suas ideias, os arguidos, ou no caso, este arguido em concreto, ache por bem agredir esses terceiros.

Assim sendo, considera-se como sendo justa e adequada a condenação do arguido na pena de **quatro meses de prisão**, não se optando pela aplicação de penas não privativas da liberdade, por se entender que só aquela constitui censura suficientemente eficaz e dissuasora para este tipo de conduta.

Quanto ao **crime de detenção de arma proibida**, p. e p. nos termos do art. 86 n.º 1 alínea d) da Lei 5/2006 de 23 de Fevereiro, face ao número de armas encontradas, entende-se adequada a condenação do arguido na pena de **oito meses de prisão**. Também aqui se entende que não se justifica a condenação numa pena não privativa da liberdade, desta feita devido às elevadas necessidades de prevenção geral que este crime suscita.

Cumuladas estas penas, vai o arguido condenado na pena única de **dois anos de prisão**.

Face à ausência de antecedentes criminais, entende-se que a simples ameaça do cumprimento da pena será o bastante para a afastar o arguido da prática de futuros crimes, razão pela qual vai aquela pena única suspensa na sua execução por igual período.

F:

Quanto ao **crime de detenção de arma proibida**, p. e p. nos termos do **art. 86 n.º 1, alínea c)** da Lei 5/2006 de 23 de Fevereiro, face às elevadas necessidades de prevenção geral que justificam a severa punição da detenção deste tipo de armamento, entende-se por adequada a condenação do arguido na pena de **dois anos de prisão**.

Já no que diz respeito ao **crime de detenção de arma proibida** p. e p. nos termos do **art. 86 n.º 1, alínea d)** da Lei 5/2006 de 23 de Fevereiro, pelas mesmas razões, embora atenuadas face ao tipo de objectos em causa, considera-se adequada a pena de **oito meses de prisão**.

Cumulando tais penas, julga-se justa e adequada a condenação do arguido na pena única de dois anos e dois meses de prisão, suspensa na sua execução por igual período de tempo, já que a ausência de antecedentes criminais permite formular um juízo de prognose positivo sobre a prática pelo arguido de novos crimes no futuro.

G:

No que diz respeito ao **crime de discriminação racial**, valendo aqui as considerações já expostas a propósito do arguido E (embora no caso presente, tenham sido encontradas outras mensagens de idêntico conteúdo), ainda assim entendemos que a intensidade do dolo, não sendo significativa, justifica a fixação da pena próximo dos seus limites mínimos, pelo que se julga adequada a condenação do arguido na pena de **um ano e quatro meses de prisão**.

Quanto ao **crime de ofensas à integridade física**, praticado na discoteca Plateau, importa considerar que quer o desvalor da acção, quer o desvalor do resultado são de mediana relevância. A conduta surge sem justificação aparente, e foi praticada num estabelecimento de diversão nocturna, o que potencia o perigo de outras agressões se sucederem, ou de surgirem danos ou ofensas como efeitos colaterais da agressão inicial. Nessa medida, entende-se por desadequada a opção pela pena não privativa da liberdade, pelo que se opta pela condenação do arguido na pena de **seis meses de prisão**.

Quanto ao **crime de detenção de arma proibida** p. e p. nos termos do **art. 86 n.º 1 alínea c)** da Lei 5/2006 de 23 de Fevereiro, face ao número de armas encontradas na posse do arguido, julga-se adequada a sua condenação na pena de **dois anos e quatro meses**. Dão-se aqui por reproduzidas todas as considerações já feitas sobre as necessidades de prevenção geral que este crime suscita.

No que concerne ao **crime de detenção de arma proibida** p. e p. nos termos do **art. 86 n.º 1 alínea d)** da Lei 5/2006 de 23 de Fevereiro, estando em causa apenas munições, considera-se adequada a condenação na pena de **seis meses de prisão**.

Cumuladas tais penas, entende-se como justa e adequada a condenação do arguido na pena única de **três anos de prisão**, suspensa na sua execução por igual período de tempo, já que a ausência de antecedentes criminais permite formular um juízo de prognose positivo sobre a prática pelo arguido de novos crimes no futuro.

H:

No que diz respeito ao **crime de discriminação racial**, valendo aqui as considerações já expostas a propósito dos arguidos G e E, entende-se como adequada a condenação da arguida na pena de **um ano e quatro meses de prisão**.

Quanto ao **crime de detenção de arma proibida** p. e p. nos termos do art. 275.º, n.º 3 do Código Penal (na versão vigente à data da prática dos factos) e actual art. 86 n.º 1 alínea d) da Lei 5/2006 de 23 de Fevereiro, em face do número de armas que a arguida transportava consigo, considera-se adequada a sua condenação, à luz do regime anteriormente vigente, na pena de **oito meses de prisão**. À luz do regime actualmente em vigor, seria adequada a condenação da arguida na pena de **um ano de prisão**.

Aplicando-se o regime que, em concreto é mais favorável à arguida, vais a mesma condenada pela prática de um crime de **detenção de arma**

proibida p. e p. nos termos do **art. 275.º, n.º 3 do Código Penal** (na versão vigente à data da prática dos factos), na pena de **oito meses de prisão**.

Cumuladas ambas as penas, vai a arguida condenada na pena única de um ano e seis meses de prisão, suspensa na sua execução por igual período de tempo, já que a ausência de antecedentes criminais permite formular um juízo de prognose positivo sobre a prática pela arguida de novos crimes no futuro.

I:

Quanto aos **crimes de dano e de introdução em local vedado ao público**, praticados sobre o veículo de marca Porsche e no Jumbo da Maia, valendo aqui as considerações já feitas a propósito dos outros comparticipantes nestes crimes, considera-se adequada a condenação deste arguido nas penas de **seis meses de prisão** para o crime de dano, e na pena de **quarenta e cinco dias de multa, à taxa diária de € 10,00, perfazendo o total de quatrocentos e cinquenta euros**, para o crime de introdução em lugar vedado ao público.

Quanto ao **crime de ofensas à integridade física qualificadas**, importa considerar que o facto assume particular gravidade na vertente do desvalor da acção (valem aqui, em parte, as considerações feitas a propósito de idêntico crime praticado pelo arguido E), mas, a justificar aqui uma punição consideravelmente mais severa, impõe-se atender também ao desvalor do resultado, face às lesões causadas, as quais se não verificaram na situação da Faculdade de Letras. Assim, entende-se adequada a condenação do arguido na pena de **um ano de prisão**.

Quanto ao **crime de detenção de arma proibida**, em autoria material, p. e p. nos termos do **art. 86 n.º 1 alínea d)** da Lei 5/2006 de 23 de Fevereiro, considerou-se na determinação da pena, para além de tudo o mais que já foi sendo escrito a propósito de outros arguidos, o potencial de dissimulação que a arma em causa possui, o que deixa potenciais vítimas numa situação de vulnerabilidade maior ao perigo de agressão com uma tal arma, por desconhecer que o agente a transporta. Assim, julgou-se justa a condenação do arguido na pena de **seis meses de prisão**.

Em cúmulo jurídico, julga-se adequada a condenação do arguido na pena única de **um ano e quatro meses de prisão, suspensa na sua execução por igual período de tempo, e quarenta e cinco dias de multa, à taxa diária de € 10,00, perfazendo o total de quatrocentos e cinquenta euros**.

A opção pela suspensão da execução da pena decorre do facto de não serem conhecidos antecedentes criminais ao arguido, o que permite fazer crer que a simples ameaça do cumprimento da pena será bastante para evitar que o arguido volte a delinquir.

J:

Quanto ao **crime de discriminação racial**, face ao teor das afirmações proferidas pelo arguido, ao grau de violência a que as mesmas incitam, entende-se que a participação deste arguido no crime em causa não se limita aos mínimos a partir do qual a participação passa a constituir crime, envolvendo já alguma reiteração no crime pela frequência com que coloca tais mensagens. Assim, face à gravidade relativa da sua conduta, entende-se por adequada a sua condenação na pena de **dois anos de prisão**.

Quanto aos **crimes de ofensas à integridade física qualificadas**, praticados junto à Estação da CP da Amadora, importa, acima de tudo, considerar que foram ambos praticados com recurso a uma arma de fogo, o que torna o desvalor da acção particularmente elevado. Por outro lado, importa ter em conta que ambos os ofendidos foram atingidos na parte superior do corpo, em zonas próximas do coração ou da cabeça, o que poderia levar a fazer presumir a intenção de matar e uma diversa qualificação jurídica dos factos, opção que o Tribunal não tomou, por entender que faltariam outros elementos probatórios que permitissem consolidar essa presunção. Não obstante, a gravidade da conduta, só por si, relativamente a qualquer um dos crimes, é bastante para colocar a pena concreta próxima do seu limite máximo, ainda que o resultado das ofensas não assuma particular relevo. No entanto, sempre terá de se admitir que a pequena extensão dos danos não foi um resultado que o arguido terá pretendido, antes pelo contrário. Na verdade, o arguido agiu com dolo directo. Assim, julga-se adequada a sua condenação, **por cada um dos crimes, na pena de três anos de prisão**.

Quanto ao **crime de detenção de arma proibida** p. e p. nos termos do **art. 86 n.º 1 alínea d)** da Lei 5/2006 de 23 de Fevereiro, face à quantidade de armas e partes de armas, e munições encontradas na posse do arguido, considera-se adequada a sua condenação na pena de **um ano de prisão**.

Quanto ao **crime de detenção de arma proibida** p. e p. nos termos do **art. 86 n.º 1 alínea c)** da Lei 5/2006 de 23 de Fevereiro, pela posse da arma que o arguido transportava consigo no momento em que ocorreram os factos, entende-se como adequada a sua condenação na pena de **um ano e quatro meses de prisão**. Na verdade, o perigo que o legislador pretendeu acautelar com a proibição em causa, é bem patente, quando concretizado em situações como a dos autos, em que o arguido, em cerca de cinco minutos, utiliza uma arma de fogo para cometer um crime de ameaça, dois crimes de ofensa à integridade física, um crime de coacção e um sequestro. Não tivesse o arguido a arma consigo, e provavelmente não teria cometido todos esses crimes, assim colocando em perigo e ofendendo uma pluralidade de bens jurídicos. O arguido revela, com a sua conduta contemporânea à detenção da arma, uma personalidade completamente desadequada à posse de um objecto com tal potencial. Justifica-se pois a sua condenação naquela pena.

Pelo **crime de ameaças** praticado na Estação da CP da Amadora, julga-se adequada a condenação na pena de **seis meses de prisão**, já que a ameaça foi praticada com uma arma de fogo, e motivada pelo facto do ofendido pertencer à raça negra.

Quanto ao **crime de sequestro** que teve por vítima ..., considera-se que o arguido agiu apenas com dolo necessário, e de intensidade pouco significativa. De todo o modo, este tipo de criminalidade, ainda que instrumental de outros, assume a maior gravidade, face à sensação de insegurança que inspira na comunidade. Assim, face a tais necessidades de prevenção geral, entende-se como adequada a condenação do arguido na pena de **oito meses de prisão**.

Quanto ao **crime de coacção agravada**, considera-se que a mesma foi praticada através de uma ameaça feita com recurso a uma arma de fogo, e determinou que o ofendido ficasse privado da sua liberdade de movimentos por um período de tempo razoável. Valendo aqui as considerações já feitas a propósito do crime de sequestro para as necessidades de prevenção geral, entende-se como justa a fixação da pena nos **dois anos e três meses de prisão**.

As elevadíssimas necessidades de prevenção especial que os crimes suscitam, bem como os antecedentes criminais do arguido, que revelam a sua indiferença face ao valor punitivo de uma sanção de conteúdo patrimonial, são de molde a afastar a possibilidade de aplicação de qualquer pena não privativa da liberdade ao arguido, razão pela qual se optou sempre pela pena de prisão.

Quanto à **contra-ordenação,** considera-se adequada a fixação da coima nos **setecentos euros**.

Cumuladas as penas, vai o arguido condenado na pena única de sete anos de prisão.
Mais vai condenado no pagamento da coima de setecentos euros.

L:

Quanto ao **crime de discriminação racial**, único pelo qual o arguido vai punido, valem aqui a maior parte das considerações expendidas a propósito do arguido A, no que concerne à criação do Fórum Nacional como meio de difusão das mensagens de conteúdo discriminatório, bem como sobre o modo como o mesmo foi administrado por ambos os arguidos. Já não assim quanto à sua capacidade pessoal de expressar mensagens com um tal conteúdo. Não assumindo o arguido uma postura tão visível a esse nível (apesar de ter também um blog, não há notícia do mesmo conter mensagens com conteúdo racista ou xenófobo), não se pode dizer que tenha praticado o crime com um dolo tão intenso como aquele outro arguido. Justifica-se pois a aplicação de uma pena mais baixa, face ao tipo de intervenção concreta dada por provada (e não obstante possuir poderes de administração sobre o Fórum Nacional). Assim, considera-se adequada a sua condenação na pena de **um ano e oito meses de prisão.**

Não lhe sendo conhecidos antecedentes criminais (apesar do arguido os mencionar, com toda a probabilidade terá já decorrido o período de reabilitação), entende-se que se justifica a suspensão da execução desta pena, por razões que foram já expostas acima a propósito de outros arguidos.

Quanto à **contra-ordenação** pela posse de um revólver de alarme, entende-se como adequada a fixação da coima em **seiscentos e cinquenta euros.**

N:

Pelo **crime de detenção de arma proibida**, p. e p. nos termos do art. 86 n.º 1 alínea d) da Lei 5/2006 de 23 de Fevereiro, uma vez que só foi encontrada na sua posse uma navalha de ponta e mola e três munições, entende-se como adequada a condenação do arguido na pena de **quatro meses de prisão, substituída por igual período de multa (cento e vinte dias), à taxa diária de 8,00 €, perfazendo o total de novecentos e sessenta euros.** A conversão da pena tem justificação pela circunstância do arguido não possuir antecedentes criminais, entendendo-se, por isso, que esta pena satisfaz ainda as finalidades da punição.

O:

Quanto ao **crime de dano**, praticado sobre o veículo de marca Porsche, valendo aqui as considerações expostas a propósito dos demais participantes, vai o arguido condenado na pena de **seis meses de prisão**.
Pelo **crime de detenção de arma proibida** p. e p. nos termos do **art. 86 n.º 1 alínea c)**, visto o arguido ter sido encontrado na posse de duas armas enquadráveis nesta disposição legal, julga-se adequada a sua condenação na pena de **dois anos de prisão**.
Pelo **crime de detenção de arma proibida** p. e p. nos termos do **art. 86 n.º 1 alínea d)** da Lei 5/2006 de 23 de Fevereiro, face ao elevado número de armas encontradas na sua posse, julga-se adequada a condenação na pena de **dois anos e três meses de prisão**.
Quanto à **contra ordenação**, atento o número de armas que integram a previsão da norma, tem-se por adequada a condenação no pagamento da coima de **novecentos euros**.
Em cúmulo jurídico, vai o arguido condenado na pena única de **três anos de prisão, suspensa na sua execução por igual período**, por se entender que as finalidades da pena se mostram acauteladas pela simples ameaça do seu cumprimento, já que, a ausência de antecedentes criminais permite a formulação de um tal juízo de prognose favorável.
Mais vai condenado no pagamento da coima de **novecentos euros**.

Q:

Pela prática do **crime de detenção de arma proibida**, p. e p. nos termos do **art. 86 n.º 1 alínea d)**, da Lei 5/2006 de 23 de Fevereiro, e face à ausência de antecedentes criminais e de quaisquer outros crimes a julgar no presente processo, bem como pela circunstância do arguido revelar um grau de inserção social muito significativo, principalmente em termos profissionais, julga-se adequada a condenação do arguido na pena de **duzentos dias de multa, à taxa diária de 10,00 €, perfazendo o total de dois mil euros**.

R:

Pelo **crime de detenção de arma proibida** p. e p. nos termos do **art. 86 n.º 1 alínea d)** da Lei 5/2006 de 23 de Fevereiro, julga-se adequada a sua condenação na pena de **seis meses de prisão**.

Pelo **crime de detenção de arma proibida** relativo às apreensões efectuadas na skinhouse, p. e p. nos termos do art. 275 n.º 3 do C.P., por referência ao art. 3 alínea f) do Dec.-Lei 207A/75 de 17 de Abril (na versão vigente à data da prática dos factos), considera-se adequada a fixação da pena em **um ano e dois meses de prisão.** No regime punitivo actualmente vigente, a conduta do arguido desdobrava-se agora em dois crimes autónomos, um punido pela alínea c), e outro pela alínea d) do n.º 1 do art. 86.º, determinando a fixação de penas autónomas, as quais, ainda que em cúmulo jurídico, sempre seriam superiores à pena encontrada à luz do regime contemporâneo aos factos.

Em cúmulo jurídico, considera-se adequada a condenação do arguido na pena única de **um ano e quatro meses de prisão, suspensa na sua execução por igual período de tempo**, já que não lhe são conhecidos antecedentes criminais. Embora resulte dos autos, que o arguido foi um dos participantes nos factos ocorridos no Bairro Alto no dia 10 de Junho de 1995, tendo o arguido sido condenado por esses factos numa pena de prisão de três anos e nove meses, a qual cumpriu. Não obstante, tal condenação deixou já de figurar no certificado de registo criminal do arguido, pelo que não pode constituir um facto relevante seja para a determinação da medida das penas, seja para a formulação do juízo de prognose necessário à determinação da suspensão da pena.

S:

Quanto ao **crime de discriminação racial**, impota considerar que o arguido, à semelhança do que sucedeu com o arguido A, construiu um blog, no qual colocou mensagens com conteúdo altamente discriminatório. Muitas dessas mensagens são apenas racistas, não estando inseridas em qualquer contexto de debate social, económico, político, ou outro. Visam apenas denegrir o conceito e a imagem de uma determinada raça, apelam a um tratamento desigual, e são uma ofensa pura, já que nada as justifica. A difusão de uma tal concepção através de um blog, dá-lhes uma expressão de tal modo ampla, que torna o desvalor da acção consideravelmente elevado. Assim, face às penas que têm vindo a ser determinadas, entende-se justificar no caso presente a condenação do arguido na pena de **dois anos e quatro meses de prisão.**

Quanto ao **crime de ameaça**, tendo por ofendido ..., valem para este caso as considerações já expostas a propósito da determinação das penas dos outros crimes de ameaça aqui julgados. Também neste caso, está subjacente à ameaça um confronto por questões político-ideológicas, que o arguido entende por bem resolver mediante a prática de um crime destinado a fazer calar uma determinada posição contrária à sua. Explicou o arguido que, por alturas da ameaça, havia encontrado num site de posição ideológica contrária à sua ("antifas") uma mensagem contendo os seus elementos de identificação, bem como a sua morada. Ao que nos foi dado a perceber, este tipo de conduta (exibição de fotografias ou elementos de identificação de membros de grupos antagónicos), constitui prática uniforme a estas formas de organização. Pretende-se com isso identificar o "inimigo", torná-lo conhecido do maior número de pessoas da comunidade em causa, e assim, facilitar a sua perseguição. A difusão dos dados pessoais por esta via, gera uma maior ou menor probabilidade de se ser agredido ou atacado por qualquer outra forma, tudo dependendo da dinâmica do grupo por onde circula tal informação. Tendo o arguido sido vítima de uma dessas difusões, compreende-se que sentisse receio, e que se encontrasse emocionalmente instável. Porém, apenas se provou que o arguido, já depois de ter escrito as ameaças, apresentou queixa-crime contra desconhecidos por tais factos. Não só não há prova de que o arguido constasse de qualquer mensagem, como não há também prova do ofendido no caso aqui em julgamento ter tido qualquer intervenção na difusão dessa mensagem. É uma forma de defesa muito frequente: o arguido nunca age determinado por qualquer razão sua, mas sempre em reacção a uma agressão prévia, de dimensão igual ou superior. Em termos probatórios, também não deixa de ser comum o resultado: as provas da sua reacção abundam, as da agressão de que se diz vítima não são sequer produzidas. Se se tem de admitir que, em muitos casos, é difícil de produzir uma tal prova, não será esse o caso presente, em que uma simples impressão da mensagem em causa poderia servir de prova da perseguição que disse estar a ser feita contra si. É quase instintivo proceder a uma tal impressão, ainda para mais por parte de uma pessoa que tem, necessariamente, conhecimentos de informática na óptica do utilizador um pouco acima da média, e que lhe permitem possuir um blog pessoal.

Entende-se, por isso, que a queixa apresentada contra terceiros, nada prova quanto ao estado emocional do arguido, e muito menos serve de justificação para a ameaça que proferiu contra uma pessoa determinada. Pelo que, face à gravidade do teor das ameaças, entende-se como adequada a sua condenação na pena de **cinco meses de prisão**.

Pelo **crime de detenção de arma proibida** p. e p. nos termos do **art. 86 n.º 1 alínea d)** da Lei 5/2006 de 23 de Fevereiro, considerando que apenas lhe foi encontrada uma soqueira, considera-se adequada a sua condenação na pena de **quatro meses de prisão**, afastando-se a pena de multa prevista em alternativa, face às elevadas necessidades de prevenção geral já assinaladas.

Em cúmulo jurídico, julga-se justa e adequada a condenação do arguido na pena única de **dois anos e dez meses de prisão**. O arguido já possui antecedentes criminais, na área dos crimes contra o património (circunstância que, por exemplo, no que diz respeito ao arguido L, não pode ser usada contra ele, conforme se expôs já). Assim, entende-se que a personalidade do arguido revelada nos factos, denota uma elevada necessidade de prevenção especial que não se mostra satisfeita com a mera ameaça do cumprimento desta pena. Na verdade, principalmente no que diz respeito ao crime de discriminação racial, entende-se que a gravidade dos factos praticados por este arguido, bem como a intensidade do dolo que lhes esteve subjacente, se situa a um nível superior ao dos factos praticados pelos demais arguidos também condenados por este crime, e relativamente aos quais optou o Tribunal por aplicar a suspensão da pena. Por outro lado, o arguido foi já beneficiado com tal medida em processo anterior (noutra área da criminalidade, é certo), mas nem por isso deixou de voltar a delinquir, agora contra outros bens jurídicos, mas de forma muito intensa. Entende-se, por isso, não ser de aplicar a suspensão da pena – art. 50.º, n.º 1 do Código Penal.

V:

Quanto ao **crime de detenção de arma proibida** p. e p. nos termos do **art. 86 n.º 1 alínea d)**, da Lei 5/2006 de 23 de Fevereiro, constata-se que foram encontrados ao arguido um bastão e uma soqueira. Constituindo este crime a sua única condenação, tudo levaria a optar pela pena de multa prevista no artigo em questão. Contudo, uma vez que o arguido possui já antecedentes criminais (tendo sofrido uma condenação pela prática, entre outros, de um crime de roubo), entende-se que a pena de multa não satisfaz, de forma adequada as finalidades da punição. Pelo que opta o Tribunal pela condenação do arguido na pena de **oito meses de prisão**.

No entanto, considera-se que as finalidades desta pena de prisão podem ainda ser alcançada, mediante a sua substituição pela prestação de trabalho a favor da comunidade – art. 58.º do Código Penal.

Não se diga que um tal raciocínio encerra um vício lógico, na medida em que, se o Tribunal afastou a possibilidade de aplicação da pena de multa (por partir do princípio que só a execução da pena de prisão é adequada à necessidade de prevenir o cometimento de futuros crimes – art. 43.º, n.º 1 do Código Penal na redacção dada pela Lei n.º 59/2007, de 4 de Setembro), não pode vir agora dizer que, tendo optado pela pena de prisão com base nesse pressuposto, pode a mesma ser substituída por uma outra pena não privativa da liberdade.

Na verdade, entende-se que a aplicação de uma pena de prisão, venha ela ou não a ser substituída por uma outra pena ou suspensa na sua execução, constitui sempre um juízo de censura totalmente diverso do que subjaz à condenação numa pena pecuniária. Por outro lado, o sacrifício que importa o cumprimento de uma pena de natureza pecuniária, é sempre diverso do que se traduz na aplicação de uma outra pena que importe, seja a privação da liberdade, seja a prestação de trabalho. Pelo que, em termos de prevenção geral e especial, são sinais completamente distintos, e de graduação distinta que o Tribunal fornece com a opção por um ou outro tipo de pena. Por fim, seja a prestação de trabalho a favor da comunidade, seja até a mera suspensão da pena de prisão, oferecem um efeito dissuasor à prática de novas condutas criminosas por parte do agente que a pena de multa poderá não oferecer – principalmente em casos como o presente, em que o arguido depende financeiramente do auxílio dos pais, por não desenvolver qualquer actividade profissional remunerada.

Como tal, entende-se que o art. 43.º, n.º 1 do Código Penal (ou art. 44.º do mesmo Código na sua versão anterior) deve ser interpretado no sentido do juízo de necessidade da pena privativa da liberdade abarcar não só o seu cumprimento efectivo, mas também a sua suspensão ou substituição por outra pena alternativa, desde que de conteúdo não pecuniário.

Em face do exposto, vai aquela pena de **oito meses de prisão, substituída por duzentas e cinquenta horas de trabalho a favor da comunidade, em instituição e regime a definir pela DGRS** – art. 58.º do Código Penal. O arguido, em sede de entrevista para a elaboração do seu relatório social, manifestou o seu acordo à possibilidade de aplicação de uma tal medida.

X:

Pelo **crime de discriminação racial**, considera-se adequada a sua condenação na pena de **um ano e dez meses de prisão**. Na verdade, o grau de participação do arguido no crime é um pouco superior ao dos demais arguidos condenados em penas mais baixas, sendo o teor das suas mensagens profundamente racista e discriminatório. Acresce que, ao contrário dos demais arguidos, este participou com o arguido A no único acto dado por provado de manifestação discriminatória (o episódio da ida a Coruche). Ou seja, revela a participação neste acto uma intenção criminosa mais intensa que as dos demais arguidos que se limitam a emitir opiniões, mas que não traduzem em actos discriminatórios concretos. Entendeu-se, por isso, que, face aos demais condenados em penas mais próximas do mínimo legal, se justificava aqui um ligeiro agravamento da pena.

Quanto ao **crime de detenção de arma proibida** p. e p. nos termos do **art. 86 n.º 1 alínea d)** da Lei 5/2006 de 23 de Fevereiro, tendo o arguido sido encontrado com um objecto susceptível de ser considerado arma e com várias munições, julga-se adequada a sua condenação na pena de **oito meses de prisão**. Valem para este arguido as considerações já formuladas sobre as necessidades de prevenção geral, e que aconselham à opção por uma pena privativa da liberdade.

Em cúmulo jurídico, julga-se adequada a sua condenação numa pena única de **dois anos e dois meses de prisão**.

Face à ausência de antecedentes criminais, entende-se que a simples ameaça do cumprimento da pena acautela de forma bastante as finalidades da mesma, pelo que se opta por suspender a sua execução por igual período de tempo. Sobre a fundamentação desta decisão, bem como de outras de igual conteúdo tomadas a propósito de outros arguidos julgados no processo, vide o que foi escrito a propósito da pena imposta ao arguido R, bem como a posição assumida no início do texto, baseada na opinião citada de Figueiredo Dias.

Z:

Quanto ao **crime de detenção de arma proibida**, p. e p. nos termos do **art. 86 n.º 1 alínea d)**, da Lei 5/2006 de 23 de Fevereiro, e face à quantidade de armas apreendidas ao arguido, considera-se adequada a sua condenação na pena de **um ano de prisão**, entendendo o Tribunal que a posse de tal quantidade de armas não é já suficientemente sancionada pela imposição de uma mera pena de cariz pecuniário.

Na determinação desta pena foi considerado que a moldura penal em causa sofreu da atenuação especial prevista pelo art. 73.º do Código Penal, uma vez que, conforme acima se expôs, entendeu-se que devia o arguido beneficiar do regime penal para jovens adultos previsto pelo DL n.º 401/82, de 23 de Setembro.

Não obstante, face à ausência de antecedentes criminais, entende-se que as finalidades desta pena se mostram suficientemente acauteladas pela simples ameaça do seu cumprimento, pelo que, nos termos do art. 50.º do Código Penal, vai a mesma suspensa na sua execução por igual período.

ZB:

Quanto ao **crime de ofensas à integridade física qualificadas**, tendo por ofendido ..., importa ponderar, por um lado o resultado das agressões, as quais determinaram o internamento hospitalar do ofendido. Mais importa considerar a perigosidade das mesmas, uma vez que o arguido desferiu vários pontapés na cabeça e corpo do ofendido. A particular censura que merece o facto de alguns desses pontapés terem sido desferidos quando o ofendido se encontrava já inconsciente, e por isso, incapaz de se defender das agressões. Por fim, a intensidade do dolo, representada pelo facto do arguido ter iniciado a provocação do ofendido no interior do bar, ter permanecido nas imediações do bar após ter sido daí expulso, e ter aguardado a saída do ofendido para o seguir e o agredir. Face a tais factores, considera o Tribunal adequada a sua condenação na pena de **um ano e seis meses de prisão**.

Quanto ao **crime de ofensas à integridade física qualificadas**, tendo por ofendido ..., merece particular censura o facto de ter sido praticado em grupo, perante uma vítima que, naquelas circunstâncias, se encontrava particularmente indefesa a um tal ataque. Importa ponderar também o resultado das agressões, as quais determinaram o internamento hospitalar do ofendido. A actuação dos arguidos revela alguma premeditação (já que não é espectável que várias pessoas, em simultâneo e por sua iniciativa própria, decidam agredir uma só pessoa), e um particular e profundo desrespeito pelos outros, bem como uma elevada falta de preparação para conviver entre iguais, já que, no caso presente, para além do provado ódio racial que motivou a agressão, nenhum outro fundamento foi, sequer alegado, para a justificação de uma tal barbárie.

Em face da rudeza dos factos, pouco ou nenhum relevo assume saber-se que o arguido é militar e desempenhou funções em relevantes missões militares ao serviço do Estado. Pelo contrário, tais factos e circunstâncias quase que lhe impõem um dever acrescido de valorar de forma diversa os actos que pratica ou pretende praticar, e de se abster de delinquir de forma tão primitiva – aliás, tais circunstâncias não haviam servido já para evitar que o mesmo tivesse cometido dois crimes de roubo pelos quais veio a ser condenado em pena de prisão. De todo o modo, sempre se dirá, que tais circunstâncias não foram valoradas em desfavor do arguido na determinação da sua pena por comparação com os demais comparticipantes.

Face ao exposto, julga-se adequada a condenação do arguido pela prática deste crime na pena de **dois anos de prisão**.

Quanto ao **crime de detenção de arma proibida,** p. e p. nos termos do **art. 86 n.º 1 alínea d)** da Lei 5/2006 de 23 de Fevereiro, face ao número de armas brancas que foram encontradas na sua posse, julga-se adequada a sua condenação na pena de **oito meses de prisão**.

Em cúmulo jurídico, vai o arguido condenado na pena de **três anos de prisão**.

Também aqui, e à semelhança do explanado a propósito de outros arguidos, entende-se que os antecedentes criminais do arguido (na prática de crimes envolvendo o emprego de violência física), não permitem fazer um juízo de prognose favorável sobre a possível prática de futuros crimes, tanto mais que o arguido sofreu já pela prática de tais crimes uma pena de prisão suspensa, a qual não foi bastante para o afastar de outros crimes, igualmente violentos, e marcados por uma motivação especialmente censurável.

Entende-se assim que deverá cumprir aquela pena de prisão.

ZC:

Pela prática do **crime de discriminação racial**, face ao teor e frequência das mensagens colocadas por este arguido no Fórum Nacional, deve a pena imposta situar-se próximo do mínimo legal, pelo que, à semelhança do determinado para outros arguidos, fixa-se esta pena em **um ano e quatro meses de prisão**.

Pela prática do **crime de ofensas à integridade física qualificadas**, tendo por ofendido ..., valem aqui as considerações expostas para o arguido ZB (com excepção da avaliação das circunstâncias especiais deste arguido ali mencionadas), pelo que se considera adequada a fixação da pena em **dois anos de prisão**.

Pelo **crime de detenção de arma proibida**, p. e p. nos termos do **art.**

86 n.º 1 alínea a), da Lei 5/2006 de 23 de Fevereiro, julga-se adequada a condenação do arguido na pena de **três anos de prisão**.

Quanto ao **crime de detenção de arma proibida** p. e p. nos termos do **art. 86 n.º 1 alínea d)** da Lei 5/2006 de 23 de Fevereiro, face ao número de armas encontradas na posse do arguido, considera-se adequada a sua condenação na pena **oito meses de prisão**.

Em cúmulo jurídico, julga-se justa e adequada a condenação do arguido na pena única de **cinco anos de prisão**.

Apesar desta condenação se encontrar já no limite máximo permitido para a suspensão da pena, e apesar de, entre os factos praticados pelo arguido, constar um particularmente violento, entende-se, ainda assim que, face à ausência de antecedentes criminais, se justifica a suspensão da execução da pena de prisão, acreditando o Tribunal que a simples ameaça do cumprimento da pena será bastante para evitar que o arguido volte a praticar futuros crimes.

Assim, entende-se ser de suspender aquela pena única de cinco anos de prisão, por igual período de tempo.

ZD:

Pela prática do **crime de ofensas à integridade física qualificadas**, tendo por ofendido ..., valendo aqui as considerações expostas a propósito dos arguidos ZB e ZC, entende-se como adequada a sua condenação na pena de **dois anos de prisão**.

Pela prática do **crime de detenção de arma proibida** p. e p. nos termos do **art. 86.º, n.º 1 alínea d)** da Lei 5/2006 de 23 de Fevereiro, tratando-se de uma navalha butterfly – cuja perigosidade é superior, por exemplo, à posse de uma soqueira –, entende-se como adequada a fixação da pena em **cinco meses de prisão**. Vale aqui tudo quanto foi exposto sobre as necessidades de prevenção geral que este crime suscita como causa do afastamento da aplicação da pena não privativa da liberdade.

Pela **contra-ordenação** p. e sancionada no **art. 97.º**, pela detenção das matracas, considera-se adequada a fixação da coima em **seiscentos e cinquenta euros**.

Cumuladas as penas impostas ao arguido, vai o mesmo condenado na pena única de **dois anos e dois meses de prisão**. Também aqui, e face à ausência de antecedentes criminais do arguido, entendeu-se ser de suspender a pena, por se considerar que a simples ameaça do cumprimento da pena será bastante para evitar a prática de novos crimes pelo arguido, pelo que fica aquela pena suspensa na sua execução por igual período de tempo.

Mais vai condenado no pagamento da coima de **seiscentos e cinquenta euros**.

ZE:

Quanto ao **crime de ofensas à integridade física qualificadas**, tendo por ofendido ..., valendo aqui as considerações expostas a propósito de outros arguidos comparticipantes neste crime, entende-se adequada a condenação do arguido na pena de **dois anos de prisão**.

Pelo **crime de detenção de arma proibida** p. e p. nos termos do **art. 86 n.º 1 alínea d)** da Lei 5/2006 de 23 de Fevereiro, face à quantidade e diversidade de armas apreendidas, julga-se adequada a sua condenação na pena de **oito meses de prisão**.

Cumuladas tais penas, julga-se justa e adequada a condenação do arguido na pena única de **dois anos e quatro meses de prisão, suspensa na sua execução por igual período de tempo**, pelos motivos já enunciados a propósito, entre outros, do arguido ZD.

ZH:

Quanto ao **crime de ofensas à integridade física**, tendo por ofendido ..., conforme se expôs já na análise dos factos provados e sua qualificação jurídica, relativamente à participação deste arguido nas agressões, não se verificou, relativamente a ele, a qualificação da conduta derivada da motivação por ódio racial. Assim, dentro da moldura penal prevista para o tipo simples, importa considerar, por um lado, a gravidade e perigosidade da agressão, que se traduziu num pontapé na cabeça do ofendido. Por outro, a circunstância da agressão ter sido perpetrada quando o ofendido se encontrava envolvido em luta com um outro arguido, estando, por isso, desatento à actuação do arguido ZH. Assim, entende-se que a ilicitude é já consideravelmente elevada, o dolo revela alguma intensidade, e a culpa justifica um juízo de censura elevado. Pelo que se julga adequada a condenação do arguido na pena de **um ano de prisão**.

Pelo **crime de detenção de arma proibida**, p. e p. nos termos do **art. 86 n.º 1 alínea d)**, da Lei 5/2006 de 23 de Fevereiro, face à quantidade de armas encontradas, considera-se justa a sua condenação na pena de **oito meses de prisão**.

Quanto à **contra ordenação** p. e sancionada pelo **art. 97.º**, da Lei 5/2006 de 23 de Fevereiro, face também ao número de armas encontradas na posse do arguido, entende-se por adequada a sua condenação no pagamento da coima de **oitocentos euros**.

Em cúmulo jurídico, e porque o arguido não possui antecedentes criminais, vai o mesmo condenado na pena única de **um ano e quatro meses de prisão, suspensa na sua execução por igual período de tempo**.

ZI:

Quanto ao **crime de ofensas à integridade física qualificadas**, tendo por ofendida ..., importa considerar que o arguido agiu com dolo intenso, na medida em que seguiu a ofendida desde a carruagem do metropolitano até à saída da estação. O desvalor do resultado não assume particular significado, e as circunstâncias em que o crime foi praticado não justificam uma censura de grau tão elevado como o que resultou evidenciado, por exemplo, no crime cometido na Faculdade de Letras. Contudo, o tipo de agressão aqui praticado é merecedor de uma maior censura, pelo que se julga adequada a condenação do arguido na pena de **oito meses de prisão**.

Justifica-se, contudo, que esta pena seja convertida, face à sua curta duração, e às circunstâncias do arguido não vir a ser condenado por qualquer outro crime, e de não possuir antecedentes criminais – art. 43.º, n.º 1 do Código Penal. Assim, vai aquela pena **convertida em igual período de multa (duzentos e quarenta dias) à taxa diária de € 8,00, perfazendo o total de mil, novecentos e vinte euros**.

ZJ:

Pela prática do **crime de discriminação racial**, considerando a quantidade e tipo de mensagens da sua autoria, reveladoras do grau de intensidade do dolo, entende-se como adequada a sua condenação num valor próximo do mínimo legal, pelo que vai o arguido condenado na pena de **um ano e quatro meses de prisão**.

Pela prática do **crime de ameaça**, tendo por ofendido ..., importa considerar que o crime foi motivado, também aqui e à semelhança de vários outros crimes de ameaça já apreciados, por uma divergência de opiniões ideológicas. Assim, valendo aqui as considerações já expostas a propósito desses aoutros crimes, julga-se adequada a condenação do arguido na pena de **seis meses de prisão**.

Quanto ao **crime de detenção de arma proibida** p. e p. nos termos do **art. 86.º n.º 1 alínea c)** da Lei 5/2006 de 23 de Fevereiro, em face do tipo de arma apreendida, e consideradas as necessidades de prevenção geral que este crime impõe, e que já foram expostas a propósito de outros arguidos, julga-se adequada a sua condenação na pena de **dois anos de prisão**.

Por fim, quanto ao **crime de detenção de arma proibida** p. e p. nos termos do **art. 86 n.º 1 alínea d)** da Lei 5/2006 de 23 de Fevereiro, tendo sido apreendida ao arguido apenas uma soqueira, considera-se adequada a sua condenação na pena de **quatro meses de prisão**.

Cumuladas estas penas, vai o arguido condenado na pena única de **três anos de prisão, suspensa na sua execução por igual período de tempo**, sendo que a ausência de antecedentes criminais leva a crer que a simples ameaça do cumprimento da pena será bastante para evitar que o arguido volte a praticar futuros crimes.

ZL:

Pela prática do **crime de discriminação racial**, valendo aqui as considerações expostas a propósito do arguido ZJ, entende-se por adequada a condenação da arguida na pena de **um ano e quatro meses**.

Pelo **crime de detenção de arma proibida** p. e p. nos termos do **art. 86 n.º 1 alínea d)** da Lei 5/2006 de 23 de Fevereiro, tendo sido encontrada à arguida apenas uma arma, julga-se adequada a sua condenação na pena de **quatro meses de prisão**.

Cumuladas estas penas, julga-se justa e adequada a sua condenação na pena de **um ano e seis meses de prisão, suspensa na sua execução por igual período**, sendo que a ausência de antecedentes criminais leva a crer que a simples ameaça do cumprimento da pena será bastante para evitar que a arguida volte a praticar futuros crimes.

ZM:

Pela prática do **crime de ofensas à integridade física**, tendo por ofendido ...., considera-se justa a condenação do arguido na pena de **oito meses de prisão**, atento o local do corpo do ofendido atingido, a perigosidade de uma tal lesão, e a utilização de um tubo de ferro como instrumento de agressão. O dolo não se revela particularmente intenso, apesar de não deixar de se ter em conta que a abordagem ao ofendido decorreu do facto deste ter apresentado uma queixa-crime contra um outro arguido, o que denota, pelo menos, uma persistência da vontade de agredir, e uma motivação que cabe censurar.

Quanto ao **crime de detenção de arma proibida**, p. e p. nos termos do **art. 86 n.º 1 alínea d)**, da Lei 5/2006 de 23 de Fevereiro, face ao tipo de arma em causa (o tubo de ferro utilizado naquela agressão), considera-se adequada a condenação do arguido na pena de **quatro meses de prisão**.

Cumuladas tais penas, e porque ao arguido não são conhecidos antecedentes criminais, entende-se ser de condená-lo na pena única de **dez meses de prisão, substituída por igual período de multa (trezentos dias), à taxa diária de € 10,00, perfazendo o total de três mil euros.**

ZN:

Quanto ao **crime de ofensas à integridade física qualificadas**, tendo por ofendido ..., valendo aqui as considerações já expostas a propósito dos outros arguidos comparticipantes, julga-se adequada a sua condenação na pena de **dois anos de prisão**.

Quanto ao **crime de detenção de arma proibida** p. e p. nos termos do **art. 86 n.º 1 alínea d)** da Lei 5/2006 de 23 de Fevereiro, face ao tipo de arma encontrada (uma soqueira), julga-se adequada a condenação do arguido na pena de **quatro meses de prisão**.

Em cúmulo jurídico, e porque o arguido não possui antecedentes criminais, considera-se adequada a sua condenação na pena única de **dois anos e dois meses de prisão, suspensa na sua execução por igual período de tempo**. As razões de aplicação da suspensão da pena de prisão depois do tribunal ter optado pela aplicação da pena privativa da liberdade, e sem conversão em pena de multa decorre da fundamentação já dada a outras penas e arguidos, para a qual se remete.

Perda e Restituição de Objectos

Conforme preceitua o art. 109.º do Código Penal, "São declarados perdidos a favor do Estado os objectos que tiverem servido ou estivessem destinados a servir para a prática de um facto ilícito típico, ou que por este tiverem sido produzidos, quando, pela sua natureza ou pelas circunstâncias do caso, puserem em perigo a segurança das pessoas, a moral ou a ordem públicas, ou oferecerem sério risco de ser utilizados para o cometimento de novos factos ilícitos típicos".

Nestas circunstâncias estão apenas, no que para o caso importa, todas as armas apreendidas.

Já no que se refere aos computadores, embora na prática tenham sido utilizados alguns deles para serem colocadas no Fórum Nacional as mensagens subjacentes ao crime de discriminação racial, entende-se que tais objectos, pela vastidão de utilizações que possuem, não deverão ser declarados perdidos a favor do Estado. Na verdade, tendo em conta a utilização que lhes foi dada, tanto sentido faria a sua apreensão, como a apreensão de uma caneta que os arguidos tivessem utilizado para escrever tais mensagens, ou de uma lata de tinta que tivessem utilizado para escrever numa parede.

Quanto aos demais objectos apreendidos, tais como bandeiras, t-shirts, CDs, fanzines, livros, fivelas, pins, fotografias, panfletos, autocolantes, etc, tendo-se entendido que os mesmos não serviram para a prática do crime de discriminação racial, devem os mesmos ser restituídos aos respectivos possuidores.

Coloca-se apenas a questão de saber se os CDs da Banda Ódio (contendo músicas cujas letras foram julgadas discriminatórias ou racistas) deverão ser restituídos ou declarados perdidos a favor do Estado. Uma primeira análise poderia levar-nos a concluir no sentido da sua declaração de perdimento. Contudo, independentemente da avaliação que possa ser feita da sua qualidade, para além das mensagens em causa, constituem os mesmos o suporte de uma obra artística que está para além daquelas mensagens. Julgados que estão os autores das mensagens, afigura-se-nos que a obra não deverá ser destruída, sob pena de tal acto poder ser considerado como um acto censório. Na verdade, o autor de um texto revisionista que o publique em livro, ou um autor de um texto que defenda o racismo, a xenofobia ou qualquer outra forma de discriminação, podendo ser responsabilizado penalmente pelos conteúdos dos seus escritos, não vêem os livros apreendidos e destruídos, nem proibida a sua venda ou posse.

Assim, entende-se que, relativamente a tais CDs, devem os mesmos ser restituídos também.

CONFIANÇA JUDICIAL DE MENOR

Isabel Baptista
Juíza de Direito

"Os requerentes sempre cuidaram da Marta como se esta fosse sua filha, tendo-lhe proporcionado todos os cuidados adequados ao seu normal e sadio desenvolvimento, devendo, de acordo com o disposto no artigo 1978.º n.º 1, alínea e), n.ºs 2 e 3 do Código Civil, a menor Marta ser confiada a Maria e Manuel" – *Sentença do Tribunal das Caldas da Rainha de 1/9/2007*

- Caldas da Rainha   Conclusão em 27.08.2007

Maria e Manuel vieram requerer que seja decretada a seu favor, com vista a futura adopção a confiança judicial de Marta alegando, em síntese:

A requerente conheceu a progenitora da menor em 1977 no Centro Paroquial de...

Nesse tempo a progenitora da menor não tinha residência certa, vivendo em quartos arrendados, sendo frequentemente desalojada devido a incompatibilizar-se com as proprietárias. Entretanto ela viria mesmo a ficar sem habitação.

A requerente sempre prestou auxílio à progenitora da menor, quer pagando as dívidas desta, quer ajudando-a a procurar habitação, quer servindo-lhe de confidente. Foi nessa qualidade que a requerente tomou conhecimento que numa noite a progenitora da menor, embriagada, envolvera-se sexualmente com um indivíduo tendo daí resultado uma gravidez.

A partir desse momento, para além do apoio que prestava à progenitora da menor, a requerente envolveu elementos da Conferência de São Vicente de Paulo e os seus próprios pais na prestação de auxílio quer à progenitora, quer à menor, que nasceu em 16 de Janeiro de 1999.

A menor, após o seu nascimento, careceu de cuidados hospitalares por ser portadora de Sífilis Congénita e após ter tido alta precisou dos cuidados duma enfermeira do Centro de Saúde, que se deslocava à casa onde a progenitora arrendara um quarto com o apoio da requerente.

A requerente e o requerido são os padrinhos da menor tendo contribuído para o seu sustento desde que nasceu.

Em Setembro de 1999, a menor Marta começou a frequentar a creche do Centro Social e Paroquial, tendo a Educadora da menor dado conta que esta não recebia os cuidados de higiene necessários, pelo que passou a dar-lhe banho na instituição. No entanto, também as roupas da criança denotavam falta de asseio e eram inadequadas às suas necessidades, pelo que também a instituição passou a cuidar delas.

A partir do ano 2000 a requerente passou a ir buscar a Marta ao Centro Social e Paroquial, mesmo quando a progenitora não trabalhava.

Nos fins-de-semana a menor ficava entregue aos requerentes.

Quando a progenitora trabalhou para a ... chegava a casa às 23 horas, daí que a requerente passou a ir buscar a afilhada e a levá-la para casa, dava-lhe banho, de jantar e adormecia-a. Quando a progenitora chegava levava a filha consigo para o seu quarto arrendado onde esta pernoitava. De manhã a progenitora levava a menor à escola.

A menor era levada para a escola sem tomar banho e a comer doces.

Era notória a ausência de regras básicas quer no que respeita à alimentação, quer aos cuidados de higiene.

A progenitora tomava as refeições em cafés desde o pequeno-almoço ao jantar e era aí que alimentava a menor a qual bebia sempre leite com chocolate ou café, comia *"fast food"* em excesso, nomeadamente pacotes de batatas fritas ou aperitivos, e também chocolates.

O quarto onde a progenitora vivia encontrava-se sempre desarrumado e sujo; havia pulgas. A Marta andava sempre picada delas.

A menor sofria de obstipação por falta de uma alimentação adequada.

Entretanto a progenitora ficou desempregada e, devido a uma lesão impedida de trabalhar. Foi submetida a uma intervenção cirúrgica, tendo sido internada no Hospital.

A Marta ficou entregue aos cuidados dos padrinhos.

A progenitura da Marta veio a ser estabelecida, através de processo judicial, encontrando-se averbada no Assento de Nascimento da menor.

Em 2002 a progenitora inscreveu-se nos Bombeiros Voluntários de ... como recruta, passando lá muitas horas com a menor.

Nos fins-de-semana a menor ficava entregue aos requerentes ou ao arrendatário do quarto onde residia a progenitora.

A menor passava mais tempo com os requerentes do que com a progenitora. Estes faziam-lhe sentir tal facto e davam-lhe conselhos no que respeita à forma de tratar da menor. No entanto, esta ignorava-os.

A progenitora quando tinha a filha com ela levava-a para bares e cafés onde permanecia até tarde.

A menor dormia pouco e apresentava um ar bastante abatido, com olheiras e má disposição, começando a revelar comportamentos agressivos. Com efeito, a Marta era uma criança instável e emocionalmente perturbada por falta de cuidados adequados à sua faixa etária.

A progenitora fazia-se acompanhar por diversos indivíduos do sexo masculino, os quais eram referidos pela Marta como "os amigos da mãe", descrevendo um com quem a mãe trocava beijos na boca.

No decorrer do ano 2002 a menor apresentava sinais visíveis de maus-tratos: apresentava-se suja, desnutrida, com olheiras e demonstrava falta de regras de convivência e integração social.

Nos períodos em que estava com a progenitora a menor via televisão durante longos períodos de tempo, mesmo pela noite dentro. A menor passava as tardes em parques de estacionamento, no bar dos bombeiros ou em outros estabelecimentos similares.

A menor Marta não apresentava um desenvolvimento adequado à sua faixa etária por não ser estimulada para actividades que lhe permitissem desenvolver as suas competências cognitivas. Não tinha criatividade nem poder de finalização de qualquer tarefa que lhe fosse atribuída. A menor não desenhava a figura humana.

Em Janeiro de 2003 a requerente, ao ir buscar a Marta ao estabelecimento de ensino foi confrontada com o facto desta ter comportamentos desadequados em relação ao seu corpo e ao dos seus colegas, nomeadamente chamando um dos seus pares, deitava-o no chão, puxava as camisolas e colocava-se em cima dele imitando o acto sexual emitindo sons que normalmente se identificam com esse acto.

Por essa altura a menor começou a ter enurese nocturna, pesadelos, irritação e instabilidade psicomotora. A menor guinchava e envolvia-se em conflitos com os seus pares.

A requerente confrontou a progenitora com estes factos tendo-lhe esta respondido que ignorava o que se passava com a menor.

No primeiro trimestre de 2003 foi feito um diagnóstico clinico à menor que a obrigou a sujeitar-se a exames médicos e de diagnóstico tendo sido acompanhada pela requerente. Na sequência destes exames a menor foi encaminhada para o Hospital D. Estefânea para a consulta externa de ortopedia, tendo ido com a mãe a uma primeira consulta. Esta ao chegar a... afirmou ter sido mal atendida e que não pretendia lá voltar.

Os requerentes trataram de tudo o que foi necessário, nomeadamente junto de pessoas amigas, tendo conseguido que a menor fosse atendida no Hospital Egas Moniz.

Por esta altura a menor passava a maior parte do tempo com os requerentes que, não obstante, pretendiam envolver a progenitora no acompanhamento da menor. Por isso foi esta quem levou a Marta à consulta. Questionada sobre o diagnóstico respondeu que não sabia bem mas que a Marta se não melhorasse tinha de levar ferros nas pernas.

Em Abril de 2003 a filha do arrendatário forçou a progenitora a fazer uma grande limpeza ao quarto onde habitava, o qual se encontrava imundo, tendo sido retirados do seu interior inúmeros sacos de lixo, inclusivamente contendo fraldas usadas. Refira-se que a Marta deixara de usar fraldas dois anos antes!

A progenitora deixava a loiça por lavar dias e dias, deixava apodrecer restos de comida que causavam um cheiro nauseabundo, deixava roupa suja no bidé da casa-de-banho durante meses, etc.

A requerente foi posta ao corrente destes factos pela filha do arrendatário, a qual a levou ao quarto para que esta pudesse ver que o mesmo ainda assim não se encontrava em condições e higiene para acolher uma criança de quatro anos.

Foi também esta senhora que informou os requerentes que a progenitora saía de casa todas as noites levando a Marta consigo. Tais factos foram também relatados aos requerentes pela menor que referia que saía com os amigos da mãe.

Os requerentes foram ficando cada vez mais preocupados pois a uma dada altura a Marta contou que um desses amigos gostava de fazer rally com o carro mas que tinha medo porque tinha batido com a cabeça. A progenitora dissera-lhe que a menor tinha batido com a cabeça no carro de uma amiga para explicar o facto. De resto a progenitora não tinha cadeira adequada para o transporte de crianças em veículo automóvel pelo que esta era transportada sem que fosse acautelada a sua segurança.

No dia 21 de Maio de 2003 a menor encontrava-se em casa dos requerentes a brincar no jardim e esta informou-a que não iria dormir a casa da mãe, ao que lhe respondeu: "Está bem. Assim como assim o meu avô mexe-me nas minhas maminhas, no meu pipi e no meu rabinho".

A requerente, que se encontrava acompanhada da Sr.ª Enfermeira Nazaré..., procurou que a Marta falasse do que se passava quando estava no quarto com a mãe, tendo esta, no banho voltado ao assunto: "O meu avô umas vezes tem a pilinha grande e outras pequenas; "o avô põe a pilinha dele bem entaladinha no meu pipi"; "o avô tem pelos".

Os requerentes procuraram ajuda contactando telefonicamente para o "Recado da Criança" tendo-lhes sido dito que pelas descrições da menor era provável que esta estivesse a ser vítima de abusos sexuais.

Nesse mesmo dia, a Sr.ª Enfermeira Nazaré... telefona aos requerentes para levarem a menor à urgência pediátrica do Centro Hospitalar de ... onde foram atendidos pelo Dr. Diogo..., que depois de examinar a menor a encaminhou para os serviços de Ginecologia onde lhe foi diagnosticado uma vulvo-vaginite. A menor ficou sujeita ao tratamento médico adequado (Gino Canastene – Creme Vaginal e Colpotrophine – Creme Vaginal).

Ainda nesse dia os requerentes marcaram consulta no ... (Gabinete de Apoio Psicológico) para a Marta.

À noite os requerentes contactaram a progenitora para a pôr ao corrente destes factos tendo esta dito: "Eu já desconfiava, só estava à espera de o apanhar em flagrante". Referiu ainda que era por esta razão que quando saía à noite levava a menor consigo.

Os requerentes disseram à progenitora que enquanto a situação não estivesse resolvida a Marta não saía mais de casa deles.

No dia 26 de Maio a requerente falou com a Dr.ª Carolina... e inteirou-a da situação a qual os aconselhou a pedirem um relatório ao Centro Social e Paroquial onde estivesse relatado os comportamentos inadequados da menor.

Esse relatório foi enviado à Comissão de Protecção de Crianças e Jovens que, no entanto, não o considerou conclusivo.

Entretanto os requerentes "forçaram" a progenitora a sair do quarto arrendado àquele que a Marta chamava "avô", tendo esta arrendado outro quarto numa casa próxima da do alegado abusador pelo que os requerentes continuaram a não permitir que a menor fosse viver com a progenitora.

Na primeira semana de Junho a menor foi observada na consulta de psicologia tendo sido acompanhada pela requerente e pela progenitora. A menor foi encaminhada para a consulta de Pedopsiquiatria no Hospital de ... em ....

Aconselhada pela Dr.ª Carolina ... a Requerente compareceu na Comissão de Protecção de Crianças e Jovens onde relatou a situação em que se encontrava a menor quando ficava com a mãe.

Em 15 de Julho de 2003 realizou-se a primeira conferência no âmbito daquela Comissão da qual resultou um Acordo de Promoção e Protecção tendo sido aplicada a medida de "Confiança a Pessoa Idónea". A medida teve a duração de seis meses. A progenitora mostrou-se agressiva e pouco colaborante. Foi estabelecido um regime de visitas que permitia a progenitora estar com a menor às terça-feira e quinta-feira, das quinze horas às dezanove horas. Os contactos telefónicos seriam livres.

A menor sempre que visitava a progenitora tinha enurese nocturna, recusava-se a comer e ficava particularmente agressiva.

A progenitora contactava a Marta a partir das 21.30 horas o que lhe causava distúrbios de sono, com terrores nocturnos e enurese.

Quando os requerentes iam buscar a Marta à progenitora esta vinha sempre a mastigar pastilha elástica, a comer chupa-chupas ou similares. O seu lanche era sempre tomado no café, onde passava a tarde com as amigas da progenitora. Também passava o tempo no bar dos Bombeiros.

A menor verbalizava, alguns dias depois de estar com a progenitora, as coisas que lhe tinham causado dor. Referia que era obrigada a relatar as coisas que se passavam em casa dos requerentes, sendo frequentes as vezes que a progenitora lhe dizia "A madrinha é má, tirou-te da mãe".

Em Setembro de 2003 a menor inicia mais um ano lectivo no Centro Social e Paroquial. A educadora relatava que nos dias em que esta visitava a progenitora apresentava um comportamento bastante agitado, conflituoso com os pares e não tinha disponibilidade emocional para adquirir novas competências.

A progenitora levava a menor para casa de algumas amigas onde esta ouvia conversas impróprias para a sua idade e com recurso a uma linguagem desadequada.

Em Outubro de 2003 a menor foi à primeira consulta de Pedopsiquiatria.

Em 15 de Janeiro de 2004 procedeu-se à segunda conferência na Comissão de Protecção de Crianças e Jovens. A progenitora fez-se acompanhar da sua representante legal.

A progenitora continuava a não ter um projecto de vida para a menor; não tinha emprego, não se oferecia como suporte para a filha nem a nível económico-social nem a nível psico-emocional. Continuava a apresentar comportamentos agressivos.

A medida foi prorrogada por mais três meses.

A 28 de Janeiro de 2004 os requerentes levaram a menor à Consulta externa do Hospital Egas Moniz, onde ficaram a saber que a Marta tinha problemas no colo do fémur e ainda um quisto ósseo provavelmente devido à sífilis congénita.

No Carnaval de 2004 a menor contactou a progenitora para esta comparecer no desfile de Carnaval. Esta não compareceu, apesar de ter dito à Marta que iria estar presente, nem lhe deu qualquer explicação para o facto. A menor ficou triste e não quis acabar o desfile.

No mês de Março de 2004, porque a Marta tinha estado com uma otite entre os dias 20 e 28, os requerentes disseram à progenitora que não levasse a menina para a rua. Contudo esta não acatou o pedido dos requerentes e levou a Marta para o café. Este episódio foi contado aos requeridos pela menor que enquanto falava não conseguia conter a urina.

Os requerentes telefonaram à progenitora que se desculpou dizendo que o leite que tinha em casa estava estragado. Os requerentes ficaram indignados lembrando à progenitora que devia ter tudo preparado nos dias em que a menor ia à visita.

A menor quando ia visitar a mãe vivenciava situações que a perturbavam: era obrigada a atender telefonemas para a mãe e a dizer que esta não estava, era obrigada a contar o que se passava em casa dos requeridos; era ensinada pela mãe e pelas amigas desta a deitar a língua de fora aos requerentes e a chamar-lhes nomes; era ensinada a chamar "vaca" à educadora.

Nos dias de visita à progenitora, os sintomas psicossomáticas da menor intensificavam-se: sentia dores na barriga e nas pernas.

A menor não conseguia dormir sozinha devido aos terrores nocturnos quando a mãe lhe dizia que a ia buscar.

A menor passou a ter enurese diurna e nocturna, situação que só foi resolvida com a intervenção da pedopsiquiatra.

A menor vinha revoltada das visitas porque queria brincar com a mãe e não tinha tempo porque passava o tempo nos cafés.

Em Setembro de 2004 a requerente foi chamada ao estabelecimento de ensino porque a menor se encontrava com fortes dores nas pernas e sem poder andar. A requerente dirigiu-se de imediato para o Centro de Saúde donde foi encaminhada para a urgência pediátrica, pois aparentemente não tinha nada. Aí foi observada por duas médicas que também não encontraram motivos para aqueles sintomas. Como era dia de visita a requerente telefonou para a progenitora informando-a que a Marta não podia ir à visita. Também o disse a esta que se levantou e começou, distraidamente, a brincar.

A progenitora escasseava os telefonemas à filha e por várias vezes faltava às visitas.

A menor não demonstrava vontade de falar com a progenitora. Desligava o telefone com a desculpa que a bateria estava a acabar.

No dia 1 de Dezembro a menor saiu com a progenitora. Quando chegou a casa a menor relatou que estava com medo porque tinha viajado no banco de trás dum automóvel sem a cadeira adequada ao transporte de crianças e na auto-estrada o condutor fizera uma travagem brusca por causa dum acidente e ela tinha batido com a cabeça. Durante semanas foi difícil transportar a menor de carro para a escola e da escola para casa.

No feriado do 8 de Dezembro de 2004, nesse Natal e na Passagem de Ano a progenitora não contactou os requerentes a fim de combinarem as visitas. Também não o fez durante esse período de férias. Os requerentes questionaram a progenitora que alegou pensar que nesse período a Marta devia estar com eles.

No dia 16 de Janeiro de 2005, aniversário da menor, esta, telefonicamente convidou a progenitora para estar na sua festa no Jardim Infantil, ao início da tarde (período do lanche). A progenitora chegou quando a festa já tinha acabado, o que provocou que a menor ficasse com febre, o que aliás acontecia sempre que a progenitora faltava ao combinado com a menor.

Em Janeiro de 2005 a Comissão de Protecção de Crianças e Jovens informou os requerentes que o processo iria ser remetido para tribunal.

Em Fevereiro de 2005, depois de os requerentes terem pedido expressamente à progenitora que não levasse a menor para o café dado que a criança voltava para casa com um intenso cheiro a tabaco, a progenitora levou a filha para o café, ignorando o pedido, e mandou um recado para os requerentes dizendo que eles não se preocupassem com o cheiro pois, se fosse preciso pagava a lavandaria e a radiografia aos pulmões da filha.

A menor disse também aos requerentes que a mãe tinha um novo namorado a quem devia chamar pai.

O comportamento da menor era afectado pelas visitas que fazia à progenitora, ficava instável e dizia doer-lhe sempre alguma parte do corpo, chegando a fazer febre. Na escola continuava agressiva e conflituosa.

Em Março a progenitora disse aos requerentes que tinha um novo emprego e que só podia ficar com a filha à sexta-feira, porque trabalhava todos os dias, mesmo ao fim-de-semana. Por mero acaso, os requerentes tomaram conhecimento que tal era mentira, pois encontraram a progenitora com o novo namorado e com uma criança pela mão.

Em meados de Março de 2005 os requerentes foram notificados judicialmente para estarem presentes numa conferência de pais, o que fizeram. A progenitora faltou.

Nessa conferência a menor foi entregue aos requerentes e o regime de visitas à progenitora ficou suspenso.

A progenitora começou a "fazer esperas" aos requerentes a fim destes lhe entregarem uma cópia da acta da dita conferência de pais, até que estes satisfizeram a sua pretensão.

Nessa acta consta que a menor tinha consultas no Gabinete de Psicologia, pelo que a progenitora, apesar de ter conhecimento da proibição de visitas, começou a esperar a requerente à porta desse Gabinete.

A progenitora passou a esperar a requerente e a chamar-lhe nomes, pelo que foi apresentada queixa contra ela o que deu origem ao processo n.º ....

O processo de Regulação de Poder Paternal sofreu diversas vicissitudes, conforme se pode constatar por consulta do mesmo.

Os requerentes verificaram que a progenitora não tem quaisquer condições para proporcionar a uma criança os cuidados básicos mais elementares.

Desde o nascimento da menor o seu percurso de vida mantém-se inalterado: não tem trabalho, não tem habitação, não tem parceiro certo e não tem qualquer estabilidade a nível emocional.

A progenitora nunca reorganizou a sua vida de modo a que a menor pudesse regressar para junto de si.

Por tudo isto os requerentes pretendem adoptar a Marta, pelo que requerem que a mesma lhes seja confiada judicialmente com vista a futura adopção.

*

Foram notificados os progenitores da Marta, e o Ministério Público, nos termos do disposto no artigo 164.º da Organização Tutelar de Menores e nada disseram.

Foram solicitados os competentes Relatórios, os quais se encontram junto aos autos e se dão por integralmente reproduzidos.

*

Foram inquiridas as testemunhas indicadas, encontrando-se o seu depoimento registado em acta

*

O tribunal é absolutamente competente.
O processo é o próprio e encontra-se isento de quaisquer vícios que afectem a sua validade.

*

Da prova carreada para os autos resulta provado que:
Marta nasceu em 16.01.1999 na freguesia de ..., concelho de ...
A menor é filha de José com residência desconhecida e de Sofia com última residência conhecida na Rua ...
A menor nasceu duma relação esporádica.
A progenitora da menor não tinha emprego fixo, nem residência própria, habitando em quartos arrendados e mudando frequentemente de local[1].
Desde o nascimento da Marta foi a requerente quem a apoiou, servindo-lhe de suporte de vida e dando-lhe o primeiro colo.[2]
Para que a progenitora tivesse alta e levasse consigo a menor, foi necessário o senhorio do quarto onde à data a progenitora residia assumir a responsabilidade da criança, pois a progenitora demonstrava alguma imaturidade e instabilidade. Foi ainda dado apoio domiciliário à progenitora por uma enfermeira que lhe dava orientações no sentido de cuidar da criança.[3]

---

[1] Cfr. Relatório do ISS, *maxime,* fls. 72.
[2] Cfr. Relatório do ISS, *maxime,* fls. 72.
[3] Cfr. Relatório do ISS, *maxime,* fls. 72.

A Marta nasceu com sífilis congénita.

Os candidatos a adoptantes foram padrinhos da Marta e desde o seu nascimento sempre contribuiram para o seu sustento, dando-lhe fraldas, leite e pagando parte da mensalidade da ama.[4]

Durante os primeiros 3 anos de vida da Marta foram os requerentes quem lhe davam banho e de jantar, entregando-a depois à progenitora.[5]

A menor quando não ficava em casa da requerente chegava a ficar 3 dias sem tomar banho. Nessas ocasiões tomava as refeições em cafés, desde o pequeno-almoço ao jantar, sendo mal alimentada, pois a ementa era pobre e incorrecta, baseando-se em alimentos com elevado teor de açúcar.[6]

Quando pernoitava com a progenitora a criança ficava frequentemente sozinha devido às saídas nocturnas da progenitora.[7]

"Sónia negligenciava os cuidados básicos de higiene e alimentares, deixava a menor sozinha ou levava-a consigo para lugares que não eram adequados para a sua idade, até horas bastante tardias"[8]

Em Maio de 2003 foi diagnosticado à menor em consulta de ginecologia vulvovaginite.

Reconhecia a situação de risco a que a menor estava exposta a Comissão de Protecção de Crianças e Jovens interveio e foi celebrado Acordo de Promoção e Protecção no qual foi aplicada a medida de confiança a pessoa idónea, tendo a Marta sido entregue aos requerentes. No âmbito deste acordo foi fixado um regime de visitas em que a progenitora poderia estar com a menor às terças-feiras e quintas-feiras das 15 às 19 horas.[9]

A menor sempre que visitava a progenitora tinha enurese nocturna, recusava-se a comer e ficava particularmente agressiva e instável.[10]

Em 15 de Janeiro de 2004 foi revista e prorrogada a medida de promoção e protecção em virtude da progenitora não ter revelado qualquer evolução a nível sócio-económico, nem emocional continuando a revelar grande instabilidade. Nesta revisão foi avaliada a qualidade das visitas da

---

[4] Cfr. Relatório do ISS, *maxime*, fls. 72.
[5] Cfr. Relatório do ISS, *maxime*, fls. 73.
[6] Cfr. Relatório do ISS, *maxime*, fls. 73.
[7] Cfr. Relatório do ISS, *maxime*, fls. 72.
[8] Cfr. Relatório do ISS, fls. 73.
[9] Cfr. Relatório do ISS, fls. 73 e cópias do mesmo a fls. 79/80.
[10] Cfr. Relatório do ISS, fls. 73.

mãe à menor e foi decido reduzir as mesmas para um dia por semana dado que não se mostravam benéficas para a criança.[11]

Entre Março e Maio de 2004 a Marta tinha frequentemente insónias por a mãe lhe ter dito que a ía buscar a casa dos requerentes.[12]

A menor nos dias da visita ficava doente para não ter de comparecer às mesmas.[13]

A progenitora começou a desinteressar-se da menor. Telefonava menos vezes e nas festividades de Natal de 2004 e Ano Novo não contactou a filha.[14]

"Em 10 de Janeiro de 2005 o processo da Comissão de Protecção de Crianças e Jovens foi remetido para o Tribunal Judicial de ... dado o percurso de vida da progenitora não se ter alterado: não tinha emprego fixo, não tinha habitação, não reunia quaisquer condições económicas ou emocionais para ter a menor a seu cargo.[15]

O regime de visitas foi cessado por decisão judicial proferida no âmbito do processo n.º ..., deste mesmo juízo.[16]

Apesar da proibição de visitas, nos meses de Janeiro, Fevereiro e Março de 2006, durante a hora do almoço a progenitora ia à escola, sem autorização e conhecimento dos requerentes, a quem estava atribuído o poder paternal, e levava a filha a casa onde fazia gravações da menor, acompanhada pelo então companheiro, em poses que a menina reproduzia em casa.[17]

A menor não contava aos padrinhos o que passava porque a mãe a tinha ameaçado.[18]

Nesta altura a menor manifestava um comportamento muito instável, na escola e em casa.[19]

Da parte da família biológica alargada nunca existiu qualquer tipo de ligação ou de contacto.[20]

---

[11] Cfr. Relatório do ISS, fls. 73.
[12] Cfr. Relatório do ISS, fls. 73.
[13] Cfr. Relatório do ISS, fls. 73.
[14] Cfr. Relatório do ISS, fls. 74.
[15] Cfr. Relatório do ISS, fls. 74.
[16] Cfr. Relatório do ISS, fls. 74 e fls. 65 a 69.
[17] Cfr. Relatório do ISS, fls. 74.
[18] Cfr. Relatório do ISS, fls. 74.
[19] Cfr. Relatório do ISS, fls. 74.
[20] Cfr. Relatório do ISS, fls. 74.

A progenitora nunca cuidou da menor como mãe, pôs em causa a integridade física desta, e a sua própria vida.[21]

Antes de ser entregue aos requerentes a menor esteve sujeita a situações que se afiguram de abuso sexual.

Os vínculos de filiação foram postos em causa pelo comportamento da progenitora.[22]

Ao longo da vivência com os requerentes a menor tem recebido destes todos os cuidados ao nível alimentar, de higiene, saúde e educação, por forma a assegurar-lhe um desenvolvimento harmonioso e equilibrado.[23]

A Marta integra o núcleo familiar dos requerentes, sendo por este casal tratada como se fora sua filha e igualmente é assim considerada pelos familiares e amigos deste casal, tendo sido rodeada de carinho e atenção desde que lhes foi entregue.

"É desejo dos requerentes salvaguardar o interesse da menor em todos os aspectos, projectando na adopção a melhor forma de a fazer feliz".[24]

A menor quer ser adoptada pelos requerentes.[25]

"Os candidatos preenchem os requisitos legais exigidos pelo art. 1979.º do Decreto-Lei 185/93 de 22 de Maio, com a actual redacção dada pela Lei 31/2003 de 22 de Agosto."[26]

Os candidatos a adoptantes contraíram matrimónio em 18 de Abril de 1998.

O candidato a adoptante nasceu em 23.08.1968[27].

A candidata a adoptante nasceu em 29.09.1972[28]

O candidato a adoptante é técnico de telecomunicações na empresa ... auferindo um salário de 1.150 Euros líquidos por mês[29].

A candidata a adoptante é professora de... na EB1 de ... e aufere um salário de 870 Euros[30].

---

[21] Cfr. Relatório do ISS, fls. 74.
[22] Cfr. Relatório do ISS, fls. 74.
[23] Cfr. Relatório do ISS, fls. 75.
[24] Cfr. Relatório do ISS, fls. 75.
[25] Cfr. Relatório do ISS, fls. 75.
[26] Cfr. Relatório do ISS, fls. 75.
[27] Cfr. Relatório do ISS, fls. 69.
[28] Cfr. Relatório do ISS, fls. 69.
[29] Cfr. Relatório do ISS, fls. 70 (e à data da elaboração do mesmo: 21.08.2006).
[30] Cfr. Relatório do ISS, fls. 70 (e à data da elaboração do mesmo: 21.08.2006).

O casal tem despesas fixas mensais no montante de 635 Euros[31].

Os candidatos a adoptantes "revelam motivação adequada para a adopção baseada no desejo de fazer a Marta feliz."[32]

Os requerentes são pessoas donde releva a "integridade, serenidade, conhecimentos pedagógicos e grande sensibilidade para as questões sociais (...) Demonstram ainda sentido de responsabilidade, de organização e adequadas capacidades sócio-educativas."[33]

"O casal reside numa vivenda geminada de sua propriedade. A habitação situa-se na zona urbana de ... Esta é composta por r/c, 1.º andar e sótão. No r/c possuem uma sala de estar e de jantar, uma casa de banho, cozinha, dispensa e hall. O 1.º andar é composto por três quartos, duas casas de banho e hall. O sótão tem zona de escritório e espaço para a menor brincar. No exterior existe um jardim em frente à habitação e nas traseiras também tem um jardim, terraço com churrasqueira, casa das máquinas, garagem e arrumos."[34]

"Marta possui quarto individual com mobiliário adequado à sua faixa etária e com boas condições de conforto".[35]

"Marta é uma criança saudável, apresenta um desenvolvimento global «normal» comparativamente com os padrões considerados para a sua faixa etária."[36]

"A menor é acompanhada pela médica de família Dr.ª Isabel ..., com regularidade, no Centro de Saúde de ..., onde frequenta consultas de saúde infantil e em consultas particulares quando necessário. Marta tem também acompanhamento psicológico quinzenal no Gabinete de psicologia ..."[37]

A Marta tem um bom nível de linguagem verbal em relação à idade e condição social[38]

"Manuel e Maria revelam capacidades intelectuais, psicológicas, afectivas e sociais adequadas para poderem cuidar da menor. Nutrem por Marta uma enorme dedicação e afeição, como se de uma filha biológica se tratasse.

---

[31] Cfr. Relatório do ISS, fls. 70 (e à data da elaboração do mesmo: 21.08.2006).
[32] Cfr. Relatório do ISS, fls. 75.
[33] Cfr. Relatório do ISS, fls. 75.
[34] Cfr. Relatório do ISS, fls. 69 e 70.
[35] Cfr. Relatório do ISS, fls. 71.
[36] Cfr. Relatório do ISS, fls. 71.
[37] Cfr. Relatório do ISS, fls. 71.
[38] Cfr. Exame de Psiquiatria Forense, fls. 136.

Os candidatos são pessoas afáveis e carinhosas que têm dedicado muito tempo à menor. A criança foi muito bem aceite por toda a família alargada e amigos, assim como pela comunidade em geral, os quais a reconhecem como um elemento da família."[39]

A menor frequenta o estabelecimento de ensino EBI de ... em ..., apresentando um desenvolvimento adequado à sua faixa etária.[40]

O progenitor nunca procurou a menor, nem efectuou qualquer contacto com ela, inexistindo quaisquer vínculos advindos da filiação.[41]

*

Fundamentação:

O tribunal atendeu ao Relatório Social, encontrando-se devidamente anotado em rodapé as folhas que se consideram mais relevantes. O teor dos mesmos foi confirmado integralmente pelo depoimento das testemunhas, conforme resulta da acta a fls. 106 a 126, sublinhando-se com particular relevo as declarações de Margarida...[42], Elisa... pedopsiquiatra[43] e Carolina..., médica de saúde pública[44]

Também se mostrou fundamental o exame de psiquiatria forense a fls. 135 a 137.

*

A senhora magistrada do Ministério Público teve vista nos autos e promoveu seja decretada a confiança judicial da menor com vista a futura adopção.

*

Conforme resulta do exposto supra encontram-se reunidos os requisitos e os pressupostos de que a lei faz depender a confiança com vista a futura adopção.

---

[39] Cfr. Relatório do ISS, fls. 76.
[40] Cfr. Relatório do ISS, fls. 76.
[41] Cfr. Relatório do ISS, fls. 76.
[42] Cfr. fls. 107 a 109.
[43] Cfr. fls. 109 a 110.
[44] Cfr. fls. 110 a 112.

Com efeito o pai da menor, nunca estabeleceu com ela qualquer contacto. Não a conhece e nunca demonstrou qualquer interesse pelo destino da mesma, pelo que inexiste qualquer vínculo semelhante ao da filiação.

Quanto à progenitora da menor, todas as provas demonstram que a mesma não reúne quaisquer competências maternais. Também não tem condições económicas, sociais ou emocionais para proporcionar qualquer projecto de vida à menor.

Desde que nasceu a menor foi negligenciada pela mãe que não cuidou dela, não a alimentou de acordo com as suas necessidades, não lhe proporcionou bem-estar, não zelou pelo seu descanso, não cuidou da sua saúde. E, como se tal não bastasse ainda pôs em causa a sua integridade física e psíquica, podendo mesmo dizer-se que pôs em risco a vida da Marta.

Não existe qualquer tipo de ligação da família alargada da menor com esta, desconhecendo-se qualquer contacto desta com a menor.

Os requerentes sempre cuidaram da Marta como se esta fosse sua filha, tendo-lhe proporcionado todos os cuidados adequados ao seu normal e sadio desenvolvimento.

Destarte, e atendendo ao disposto no artigo 1978.º n.º 1, alínea e), n.os 2 e 3 do Código Civil decreto que a menor **Marta** seja confiada a Maria e Manuel.

Nos termos do disposto no artigo 167.º da Organização Tutelar de Menores designo como curadores provisórios à menor Maria e Manuel, casados entre si e com residência na Rua …

*

Cumpra-se o disposto no artigo 78.º do Código de Registo Civil, extraindo certidão e entregando em mão na respectiva Conservatória.

*

Sem custas[45]

*

---

[45] Art. 3.º n.º 1, al. b) do CCJ.

Fixo o valor da acção em 14.963,95 Euros
Registe e Notifique
Notifique ainda o Ministério Público e o centro Distrital de Solidariedade e Segurança Social de ...

..., Sábado 01-09-2007/20:45

DIREITO À NÃO PRIVAÇÃO DOS FILHOS E CONFIANÇA JUDICIAL

JORGE VILAÇA
Juiz-Desembargador (Relator)

"Os pais gozam de um direito subjectivo à não privação dos filhos (art. 36.º da Constituição da República Portuguesa), só sendo a mesma admissível nos casos previstos na lei e desde que não sejam por eles cumpridos os deveres que lhes estão impostos" – *Ac. da Relação de Lisboa de 10/7/2008*

- Recurso de Apelação n.º 2685/08 (2.ª Secção)

ACORDAM NO TRIBUNAL DA RELAÇÃO DE LISBOA

I
RELATÓRIO

MARIA e MANUEL
Requereram no 2.º Juízo do Tribunal Judicial de ... que fosse decretada a seu favor, com vista a futura adopção, a confiança judicial de Marta, contra:

SOFIA e JOSÉ

Citados os requeridos para contestar e o Ministério Público, nada disseram.

Foram realizados relatórios e inquiridas testemunhas, cujo depoimento se encontra registado em acta.

Foi proferida sentença que decretou a confiança da menor aos requerentes, que também foram designados curadores provisórios.

Não se conformando com aquela sentença, dela recorreu a requerida Sónia, formulando as seguintes "CONCLUSÕES":

1.ª Os factos tidos por provados na decisão recorrida provêm, quase na sua totalidade, do relatório social de fls. 65 a 69, de fls. 70 a 76 e do exame de psiquiatria forense a fls. 136, não se extraindo, como deviam, considerações concretas, factos específicos que alicercem as conclusões a que se chega;

2.ª Estranha-se que não seja referido qualquer antecedente médico, com a médica de família da menor Dr.ª Isabel, antes de os ora recorridos terem feito iniciar o processo junto da Comissão de Protecção de Crianças e Jovens;

3.ª Todas as provas dos autos respeitam a relatórios que têm origem inicial em declarações prestadas pelos próprios recorridos – mais concretamente, pela ora recorrida mulher;

4.ª A médica de família Dr.ª Isabel, do Centro de Saúde de ..., pode confirmar que – ao invés do dado como provado – que desde que a recorrente deixou de ter a guarda e cuidado da sua filha, a menor nunca mais foi a qualquer consulta médica com a aludida médica de família;

5.ª Se existissem sinais de maus tratos, de sub-nutrição, de falta manifesta de higiene da menor, então a aludida médica de família teria tais anotações na ficha da paciente em causa – o que não sucede (pese embora, convenientemente, o Tribunal recorrido ter omitido totalmente o recurso a tal meio de prova);

6.ª Desde final de Março de 2005 que no processo de regulação do poder paternal – com o n.º 983/05.4TBCLD, do 2.º juízo do Tribunal Judicial de ... (cfr. decisão recorrida a fls. 153) – ficou decidido impedir a recorrente de visitar a menor, assim como foi aquela proibida de contactar a sua filha;

7.ª Tal decisão tem por base declarações da ora recorrida mulher;

8.ª É sabido que nascendo uma criança com patologia que obriga ao internamento para tratamento (como é o caso da sífilis congénita), todas as unidades de saúde só autorizam a alta da menor acompanhada da mãe (antes de decorrido todo o período normal de tratamento da criança) desde que terceira pessoa assuma essa responsabilidade: de que vai velar por que mãe e menor continuem a efectuar os tratamentos devidos, cumprindo integralmente o plano de tratamento;

9.ª Do facto de a progenitora ter contraído sífilis apenas pode resultar o óbvio – porque o tribunal nada averiguou – tal pode suceder a qualquer pessoa, com uma única relação sexual na qual não tenha sido utilizado o preservativo;

10.ª É contraditório que a C.P.C.J. conclua em 15/01/2004 que a progenitora não revelou "qualquer evolução a nível socio-económico", e que em 10/01/2005 decida que aquela "não tinha emprego fixo " não reunindo " quaisquer condições económicas;

11.ª E, depois, a decisão recorrida venha a dar por provado que a menor fosse alimentada "em cafés, desde o pequeno-almoço ao jantar, sendo mal alimentada, pois a ementa era pobre e incorrecta, baseando-se em alimentos com elevado teor de açúcar";

12.ª Os rendimentos parcos da recorrente não possibilitariam que esta e a sua filha tomassem todas as refeições fora de casa;

13.ª É manifesto que o salário mínimo nacional é sempre insuficiente para as necessidades básicas de um qualquer ser humano (como renda de casa, consumos mínimos possíveis de água, electricidade e gás e alimentação);

14.ª Seguindo a lógica da decisão ora recorrida, não tendo a recorrente grandes condições financeiras – o que sucede a mais de 50% da população portuguesa –, não tendo condições de alojamento (obviamente, decorrentes daquelas), tendo empregos precários – o que é real para um leque relevante da população portuguesa, e extremamente usual em trabalhadores não qualificados, com contratos a termo certo –;

15.ª E suspeitando-se que não teve comportamentos adequados enquanto progenitora, então deve a menor ser confiada a terceiros, aos ora recorridos – o que não é admissível;

16.ª Na decisão recorrida consta que em Maio de 2003 foi diagnosticado à menor, em consulta de ginecologia, uma vulvovaginite, e nada mais é referenciado quanto a esta questão;

17.ª A "vulvovaginite é um problema ginecológico comum nas meninas em idade prépubertária..." – cfr. Saúde Infantil, n.º 26/3, Dezembro de 2004, do Hospital Pediátrico de Coimbra, Dr.ª Fernanda Rodrigues, Dr.ª Natália Brito, Dr. Luís Januário e Dr. Luís Lemos;

18.ª Os "factores que explicam esta maior susceptibilidade da prépuberdade incluem" factores respeitantes a desenvolvimento físico o que torna "a mucosa susceptível a infecção e irritação, má higiene local e exploração do corpo, exposição a irritantes locais";

19.ª Sendo certo que "na maioria dos casos" não se identifica "uma causa infecciosa", mas "por vezes são causadas por bactérias patogénicas específicas" umas não transmitidas sexualmente e outros "germens de possível transmissão sexual" – cfr. Saúde Infantil, ob.cit., p. 12;

20.ª Dentro "das causas não específicas incluem-se as de contacto ou alérgicas (gel, sabonete, champô, roupas) e factores físicos (corpo estranho, má higiene)" – cfr. Saúde Infantil, ob.cit., p. 12;

21.ª É manifestamente insuficiente o mero facto de que fora detectada vulvovaginite à menor, sem que se conclua por outros dados clínicos, por factos específicos, o suporte de alguma explicação para essa infecção (e que seja atribuída à conduta da progenitora);

22.ª Não consta que em alguma ocasião a C.P.C.J. tenha tentado descortinar a veracidade das questões relatadas pela ora recorrida mulher, nem mesmo tentado apoiar e incutir na progenitora/recorrente uma qualquer educação tendente a boas práticas na educação, higiene e alimentação da menor;

23.ª Aliás, as decisões da C.P.C.J. sempre foram tomadas em detrimento puro da relação mãe/filha que durante quatro anos de vida da menor existiu, sem que profissionais de educação e de saúde tivessem detectado o que quer que fosse de anormal;

24.ª Provado foi que sempre que visitava a progenitora a menor tinha "enurese nocturna, recusava-se a comer e ficava particularmente agressiva e instável";

25.ª Para qualquer criança com 4 ou 5 anos (que até aos quatro anos viveu com a mãe e com esta privou de perto, que com a mesma obviamente estabeleceu laços) o facto de estar permanentemente afastada da progenitora e só a ver algumas horas em dois dias de semana acarreta, sempre, ansiedade, repercutindo-se a mesma em variadíssimas condutas, como podem ser as reacções detectadas;

26.ª Do ponto de vista material a decisão recorrida padece de vícios, porquanto se conclui que as visitas da progenitora "eram fonte de instabilidade, mas nem há uma grande preocupação em ilustrar a afirmação com factos, nem se faz um diagnóstico da situação. Qual será a razão desse resultado e das atitudes que são referidas? Terão a ver com questões que ponham em causa a sua capacidade parental ou com outras que a não ponham? (...) A recorrente nas suas visitas (...) é ajudada no relacionamento com o filho ou é deixada com a sua instabilidade?" – cfr. Ac. Trib. Rel. Coimbra de 19/04/2005, processo 1021/05, in www.dgsi.pt;

27.ª E "estas questões são tão mais importantes quando se sabe que pode haver variadíssimas causas para as referidas manifestações comportamentais..." – cfr. Ac. Trib. Rel. Coimbra de 19/04/2005, processo 1021/05, in www.dgsi.pt;

28.ª Considera-se provado o desinteresse da progenitora face à menor, quando certo é que, caso esta pretendesse interessar-se mais, logo seria acusada de ter praticado algo, de ter dito algo à menor, que a levava a apresentar condutas menos próprias;

29.ª Um facto foi, convenientemente, omitido: a ora recorrente vive e trabalha há já alguns anos em ..., a quilómetros do local onde reside a sua filha, não tendo ainda viatura particular;

30.ª Sendo isto até contraditório com o facto de se ter por provado que em Janeiro, Fevereiro e Março de 2006, à hora do almoço, a ora recorrente tenha entrado na escola frequentada por sua filha e levado a mesma para fora do seu recinto, por tempo suficiente para conseguir efectuar "gravações da menor (...) em poses que a menina reproduzia em casa";

31.ª Não se entende como pode dar-se como provada a suposta prática, por três vezes, de crime de desobediência por parte da ora recorrente (por não cumprimento da ordem judicial proibindo contactos com a menor) e nunca ter sido instaurado qualquer processo de natureza criminal;

32.ª Entende a recorrente que se apresentam contradições suficientes, dúvidas razoáveis, que deviam ter determinado o tribunal *a quo* a uma decisão diversa, ou a mais exaustiva recolha de provas, tendo pois ocorrido erro de julgamento;

33.ª Entende, ainda, a recorrente que também não pode ser tido por provado o pretenso abuso sexual de que a criança teria sido vítima;

34.ª A decisão recorrida apenas afirma que a menor "esteve sujeita a situações que se afiguram [sublinhado nosso] de abuso sexual", não se podendo alicerçar tal conclusão com expressões que denotam incerteza;

35.ª Ou existem provas científicas e incontraditáveis de que a criança foi abusada sexualmente, ou não existem;

36.ª As supostas condutas menos próprias só são relatadas pela recorrida mulher e por profissionais da área educacional envolvente da criança, após a ora recorrente já não estar a viver com a sua filha;

37.ª Em nenhum local da decisão recorrida se extrai que tenham, sequer, sido indagadas as razões dos ora recorridos para o facto de estes não terem filhos, de gestação própria;

38.ª Ao longo da decisão recorrida as únicas referências ao processo de regulação do poder paternal do 2.º juízo do Tribunal Judicial de ..., com o n.º ...ocorrem a fls. 153, na decisão de cessação das visitas da progenitora e na alusão a supostas retiradas da menor do interior do estabelecimento de ensino que frequentava;

39.ª Em tal processo apenas foram proferidas decisões provisórias – inexistindo qualquer decisão definitiva, transitada em julgado – nunca tendo ocorrido qualquer audiência de julgamento na qual as provas pudessem ser apresentadas, de parte a parte;

40.ª "Passar de uma medida de acolhimento para uma de confiança a pessoa seleccionada para adopção (...) sem que os pais biológicos sejam chamados a intervir, é uma frontal violação de direitos constitucionalmente protegidos visto que num processo talhado e anunciado para controlar e regularizar o exercício do poder paternal, num passe de magia, subtrai-se um poder com consagração constitucional, na Convenção dos Direitos da Criança e nas leis ordinárias" – cfr. Ac. Trib. Rel. Coimbra de 19/04/2005, processo 1021/05, in www.dgsi.pt;

41.ª Entende-se ter sido cometida "nulidade absoluta, traduzida na falta de notificação" da recorrente para se defender "da eventualidade de ser tomada a medida que veio a sê-lo, cujo regime é o previsto nos artigos 194.º, alínea a), e 195.º, alínea a), que importa a anulação do processado e é do conhecimento oficioso (artigo 206.º, n.º 1, do CPC)" – cfr. Ac. Trib. Rel. Coimbra cit.;

42.ª Sendo incontraditável que no presente pleito encontra-se igualmente em causa o direito de defesa da ora recorrente, enquanto progenitora da menor;

43.ª No requerimento de confiança judicial da menor, os requerentes/recorridos deram entrada com tal acção no processo de regulação do poder paternal n.º ..., motivo pelo qual e sem causídico que informasse convenientemente a recorrente, esta nunca podia ter a noção que este processo era autónomo do anterior, e que visava retirar-lhe o poder paternal sobre a menor e conferir legitimidade aos recorridos para adoptarem a mesma;

44.ª Entende, pois, terem sido violados os normativos legais dos arts. 178.º, 179.º e 180.º e 194.º e ss. da O.T.M. e arts, 1978.º e 1979.º do C.C. e art. 36.º, n.ºs 5 e 6 da C.R.P..

II
FACTOS

Na sentença recorrida foram considerados assentes os seguintes factos:

a) Marta nasceu em 16.01.1999 na freguesia de ..., concelho de ...;
b) A menor é filha de José com residência desconhecida e Sofia com última residência conhecida na Rua...;
c) A menor nasceu duma relação esporádica;
d) A progenitora da menor não tinha emprego fixo, nem residência própria, habitando em quartos arrendados e mudando frequentemente de local;
e) Desde o nascimento da Marta foi a requerente quem a apoiou, servindo-lhe de suporte de vida e dando-lhe o primeiro colo;
f) Para que a progenitora tivesse alta e levasse consigo a menor, foi necessário o senhorio do quarto onde à data a progenitora resida assumir a responsabilidade da criança, pois a progenitora demonstrava alguma imaturidade e instabilidade.
g) Foi ainda dado apoio domiciliário à progenitora por uma enfermeira que lhe dava orientações no sentido de cuidar da criança;
h) A Marta nasceu com sífilis congénita;
i) Os candidatos a adoptantes foram padrinhos da Marta e desde o seu nascimento sempre contribuíram para o seu sustento, dando-lhe fraldas, leite e pagando parte da mensalidade da ama;
j) Durante os primeiros 3 anos de vida da Marta foram os requerentes quem lhe davam banho e de jantar, entregando-a depois à progenitora;
k) A menor quando não ficava em casa da requerente chegava a ficar 3 dias sem tomar banho;
l) Nessas ocasiões tomava as refeições em cafés, desde o pequeno-almoço ao jantar, sendo mal alimentada, pois a ementa era pobre e incorrecta, baseava-se em alimentos com elevado teor de açúcar;
m) Quando pernoitava com a progenitora a criança ficava frequentemente sozinha devido às saídas nocturnas da progenitora;
n) "Sofia negligenciava os cuidados básicos de higiene e alimentares, deixava a menor sozinha ou levava-a consigo para lugares que não eram adequados para a sua idade, até horas bastante tardias";
o) Em Maio de 2003 foi diagnosticado à menor em consulta de ginecologia vulvovaginite;

p) Reconhecida a situação de risco a que a menor estava exposta a Comissão de Protecção de Crianças e Jovens interveio e foi celebrado Acordo de Promoção e Protecção no qual foi aplicada a medida de confiança a pessoa idónea, tendo a Marta sido entregue aos requerentes;
q) No âmbito deste acordo foi fixado um regime de visitas em que a progenitora poderia estar com a menor às terças-feiras e quintas-feiras das 15 às 19 horas;
r) A menor sempre que visitava a progenitora tinha enurese nocturna, recusava-se a comer e ficava particularmente agressiva e instável;
s) Em 15 de Janeiro de 2004 foi revista e prorrogada a medida de promoção e protecção em virtude da progenitora não ter revelado qualquer evolução a nível sócio-económico, nem emocional continuando a revelar grande instabilidade;
t) Nesta revisão foi avaliada a qualidade das visitas da mãe à menor e foi decido reduzir as mesmas para um dia por semana dado que não se mostravam benéficas para a criança;
u) Entre Março e Maio de 2004 a Marta tinha frequentemente insónias por a mãe lhe ter dito que a ia buscar a casa dos requerentes;
v) A menor nos dias da visita ficava doente para não ter de comparecer às mesmas;
w) A progenitora começou a desinteressar-se da menor;
x) Telefonava menos vezes e nas festividades de Natal de 2004 e Ano Novo não contactou a filha;
y) "Em 10 de Janeiro de 2005 o processo da Comissão de Protecção de Crianças e Jovens foi remetido para o Tribunal Judicial de ... dado o percurso de vida da progenitora não se ter alterado: não tinha emprego fixo, não tinha habitação, não reunia quaisquer condições económicas ou emocionais para ter a menor a seu cargo;
z) O regime de visitas foi cessado por decisão judicial proferida no âmbito do processo n.º ..., deste mesmo juízo;
aa) Apesar da proibição de visitas, nos meses de Janeiro, Fevereiro e Março de 2006, durante a hora do almoço a progenitora ia à escola, sem autorização e conhecimento dos requerentes, a quem estava atribuído o poder paternal, e levava a filha a casa onde fazia gravações da menor, acompanhada pelo então companheiro, em poses que a menina reproduzia em casa;

bb) A menor não contava aos padrinhos o que passava, porque a mãe a tinha ameaçado;
cc) Nesta altura a menor manifestava um comportamento muito instável, na escola e em casa;
dd) Da parte da família biológica alargada nunca existiu qualquer tipo de ligação ou de contacto;
ee) A progenitora nunca cuidou da menor como mãe, pôs em causa a integridade física desta, e a sua própria vida;
ff) Antes de ser entregue aos requerentes a menor esteve sujeita a situações que se afiguram de abuso sexual;
gg) Os vínculos de filiação foram postos em causa pelo comportamento da progenitora;
hh) Ao longo da vivência com os requerentes a menor tem recebido destes todos os cuidados ao nível alimentar, de higiene, saúde e educação, por forma a assegurar-lhe um desenvolvimento harmonioso e equilibrado;
ii) A Marta integra o núcleo familiar dos requerentes, sendo por este casal tratada como se fora sua filha e igualmente é assim considerada pelos familiares e amigos deste casal, tendo sido rodeada de carinho e atenção desde que lhes foi entregue;
jj) "É desejo dos requerentes salvaguardar o interesse da menor em todos os aspectos, projectando na adopção a melhor forma de a fazer feliz";
kk) A menor quer ser adoptada pelos requerentes;
ll) "Os candidatos preenchem os requisitos legais exigidos pelo art. 1979.º do Decreto-Lei 185/93 de 22 de Maio, com a actual redacção dada pela Lei 31/2003 de 22 de Agosto.";
mm) Os candidatos a adoptantes contraíram matrimónio em 18 de Abril de 1998;
nn) O candidato a adoptante nasceu em 23.08.1968;
oo) A candidata a adoptante nasceu em 29.09.1972;
pp) O candidato a adoptante é técnico de telecomunicações na empresa ... auferindo um salário de 1.150 Euros líquidos por mês;
qq) A candidata a adoptante é professora de ... na ... e aufere um salário de 870 Euros;
rr) O casal tem despesas fixas mensais no montante de 635 Euros;
ss) Os candidatos a adoptantes "revelam motivação adequada para a adopção baseada no desejo de fazer a Marta feliz.";

tt) Os requerentes são pessoas donde releva a "integridade, serenidade, conhecimentos pedagógicos e grande sensibilidade para as questões sociais (...) Demonstram ainda sentido de responsabilidade, de organização e adequadas capacidades sócio-educativas";

uu) "O casal reside numa vivenda geminada de sua propriedade. A habitação situa-se na zona urbana de .... Esta é composta por R/c, 1.º andar e Sótão. No R/c possuem uma sala de estar e de jantar, uma casa de banho, cozinha, dispensa e hall. O 1.º andar é composto por três quartos, duas casas de banho e hall. O sótão tem zona de escritório e espaço para a menor brincar. No exterior existe um jardim em frente à habitação e nas traseiras também tem um jardim, terraço com churrasqueira, casa das máquinas, garagem e arrumos";

vv) "Marta possui quarto individual com mobiliário adequado à sua faixa etária e com boas condições de conforto";

ww) "Marta é uma criança saudável, apresenta um desenvolvimento global «normal» comparativamente com os padrões considerados para a sua faixa etária.";

xx) "A menor é acompanhada pela médica de família Dr.ª Isabel ..., com regularidade, no Centro de Saúde de ..., onde frequenta consultas de saúde infantil e em consultas particulares quando necessário. Marta tem também acompanhamento psicológico quinzenal no Gabinete de psicologia ...";

yy) A Marta tem um bom nível de linguagem verbal em relação à idade e condição social;

zz) "Manuel e Maria revelam capacidades intelectuais, psicológicas, afectivas e sociais adequadas para poderem cuidar da menor. Nutrem, por Marta uma enorme dedicação e afeição, como se de uma filha biológica se tratasse;

aaa) Os candidatos são pessoas afáveis e carinhosas que têm dedicado muito tempo à menor. A criança foi muito bem aceite por toda a família alargada e amigos, assim como pela comunidade em geral, os quais a reconhecem como um elemento da família";

bbb) A menor frequenta o estabelecimento de ensino EBI de ..., apresentando um desenvolvimento adequado à sua faixa etária;

ccc) O progenitor nunca procurou a menor, nem efectuou qualquer contacto com ela, inexistindo quaisquer vínculos advindos da filiação.

III
FUNDAMENTAÇÃO

Colhidos os vistos legais, cumpre apreciar e decidir:
Nos termos do art. 684.°, n.° 3, do Código de Processo Civil, o objecto do recurso é limitado e definido pelas conclusões da alegação do recorrente.

Assim, no presente recurso são colocadas as seguintes questões:

1) Violação do direito de defesa por falta de notificação da requerida;
2) Alteração da matéria de facto;
3) Verificação dos requisitos da confiança judicial.

1. Violação do direito de defesa por falta de notificação da requerida

A apelante invoca nulidade absoluta traduzida na falta de notificação para se defender.

O defendido pela apelante nas suas 40.ª a 43.ª conclusões demonstram manifesta má fé da recorrente.

A apelante não pode ignorar a citação que lhe foi feita e que se encontra documentada a fls. 52 – certidão de citação da requerida, por esta assinada, da qual consta ter sido citada *"para contestar o pedido formulado, devendo oferecer o rol de testemunhas e requerer outros meios de prova. ... Disse de tudo ficar ciente, recebeu a nota legal, bem como duplicados da petição inicial"*.

O meio adequado para por em causa a citação efectuada é a falsidade, já que de documento autêntico se trata (art. 372.°, n.° 1, do Código Civil).

Ora, tal falsidade não foi arguida pela requerida.

Assim, a falta de contestação ou de defesa só à apelante é imputável.

Note-se que a lei não impõe a constituição obrigatória de advogado no processo, a não ser para a fase de recurso.

Ao receber a citação e a cópia da petição inicial, à requerida competia informar-se através dos meios ao seu alcance e que a lei coloca ao seu dispor, nomeadamente recorrendo ao apoio judiciário, como veio a fazer após ter sido notificada da sentença.

Improcede, portanto, a 1.ª questão levantada no recurso.

2. Alteração da matéria de facto

Nos termos do artigo 712 do Código de Processo Civil, a decisão do tribunal da 1.ª instância sobre a matéria de facto só pode ser alterada pela Relação nos casos nele previstos.

Nos presentes autos a prova produzida encontra-se reduzida a escrito ou produzida por documento.

Encontram-se, assim, verificados os pressupostos processuais legais para a reapreciação da prova (arts. 712.º, n.º 1, alínea a) e b), e 690.º-A, ambos do Código de Processo Civil).

Nos termos do artigo 655.º, n.º 1, do Código de Processo Civil, o tribunal aprecia livremente as provas produzidas, decidindo o Juiz segundo a sua prudente convicção acerca de cada facto.

Tal preceito consagra o princípio da prova livre, o que significa que a prova produzida em audiência (seja a prova testemunhal ou outra) é apreciada pelo julgador segundo a sua experiência, tendo em consideração a sua vivência da vida e do mundo que o rodeia.

De acordo com Alberto dos Reis prova livre *"quer dizer prova apreciada pelo julgador segundo a sua experiência, sem subordinação a regras ou critérios formais preestabelecidos, isto é, ditados pela lei"* (Código de Processo Civil, Anotado, vol. IV, pág. 570).

Também temos de ter em linha de conta que o julgador deve *"tomar em consideração todas as provas produzidas"* (art. 515.º do Código de Processo Civil), ou seja, a prova deve ser apreciada na sua globalidade.

"A prova testemunhal, atenta a sua falibilidade, impõe cuidados acrescidos na sua avaliação afim de poder ser devidamente valorada.

*Ponderando este principio da **prova livre** deve o julgador motivar os fundamentos da sua convicção, por forma a permitir o controlo externo das suas decisões."* (Acórdão da Relação do Porto no processo 5592/04, 5.ª secção – Relator: Desembargador Sousa Lameira).

A partir destes princípios passaremos a analisar a situação concreta.

A impugnação da matéria de facto efectuada pela apelante é extremamente genérica.

A apelante coloca em causa a decisão com base no facto de a maioria dos factos resultarem de declarações efectuadas pelos requerentes.

O relatório social elaborado foi corroborado pelas testemunhas, como se pode verificar da transcrição de fls. 106 e segs.

Os factos constantes da matéria de facto resultam do relatório e do depoimento testemunhal, tendo as testemunhas demonstrado conhecer os factos através de audição dos requerentes e também por os terem directamente percepcionado.

Os depoimentos prestados não o foram apenas por quem teve a responsabilidade de elaboração do relatório social, mas também por outras pessoas que conhecem a menor e os requerentes e acompanharam a situação ao longo destes anos.

A apelante não invoca nenhum dos depoimentos para pôr em crise a decisão sobre a matéria de facto.

A apelante não consegue demonstrar através dos argumentos utilizados nas suas alegações que o tribunal tenha efectuado uma errada apreciação da prova.

Acaba mesmo por reconhecer que a decisão se baseou essencialmente no relatório social e no exame de psiquiatria forense (documento probatório de grande importância no caso presente), mas esqueceu a prova testemunhal produzida, a qual também suportou a decisão.

A apelante levanta ainda a questão de não terem sido apreciados outros factos e outras provas, designadamente a audição da médica de família Isabel ....

Este não é o momento próprio, sob pena de violação do disposto no art. 489.º do Código de Processo Civil, para a requerida vir alegar factos relativos à sua defesa, nem para vir requerer novas provas, como o faz.

De acordo com o disposto no art. 489.º, n.º 1, do Código de Processo Civil, em regra toda a defesa dever ser deduzida na contestação.

Como refere José Lebre de Freitas, este *"princípio da **concentração da defesa**, que a necessidade dum processo quanto possível célere explica e que o n.º 1 estabelece, é excepcionado nos casos de **defesa diferida** do n.º 2: meios de defesa supervenientes, abrangendo quer os casos em que o facto em que eles se baseiam se verifica supervenientemente (**superveniência objectiva**), quer aqueles em que esse facto é anterior à contestação, mas só posteriormente é conhecido pelo réu (**superveniência subjectiva**), devendo em ambos os casos ser alegado em articulado superveniente (art. 506-2);* ...

*Corolário do princípio da concentração é a **preclusão**. O réu tem o **ónus** de, na contestação, impugnar os factos alegados pelo autor, **alegar os factos que sirvam de base a qualquer excepção dilatória ou peremptória (com a única excepção das que forem supervenientes) e deduzir as excepções** não previstas no art. 289-2. Se não o fizer, preclude a possibi-*

lidade de o fazer." (cfr. *Código de Processo Civil anotado,* volume 2.º, 2001, pág. 294/295).

É certo que estamos perante um processo de jurisdição voluntária sujeito às regras da OTM – Organização Tutelar de Menores aprovada pelo Decreto-Lei n.º 314/78, de 27 de Outubro, já alterado por vários diplomas posteriores, e com aplicação subsidiária das estabelecidas nos arts. 1409.º do Código de Processo Civil.

Também é certo que o *"tribunal pode, no entanto, investigar livremente os factos, coligir as provas, ordenar os inquéritos e recolher as informações convenientes".*

No entanto, essa investigação oficiosa tem um limite temporal que é a prolação da sentença.

No caso dos autos, o tribunal usou devidamente todos esses poderes de investigação que a lei lhe atribui e que estavam ao seu alcance.

Consideramos, portanto, que o tribunal *a quo* fez a melhor ponderação entre as provas produzidas.

Por tal razão, a decisão sobre a matéria de facto não merece censura.

3. Verificação dos requisitos da confiança judicial

Antes de prosseguir quanto a esta questão, cabe referir que ao processo de confiança judicial são aplicáveis as disposições contidas nos arts. 164.º e segs. da OTM, sendo-lhe inaplicáveis as normas contidas nos arts. 178.º, 179.º, 180.º e 194.º da OTM.

Os pais gozam de um direito subjectivo à não privação dos filhos (art. 36.º da Constituição da República Portuguesa).

Tal privação só é admissível nos casos previstos na lei e desde que não sejam por eles cumpridos os deveres que lhes estão impostos.

Sempre que esteja em causa a adopção, o tribunal poderá confiar o menor a casal, se os pais o tiverem abandonado, se, por acção ou omissão, tiverem posto em perigo a sua segurança, saúde, formação moral ou educação, em termos que, pela sua gravidade, comprometam seriamente os vínculos afectivos próprios da filiação, ou se, tendo o menor sido acolhido por um particular ou uma instituição, tiverem revelado manifesto desinteresse pelo filho, durante os seis meses que precederam o pedido de confiança, em termos de comprometer de forma séria aqueles vínculos (art. 1978.º, n.º 1, alíneas c), d) e e), do Código Civil).

A matéria de facto assente nos presentes autos demonstra com demasiada evidência o preenchimento de qualquer dos requisitos das alíneas d) e e) citadas.

Desde o seu nascimento, a menor foi apoiada e teve como suporte de vida os requerentes, que também contribuíram para o seu sustento.

A menor quando estava com a requerente era mal alimentada e tomava as suas refeições em cafés e ficava frequentemente sozinha em casa à noite.

A requerida não dispensava à filha os devidos cuidados básicos de higiene e alimentares.

Na sequência de medida de protecção aplicada à menor, esta foi confiada aos requerentes, com visitas estipuladas com a mãe, as quais foram reduzidas devidas a falta de qualidade das mesmas e a requerida começou a desinteressar-se da filha.

A requerida nunca cuidou da filha como mãe e pôs em causa a sua integridade física e a própria vida da menor.

Antes de ser entregue aos requerentes, no âmbito da medida de protecção, a menor esteve sujeita a situações de abuso sexual.

Todos estes factos, que consideramos ser os mais relevantes de entre os apurados, revelam a falta de idoneidade da requerida para ter a filha a seu cargo, revelam incapacidade para desenvolver os vínculos afectivos próprios da filiação e que a requerida pôs em perigo a segurança, a saúde, a formação e educação da menor com o seu comportamento e modo de vida.

Consideramos, por isso, que bem andou a sentença ao decidir no sentido de confiar a menor aos requerentes ora recorridos, em consonância com o disposto no art. 1978.º, n.º 1, alíneas d) e e) do Código Civil, em nada violando o disposto no art. 36.º n.ºs 5 e 6, da Constituição da República Portuguesa.

A haver violação das normas constitucionais referidas, foi por parte da requerida que não cumpriu com os seus deveres de mãe nelas consagrados.

Perante o exposto, a apelação terá de improceder.

IV
DECISÃO

Em face de todo o exposto, **acorda-se em julgar improcedente a apelação, confirmando-se a sentença recorrida.**

Sem custas, dada a natureza do processo.
Lisboa, 10 de Julho de 2008

Jorge Vilaça

Vaz Gomes

Jorge Leitão Leal

VIDEOVIGILÂNCIA, INFORMAÇÃO E UTILIZAÇÃO DE IMAGENS COMO MEIO DE PROVA

MARGARIDA VELOSO
Juíza-Desembargadora (Relatora)

- Acórdão do Tribunal da Relação de Lisboa de 30/10/2008, processo n.º 8324/2008-9, relator: Margarida Veloso, publicado em www.dgsi.pt

SUMÁRIO

1. É pacífico que a licitude da videovigilância se afere pela sua conformidade ao fim que a autorizou.

O fim visado pela videovigilância instalada na escola, um local público, por um cidadão, só poderia ser exclusivamente o de prevenir a segurança do estabelecimento, mas devendo conter o aviso aos que lá se encontram ou se deslocam de que estão a ser filmados e só, nesta medida, a videovigilância é legítima.

2. Não basta, como refere o recorrente, que as referidas imagens tenham sido colhidas numa escola pública, em local público, de não terem sido obtidas às ocultas e de não visarem o contexto da vida privada dos arguidos, enquanto autores do crime de furto qualificado, para se concluir, que a utilização dessas imagens não viola a intimidade ou a esfera privada dos arguidos.

3. Na verdade, como entendeu e bem, o Mmo. juiz da 1.ª instância, as imagens oferecidas como meio de prova pelo Digno Magistrado do Ministério Público, e destinado a fazer prova de factos imputados aos arguidos, não obedeceram aos requisitos impostos por lei, ou seja, o cidadão não estava autorizado para o fazer e o sistema de videovigilância não se encontrava devidamente assinalado, sendo que, nestas circunstâncias as imagens constituem, uma abusiva intromissão na vida privada e a violação do direito à imagem dos arguidos.

Decisão Texto Integral: Acordam os juízes da 9.ª secção do tribunal da Relação de Lisboa:

(...)
Vejamos então se assiste razão ao Tribunal recorrido.

O regime de proibições de prova no âmbito do processo penal, encontra-se essencialmente regulado pelo preceituado nos art. 125.º, 126.º, do Código Processo Penal, os quais devem ser conjugados com as garantias constitucionais de defesa, consagradas no art. 32.º, CRP, mormente a injunção imposta pelo seu n.º 8, bem como, com as disposições específicas que disciplinam a obtenção do meio de prova de que pretende se fazer uso.

Deste regime podemos destacar que a realização da justiça penal, num Estado de Direito Democrático, como pretende ser o nosso, deve sempre assentar no respeito e garantia dos direitos fundamentais dos cidadãos, mormente da preservação da dignidade humana.

Assim, logo o citado art. 32.º, n.º 8 da CRP, é claro ao preceituar que "São nulas todas as provas obtidas mediante tortura, coacção, ofensa da integridade física ou moral da pessoa, abusiva intromissão na vida privada, no domicílio, na correspondência ou nas telecomunicações."

No mesmo sentido, se situa o estatuído no art. 126.º, ao enunciar discriminatoriamente no seu n.º 2, quais são as provas "ofensivas da integridade física ou moral das pessoas as provas obtidas, mesmo que com consentimento delas".

Nesta conformidade, podemos desde já concluir que o regime da legalidade da prova, enquanto "imperativo de integridade judiciária", que tanto versa sobre os meios de prova, como os meios de obtenção de prova, vem assim comprimir o princípio da livre apreciação da prova decorrente do art. 127.º, estabelecendo as correspondentes proibições de produção ou de valoração de prova.

Por outro lado e como segunda conclusão, tratando-se de prova proibida, a mesma deve ser oficiosamente conhecida e declarada em qualquer fase do processo, surgindo como autênticas nulidades insanáveis, a par daquelas que expressamente integram o catálogo do art. 119.º.

Os arguidos no inicio da audiência vieram questionar a validade das provas indicadas contra si, designadamente o CD junto aos autos, por aquela gravação de imagens ter sido obtida de forma ilegal, sem consentimento dos visados e por isso em violação do art. 126.º do Código de Processo Penal, tendo sido relegada para a decisão final o conhecimento desta questão.

Quanto à valoração da prova obtida por reproduções mecânicas, na qual se inserem as relativas aos sistemas de vigilância, importa reter o disposto no art. 161.º, do CPP, podendo ler-se no seu n.º 1, " só valem como prova dos factos ou coisas reproduzidas se não forem ilícitas nos termos da lei penal". Acrescentando o n.º 2, que: "não se consideram, nomeadamente, ilícitas para os efeitos previstos no n.º anterior as reproduções mecânicas que obedecerem ao disposto no titulo III deste livro."

E por concordarmos com o teor do despacho recorrido, exaustivamente fundamentado, dispensamo-nos de tecer outras considerações sob pena de estarmos a ser repetitivos.

Nele a este propósito escreve-se:

"Deste modo, existe uma clara influência do direito penal no regime de proibição das provas. E o regime da legalidade da prova, tanto versa sobre os meios de prova, como sobre os meios de obtenção de prova, em compressão do princípio da livre apreciação da prova, decorrente do artigo 127.º, do Código de Processo Penal...Mais abaixo uma citação de Leal Henriques e Simas Santos em anotação ao CPP, que dá a solução para o caso em análise:

"Significativa, desde logo, a prevalência expressamente reconhecida ao critério da ilicitude penal substantiva: será inadmissível e proibida a valoração de qualquer registo fonográfico ou fotográfico (fílmico, vídeo, etc.) que, pela sua produção ou utilização represente um qualquer ilícito penal material, à luz do disposto no artigo 192.º, do Código Penal, (...). Os interesses tutelados pelo processo penal, como, a realização da justiça, a estabilização contrafáctica das normas, a restauração da paz jurídica, por razões de economia, a eficácia da justiça penal, não bastam, por si só enquanto tais, para legitimar a danosidade social da produção ou utilização não consentidas de gravações ou fotografias. Ou seja, o mero propósito de juntar, salvaguardar e carrear provas para o processo penal não justifica o sacrifício do direito à imagem em que invariavelmente se transformam a produção ou utilização não consentida destas reproduções mecânicas.

Na verdade, só se poderá justificar a sua produção ou ulterior valoração processual contra a vontade de quem de direito, quando forem indispensáveis como meios necessários e idóneos à protecção de superiores interesses, transcendentes ao processo penal. Só neste contexto e com esta específica direcção preventiva pode emergir um relevante estado-de--necessidade probatório" ANDRADE, Manuel da Costa; – Sobre as Proibições de Prova em Processo Penal, Coimbra, 1992, pág. 238-239"

É de resto, esta a única interpretação a dar, ao art. 12.º do Decreto-Lei n.º 231/98, de 22 de Julho, onde se pode ler:

"1. As entidades que prestem serviços de segurança privada previstos nas alíneas b) e c) do n.º 1 do artigo 2.º podem utilizar equipamentos electrónicos de vigilância e controlo.

2. As gravações de imagem e de som feitas por sociedades de segurança privada ou serviços de auto protecção, no exercício da sua actividade, através de equipamentos electrónicos de vigilância visam exclusivamente a protecção de pessoas e bens, devendo ser destruídas no prazo de 30 dias, só podendo ser utilizadas nos termos da lei penal.

3. Nos lugares objecto de vigilância com recurso aos meios previstos nos números anteriores é obrigatória a afixação, em local bem visível, de um aviso com os seguintes dizeres: "Para sua protecção este local encontra-se sob vigilância de um circuito fechado de televisão" ou "Para sua protecção este local encontra-se sob vigilância de um circuito fechado de televisão, procedendo-se à gravação de imagens e som".

Na verdade estamos perante a situação de saber se existe uma violação de um direito constitucionalmente protegido e, na negativa, se de alguma forma está justificada a utilização do sistema de videovigilância instalado na referida escola.

Comecemos, por isso, por verificar se existe uma violação de um direito constitucionalmente protegido.

É pacífico que a licitude da videovigilância se afere pela sua conformidade ao fim que a autorizou.

O fim visado pela videovigilância instalada na escola, um local público, por um cidadão, só poderia ser exclusivamente o de prevenir a segurança do estabelecimento, mas devendo conter o aviso aos que lá se encontram ou se deslocam de que estão a ser filmados e só, nesta medida, a videovigilância é legítima.

Não basta, como refere o recorrente, que as referidas imagens tenham sido colhidas numa escola pública, em local público, de não terem sido obtidas às ocultas e de não visarem o contexto da vida privada dos arguidos, enquanto autores do crime de furto qualificado, para se concluir, que a utilização dessas imagens não viola a intimidade ou a esfera privada dos arguidos.

Na verdade, como entendeu e bem, o Mmo. juiz da 1.ª instância, as imagens oferecidas como meio de prova pelo Digno Magistrado do

Ministério Público, e destinado a fazer prova de factos imputados aos arguidos, não obedeceram aos requisitos impostos por lei, ou seja, o cidadão não estava autorizado para o fazer e o sistema de videovigilância não se encontrava devidamente assinalado, sendo que, nestas circunstâncias as imagens constituem, uma abusiva intromissão na vida privada e a violação do direito à imagem dos arguidos.

No mesmo sentido, o aresto citado no despacho recorrido: "Do que se deixa dito resulta, em suma, que "destinando-se as gravações feitas por particulares e sem consentimento do visado a ser utilizadas para efeitos probatórios, estamos perante provas proibidas, provas nulas", o mesmo sucedendo com os casos em que tais gravações não se encontram a coberto de uma decisão judicial ou disposição legal que as prevejam ou as legitime (Acórdão do Supremo Tribunal de Justiça de 14 de Janeiro de 1999, CJ, Acs. STJ, tomo I, pág. 179).

Daí que, aqui tal como na 1.ª instância, se entenda que o modo de obtenção das imagens constantes do CD junto aos autos, constituem prova nula e em consequência, não podem ser consideradas ou valoradas, nos termos e para os efeitos do disposto nos artigos 118.º, 125.º, 126.º, do CPP.

Decisão

Pelo exposto, os juízes desta secção, julgam improcedente o recurso e em consequência mantêm o despacho recorrido nos seus precisos termos. Sem custas.

Lisboa, 30 de Outubro de 2008
Margarida Veloso
José Martins

PRAXES ACADÉMICAS

Anabela Luna de Carvalho
Juíza-Desembargadora (Relatora)

- Acórdão do Tribunal da Relação do Porto de 24/11/2008, processo n.º 0854752, relatora: Anabela Luna de Carvalho, publicado em www.dgsi.pt

SUMÁRIO

I. Constitui ilícito civil a conduta de uma instituição do ensino superior que embora conhecendo o conteúdo de um "Código de Praxe" ofensivo, e intimador, violador da dignidade da pessoa humana, permite que o mesmo continue a ser aplicado.

II. Tal instituição tem o dever específico de respeitar, fazer respeitar e promover direitos fundamentais, como o respeito mútuo, a liberdade, a solidariedade, a dignidade da pessoa humana.

III. Como tal a instituição tem a obrigação de indemnizar quem tenha sido ofendido pelas ditas praxes académicas, relativamente aos danos patrimoniais e morais.

APELAÇÃO N.º 4752/08-5
5.ª SECÇÃO

Acordam no Tribunal da Relação do Porto:

I

B.........., residente na ...., bloco . – ….., …. – … Chaves, intentou a presente acção declarativa, sob a forma de processo comum ordinário, contra "C..........", com sede na Rua ...., apartado ..., ..., ... – ... ., Vila Nova de Gaia, pedindo se condene a ré no pagamento da quantia de € 67.740,67, a título de indemnização por danos morais e patrimoniais, acrescida de juros de mora desde a citação até efectivo e integral pagamento.

Em fundamento da sua pretensão, e em síntese, a autora alegou que: no dia 14/09/2002 matriculou-se na D.........., criada pela ré no âmbito do seu objecto, no curso de fisioterapia; no início das aulas, nos dias 14/10/2002 e 15/10/2002, nas instalações daquela escola, foi sujeita a várias práticas humilhantes de praxe, que descreve; devido à situação a que foi submetida, dirigiu uma carta ao Presidente do Conselho Executivo do C.......... de Macedo de Cavaleiros, datada de 13/11/2002, cuja cópia consta de fls. 29 a 31; na sequência dessa carta, foi convocada para uma reunião no dia 3/12/2002; tal reunião foi promovida pela ré com o único intuito de humilhar e intimidar a autora; por causa dessa reunião, a autora sofreu danos morais, que discrimina, avaliados em € 20.000,00; em consequência dos actos de praxe a que foi sujeita, que só aconteceram porque a ré o permitiu, a autora sofreu danos morais, que discrimina, avaliados em € 30.000,00; a autora sofreu ainda danos patrimoniais, que de igual modo discrimina, no valor total de € 17.740,67.

A ré apresentou contestação, impugnando a maioria dos factos alegados na petição inicial, sustentando que nenhuma responsabilidade lhe pode ser assacada pelos danos invocados pela autora e concluindo pela improcedência da acção, com a sua consequente absolvição do pedido.

A autora deduziu réplica, mantendo a posição assumida na petição inicial.

Realizou-se a audiência de discussão e julgamento, no decurso da qual a autora e a ré peticionaram a condenação recíproca em multa e indemnização como litigantes de má fé, tendo sido proferida sentença que julgou a acção improcedente e, em consequência, absolveu a ré do pedido.

Inconformada com tal decisão, dela veio recorrer a Autora, concluindo do seguinte modo as suas alegações de recurso:

1. A autora sofreu danos de natureza patrimonial no montante de € 13.537,97 a título de danos emergentes e de lucros cessantes.

2. O procedimento disciplinar destina-se a avaliar a natureza, o alcance, e a dimensão da conduta do aluno infractor face às individualizadas e especificadas regras exigidas pelo bom e salutar funcionamento do estabelecimento de ensino.

3. A ré aplicou à autora a sanção de repreensão escrita pela forma subjectiva e excessiva como relatou os factos, que sabia não terem a gravidade que decorrem da sua exposição.

4. A ré actuou em Abuso de Direito ao aplicar a sanção à autora já que a sanção que lhe foi aplicada foi-o para punir uma infracção que não está prevista no Regulamento Disciplinar, sendo certo que a autora denunciou factos que se vieram a apurar ser verdadeiros – a denúncia da autora não foi caluniosa nem para com os colegas, nem para com os órgãos da escola.

5. A ré foi no mínimo negligente ao aplicar a sanção à autora, não ponderando o regulamento disciplinar e as demais circunstâncias do caso, não agindo criteriosamente como lhe era exigível.

6. A ponderação dos factos «Após a deliberação de lhe ser aplicada uma sanção disciplinar a autora sentiu-se indignada e revoltada» e «Após a deliberação de lhe ser aplicada uma sanção disciplinar a autora anulou a matrícula» permite, ao abrigo do artigo 349.º do CC firmar a conclusão de que a autora anulou a matrícula devido à sanção que lhe foi aplicada.

7. Foi a conduta da ré de aplicar a sanção à autora que a obrigou a anular a matrícula e a sofrer os danos de natureza patrimonial, não tendo ocorrido qualquer circunstância extraordinária ou anómala entre o acto do agente (ré) e os danos sofridos pela autora.

8. A sentença recorrida encontra-se inquinada com o vício de erro de julgamento por erro de interpretação dos artigos 483.º, 349.º e 563.º todos do Código Civil.

9. No dia 14.10.2002, no âmbito da recepção aos caloiros, dentro do E.......... da ré em Macedo de Cavaleiros, foi ordenado à autora que vestisse do avesso a roupa da cintura para cima e que colocasse o soutien do lado de fora da roupa, que simulasse orgasmos com um poste de iluminação, que rebolasse na relva, que carregasse com os arreios de um burro.

10. Os actos de praxe a que a autora foi sujeita são aptos a provocar danos de natureza não patrimonial, nomeadamente a tristeza e humilhação sentidas.

11. Os actos de praxe referidos em 9) foram praticados com conhecimento e permissão da ré – a ré bem sabia que se praticavam actos de praxe violadores dos direitos de personalidade dos novos alunos e, só por isso, fazia questão de na primeira reunião a que estes se apresentavam, informar expressamente de que se podiam recusar a qualquer praxe que considerassem atentar contra os seus princípios e valores.

12. A informação dada aos novos alunos a que se refere o número anterior não preenche o dever jurídico de agir que impendia sobre a ré – tal dever jurídico de agir impunha à ré obrigações, tais como, controlar e, eventualmente sancionar, caso fosse necessário, as praxes violadoras de direitos da personalidade ou, em alternativa, proibir actos de praxe dentro das suas instalações.

13. A ré tinha o dever jurídico de agir porque:

– os alunos são subordinados da escola na medida em que estão sujeitos à acção disciplinar, sendo a ré obrigada a velar pela sua segurança;
– para Menezes Cordeiro um esforço mínimo da ré teria evitado os danos sofridos pela autora;
– para Maia Gonçalves, a omissão da ré é ilícita porque a tal estaria obrigada pela moral e pelos bons costumes;
– para Figueiredo Dias, a omissão da ré é ilícita pois tal ofende os mais elementares princípios de solidarismo social.

14. A ré agiu com culpa, na medida em que agiu inconvenientemente embora lhe tivesse sido possível, com o cuidado exigível e diligência devida ou com boa vontade, comportar-se em termos convenientes.

15. Para apurar se a autora consentiu nas praxes não é relevante o que a mesma declarou no Auto de Depoimento mas, se consentiu tacitamente no momento em que as praxes lhe estavam a ser aplicadas.

16. A autora não tinha capacidade para se recusar verificado o condicionalismo de se encontrar face a uma série de alunos, com a autoridade que lhes advém do trajar académico, que lhe davam ordens, ordens essas que a autora estava convencida que era obrigada a cumprir.

17. Por um lado, a autora estava convencida que era obrigada a cumprir as ordens – erro na formação da vontade;

18. Por outro lado, a própria atitude dos colegas funcionou como coacção pois quando a autora começou a chorar, demonstrando a sua tristeza e a sua humilhação, as praxes não pararam, pelo contrário, os colegas esperaram que se acalmasse para continuarem a dar ordens.

19. A resposta da autora de que o seu choro se devia ao impacto do primeiro dia, não é razoável ser aceite pelo agente como sinal de consentimento, mas sim de como receio de advir ainda pior se confessasse a sua tristeza e humilhação e a sua vontade de não receber mais ordens.

20. Segundo Claus Roxin nunca se poderá considerar consentimento

eficaz se só o receio do pior permite que a vítima aceite a lesão dos seus bens jurídicos.

21. Por fim, as praxes a que a autora foi sujeita ofendem a moral pública, já que nenhum membro da nossa comunidade simularia orgasmos e carregaria com os arreios de um burro sem se sentir atingido nos seus mais elementares princípios e valores; também nenhum membro da nossa comunidade lhe passaria pela cabeça dizer a alguém para simular orgasmos e carregar com os arreios de um burro, a não ser que tal pessoa se encontrasse despida de princípios morais.

22. A autora não poderia ter confessado, como se diz na sentença em crise, que as ordens que recebeu não haviam sido feitas com malícia ou com carga sexual, porque tal confissão só poderia ter sido feita pelo agente, nunca pela autora.

23. A sentença recorrida violou, por erro de julgamento, os artigos 340.º e 486.º do Código Civil.

24. A autora provou os danos morais decorrentes da reunião de 03.12.2002, nomeadamente que lhe foram receitados ansiolíticos e anti depressivos e que a partir de Janeiro de 2003 passou a deslocar-se à escola unicamente para realizar frequências e exames.

25. Por outro lado, as próprias circunstâncias da reunião aludida em J) dos factos assentes, dizem-nos que todos os presentes, excepto as duas representantes da ré, tinham para a autora referências por ela classificadas como negativas pelas suas intervenções nos actos de praxe.

26. Os factos assentes em J) são suficientes para, apelando ao disposto no artigo 349.º do CC, retirar a ilação de que tais actos são aptos a provocar danos morais e, objecto obrigatório de prova são apenas os factos de que o julgador infere outros; quanto às ilações que o tribunal retira dos factos assentes não necessitam de ser provados, pois baseiam-se nas regras de experiência e o conhecimento destas, o tribunal deve ter e se não tiver, deve procurar obter.

27. A autora provou os danos sofridos com a reunião de 03.12.2002.

28. A ré, pessoa colectiva privada incumbiu as suas duas funcionárias de convocar a autora para a reunião de 03.12.2002.

29. As ditas funcionárias actuavam por conta da ré, daí resultando a responsabilidade desta pelos danos causados por aquelas no exercício das suas funções – artigo 500.º do CC.

30. Cabia então à ré provar que não agiu com culpa, nem cometeu nenhum ilícito na forma como convocou e conduziu a reunião em causa –

inversão do ónus da prova por força da presunção de culpa operada pelo artigo 500.º do CC.

31. A ré apenas provou que as reuniões foram realizadas com o intuito de esclarecer os factos relatados pela autora, mas não logrou provar que, apesar dessa intenção, tenha agido com a conduta exigível a um bom pai de família e que não tenha agido em claro abuso de direito, como lhe competia.

32. Só fazendo tal prova se poderia dizer que a autora se apresentou na reunião com conhecimento do que ia encontrar, nomeadamente a quantidade de antagonistas que iria encontrar.

33. Ubi commoda, ubi incommoda.

34. A sentença recorrida incorreu em erro de julgamento, por errada interpretação das normas contidas nos artigos 344.º, 349.º e 500.º do Código Civil.

A final requer que seja feita justiça.
Contra-alegou a Ré, pugnando pela manutenção do julgado.

II

O Tribunal "a quo" deu como provada a seguinte matéria de facto, completada em itálico por factualidade acrescentada por esta Relação, nos termos do artigo 712.º al. a) do CPC:

1) A Ré é uma cooperativa de ensino cujo objecto é criar e manter estabelecimentos destinados a ministrar o ensino superior, e dentro deste âmbito, desenvolver estruturas educativas, sociais, assistenciais, de investigação, culturais, desportivas, turísticas, construção de obras próprias e actividades laborais, bem como todas as demais nomeadamente colóquios, conferências e semanários, edições, divulgação e comercialização de livros e publicações da sua especialidade que se afigurem como apoio económico e logístico ao desenvolvimento da instituição, dos seus beneficiários e comunidades de que faz parte, a fim de participar de forma activa no desenvolvimento humano, integral e ecológico dos diferentes grupos etários e sociais em cada sociedade, e das diferentes etnias, comunidades e povos, e com sede na .... (actual Rua ....), ..., Vila Nova de Gaia, registada na Conservatória do Registo Comercial de Vila Nova de Gaia, sob o n.º 45.

2) No âmbito do seu objecto a Ré criou a D............
3) No dia 14 de Setembro de 2002, a Autora matriculou-se na D..........., no curso de fisioterapia.
4) As aulas começaram no dia 14/10/2002.
5) No início das aulas, no referido dia 14/10/2002, durante a manhã, a Autora participou numa reunião de alunos do 1.º ano do curso de fisioterapia, com a directora, a coordenadora do 1.º ano do curso de fisioterapia e mais dois docentes da turma, na qual foi feita a apresentação da escola e do curso.
6) A Autora faltou às aulas nos dias 17 e 18 de Outubro de 2002 e recomeçou a frequência das aulas no dia 22 de Outubro de 2002.
7) A Autora remeteu ao Presidente do Conselho Executivo do E.......... de Macedo de Cavaleiros do C..........., que a recebeu, a carta datada de 13/11/2002, cuja cópia consta de fls. 29 a 31 e que se dá por totalmente reproduzida, e dirigiu ainda carta de igual teor ao Ministério da Ciência e do Ensino Superior.

É do seguinte teor a referida carta:
"Exmo. Sr. Presidente do Conselho Executivo do C.......... de Macedo de Cavaleiros

Excelência:

Eu, B..........., com dezoito anos de idade, estudante número ...., e aluna do 1.º ano do curso de fisioterapia no D.......... de Macedo de Cavaleiros, venho por este meio informar vossa excelência, do meu descontentamento para com as praxes realizadas neste estabelecimento de ensino.

Desde o dia 14 de Outubro até ao dia 16 de Outubro, vivi nesse instituto momentos que me levaram a uma depressão (atestado comprovativo), devido à humilhação que me fizeram sentir os alunos dos 2.º e 3.º anos do curso de fisioterapia (desconheço os respectivos nomes, mas sou capaz de identificá-los pessoalmente).

Muitas das coisas que me obrigaram a fazer foram de encontro à educação que recebi, confrontando-se com os princípios e os valores que defendo.

No decorrer desta carta terei oportunidade de citar as atitudes maliciosas e muito desagradáveis que fui obrigada a ter, devido a ordens que me foram incutidas durante os dois dias referidos anteriormente.

Assim, serão proferidas palavras, incluindo calões de elevado grau, que posteriormente irei citar, que retratarão a veracidade deste meu descontentamento.

Sendo assim, passo a citar os momentos mais desagradáveis que tive de realizar nas praxes, e que afectaram o meu estado psicológico.

Tive que:
- Despir a roupa que trazia vestida na rua, com o intuito de a vestir do lado avesso, sendo apenas encoberta por duas capas negras, e posteriormente na casa de banho masculina, pois alegaram que as femininas estavam encerradas:
- Usar a roupa interior, mais concretamente o soutien, por cima da roupa que trazia vestida, sendo a única da minha turma nessas condições, o que me fez sentir menosprezada em relação aos outros;
- Ajoelhar-me, com as mãos no solo (coloquei-me de quatro como referiam), sempre que aparecia um aluno do curso de fisioterapia, tendo que proferir as seguintes palavras «Eu reles e triste caloira, dez palmos abaixo de merda, cinco abaixo de cão, um acima de polícia, filha de mãe virgem e de pai desconhecido...». Tive então, que repetir isto inúmeras vezes, sempre que alguém sugerisse que me apresentasse;
- Simular orgasmos com um poste de iluminação, posteriormente com uma planta, se não conseguisse excitá-la, o que seria traduzido pelo crescimento desta, estaria «fodida» (palavra preferida por elementos que me incutiram a ordem);
- Gatinhar sobre a relva molhada, no campo de terra, fazendo corridas, o que provocou o aparecimento de nódoas negras nos joelhos e nas mãos;
- imitar um asno, usando na minha cabeça um selim grosseiro próprio para animais de carga, preferindo sons característicos desses animais, enquanto me puxavam com uma corda e em voz alta diziam «Olha a burra!»;
- Questionaram-me se era virgem e respondi que a partir do momento que colocassem questões relativas à minha intimidade não responderia. Sendo assim, obrigaram-me a rebolar na lama durante o tempo que eles determinaram. Regressando, voltaram a fazer a mesma pergunta, à qual não voltei a responder.

Então, mandaram-me rebolar numa bancada, onde não conseguia fazê-lo, pois as dimensões eram inferiores ao meu comprimento. Assim, aleguei que não conseguiria e disseram desenmerde-se»;

Simular actos sexuais com colegas de turma, até então desconhecidos, tendo que demonstrar momentos de prazer, obrigando-me a proferir palavras como «quero mais», «quero uma pilinha», «enterra-ma toda», «não pares» e outras de muito baixo nível.

Ameaçaram-me que iriam buscar-me a casa, caso não saísse à noite. Que me obrigariam a empurrar um carro, que o «F» que se encontrava na lista de nomes de caloiros, não significaria falta, mas sim «fodida»;

- Colocaram-me no meio de um campo de futebol, completamente isolada com as mãos na cabeça e de joelhos, pelo tempo que eles determinaram;
- A partir de um momento comecei a chorar, não me encontrando muito bem, e mesmo assim não fui dispensada para poder recompor o meu estado emocional.

Tudo isto, não passam de exemplos, talvez os que mais marcaram o meu estado psicológico e que me levaram a ser considerada impossibilitada para frequentar as aulas, pois não me encontrava nas perfeitas condições para voltar a encarar tais pessoas (alunos que realizaram as praxes).

Sendo assim, restou-me declarar anti-praxe, estando impossibilitada de «praxar» nos próximos anos, de usar o traje e de participar em algum evento académico.

Tive que regressar a Chaves, faltando às aulas como é previsível.

É importante também destacar as preocupações e as despesas acrescidas que os meus pais tiveram, com tudo isto que me sucedeu.

Denuncio este meu descontentamento apenas agora, pois receava que quando tivesse que voltar a frequentar as aulas, fosse menosprezada ou mesmo ofendida pelos elementos que me «praxaram», o que me levaria a denunciar tudo isto nesta precisa carta.

Lamento imenso o que se sucedeu, e que infelizmente pessoas que frequentam o ensino superior tenham comportamentos infantis com uma enorme falta de educação e de respeito com o próximo e que se comportem como pessoas frustradas. Infelizmente, recorreram a todo o momento à humilhação, tornando-me subalterna das suas ordens, completamente desapropriadas a um espírito académico.

É verídico, que não conseguirei apagar da minha memória todos os momentos desagradáveis que vivi e nem recuperar um óptimo estado psicológico.

Contudo, espero que seja feita alguma coisa, incluindo uma chamada de atenção e uma repreensão a estes alunos e quem sabe uma fiscalização às praxes realizadas, pois estas continuam a decorrer sem serem colocados limites às ordens que tendem a incutir.

É realmente penoso saber, que na sociedade em que vivemos para podermos ingressar no ensino superior, temos que encarar pessoas que não têm um mínimo de educação, nem de consideração com jovens que passam por uma mudança nas suas vidas, desde o abandono temporário da sua cidade, casa, família, amigos...

Ingressei no ensino superior com o objectivo de tirar um curso e ser uma boa profissional, mas da forma como fui confrontada com esse tal espírito académico, certamente terei uma visão um tanto ou quanto pessimista.

Espero que sejam tomadas as devidas atitudes, para que situações como estas não voltem a suceder, para que se possam formar pessoas muito mais civilizadas, que não usem a humilhação para se destacarem na nossa sociedade.

Agradecia poder receber uma resposta.

Sem mais nenhum assunto de momento,

Atenciosamente (B..........)

PS. Foi enviada uma carta igual a esta ao Ministério da Ciência e do Ensino Superior.

Chaves, 13 de Novembro de 2002".

8) Na última semana de Novembro, na sequência do aludido em 7), a Autora foi convocada para, numa reunião com a directora do C.......... de Macedo de Cavaleiros, identificar, por fotografia, os alunos que a teriam submetido a actos de praxe.

9) No dia 3/12/2002, a Autora foi convocada para uma nova reunião, tendo-se a Autora apresentado nessa reunião acompanhada do pai, cuja presença não foi admitida pela ré.

10) Na reunião aludida em 9), encontravam-se presentes a directora da escola Dra. F.........., a coordenadora do curso de fisioterapia, os alunos identificados pela Autora como sendo os praticantes da praxe a que

teria sido sujeita e toda a comissão de praxe, sendo que todos os alunos presentes, excepto a Autora, ostentaram o traje académico, tendo tal reunião demorado três horas.

11) A direcção do E.......... de Macedo de Cavaleiros do C.......... informou a Inspecção-Geral de Educação que a reunião havia sido inconclusiva por existirem vários intervenientes, cada qual com a sua opinião.

12) Por deliberação da Direcção da D.........., com data de 23/01/2003, foi aplicada à Autora a seguinte sanção: "repreensão escrita à aluna, pela forma subjectiva excessiva como relatou os factos, que sabia não terem a gravidade que decorre da sua exposição, tal como ela própria reconheceu. No entanto, considerando a atenuante de ter apresentado os acontecimentos aos órgãos (Direcção) da Escola, esta sanção não fica sujeita a registo".

13) Tal deliberação foi notificada à Autora.

14) Em 26/02/2003, a Autora anulou a matrícula na D........... .

15) A Autora residia em Chaves.

16) A Autora desde Julho de 2002 havia arrendado um apartamento em Macedo de Cavaleiros, a fim de frequentar as aulas.

17) No dia 14/10/2002, no âmbito da recepção aos caloiros, e já depois da reunião aludida em 5), a Autora foi sujeita a vários actos de praxe por parte de outros alunos, dentro do D......... da Ré em Macedo de Cavaleiros, designadamente, foi-lhe ordenado que vestisse do avesso a roupa da cintura para cima e que colocasse o soutien do lado de fora da roupa, tendo tal mudança da posição da roupa e do soutien sido feita resguardada de olhares alheios, na casa de banho.

18) À Autora foi ainda ordenado que simulasse orgasmos com um poste de iluminação.

19) À Autora foi ainda ordenado que rebolasse na relva.

20) À Autora foi ainda ordenado que carregasse com arreios de um burro.

21) A Autora, enquanto durou a sua praxe, esteve triste.

22) A Autora não se recusou a ser praxada.

23) A Autora no dia 16/10/2002 comunicou à comissão de praxe a sua vontade de se declarar anti-praxe.

24) Em consequência da praxe a que foi sujeita a Autora sentiu-se triste e humilhada.

25) Por causa do referido em 24), a Autora teve baixa médica por dez dias.

26) Em virtude de tal baixa médica, a Autora faltou às aulas como o aludido em 6).

27) A Autora recomeçou a frequentar as aulas antes de terminar o período de doença fixado no atestado médico, como aludido em 6), por não querer perder as aulas.

28) Na reunião referida em 8), a Autora identificou alguns dos alunos que a haviam praxado.

29) A praxe no E.......... de Macedo de Cavaleiros estava regulada no documento de fls. 74 a 88, cujo teor aqui se dá por reproduzido.

Ressalva-se do documento, o seguinte:

"DA COMISSÃO DE PRAXE
Constituição/Designação/Fins

ARTIGO 1.º

A Comissão de Praxe do D.......... de Macedo de Cavaleiros é constituída por alunos matriculados neste Instituto tendo, obrigatoriamente, pelo menos três matrículas no Instituto, salvo os cursos que têm duração de três anos que podem fazer parte a partir da segunda matrícula. (...)

Objectivos

ARTIGO 3.º

a) Organizar, programar, concretizar, coordenar e fiscalizar todas as actividades inerentes à realização da Recepção ao Caloiro e a todas as actividades de praxe que sejam realizadas.
b) Fazer cumprir, respeitar e honrar o Presente Código de Praxe e todas as Tradições Académicas do D.......... – Macedo de Cavaleiros. (...)

ARTIGO 5.º

Podem ser convidados a fazer parte desta Comissão de Praxe, segundo o artigo 6.º, qualquer aluno matriculado no D.......... – Macedo de Cavaleiros, respeitando obrigatoriamente as seguintes determinações:

a) Respeitar o artigo 1.º deste regulamento;
b) Respeitar os valores morais e humanos da vida em sociedade;
c) Ter um historial reconhecido de participação na vida académica do D.......... – Macedo de Cavaleiros;
d) Ser proposto por, pelo menos, dois elementos da Comissão de Praxe para avaliação em Reunião Magna. (…)

ARTIGO 12.º

Constitui praxe académica o conjunto de usos e costumes tradicionais existentes entre os estudantes do D.......... de Macedo de Cavaleiros (os que forem decretados pela Comissão de Praxe).

ARTIGO 14.º

0) VERMES – Pertencem à categoria de Vermes os alunos de cursos superiores que no D.......... – Macedo de Cavaleiros estejam pela primeira vez, sem que antes se tenham matriculado em qualquer estabelecimento de ensino superior, português ou estrangeiro, e que ainda não possuam o Baptismo e o Diploma de caloiro.

1) CALOIROS – Pertencem à categoria de Caloiros os alunos de cursos superiores que no D.......... – Macedo de Cavaleiros estejam matriculados pela primeira vez e sem que antes se tenham matriculado em qualquer estabelecimento superior, português ou estrangeiro, que já possua Baptismo e Diploma de Caloiro.

2) BOSTA – pertencem à categoria de Bosta os alunos que tenham recusado a praxe, nos moldes do artigo 20.º. (…)

9) COMISSÃO DE PRAXE – Esta categoria tem como função fiscalizar as praxes executadas aos caloiros, sendo o posto mais alto na hierarquia de praxe do D.......... – Macedo de Cavaleiros. (…)

ARTIGO 17.º

a) O período de praxe conta-se a partir do primeiro dia de abertura oficial do ano lectivo até às duas horas da noite de serenatas, na semana académica.

b) O período de recepção ao caloiro é determinado pela Comissão de Praxe, mas deve realizar-se obrigatoriamente no decorrer do primeiro mês de aulas do ano lectivo decorrente. (…)

ARTIGO 20.º

a) À bosta são impostas as seguintes condições:

1) Não pode utilizar, em caso algum, o Traje Académico;
2) Não pode participar em qualquer actividade Académica, seja ela festa, reunião, colóquio, conferência, A. E., Comissão de Queima, Queima das Fitas, Tuna Académica, etc..
3) Não pode apresentar-se como aluno do D………. – Macedo de Cavaleiros em situação alguma, exceptuando o ponto 6) da alínea a) do presente artigo, sob pena de processo criminal passível, através da legalização da A. E., como consta em Diário da República.
4) Devem ser ignorados socialmente pelo alunos do D………. – Macedo de Cavaleiros.
5) São ignorados academicamente pelos alunos do D………. – Macedo de Cavaleiros, pelo ponto 2) da alínea a) do presente artigo.
6) Cabe à Comissão de Praxe dar autorização expressa da designação de aluno do D………. – Macedo de Cavaleiros, em qualquer situação à Bosta.
7) Para que nunca seja esquecido, o nome da Bosta ficará registado no livro de Actas da Comissão de Praxe, que será afixado durante o período de praxe.

b) Ao verme é imposta toda a alínea c) deste artigo, com a agravante da submissão total à praxe, sem excepção.

e) Ao caloiro é imposto:

1) Sujeitar-se à praxe pelos Doutores, Enfermeiros, Fisioterapeutas, de acordo com o artigo 29.º deste código.
2) Ao caloiro é-lhe vedado o uso do traje académico em situação alguma;
3) Não pode apresentar queixa directamente à Comissão de Praxe, apenas podendo estas serem apresentadas através de um Doutor, Enfermeiro ou Fisioterapeuta trajado;

4) O caloiro tem de se sujeitar às sanções proferidas pela Comissão de Praxe, incorrendo pelo não cumprimento à condição prevista em todos os pontos da alínea c) deste artigo. (...)

ARTIGO 29.º

O caloiro só é praxado nos locais declarados a céu aberto, estando protegido de qualquer tipo de praxe na sua própria casa, não sendo permitido retirá-lo daí pela força. Os locais de céu aberto serão todo o recinto do D.......... – Macedo de Cavaleiros e todas as ruas e locais ao ar livre em Macedo de Cavaleiros. Todos os outros locais como bares e outros recintos fechados só serão declarados céu aberto após deliberação da Comissão de Praxe e com aviso prévio de 12 horas ou, em casos excepcionais, no momento.

ARTIGO 30.º

Sendo o caloiro uma besta, asno, quadrúpede, jumento ou ainda pedaço de burro, a posição que se lhe adequa e se aconselha aos excelentíssimos Doutores, Enfermeiros e Fisioterapeutas é de quatro com os cascos dianteiros assentes (e não "acentes" como escrito no texto) no chão. (...)
Das proibições.

ARTIGO 32.º

É proibido em praxe:

a) Expolir (decerto "espoliar) dinheiro aos caloiros, ou fazê-los expolir (espoliar) a terceiros;
b) Atentar contra a moral e integridade física do caloiro tais como: espancamento, abuso ou assédio sexual, etc.
c) Permitir que elementos não matriculados no D.......... – Macedo de Cavaleiros ou em outra faculdade praxem os caloiros, ficando o Doutor, Enfermeiro ou Fisioterapeuta que o permitiu ou proporcionou sujeito a sanções por parte da Comissão de Praxe;

d) Obrigar o caloiro, contra sua expressa vontade a ingerir bebidas alcoólicas ou outra substância que altere o seu comportamento;
e) Outras proibições expressamente declaradas pela Comissão de Praxe".

30) Em caso de recusa de praxe, a comissão aplicava as sanções aludidas em tal documento.

31) Tal documento estava afixado no E.......... da Ré e era do seu conhecimento.

32) A Ré conhecia o referido em 29) e 30).

33) A Ré não proibia a actividade da praxe.

34) A Ré em 6/01/2003 suspendeu as actividades relacionadas com a praxe.

35) A partir de Janeiro de 2003 a Autora passou a deslocar-se à escola unicamente para realizar as frequências e exames.

36) Em 30 de Janeiro 2003 foram receitados à Autora ansiolíticos e antidepressivos, para debelar sintomas ligados a depressão e stress.

37) Em consequência da deliberação aludida em 12) (que aplicou à autora a sanção de repreensão escrita) a autora sentiu-se indignada e revoltada.

38) Após a deliberação aludida em 12) a Autora anulou a matrícula.

39) A Autora só regressou ao ensino superior no ano lectivo 2003/2004, tendo perdido um ano.

40) Até há cerca de dois anos os alunos que acabavam o curso de fisioterapia na Ré normalmente arranjavam logo emprego e ganhavam em média € 700,00 mensais.

41) No ano lectivo de 2002/2003, a autora pagou à ré em propinas e taxas moderadoras a quantia de € 2.175,00, que lhe foi entregue para o efeito pelos pais.

42) Em rendas de Julho de 2002 a Fevereiro de 2003, a Autora pagou o montante de € 890,00, que lhe foi entregue para o efeito pelos pais.

43) A Autora pagou em despesas com água, luz e telefone, naquele período, o montante total de € 375,46, que lhe foi entregue para o efeito pelos pais.

44) A autora gastou em material escolar o montante de € 235,21, que lhe foi entregue para o efeito pelos pais.

45) Nas respectivas consultas médicas a que se referem 25) e 36), a Autora gastou o montante de € 65,00, que lhe foi entregue para o efeito pelos pais.

46) As reuniões referidas em 8) e 10) foram realizadas pela ré com o intuito de esclarecer os factos relatados pela Autora na exposição aludida em 7), ou seja, na carta de 13/11/2002.

47) O documento referido em 29) (regulamento da Comissão de Praxe) estava afixado no placard reservado aos alunos.

48) A Autora reconheceu e confessou, em depoimento prestado posteriormente à sua denúncia dos factos: que em tempo algum ficou totalmente despida; que quando virou a roupa do avesso estava encoberta por duas ou três capas do traje académico; que talvez tenha sido a falta de informação que a levou a acreditar que teria mesmo que cumprir as ordens dos colegas, nomeadamente a de simular orgasmos com postes de iluminação e com uma planta; não considerar que essas situações fossem feitas com malícia nem com uma carga sexual mas sim com a intenção de brincar com a situação; não considerar que tenha sido abusada sexualmente; que as corridas nos campos de terra se destinavam a ver quem ganhava e que todos os outros caloiros também foram obrigados a rebolar na relva; que a perguntas dos outros colegas sobre se estava triste respondeu que era o impacto do primeiro dia pelo que estes não deveriam ligar; que os colegas lhe afirmaram que tudo o que estavam a fazer era na brincadeira; que quando começou a chorar os colegas mais velhos aguardaram que se acalmasse para depois recomeçarem a praxe; que posteriormente compreendeu que quando lhe perguntaram se era virgem os colegas estavam a referir-se ao signo e que se fosse hoje levaria a pergunta para a brincadeira; que ninguém a violentou sexualmente; que apesar de ter apresentado um atestado médico por dez dias apenas faltou 3 dias por não querer perder as aulas.

49) Consta de fls. 32/44 dos autos uma Informação da Equipa Inspectiva designada pela Inspecção-Geral de Educação, Delegação Regional do Norte, para apurar os factos denunciados pela Autora, donde consta, o seguinte:

"(…) foram realizadas, no dia 10 de Janeiro de 2003, duas reuniões distintas, uma com o Presidente do E………. do C………. de Macedo de Cavaleiros e com a Presidente da Direcção da D………. e a outra com a aluna B………. .

(…) Resultado da reunião com a aluna B………. .

No início da reunião a aluna manifestou à equipa inspectiva que gostaria de fazer uma descrição e uma abordagem sequencial dos factos ocorridos, dado que, até ao momento, não lhe tinha sido facultada a oportunidade de explicar os acontecimentos, a forma como os viveu e o modo como os interiorizou, face aos seus princípios e valores.

Suportando-se no conteúdo da sua carta, reafirmou o seu teor e foi explicando pormenorizadamente os factos ocorridos.

Assim, confirmou que, no dia 14 de Outubro de 2002, da parte da manhã, participou numa reunião de alunos do 1.º ano do Curso de Fisioterapia, com a Directora, a Coordenadora do 1.º ano do Curso e mais duas docentes da Turma, na qual foi feita a apresentação da Escola e do Curso.

Ao sair desta reunião, no átrio da Escola, duas alunas colocaram-lhe as capas à volta e deram-lhe ordens para se despir, tornar a vestir-se do avesso e pôr o soutien por cima da roupa. Durante o resto da manhã andou assim vestida, sendo a única a quem foram dadas essas ordens. Entretanto, foram-lhe dadas outras ordens, entre as quais, ajoelhar, gatinhar e entoar cânticos com palavras obscenas. A forma de abordagem foi feita, sempre, com altivez o que lhe provocou um certo medo. Sentiu-se assustada, mas apesar de contrariada, fez tudo o que lhe mandaram porque estava convencida que não tinha outra alternativa e também porque não queria ser discriminada.

Na hora do almoço, em sua casa, vestiu-se normalmente. No regresso à escola uma das alunas ordenou-lhe para vestir novamente a roupa do avesso. Para o efeito, teve que utilizar as instalações sanitárias masculinas porque, de acordo com a informação de uma funcionária, as femininas estavam encerradas. Durante a tarde cumpriu todas as ordens que lhe foram dadas, incluindo repetir várias vezes, e alternadamente, com outras tarefas a simulação de actos sexuais e de orgasmos, com plantas, com postes, com martelos de plástico, com colegas "caloiros" e havendo com estes, nalguns casos, contacto físico.

Não pode afirmar, com segurança, que as práticas a que foi sujeita configuram abertamente assédio sexual, porque tal afirmação depende do significado atribuído à palavra e também porque não sabe se quem a estava a mandar fazer e a observar retirava algum prazer de tais actos e da sua intimidade.

Quando a questionaram se as praxadas eram virgens, foi a única que se recusou a responder, pois pela forma como a pergunta lhe foi colocada entendeu que esta se relacionava com a sua virgindade. Face à sua recusa em responder, como penalização, mandaram-na rebolar na lama, após o que repetiram a mesma pergunta e perante a sua recusa, mandaram-na rebolar na bancada do campo de futebol.

Manifestou, ainda, que sentiu grande humilhação e vexame quando foi obrigada a carregar com os arreios de um burro e a emitir os sons deste animal.

No final da tarde começou a chorar e embora algumas praxantes se tenham apercebido disso, ao ponto de ter sido apoiada por uma delas que se ofereceu para ser sua madrinha, prosseguiram com a praxe.

No dia 15, continuaram as actividades da praxe no átrio da Escola e no Pavilhão dos Desportos, tendo-lhe sido ordenado que ajoelhasse na relva molhada e que simulasse orgasmos, com uma rapariga também "caloira", com recurso à utilização de um martelo de plástico a imitar o órgão sexual masculino.

Em nenhum momento considerou as atitudes dos praxantes e as actividades que realizou como uma brincadeira, porque, sendo uma pessoa reservada, não gosta de expor a sua intimidade.

Quanto à informação que detinha sobre as praxes disse que estava pouco esclarecida e que só posteriormente teve conhecimento que o Código da Praxe estava afixado no Bar. Sabia que as praxes eram colectivas, mas, no seu caso particular, acabaram por ser quase individualizadas devido ao reduzido número de "caloiros" presentes.

Perante a sua dificuldade em aceitar este modelo de praxe contactou com antigos colegas do 12.º ano a frequentar outras instituições do ensino superior, tendo-lhe um deles dado a informação de que poderia declarar-se antipraxe.

No dia seguinte dirigiu-se à Associação de Estudantes e falou com uma aluna da Comissão de Praxe a quem comunicou a sua vontade de ser antipraxe. Essa aluna tentou dissuadi-la, falou-lhe das consequências desse acto e de que seria pior para ela não ser praxada.

Em consequência, nos dias 17 e 18, desse mesmo mês, faltou à Escola por razões de saúde. Tendo regressado dia 22 de Outubro, porque não queria perder mais aulas, sentiu que as actividades lectivas decorriam com normalidade. Embora fosse ignorada pelos alunos mais velhos, estes não tiveram para consigo nenhuma atitude de hostilidade. A sua integração na turma e nas aulas processou-se sem qualquer atitude diferenciadora por parte dos professores.

No seu entendimento, os praxantes não consideraram anormal os actos praticados. Para eles, as coisas que estavam a fazer eram aceitáveis, não compreendendo a sua rejeição e muito menos o facto de ter ficado afectada psicologicamente. Quanto aos alunos do 1.º ano não apoiaram a sua opção, nem manifestaram solidariedade.

Quando enviou a Carta ao Senhor Ministro foi com a intenção de manifestar o seu descontentamento com o sucedido, O tempo que mediou entre os acontecimentos e a escrita da carta foi de reflexão, face a uma perspectiva negativa com que ficou das práticas da Escola. Ainda hoje não consegue compreender o porquê da praxe e questiona-se se isto corresponde a uma integração, pois as tarefas que lhe ordenaram para fazer em nada contribuíram para a sua integração no ensino superior.

No final de Novembro, foi abordada por dois elementos da Comissão de Praxe para participar numa reunião sobre as praxes. Esta reunião, realizada nas instalações da Associação de Estudantes, onde estiveram os elementos da referida Comissão, constituiu o primeiro momento em que foi confrontada com os responsáveis pela praxe. No seu decurso, tentaram intimidá-la por ser antipraxe e criticaram-na por ter enviado a carta ao Senhor Ministro, quando deveria ter sido dirigida à Comissão de Praxe.

No dia seguinte a mãe da aluna contactou pessoalmente a Directora, procurando, por um lado saber qual foi o objectivo da referida reunião e, por outro, dar conhecimento da situação psicológica em que se encontrava a filha. Foi só então que a Directora apresentou à aluna um álbum com as fotografias dos alunos a fim de ela identificar os intervenientes nas praxes.

Posteriormente, no dia 3 de Dezembro, a aluna foi convocada para uma reunião, constando da respectiva convocatória os nomes dos quatro ou cinco alunos por si identificados como autores das praxes. A aluna compareceu acompanhada do pai que não foi autorizado a participar. Ficou surpreendida com a presença de todos os elementos da Comissão de Praxe, uma vez que os seus nomes não constavam da convocatória que lhe foi apresentada.

Antes desta reunião a aluna havia sido contactada, por um colega de turma que lhe pediu para retirar a queixa, referindo-lhe que dos alunos identificados uma já tinha um processo disciplinar e outros estavam em risco de lhes serem aplicadas sanções o que poderia agravar sua situação.

A aluna frisou que essa reunião foi, para si, muito difícil e penalizante porque, embora estivessem presentes a Directora da Escola e a Coordenadora do Curso de Fisioterapia, não só se sentiu isolada contra um grupo alargado, mas também constrangida com a presença dos 19 alunos da Comissão de Praxe, todos trajados. Esta reunião, que demorou cerca de três horas, decorreu em torno das afirmações constantes da carta, da sua não aceitação da praxe e da justificação da Comissão das práticas da mesma. No final, a Directora disse que esta reunião serviu para alertar os alunos sobre as praxes e para reflectirem sobre o assunto. A aluna ficou com a percepção de que o assunto estava encerrado e de que a Direcção não pensava fazer mais nada sobre este matéria. Sentindo-se oprimida e com a sensação de que estiveram constantemente a humilhá-la, sem que os responsáveis tivessem dado qualquer solução, acabou por chorar.

Ao sair da sala, a aluna disse que, dadas as circunstâncias, iria abandonar a Escola.

Já na saída, o pai tentou demonstrar à Directora o seu descontentamento, dizendo que se a filha estava nesta Escola era por influência dele pois, pelas classificações que tinha, podia estar numa Universidade. A esta afirmação do pai, a Directora respondeu: "então leve-a para lá". O pai acrescentou que, tendo os acontecimentos ocorrido nas instalações da Escola, os responsáveis institucionais deveriam intervir. Sobre esta questão, a Directora respondeu que as praxes eram da responsabilidade dos alunos, que a Escola não poderia intervir e como tal não tinha qualquer responsabilidade.

Desta reunião foi elaborada uma acta que nunca chegou ao conhecimento da aluna, apesar de a ter solicitado verbalmente.

O Presidente do E.........., na sua opinião, tem sido a única pessoa a apoiá-la e a incentivá-la para que não desista, informando-a de que a Escola está a desenvolver diligências para resolver a situação.

Achou conveniente referir que a sua participação nas aulas, até às férias de Natal, decorreu com normalidade.

Após o regresso de férias, dadas as dimensões que esta situação atingiu, está latente o seu receio de vir à Escola, pelo que, apenas tem realizado as frequências. No que diz respeito ao clima sentido na turma, disse que sente dificuldade em se integrar, situação que se agravou depois de ter sido informada por um colega do 1.º ano que tinha sido contactado por uma outra aluna de ano mais adiantado do Curso de Fisioterapia que lhe pediu para a ignorar.

No dia 7 de Janeiro, participou numa reunião onde estiveram presentes uma advogada, uma psicóloga e uma enfermeira da Escola que, com base no conteúdo da carta enviada em 13 de Novembro, lhe pediram para identificar os alunos intervenientes nas praxes a que foi sujeita.

Em consequência desta situação, no dia 8 de Janeiro, deu conhecimento ao Presidente do E.......... que se iria ausentar das aulas e nesse mesmo dia estabeleceu contacto telefónico com Gabinete do Senhor Ministro para pedir ajuda e ser ouvida sobre o assunto o mais brevemente possível.

Por último, considerando a "pressão" em que vive, está sempre na eminência de desistir.

(...)

A análise conjugada do conteúdo dos documentos consultados permitiu estabelecer o cruzamento e a articulação com as informações verbais recolhidas.

É de salientar que, deste conjunto documental, merece destaque, pela negativa, o Código da Praxe que prescreve, em vários artigos, sanções discriminatórias a aplicar aos alunos que se declarem antipraxe, configurando, pelo seu teor, violação dos direitos fundamentais enquanto alunos e sendo algumas dessas sanções claramente ofensivas e atentatórias da sua dignidade.

CONCLUSÕES

Decorrente das informações recolhidas, da convergência das afirmações veiculadas pelos participantes nas reuniões realizadas no âmbito desta intervenção inspectiva e da análise e consulta documental efectuada, conclui-se que:

- a) as práticas da praxe académica a que se refere a aluna B.......... na sua exposição, decorreram nas instalações da D.........., Macedo de Cavaleiros;

(...)

- c) o órgão da Direcção da Escola teve conhecimento formal das ocorrências em 15 de Novembro de 2002, através da exposição, enviada directamente pela aluna;
- d) o conteúdo da exposição da aluna não foi posto em causa, em nenhum momento, quer pelo Presidente do E.........., quer pela Presidente da Direcção da Escola;
- e) a Presidente da Direcção, não desencadeou, de imediato, os mecanismos institucionais previstos nos Estatutos com vista a apurar os factos;

f) os órgãos de direcção tomaram algumas iniciativas para esclarecer a situação,

(...)

h) os órgãos de governo da Escola, não desenvolveram quaisquer mecanismos de regulação e de controlo da prática da praxe académica, até 6 de Janeiro de 2003, data a partir da qual o Presidente do E.......... suspendeu todas as actividades relacionadas com as praxes académicas;

i) a aluna faltou às aulas nos dois dias que se seguiram aos acontecimentos da praxe, frequentou com normalidade as actividades lectivas até às férias de Natal, e, a partir de Janeiro, apenas tem comparecido na Escola para realizar as frequências;

j) as actividades realizadas pela aluna, no âmbito da praxe, afectaram-na psicologicamente e não contribuíram para a sua integração na Escola;

k) o Código da Praxe, afixado nas instalações do E.......... de Macedo de Cavaleiros, inclui alguns artigos cujo conteúdo não é compatível com os objectivos, os princípios e os valores inerentes ao ensino superior;

l) a ser provado, o tipo de tarefas que os praxantes ordenaram à aluna para executar, configuram uma fixação recorrente, quer pelo tema da sexualidade, quer pela utilização de palavras obscenas e o desrespeito pela integridade física e pelo equilíbrio emocional dos praxados;

m) os acontecimentos ocorridos, na D.........., Macedo de Cavaleiros, em que foi interveniente a aluna B.........., não tiveram, por parte dos órgãos de gestão, a necessária resposta em termos do desencadeamento de mecanismos, nem de implementação de medidas capazes de resolver a situação".

III

O objecto dos recursos é balizado pelas conclusões das alegações do recorrente, não podendo este Tribunal conhecer das matérias não incluídas, a não ser que as mesmas sejam de conhecimento oficioso (arts. 684.º, n.º 3 e 690.º, n.ºs 1 e 3 do C. P. Civil).

Antes de mais, impõe-se referir que não vem impugnada a matéria de facto, o que significa que, é com a factualidade dada como assente no Tribunal a quo, desenvolvida por esta Relação, nos termos do artigo 712.º a) CPC, que teremos de apreciar as questões suscitadas nas conclusões da apelação.

A questão que importa decidir é a da existência dos pressupostos da responsabilidade civil extracontratual da Ré e correspondente dever de indemnizar a Autora.

Imputa a apelante à sentença recorrida, vício de julgamento por erro de interpretação dos artigos 483.º (princípio geral da responsabilidade civil), 349.º (noção de presunções) e 563.º (nexo de causalidade), todos do Código Civil.

Defende a apelante que, a ponderação dos factos, permite concluir pela existência:

– Do conhecimento e permissão da Ré da prática de actos de praxe violadores dos direitos de personalidade e, da omissão do dever jurídico de agir;
– Da prática de actos humilhantes e imorais à Autora, com conhecimento da Ré;
– Da existência de danos morais e patrimoniais sofridos pela Autora;
– Do abuso de direito da Ré e da aplicação injusta de uma sanção à Autora;
– Da irrelevância do conhecimento que tinha que se podia recusar à praxe considerando as sanções e sevícias que iria sofrer;
– Da irrelevância do reconhecimento posterior da menor gravidade de alguns actos;
– Do nexo de causalidade entre o consentimento da Ré à pratica e actos humilhantes, imorais e violadores da boa convivência societária, agravado com a censura feita à Autora por os ter denunciado, e, os prejuízos sofridos;

Vejamos:

A Ré é uma cooperativa de ensino cujo objecto é criar e manter estabelecimentos destinados a ministrar o ensino superior, e dentro deste âmbito visa desenvolver, entre outras, estruturas educativas que conduzam à participação de forma activa no desenvolvimento humano e integral dos diferentes grupos etários e sociais.

No âmbito do seu objecto criou a D........., tendo a apelante, no dia 14 de Setembro de 2002, efectuado a matrícula na D.......... de Macedo de Cavaleiros, pertencente àquela, no curso de fisioterapia.

Em tal escola, no início do ano lectivo, eram levadas a cabo por estudantes mais antigos sobre os estudantes recém-chegados, um conjunto de actos de praxe, assentes num documento escrito – regulamento da praxe – o qual se encontrava afixado no átrio da escola e, era do conhecimento da Ré.

Resulta de tal documento que, o aluno convidado a integrar a comissão da praxe tinha de assumir, entre outras, a determinação de – "Respeitar os valores morais e humanos da vida em sociedade";

E, definia que "Constitui praxe académica o conjunto de usos e costumes tradicionais existentes entre os estudantes do D.......... de Macedo de Cavaleiros (os que forem decretados pela Comissão de Praxe)".

Por sua vez, catalogava os alunos de acordo com uma hierarquia, assente em factores de antiguidade e participação na vida académica, sendo de realçar, duas categorias, assim chamadas: os Vermes e a Bosta.

Cabem na categoria de Vermes os alunos de cursos superiores que no D.......... – Macedo de Cavaleiros estejam pela primeira vez, sem que antes se tenham matriculado em qualquer estabelecimento de ensino superior, português ou estrangeiro, e que ainda não possuam o Baptismo e o Diploma de caloiro.

Cabem na categoria de Bosta os alunos que tenham recusado a praxe.

A estes últimos seriam aplicadas as seguintes sanções:

1) Não poder utilizar, em caso algum, o Traje Académico;

2) Não poder participar em qualquer actividade Académica, seja ela festa, reunião, colóquio, conferência, A.E., Comissão de Queima, Queima das Fitas, Tuna Académica, etc..

3) Não poder apresentar-se como aluno do D.......... – Macedo de Cavaleiros em situação alguma, "sob pena de processo criminal passível, através da legalização da A.E., como consta em Diário da República".

4) Deverem ser ignorados socialmente pelo alunos do D.......... – Macedo de Cavaleiros.

5) Serem ignorados academicamente pelos alunos do D.......... – Macedo de Cavaleiros, pelo ponto 2) da alínea a) do presente artigo.

6) Caberia à Comissão de Praxe dar autorização expressa da designação de aluno do D.......... – Macedo de Cavaleiros, em qualquer situação à Bosta.

7) Para que nunca fosse esquecido, o nome da Bosta ficaria registado no livro de Actas da Comissão de Praxe, que seria afixado durante o período de praxe.

Aconselhava-se ainda em tal regulamento que, sendo o caloiro uma besta, asno, quadrúpede, jumento ou ainda pedaço de burro, a posição que se lhe adequa e se aconselha aos excelentíssimos Doutores, Enfermeiros e Fisioterapeutas é de quatro com os cascos dianteiros assentes no chão.
Em caso de recusa de praxe, a comissão aplicava as sanções aludidas em tal documento.
A Ré, conhecendo embora tal documento, não proibiu o conteúdo ofensivo e intimidador, violador da dignidade da pessoa humana, previsto naquele documento, regulador da actividade da praxe.
Expressões ofensivas e humilhantes como "bosta", "verme" "besta", "asno", "quadrúpede", "jumento" "pedaço de burro", para qualificar alunos, e determinações ilegais como, a imposição, ao aluno que se recusasse à praxe, de não poder apresentar-se como aluno do D......... – Macedo de Cavaleiros, em situação alguma, "sob pena de processo criminal", ou ofensivas, como a que sugere uma posição de quadrúpede, impunham uma acção disciplinadora e inibidora por parte da Ré.
Enquanto estabelecimento autorizado de ensino superior está vinculada a um quadro de valores destinados ao desenvolvimento da pessoa humana.
Tem, por isso, o dever específico de respeitar, fazer respeitar e promover direitos fundamentais, como o respeito mútuo, a liberdade, a solidariedade, a dignidade da pessoa humana.
Assim, estava a Ré obrigada a fazer eliminar do regulamento da praxe destinado a ser utilizado no seu estabelecimento de ensino, as expressões e sugestões ofensivas e ameaçadoras, nele contidas e já referidas, o que não fez.
Ao abrigo dessa regulação consentida pela Ré foram praticados à Autora um conjunto de actos de praxe.
As aulas começaram no dia 14/10/2002 e nesse dia durante a manhã a Autora participou numa reunião de alunos do 1.º ano do curso de fisioterapia, com a directora, a coordenadora do 1.º ano do curso de fisioterapia e mais dois docentes da turma, na qual foi feita a apresentação da escola e do curso.
Após a referida reunião a Autora foi sujeita a vários actos de praxe por parte de alunos, dentro do E.......... da Ré, designadamente (expressão que consta dos factos provados e que sublinhamos dado traduzir um

carácter exemplificativo), foi-lhe ordenado que vestisse do avesso a roupa da cintura para cima e que colocasse o soutien do lado de fora da roupa, tendo tal mudança da posição da roupa e do soutien sido feita resguardada de olhares alheios, na casa de banho.

À Autora foi ainda ordenado que simulasse orgasmos com um poste de iluminação, que se rebolasse na relva, que carregasse com arreios de um burro.

Na carta que posteriormente escreveu ao Presidente do Conselho Executivo do E.......... de Macedo de Cavaleiros do C.........., a Autora descreve com pormenor aquelas situações.

Assim, alega, terá sido obrigada a: despir a roupa que trazia vestida na rua, com o intuito de a vestir do lado avesso, sendo apenas encoberta por duas capas negras, e posteriormente na casa de banho masculina, pois alegaram que as femininas estavam encerradas; usar o soutien, por cima da roupa que trazia vestida; ajoelhar-se, com as mãos no solo (de quatro); sempre que aparecia um aluno do curso de fisioterapia, tinha que proferir as seguintes palavras «Eu reles e triste caloira, dez palmos abaixo de merda, cinco abaixo de cão, um acima de polícia, filha de mãe virgem e de pai desconhecido...»; simular orgasmos com um poste de iluminação, posteriormente com uma planta, e se não conseguisse excitá-la, o que seria traduzido pelo crescimento desta, estaria «fodida»; gatinhar sobre a relva molhada, no campo de terra, fazendo corridas, o que provocou o aparecimento de nódoas negras nos joelhos e nas mãos; imitar um asno, usando na cabeça um selim grosseiro próprio para animais de carga, proferindo sons característicos desses animais, enquanto a puxavam com uma corda e em voz alta diziam «Olha a burra!»; questionaram-na se era virgem tendo-se recusado a responder pelo que a obrigaram a rebolar-se na lama durante o tempo que determinaram; mandaram-na rebolar numa bancada com as dimensões inferiores ao seu comprimento, e, ao alegar que não conseguiria, disseram-lhe «desenmerde-se»; simular actos sexuais com colegas de turma, até então desconhecidos, tendo que demonstrar momentos de prazer, obrigando-a a proferir palavras como «quero mais», «quero uma pilinha», «enterra-ma toda», «não pares» e outras; ameaçaram-na que a iriam buscar a casa, caso não saísse à noite; que seria obrigada a empurrar um carro, que o «F» que se encontrava na lista de nomes de caloiros, não significaria falta, mas sim «fodida»; colocaram-na no meio de um campo de futebol, completamente isolada com as mãos na cabeça e de joelhos, pelo tempo que determinaram.

Para quem sai de casa para frequentar um curso superior, estes são tempos novos, de muita esperança, mas igualmente de muita ansiedade. Quem chega espera ser acolhido de forma amigável, deseja ver facilitada a sua integração. E, ninguém estaria em melhores condições para o fazer que os colegas "doutores", com experiência acumulada.

O que aconteceu à Autora foi pelo contrário, uma humilhação, baseada na imposição de tarefas desagradáveis, a ofensa verbal, a exposição da sexualidade, a obrigação de usar uma linguagem grosseira, o medo imposto por ameaças de maior mal.

Esta, a praxe perversa a que foi sujeita.

A Ré não podia deixar de conhecer, pelo menos, a aplicação das expressões "bosta", "verme" "besta", "asno", "quadrúpede", "jumento" "pedaço de burro", contidas no regulamento da praxe, bem como, a imposição ao aluno qualificado de "bosta" de se colocar em posição de quadrúpede, bem como a aplicação a tal aluno de uma verdadeira política de discriminação, como resulta do regulamento em causa.

Em 13/11 desse ano de 2002 a Autora remeteu ao Presidente do Conselho Consultivo da Ré uma carta denunciando os factos concretos a que foi sujeita.

Sucedeu então que, na sequência dessa carta, na última semana de Novembro, a Autora foi convocada para, numa reunião com a directora do C.........., identificar, por fotografia, os alunos que a teriam submetido a actos de praxe.

No dia 3/12/2002, a Autora foi convocada para uma nova reunião, tendo-se a Autora apresentado nessa reunião acompanhada do pai, cuja presença não foi admitida pela Ré. Nessa reunião, encontravam-se presentes a directora da escola, a coordenadora do curso de fisioterapia, os alunos identificados pela autora como sendo os praticantes da praxe a que teria sido sujeita e, toda a comissão de praxe (19 elementos), sendo que todos os alunos presentes, excepto a Autora, ostentaram o traje académico.

Tal reunião demorou três horas.

Não podemos deixar de sublinhar a situação de inferioridade psicológica a que a Autora foi sujeita nessa reunião, da responsabilidade da Ré.

A Autora foi impedida de estar acompanhada de um familiar, seu pai, mas, os alunos denunciados como praticantes dos actos de praxe, estavam acompanhados por toda a comissão de praxe, envergando todos eles, o traje académico.

Veja-se o efeito intimidador e constrangedor da sua liberdade, conseguido, não só através da presença da numerosa comissão de praxe, mas, igualmente, pela legitimação de uma aparência, umas vestes que, nas circunstâncias, simbolizavam uma forma de pressão.

A Autora daqui, saiu inferiorizada.

Desta reunião, a Ré nada concluiu.

Efectivamente, a direcção do E.......... de Macedo de Cavaleiros do C.......... informou a Inspecção-Geral de Educação que, a reunião em causa, havia sido inconclusiva por existirem vários intervenientes, cada qual com a sua opinião.

Contudo, apesar de não extrair conclusões, a Direcção da Ré deliberou aplicar à Autora a seguinte sanção: "repreensão escrita à aluna, pela forma subjectiva excessiva como relatou os factos, que sabia não terem a gravidade que decorre da sua exposição, tal como ela própria reconheceu. No entanto, considerando a atenuante de ter apresentado os acontecimentos aos órgãos (Direcção) da Escola, esta sanção não fica sujeita a registo".

Tal deliberação foi notificada à Autora por carta de 23/01/2003, a qual, em 26/02/2003, anulou a matrícula.

De vítima a Autora passou a acusada.

Acusada de ter relatado os factos "de forma subjectiva excessiva".

Não disse a Ré o que entendia como subjectivo e excessivo, pelo que sempre a defesa da Autora perante tal reacção seria uma "subjectividade".

Apoiou-se a Ré para a aplicação de tal sanção numa declaração da própria A. em que o reconhece.

Resulta efectivamente provado que: – "A autora reconheceu e confessou, em depoimento prestado posteriormente à sua denúncia dos factos: que em tempo algum ficou totalmente despida; que quando virou a roupa do avesso estava encoberta por duas ou três capas do traje académico; que talvez tenha sido a falta de informação que a levou a acreditar que teria mesmo que cumprir as ordens dos colegas, nomeadamente a de simular orgasmos com postes de iluminação e com uma planta; não considerar que essas situações fossem feitas com malícia nem com uma carga sexual mas sim com a intenção de brincar com a situação; não considerar que tenha sido abusada sexualmente; que as corridas nos campos de terra se destinavam a ver quem ganhava e que todos os outros caloiros também foram obrigados a rebolar na relva; que a perguntas dos outros colegas sobre se estava triste respondeu que era o impacto do primeiro dia pelo que estes não deveriam ligar; que os colegas lhe afirmaram que tudo o que estavam a fazer era na brincadeira; que quando começou a chorar os colegas mais velhos aguardaram que se acalmasse para depois recomeçarem a praxe; que posteriormente compreendeu que quando lhe perguntaram se era virgem os colegas estavam a referir-se ao signo e que se fosse hoje levaria a pergunta para a brincadeira; que ninguém a violentou sexualmente; que apesar de ter apresentado um atestado médico por dez dias apenas faltou 3 dias por não querer perder as aulas".

Daqui se conclui que, a Autora nada confessou, não só porque nunca faltou à verdade mas também porque nada praticou que tivesse de ser confessado.

A expressão "confessou" nos factos provados, mostra-se inadequada.

A A. apenas terá, a dada altura, quando ouvida pela Comissão de Inquérito da escola, relativizado a gravidade dos ofensos, atento o tempo decorrido e, uma vez aliviada da pressão que sentiu.

Extrai-se, da deliberação da Direcção da Escola, a fls. 91 que "a Autora afirmou no seu depoimento à Comissão de Inquérito nomeada pela Escola para apurar os factos que: «…não se sentiu violentada, nem física, nem sexualmente e que se os factos descritos tivessem ocorrido actualmente, a sua percepção dos mesmos já seria diferente»; e que apesar de estar devidamente informada, a aluna "…não se recusou a realizar qualquer praxe, não demonstrou perante os colegas o seu descontentamento, nem procurou a ajuda oferecida".

Tal declaração foi proferida no âmbito do processo de inquérito e disciplinar instaurado pela Escola para averiguar os factos.

A equipa de inspectores designada pela Inspecção Geral de Educação teve um entendimento não coincidente com este, como é evidenciado pelo Relatório a que supra se alude no ponto 49) dos factos provados.

A referida "declaração" que serviu para punir a Autora, não tem a relevância que se lhe atribuiu, não desmente quaisquer dos factos participados.

A tolerância da Ré a um regulamento de praxe ofensivo de direitos subjectivos e valores de cidadania, converte-se agora, na sua defesa.

Primeiro a Ré consentiu por omissão, agora consente por legitimação.

Não se entende que tenha sancionado a Autora por "subjectivismo excessivo", não estando demonstrada qualquer inverdade na sua denúncia.

Nenhuma infracção disciplinar poderia ser imputada à Autora.

Da omissão do dever jurídico de agir passou a Ré ao abusivo exercício de um poder disciplinar, injustificado, sobre a Autora.

A Ré abusou claramente do seu direito de aplicar sanções disciplinares quando aplicou à Autora uma repreensão escrita não sujeita a registo.

E, porque não ponderou como lhe competia quer nas consequências que o regulamento da praxe poderia acarretar, para os novos alunos, quer na criação das condições de salvaguarda da integridade psíquica da Autora, após a denúncia dos factos, tendo obrigação de o fazer, atentas as especiais responsabilidades que deve assumir na área educativa, actuou culposamente.

Aqui chegados importa tecer algumas considerações sobre a conclusão a que chegou o Tribunal a quo quanto a ter havido consentimento da Autora nos actos de praxe.

Lê-se na sentença:

«No caso ajuizado, atentando no comportamento da autora, constata-se que a mesma foi sujeita a vários actos de praxe, designadamente foi-lhe ordenado que vestisse a roupa da cintura para cima do avesso e colocasse o soutien do lado de fora da roupa, que simulasse orgasmos com um poste de iluminação, que rebolasse na relva e que carregasse com arreios de um burro, e não ficou provado que a mesma se tenha recusado a submeter-se a tais actividades de praxe. (sublinhados nossos).

Ao invés, ficou provado que a autora não se recusou a ser praxada, o que vale por dizer que a autora consentiu tacitamente na sua integração nas preditas actividades de praxe.

Ora:

O tribunal a quo confunde de forma simplista a não recusa com o consentimento descurando a existência de um conjunto de circunstâncias inibidoras dessa "não recusa" explícita, como seja, o receio das consequências da recusa.

E continuou:

«Esse consentimento prestado pela autora tem de se haver como livre e esclarecido.

Com efeito, a autora quando foi sujeita a esses actos de praxe, no dia 14 de Outubro de 2002, sabia que se podia recusar a praticar tais actos, porquanto nesse mesmo dia, antes do início de tais actividades de praxe, a mesma participou numa reunião de alunos do 1.º ano do curso de fisioterapia, com a coordenadora do curso (G..........), a directora e mais dois docentes da turma, na qual foi feita a apresentação da escola e do curso, e no decurso da qual a dita coordenadora abordou, entre outros temas, o assunto da praxe, tendo expressamente informado os alunos do direito de recusa a qualquer acto de praxe que considerassem atentar contra os seus princípios e valores (cfr. 5) e 17) dos factos assentes e fundamentação da resposta à matéria de facto)».

Discordamos totalmente.

Não se provou que, em tal reunião tenha sido transmitido aos alunos as concretas consequências previstas no regulamento da praxe, apenas se informaram estes que tinham o direito de recusa a qualquer acto de praxe, pelo que, de modo algum se pode falar em consentimento livre e esclarecido.

Ninguém de bom grado fará em público o papel de "asno", ou simulará actos sexuais, com uma linguagem atentatória da moralidade, se não tiver em cima uma pressão poderosa. Por medo de não ser aceite, por desconhecimento do que vem a seguir, os alunos vão-se sujeitando.

Foi isso o que aconteceu com a Autora que apenas se recusou expressamente a responder à pergunta se era virgem. E que só no dia 16/10/2002, dois dias depois do início da praxe, comunicou à comissão de praxe a sua vontade de se declarar anti-praxe.

O Tribunal a quo não valorizou a ambiência de medo, de constrangimento, de ansiedade, vivida pela Autora e motivado pela ameaça duma exclusão, com consequências penosas.

De resto, como pode falar-se em consentimento livre e esclarecido quando se prova que, em consequência da praxe a que foi sujeita, a autora sentiu-se triste e humilhada, e chorou?

Mal andou, igualmente, o tribunal a quo na afirmação de que:

«Constituindo as praxes académicas um fenómeno público e notório e do conhecimento geral, a autora também sabia no que consistiam essas praxes».

O facto de ser público e notório, a existência de praxes académicas, não permite concluir que a Autora ou qualquer cidadão comum, conheça o teor dessas práticas: como simular actos sexuais com um poste, simular um orgasmo, exibir a roupa interior, proferir expressões de elevada grosseria, carregar os arreios de um burro, ser chamado de bosta, etc.

Irrelevante é assim, a informação que a A. tinha, de que se podia recusar à praxe, considerando a superficialidade da mesma, e, a grandiosidade das sanções e sevícias que receava sofrer.

Nenhuma causa de exclusão da ilicitude se verifica no caso concreto.

Dos danos morais e patrimoniais sofridos pela Autora.

A Autora, enquanto durou a sua praxe, esteve triste e chegou a chorar.

Em consequência da praxe a que foi sujeita sentiu-se triste e humilhada, e foi-lhe dada baixa médica por dez dias.

A Autora, contudo, por não querer perder as aulas, faltou apenas nos dias 17 e 18 de Outubro de 2002 e recomeçou a frequência das aulas no dia 22 de Outubro de 2002.

A partir de Janeiro de 2003 a Autora passou a deslocar-se à escola unicamente para realizar as frequências e exames.

Em 30 de Janeiro 2003 foram receitados à Autora ansiolíticos e antidepressivos, para debelar sintomas ligados a depressão e stress.

A Autora sofreu psicologicamente em resultado da reunião em que se viu confrontada com a pressão intimidadora da comissão de praxe, numa presença injustificada.

Como consequência da deliberação que aplicou à Autora a sanção de repreensão escrita a Autora sentiu-se indignada e revoltada e anulou a matrícula.

A Autora só regressou ao ensino superior no ano lectivo 2003/2004, tendo perdido um ano.

Estes os danos morais sofridos pela Autora.

No ano lectivo de 2002/2003, a Autora pagou à ré em propinas e taxas moderadoras a quantia de € 2.175,00, que lhe foi entregue para o efeito pelos pais.

A Autora residia em Chaves, por isso, desde Julho de 2002 havia arrendado um apartamento em Macedo de Cavaleiros, a fim de frequentar as aulas.

Em rendas de Julho de 2002 a Fevereiro de 2003, a Autora pagou o montante de € 890,00, que lhe foi entregue para o efeito pelos pais.

A autora pagou em despesas com água, luz e telefone, naquele período, o montante total de € 375,46, que lhe foi entregue para o efeito pelos pais.

A Autora gastou em material escolar o montante de € 235,21, que lhe foi entregue para o efeito pelos pais.

Nas respectivas consultas médicas a Autora gastou o montante de € 65,00, que lhe foi entregue para o efeito pelos pais.

A Autora perdeu um ano escolar.

Resultou provado que, até há cerca de dois anos os alunos que acabavam o curso de fisioterapia na Ré normalmente arranjavam logo emprego e ganhavam em média € 700,00 mensais.

Num contexto de normalidade a Autora beneficiaria do mesmo ganho.

Na fixação da indemnização pode o tribunal atender aos danos futuros, desde que sejam previsíveis.

No caso, tal dano não só é previsível, como o seu montante se mostra determinável.

Estes os danos patrimoniais sofridos pela Autora.

Existe um nexo de causalidade entre o comportamento da Ré, que começa por ser de tolerância à pratica de actos humilhantes, imorais e violadores da boa convivência societária e estudantil no seu espaço escolar, e que passou a ser de legitimação dessa prática pela desprotecção a que sujeitou a Autora, após a denúncia dos factos, e, os prejuízos morais e patrimoniais sofridos por esta.

Está assim a Ré obrigada a indemnizar a Autora.

A Autora peticionou a quantia de € 20.000,00 para ressarcimento de danos não patrimoniais que invocou ter sofrido em consequência da reunião ocorrida no dia 3/12/2002, promovida pela Ré.

Ainda a título de danos não patrimoniais, a autora peticiona a quantia de € 30.000,00, para ressarcimento de danos dessa natureza que lhe advieram dos actos de praxe a que foi submetida.

O montante da indemnização deve ser fixado equitativamente pelo tribunal, tendo em atenção, em qualquer caso as circunstâncias referidas no art. 494 do CC, ou seja, o grau de culpabilidade do agente, a situação económica deste e do lesado e as demais circunstâncias do caso.

A Ré tolerou e actuou de forma grosseira, desajustada aos objectivos de formação de cidadãos defensores de valores sociais.

Não está apurada a sua real situação económica, mas sendo uma cooperativa de ensino, é de presumir pelas regras da experiência que disporá de um fundo financeiro à medida dos gastos que tem de suportar, sem grande margem de manobra.

A Autora, pessoa singular é estudante e vive da ajuda dos pais.

A indemnização por danos morais será única por razões de justiça e equidade.

Fixa-se, assim, a indemnização por danos morais em 25.000,00 (vinte e cinco mil euros).

A Autora peticionou o montante de €. 3.740,67 a título de danos patrimoniais emergentes e, € 9.800 a título de lucros cessantes (€ 700,00 x 14), pelo rendimento salarial perdido em razão da perda de um ano escolar.

Estão comprovados esses valores, pelo que a eles tem direito.
Somam, assim, os danos patrimoniais o montante de € 13.540,67.

IV

Termos em que, acorda-se em julgar parcialmente procedente a apelação e, em consequência condena-se a Ré no pagamento à Autora da quantia de 25.000,00 Euros (vinte e cinco mil euros) a título de danos morais e, 13.540,67 Euros (treze mil quinhentos e quarenta euros e sessenta e sete cêntimos) a título de danos patrimoniais, num total de 38.540,67 Euros (trinta e oito mil quinhentos e quarenta euros e sessenta e sete euros) sendo devidos juros de mora em relação a ambas as quantias, desde a citação.

Vai a Ré absolvida quanto ao mais.

Custas por recorrente e recorrida na proporção do decaimento.

Porto, 24 de Novembro de 2008
Anabela Figueiredo Luna de Carvalho
Maria de Deus Simão da Cruz Silva Damasceno Correia
Maria Adelaide de Jesus Domingos

PROCESSO DISCIPLINAR LABORAL E ACESSO AO CORREIO ELECTRÓNICO

MÁRIO PEREIRA
Juiz-Conselheiro (Relator)

• Acórdão do Supremo Tribunal de Justiça de 5/07/2007, processo n.º 07S043, relator: Mário Pereira, publicado em www.dgsi.pt

SUMÁRIO

I. No regime do Código do Trabalho aprovado pela Lei n.º 99/2003 de 27-08, e apesar de nele não constar norma idêntica à da parte final do art. 12.º, n.º 4 da revogada LCCT, incumbe ao empregador o ónus da prova dos factos integradores da justa causa, por serem constitutivos do direito do empregador ao despedimento do trabalhador ou, na perspectiva processual da acção de impugnação de despedimento, impeditivos do direito indemnizatório ou à reintegração que o trabalhador nela acciona (art. 342.º, n.º 2 do CC).

II. O art. 21.º, n.º 1 do CT garante o direito à reserva e à confidencialidade relativamente a mensagens pessoais e à informação não profissional que o trabalhador receba, consulte ou envie através de correio electrónico, pelo que o empregador não pode aceder ao conteúdo de tais mensagens ou informação, mesmo quando esteja em causa investigar e provar uma eventual infracção disciplinar.

III. Não são apenas as comunicações relativas à vida familiar, afectiva, sexual, saúde, convicções políticas e religiosas do trabalhador mencionadas no art. 16.º, n.º 2 do CT que revestem a natureza de comunicações de índole pessoal, nos termos e para os efeitos do art. 21.º do mesmo código.

IV. Não é pela simples circunstância de os intervenientes se referirem a aspectos da empresa que a comunicação assume desde logo natureza profissional, bem como não é o facto de os meios informáticos pertencerem ao empregador que afasta a natureza privada da mensagem e legitima este a aceder ao seu conteúdo.

V. A definição da natureza particular da mensagem obtém-se por contraposição à natureza profissional da comunicação, relevando para tal, antes de mais, a vontade dos intervenientes da comunicação ao postularem, de forma expressa ou implícita, a natureza profissional ou privada das mensagens que trocam.

VI. Reveste natureza pessoal uma mensagem enviada via e-mail por uma secretária de direcção a uma amiga e colega de trabalho para um endereço electrónico interno afecto à Divisão de Após Venda (a quem esta colega acede para ver e processar as mensagens enviadas, tendo conhecimento da necessária password e podendo alterá-la, embora a revele a funcionários que a substituam na sua ausência), durante o horário de trabalho e a partir do seu posto de trabalho, utilizando um computador pertencente ao empregador, mensagem na qual a emitente dá conhecimento à destinatária de que vira o Vice-Presidente, o Adjunto da Administração e o Director da Divisão de Após Venda da empresa numa reunião a que estivera presente e faz considerações, em tom intimista e jocoso, sobre essa reunião e tais pessoas.

VII. A falta da referência prévia, expressa e formal da "pessoalidade" da mensagem não afasta a tutela prevista no art. 21.º, n.º 1 do CT.

VIII. Não tendo o empregador regulado a utilização do correio electrónico para fins pessoais conforme possibilita o n.º 2 do art. 21.º do CT, o envio da referida mensagem não integra infracção disciplinar.

IX. Tendo o Director da Divisão de Após Venda acedido à pasta de correio electrónico, ainda que de boa fé por estar de férias a destinatária da mensagem em causa, e tendo lido esta, a natureza pessoal do seu conteúdo e a inerente confidencialidade impunham-lhe que desistisse da leitura da mensagem logo que se apercebesse dessa natureza e, em qualquer caso, que não divulgasse esse conteúdo a terceiros.

X. A tutela legal e constitucional da confidencialidade da mensagem pessoal (arts. 34.º, n.º 1, 32.º, n.º 8 e 18.º da CRP, 194.º, n.os 2 e 3 do CP e 21.º do CT) e a consequente nulidade da prova obtida com base na mesma, impede que o envio da mensagem com aquele conteúdo possa constituir o objecto de processo disciplinar instaurado com vista ao despedimento da trabalhadora, acarretando a ilicitude do despedimento nos termos do art. 429.º, n.º 3 do CT.

XI. É adequada a indemnização de € 5.000,00 para compensar a trabalhadora (com um nível de vida acima da média) que, em consequência deste despedimento, passou a sentir-se insegura na vida, dorme mal, sente-se deprimida e ofendida na sua dignidade, necessitando de acompanhamento médico.

Texto Integral: Acordam na Secção Social do Supremo Tribunal de Justiça:

I. A autora AA instaurou no Tribunal do Trabalho de Viana do Castelo acção de impugnação de despedimento contra a ré Empresa-A pedindo que seja declarada a ilicitude do seu despedimento e a Ré condenada a) a pagar-lhe a quantia de € 1.600,54, bem como as retribuições que se vencerem até ao trânsito em julgado da decisão do Tribunal; b) a pagar-lhe a quantia de € 25.000,00 a título de indemnização por danos não patrimoniais; c) a reintegrar a Autora no seu posto de trabalho, se não optar, entretanto pela indemnização por antiguidade; d) a pagar a quantia de € 500,00 a título de sanção pecuniária compulsória por cada dia de atraso na reintegração da Autora; e) a pagar os juros à taxa legal, desde a citação.
Alegou, para tal, em síntese:
Foi admitida ao serviço da Ré, no dia 22.6.1987, para desempenhar as funções de secretária de direcção.
Na sequência de processo disciplinar, foi despedida com invocação de justa causa, por ter enviado um email para uma colega e amiga, com o teor que consta dos autos.
Não teve qualquer intenção de ofender quem quer que fosse quando redigiu aquela mensagem.
Não se verifica justa causa, pelo que o despedimento foi ilícito.
A Ré contestou, alegando a justa causa para despedir a Autora e concluindo pela improcedência da acção.
Invocou para tal, em síntese, que a actuação da A. assumiu particular gravosidade na medida em que pôs em causa a imagem da empresa; que ela expediu o dito e-mail utilizando um instrumento da empresa, durante o seu horário de trabalho e para um endereço não pessoal; que essa mensagem podia ser visionada por muitos outros trabalhadores; os comentários constantes da mensagem eram extremamente desagradáveis e inconvenientes para quadros superiores da empresa; essa mensagem não pode ser considerada de natureza pessoal; esse comportamento viola os deveres que sobre ela recaíam como trabalhadora, nomeadamente o dever de respeito.
Saneada, instruída e discutida a causa, foi proferida sentença a julgar a acção procedente e a condenar a Ré:

a) a reconhecer a ilicitude do despedimento da Autora e em consequência a reintegrá-la no seu posto de trabalho, sem prejuízo da sua categoria profissional e antiguidade;

b) a pagar-lhe a quantia de € 22.830,00 de remunerações vencidas até à data da sentença e as que se vencerem até ao trânsito em julgado da decisão;

c) a pagar-lhe a quantia de € 25.000,00 a título de indemnização por danos não patrimoniais;

d) a pagar-lhe a quantia de € 500,00 a título de sanção pecuniária compulsória por cada dia de atraso na reintegração da Autora, nos termos do art. 829.º-A do CC.

Foi ainda a R. condenada no pagamento de juros, à taxa legal, até efectivo pagamento.

Apelou a R., tendo a Relação do Porto confirmado a sentença.

II. Novamente inconformada, interpôs a R. a presente revista, com as seguintes conclusões:

1.ª Antes de mais, convém não esquecer que o Código do Trabalho importou para o domínio do Direito do trabalho, de forma expressa, o instituto civil da boa fé, fazendo-o a três níveis: nos preliminares da formação contratual (art. 93.º), ao nível da execução do contrato de trabalho (art. 119.º), em sede de negociação colectiva (art. 547.º) e de resolução de conflitos colectivos (art. 582.º). O instituto civil da boa fé, bem como as figuras parcelares que o informam [v.g., a culpa in contrahendo (art. 227.º do Código Civil), o abuso do direito (art. 334.º do Código Civil) e a boa fé na execução dos contratos (art. 798.º do Código Civil)] perpassa todo o regime instituído no Código do Trabalho, sendo determinante para a interpretação e aplicação do regime nele instituído.

2.ª Isto posto, a invocação pelo trabalhador do direito à confidencialidade como forma de justificar o cumprimento defeituoso do contrato constitui, consequentemente, uma hipótese típica de «abuso do direito» (art. 334.º do Código Civil), enquanto figura parcelar concretizadora do instituto civil da boa fé, que, no que tange à boa fé na execução dos contratos, se encontra actualmente positivado no art. 119.º do Código do Trabalho.

3.ª Existe justa causa de despedimento quando, perante a ocorrência de uma determinada infracção disciplinar, dela resulte uma crise contratual de tal forma grave que deixe de ser exigível ao empregador a manutenção do trabalhador ao seu serviço, nomeadamente em casos de perda da relação de confiança. Nestes casos, justifica-se a aplicação da mais grave de todas as sanções disciplinares de que a entidade patronal pode dispor.

4.ª O paradigma da justa causa centra-se num comportamento do trabalhador, ocorrido no local e tempo de trabalho, que configure uma infracção disciplinar de tal forma grave que torne imediata e praticamente impossível a subsistência da relação laboral. Ainda assim, convém lembrar que a justa causa não se cinge a comportamentos ocorridos exclusivamente no local e tempo do trabalho, sendo admissível o seu apuramento mesmo quando estejam em causa comportamentos que integram a intimidade da vida privada do trabalhador: assim sucede perante factos e circunstâncias que sejam susceptíveis de pôr em causa o bom-nome ou a honorabilidade da empresa, quando a relação de confiança entre as partes seja defraudada e, em todo o caso, perante comportamentos ilícitos e culposos do trabalhador que, pela sua gravidade, sejam susceptíveis de tornar praticamente inviável a subsistência da relação laboral, pelos reflexos causados no serviço e no ambiente de trabalho.

5.ª No caso vertente, tendo ficado provado que a mensagem da Autora foi remetida para um endereço electrónico que não pertencia a ninguém em particular, mas sim à Divisão de Após Venda da Toyota, e que – não obstante ser necessária uma password para se ter acesso a tal endereço – a dita palavra passe podia ser utilizada por vários funcionários da referida Divisão, maxime pelo respectivo Director, é legítimo concluir-se que o acesso a tal endereço e às mensagens para ele remetidas, em especial por parte do Director da aludida Divisão, era absolutamente livre, não necessitando do consentimento dos respectivos remetentes, designadamente do da Autora. Tratando-se de um endereço geral da empresa, não se descortina qualquer previsão normativa específica, legal ou contratual, que inviabilize o acesso a tal endereço por parte do Director da Divisão em apreço. Por outro lado, o acesso a tal endereço impunha-se por imperativos de racionalidade, razoabilidade e à luz de critérios de normalidade social – é evidente que o Director daquela Divisão não só tem o direito, como o dever, de consultar as mensagens que são expedidas para o endereço geral da Divisão que o mesmo coordena, tanto mais que se trata da única caixa de correio electrónica de acesso geral e a sua secretária se encontrava, à altura, de férias.

6.ª Por isso mesmo, o douto acórdão ora recorrido conclui que "as mensagens «privadas» «caídas» nesse endereço perdem muito do seu carácter privado, não podendo (...) a Autora, ter a razoável expectativa de privacidade, de que a dita mensagem apenas será lida pela destinatária. Aliás, tratando-se de um endereço geral da empresa, a mensagem nele caída "poderá ser equiparado a um postal ilustrado enviado pelo correio e que (...) como não está fechado, toda a gente pode lê-lo, nem que seja casual ou acidentalmente. E é precisamente esta «porta» meia aberta que não permite integrar a conduta da divulgação da mensagem no art. 194.º n.º 3 do C. Penal".

7.ª Aliás, os próprios Senhores Juízes Desembargadores subscritores do acórdão fizeram questão de sublinhar as suas "dúvidas quanto ao carácter privado da mensagem, atento o seu teor. Na verdade, tal mensagem não fala da vida privada da Autora ou da sua amiga. O seu conteúdo versa algo que passou numa reunião da Ré em que a Autora esteve presente (...) e que a Autora achou por bem «ridicularizar»".

NO QUE RESPEITA À JUSTA CAUSA:

8.ª No caso vertente, a Autora desempenhava o cargo de Secretária pessoal da Direcção da ora Recorrente, isto é, de assessoria de cargo directivo. Trata-se, indubitavelmente e por razões manifestas, de um cargo que requer uma particular relação de confiança entre as partes, em especial entre o assessor e o assessorado.

9.ª Convém lembrar que, não obstante a visão unitária de trabalhador subordinado decorrente do art. 10.º do Código do Trabalho, cabe aos tribunais, casuisticamente, averiguar as diferenças e os diversos graus existentes e decidir em conformidade, nomeadamente para efeitos de apuramento e concretização do conceito de justa causa. Ora, quando se faz apelo, no n.º 2 do art. 396.º do Código do Trabalho, para efeitos de apreciação da justa causa, "ao grau de lesão dos interesses do empregador, ao carácter das relações entre as partes ou entre o trabalhador e os seus companheiros e às demais circunstâncias que no caso se mostrem relevantes", obviamente que se manda atender também ao grau de subordinação jurídica e aos níveis de responsabilidade e exigência associados ao trabalhador em causa, bem como à relação de confiança exigível na relação laboral em causa.

10.ª No caso vertente a aludida relação de confiança foi quebrada na sequência da mensagem remetida pela Autora, mensagem essa que criou um embaraço tal que torna inviável, à luz de critérios de normalidade social, a convivência laboral entre a Autora e os seus superiores hierárquicos, em particular os visados na referida mensagem.

11.ª A dita mensagem – "(...) Ontem estive ao lado do teu querido, ou seja mais propriamente à beira do .... Sentei-me sem saber ao lado de quem e durante a prelecção sobre filosofia japonesa (que para estes gajos por acaso não é japonês mas sim chinês) pensei que devia estar sentada ao lado de algum yuppie cá da empresa de tal forma ele estava empertigado na cadeira. Quando resolvi olhar-lhe para a tromba é que vi que era o nosso querido futuro boss. Que giro! Ao lado está o ... Gente fina é outra coisa! Quanto à prelecção sobre o Toyota Way, só faltou no fim o ... levantar-se e cantar aquela do Frank Sinatra – I did it myyyyyyyyyyy WWWWWAY." (sublinhado nosso) – visa «ridicularizar» a prelecção do Vice-Presidente da Toyota Motor Marketing Europe – Sr. HH – e toda a Direcção da Ré, particularmente o seu Vice-Presidente (o «...», ie, um dos «gajos» que segundo a Autora confunde «japonês» com «chinês») e o Adjunto da Administração – Eng.º BB – neto do Presidente do Conselho de Administração (Sr. CC) e filho do Vice-Presidente (o «...» das «trombas», nas palavras da Autora).

12.ª Conhecida que foi (licitamente) a mensagem da A., o grau de confiança necessário à subsistência da relação laboral esfumou-se, o ambiente de trabalho entre esta e os respectivos superiores hierárquicos tornou-se insuportável e a imagem da empresa perante o concedente TOYOTA correu o risco de ser afectada.

13.ª Deixou, enfim, de ser exigível à R. manter o contrato de trabalho da Autora, pelo que, nos termos conjugados dos números 1, 2 e 3 do art. 396.º do Código do Trabalho, existe justa causa de despedimento, sendo lícito o despedimento decidido pelo empregador.

14.ª Consequentemente, mostra-se uma verdadeira violência a condenação da ora recorrente a reintegrar a Autora no seu posto de trabalho dando-lhe novamente acesso a um endereço de e-mail, a documentos confidenciais e a todo um leque de tarefas de responsabilidade e a pagar-lhe as remunerações que, desde o despedimento, deixou de auferir.

15.ª Isto já para não falar da atribuição de uma indemnização no valor de € 25.000,00 a título de ressarcimento por supostos danos morais, a qual assume contornos de escândalo quando comparada com aquele que é o padrão de indemnizações atribuídas, por exemplo, em processos de acidentes de trabalho de onde resultou a morte do trabalhador.

16.ª Nestes termos, a decisão sob censura, ao pronunciar-se em sentido contrário – considerando que o comportamento da ora Recorrida, sumariamente elencado supra e assumido pela mesma, não constitui justa causa de despedimento, não levando em consideração a violação, nomeadamente, dos deveres ínsitos nas alíneas a), c), d) e e) do n.º 1 do art. 121.º e do n.º 2 do art. 123.º, ambos do Código do Trabalho, com referência ao disposto nos n.º(s) 1 e 2 do art. 396.º do mesmo Código do Trabalho – violou a lei.

Pede que seja concedida a revista.

A recorrida contra-alegou, defendendo a confirmação do julgado.

No seu douto Parecer, o Ex.mo Procurador-Geral Adjunto neste Supremo pronunciou-se no sentido de ser negada a revista.

A ele respondeu a R. que manteve a posição da alegação de recurso.

III. Colhidos os vistos, cumpre decidir.

As instâncias deram como provados os seguintes factos, que aqui se aceitam por não haver fundamento legal para os alterar:

1. A Autora foi admitida ao serviço da Ré no dia 22.6.87, data a partir da qual passou a desempenhar as funções inerentes à categoria profissional de secretária de direcção, as quais, consistem, nomeadamente, em assessorar um director de divisão, marcando reuniões, gerindo a respectiva agenda, recebendo e transmitindo comunicações, sob as suas ordens, direcção e fiscalização, e mediante retribuição.

2. Até fins de Janeiro de 2002, o local de trabalho da Autora manteve-se na sede social da Ré.

3. A partir de Fevereiro de 2002, a Autora, no quadro de uma cedência ocasional, passou a trabalhar em Viana do Castelo, onde se manteve até Dezembro de 2003, data em que regressou à sede da Ré, passando a estar integrada na Divisão de Marketing e Vendas – Serviços de Comunicações, Meios e Relações Públicas.

4. A Autora sempre foi considerada pela Ré como uma trabalhadora zelosa, disponível para o desempenho das funções que lhe eram atribuídas, merecendo a maior consideração e apreço por parte dos seus superiores hierárquicos, e da própria administração da Ré.

5. A Ré por carta datada de 19.3.04 procedeu à suspensão preventiva da Autora sem perda de retribuição, informando-a de que lhe havia sido instaurado procedimento disciplinar, tendo em conta um e-mail por esta enviado para o endereço electrónico interno DAV/Pecas ...@ ....

6. Na sequência do que, por carta registada com aviso de recepção datada de 15.4.04, foi enviada à Autora nota de culpa, na qual lhe era imputada, como infracção disciplinar, o envio, durante o seu horário de trabalho e utilizando o computador da empresa, de um e-mail para o endereço electrónico interno DAV/pecas ....@ ... com o seguinte teor: «Oi

fofinha, estás bem? Novidades? Ontem estive ao lado do teu querido, ou seja mais propriamente à beira do .... Sentei-me sem saber ao lado de quem e durante a prelecção sobre filosofia japonesa (que para estes gajos por acaso não é japonês mas sim chinês) pensei que devia estar sentada ao lado de algum yuppie cá da empresa de tal forma ele estava empertigado na cadeira. Quando resolvi olhar-lhe para a tromba é que vi que era o nosso querido futuro boss. Que giro! Ao lado está o ...Gente fina é outra coisa! Quanto à prelecção sobre o Toyota Way, só faltou no fim o ... levantar-se e cantar aquela do Frank Sinatra – I did it myyyyyyy wwwwwway. Bjs.

7. Nessa nota de culpa foi comunicado à Autora a intenção da Ré de proceder ao seu despedimento.

8. Por carta registada com aviso de recepção datada de 26.5.04, a Ré enviou à Autora a decisão do processo disciplinar, na qual procedia ao seu despedimento por justa causa, por se terem provado os factos constantes da nota de culpa.

9. À data do despedimento, a Autora auferia a quantia de €1.522,00, a título de vencimento, e € 3,74, a título de subsídio de alimentação por cada dia útil de trabalho.

10. A Autora, efectivamente, no dia 16.3.04, cerca das 14.06 horas, dentro do horário de trabalho, usando computador pertencente à Ré e a partir do seu posto de trabalho sito na Divisão de Marketing e Vendas, enviou o e-mail referido em 6, para o endereço electrónico interno ali citado.

11. Esse e-mail tinha como destinatária a Sra. Dra. DD, secretária do Sr. Eng. EE, director da Divisão de Após Venda Toyota, a qual é amiga de há longa data da Autora.

12. O endereço electrónico DAV/Pecas ...@ .... está afecto à Divisão de Após Venda Toyota, sendo dirigidas para o referido endereço todas as mensagens que se destinem a essa divisão.

13. Por regra, é a Sra. Dra. DD quem acede a esse endereço electrónico, para ver e processar as mensagens enviadas, sendo ela quem tem conhecimento privilegiado da necessária password, podendo alterá-la a qualquer momento.

14. Em todo o caso, a Sra. Dra. DD, também por regra, revela a password de acesso àquele endereço electrónico a funcionários que a tenham que substituir na sua ausência, em particular à Sra. Dra. FF.

15. No dia 16.3.04, o Director da Divisão de Após Venda da Ré, por se encontrar ausente por motivo de férias a sua secretária e pretender veri-

ficar a correspondência recebida no DAV/pecas ...@ ...., e após se ter informado da password necessária junto de um dos funcionários que dela poderiam ter conhecimento em virtude do que fica dito em 13, acedeu àquele endereço electrónico e leu a mensagem referida em 6, tendo dela dado conhecimento ao Vice Presidente do Conselho de Administração da Ré (Sr. Eng. GG).

16. A prelecção a que a Autora faz referência no seu e-mail consistia numa conferência a que havia sido especialmente convidada a assistir, sob o tema «Toyota Way» do Vice Presidente da Toyota Motor Marketing Europe (TMME) – Sr. HH.

17. O «....» a que aí se refere é o Adjunto da Administração (Sr. CC) e filho do Vice Presidente.

18. O «...» aí referido é o citado Vice Presidente – Sr. Eng. GG.

19. Com o despedimento, a Autora passou a sentir-se insegura na vida, dorme mal, sente-se deprimida e ofendida na sua dignidade, necessitando de acompanhamento médico.

IV. A R. despediu a A., com invocação de justa causa, por esta ter enviado a uma sua colega de trabalho um e.mail, que foi lido por um superior hierárquico desta e cujo conteúdo foi tido como violador, por parte da A., de deveres laborais.

A A. impugnou judicialmente o despedimento, na presente acção, tendo a sentença entendido, em síntese, que a R. não podia ter tomado conhecimento do conteúdo do e.mail ou dele se ter aproveitado em sede de processo disciplinar, sendo que, por isso, não podia sancionar disciplinarmente a A. com base nesse conteúdo, sendo, por outro lado, que também não se demonstra que o simples envio do e.mail consubstancie infracção disciplinar.

Mais entendeu que, em qualquer caso, a infracção, a existir, não tinha virtualidade para ditar o despedimento.

Daí que o tenha julgado ilícito, com a procedência da acção.

Já o acórdão recorrido entendeu que o conteúdo do email era ofensivo para os superiores hierárquicos da A., nele referenciados, tendo esta violado o dever da alínea a) do art. 121.º do Código do Trabalho.

Mas entendeu que a infracção disciplinar não revestiu gravidade tal que justificasse o despedimento.

E, assim, tendo dado como não verificada a invocada justa causa, confirmou a sentença.

Na revista, a R. volta a defender a existência de justa causa de despedimento, pelas razões que deixou sintetizadas, nas conclusões, com a consequente improcedência da acção.

Entende ainda que, em qualquer caso, é excessiva a indemnização de 25.000,00 €.

São, pois, estas as questões que, levadas às conclusões, constituem objecto do recurso (arts. 684.°, n.° 3 e 690.°, n.° 1 do CPC).

Cumpre conhecer, sendo de referir, desde já, que, na pesquisa jurídica a que se procedeu, foram ponderados, além de vários outros trabalhos, os doutos Pareceres juntos pelas partes às suas alegações e contra-alegações da apelação[1].

Atenta a data do comportamento imputado à A. que serviu de fundamento ao despedimento, é aplicável ao caso o Código do Trabalho (CT), conforme o disposto nos arts. 3.°, n.° 1 e 8.°, n.° 1 da Lei n.° 99/2003, de 27.08, e como, aliás, foi entendido pelas instâncias, com a concordância das partes.

As instâncias fizeram acertadas considerações gerais sobre a figura da justa causa de despedimento, para as quais remetemos.

Limitar-nos-emos aqui a sintetizar noções essenciais.

Como resulta do disposto no n.° 1 do art. 396.° do CT, a noção de justa causa de despedimento exige a verificação cumulativa de 2 requisitos:

– um comportamento ilícito e culposo do trabalhador, violador de deveres de conduta ou de valores inerentes à disciplina laboral, grave em si mesmo e nas suas consequências;
– que torne imediata e praticamente impossível a subsistência da relação laboral.

Sendo que, no n.° 3 desse art., se indicam, exemplificativamente, comportamentos integradores da noção de justa causa.

E existe a impossibilidade prática e imediata de subsistência da relação laboral quando ocorra uma situação de absoluta quebra de confiança entre a entidade patronal e o trabalhador, susceptível de criar no espírito da primeira a dúvida sobre a idoneidade futura da conduta do último, dei-

---

[1] A R. apelante juntou, a fls. 348 a 410, Parecer subscrito pelo prof. Pedro Romano Martinez e pelo Assistente Guilherme Machado Dray, enquanto que a A. juntou, a fls. 429 a 491, Parecer da Mestre em Direito, Sónia de Carvalho.

xando de existir o suporte psicológico mínimo para o desenvolvimento dessa relação laboral

Nas palavras de Monteiro Fernandes[2], "não se trata, evidentemente, de uma impossibilidade material, mas de uma inexigibilidade, determinada mediante um balanço in concreto dos interesses em presença – fundamentalmente o da urgência da desvinculação e o da conservação do vínculo (...). Basicamente, preenche-se a justa causa com situações que, em concreto (isto é, perante a realidade das relações de trabalho em que incidam e as circunstâncias específicas que rodeiem tais situações), tornem inexigível ao contraente interessado na desvinculação o respeito pelas garantias de estabilidade do vínculo".

Ou como refere noutro passo, "a cessação do contrato, imputada a falta disciplinar, só é legítima quando tal falta gere uma situação de impossibilidade de subsistência da relação laboral, ou seja, quando a crise disciplinar determine uma crise contratual irremediável, não havendo espaço para o uso de providência de índole conservatória"[3].

É também de reter que, na apreciação da gravidade da culpa e das suas consequências, deve recorrer-se ao entendimento do "bonus pater familias", isto é, de um "empregador razoável", segundo critérios objectivos e razoáveis, em face ao condicionalismo concreto.

Sendo que, conforme o n.º 2 do art. 396.º, "para apreciação da justa causa deve atender-se, no quadro de gestão da empresa, ao grau de lesão dos interesses do empregador, ao carácter das relações entre as partes ou entre o trabalhador e os seus companheiros e às demais circunstâncias que no caso se mostrem relevantes".

É ainda de lembrar que, não obstante não haver, no Código do Trabalho, norma idêntica à da parte final do n.º 4 do art. 12.º da revogada LCCT, segundo a qual cabia à entidade empregadora, na acção de impugnação judicial do despedimento, a prova dos factos constantes da decisão de despedimento, isto é, integradores da respectiva justa causa[4], entendemos que é de manter o mesmo entendimento, face à estrutura e princípios basicamente idênticos que regem os termos do processo disciplinar e a dita

---

[2] In "Manual do Direito do Trabalho", 12.ª ed., pág. 557.
[3] Ob. cit., pág. 575.
[4] Preceituava esse n.º 4: "Na acção de impugnação judicial do despedimento, a entidade empregadora apenas pode invocar factos constantes da decisão referida nos n.os 8 a 10 do artigo 10.º, competindo-lhe a prova dos mesmos" (o sublinhado é nosso).

acção de impugnação, no CT, e aos princípios gerais do ónus da prova, constantes do Código Civil.

Lembremos, designadamente, que cabe ao empregador a imputação dos factos integrantes da justa causa de despedimento, a descrever na nota de culpa e a dar como assentes na decisão final do processo disciplinar (arts. 411.°, n.° 1 e 415.°, n.ᵒˢ 2 e 3 do CT), e que, nos termos do n.° 3 do seu art. 435.°, "na acção de impugnação do despedimento, o empregador apenas pode invocar factos e fundamentos constantes da decisão de despedimento comunicada ao trabalhador".

Neste quadro, pode afirmar-se que os factos integradores da justa causa são constitutivos do direito do empregador ao despedimento do trabalhador ou, na perspectiva processual da dita acção de impugnação, impeditivos do direito à reintegração ou do direito indemnizatório que o trabalhador nela acciona, com base numa alegada ilicitude do despedimento, e como tal a provar por ele empregador (art. 342.°, n.° 2 do CC)[5].

Está em causa saber se o envio do e.mail pela A., melhor até, se o conteúdo dele, integra ou não justa causa de despedimento, o que passa, além do mais, pela interpretação do regime legal que tutela o correio electrónico.

As novas tecnologias da informação invadiram a vida das nossas sociedades, incluindo o mundo laboral, trazendo consigo uma vasta gama de benefícios na área da informação e da comunicação, mas também riscos e perigos vários, nomeadamente no que respeita aos direitos da personalidade.

Instrumentos indispensáveis à inovação e crescimento das economias, o seu advento, implantação e enorme crescimento ditaram o aparecimento de normas legais reguladoras de vários dos seus aspectos e, certamente, imporão a crescente implantação de outras, face a especificidades próprias, em relação ao regime legal geral, cuja regulamentação em relação a muitos desses pontos se mostra inadequada, insuficiente ou de difícil concretização.

Disso nos dão conta a doutrina e a jurisprudência nacionais e estrangeiras.

No caso que nos ocupa, estão em causa aspectos que se ligam à tutela dos direitos de personalidade de trabalhadores e empregadores, nomeada-

---

[5] Veja-se, neste sentido, entre outros, o acórdão deste STJ, 4.ª Secção, de 16.11.2005, na Revista n.° 255/05.

mente da defesa da sua privacidade e da confidencialidade das suas mensagens, e bem assim da sua integridade moral e direito ao bom nome.

Ora, a esse respeito, importa reter as seguintes normas:

O n.º 1 do art. 34.º da Constituição da República Portuguesa estabelece, em sede de direitos, liberdades e garantias pessoais, que "o domicílio e o sigilo da correspondência e dos outros meios de comunicação privada são invioláveis".

Estabelecendo, por sua vez, o n.º 4 desse art. que "é proibida toda a ingerência das autoridades públicas na correspondência, nas telecomunicações e nos demais meios de comunicação, salvos os casos previstos na lei em matéria de processo criminal".

Sendo ainda de atender ao art. 18.º da Constituição que, no que aqui interessa, preceitua:

"1. Os preceitos constitucionais respeitantes aos direitos, liberdades e garantias são directamente aplicáveis e vinculam as entidades públicas e privadas.

2. A lei só pode restringir os direitos, liberdades e garantias nos casos expressamente previstos na Constituição, devendo as restrições limitar-se ao necessário para salvaguardar outros direitos ou interesses constitucionalmente protegidos".

Em harmonia com o princípio do n.º 1 do art. 34.º e com a norma do n.º 1 do art. 26.º, segundo o qual, no que aqui interessa, "a todos são reconhecidos os direitos .... à reserva da intimidade da vida privada e familiar ...", veio o art. 21.º do Código do Trabalho dispor assim:

"1. O trabalhador goza do direito de reserva e confidencialidade relativamente ao conteúdo das mensagens de natureza pessoal e acesso à informação de carácter não profissional que envie, receba ou consulte, nomeadamente através do correio electrónico.

2. O disposto no número anterior não prejudica o poder de o empregador estabelecer regras de utilização dos meios de comunicação na empresa, nomeadamente do correio electrónico"[6].

---

[6] É de lembrar ainda que, nos termos dos n.ºs 2 e 3 do art. 194.º do Código Penal, quem, sem consentimento, se intrometer no conteúdo de telecomunicação ou dele tomar conhecimento, ou divulgar o conteúdo de telecomunicações que não lhe sejam dirigidas incorre na pena de prisão até 1 ano ou na pena de multa até 240 dias.

A interpretação deste preceito, com a eventual compatibilização dos aludidos direitos do trabalhador com os direitos do empregador e fixação dos limites de uns e outros não se mostra tarefa fácil.

Afigura-se-nos útil, por isso, pela novidade da regulamentação legal e pela ausência de jurisprudência nacional publicada sobre o tema, referir algumas das posições perfilhadas na doutrina.

Em anotação a esse art., pode ler-se no "Código do Trabalho Anotado" de Pedro Romano Martinez e outros[7]:

«Afirma-se como princípio geral o de que são proscritas ao empregador intrusões ao conteúdo das mensagens de natureza não profissional que o trabalhador envie, receba ou consulte a partir ou no local de trabalho, independentemente da forma que as mesmas revistam. Assim, tanto é protegida a confidencialidade das tradicionais cartas missivas, como a das informações enviadas ou recebidas através da utilização de tecnologias de informação e de comunicação, nomeadamente do correio electrónico. No mesmo sentido, os sítios da internet que hajam sido consultados pelo trabalhador e as informações por ele recolhidas gozam da protecção do presente artigo, bem como as comunicações telefónicas que haja realizado a partir do local de trabalho.

Neste contexto, retira-se do preceito sob anotação que o empregador ou quem o represente não pode aceder a mensagens de natureza pessoal que constem da caixa de correio electrónico do trabalhador. A visualização de tais mensagens, que apenas se justifica em casos esporádicos, deve ser feita na presença do trabalhador ou de quem o represente e deve limitar-se à visualização do endereço do destinatário ou remetente da mensagem, do assunto, data e hora do envio. O controlo do correio electrónico da empresa deve realizar-se de forma aleatória e não persecutória e ter como finalidade a promoção da segurança do sistema e a sua performance. No mesmo sentido, o empregador não deve controlar os sítios da internet que hajam sido consultados pelos trabalhadores. Em regra, o controlo dos acessos à internet deve ser feito de forma não individualizada e global e não persecutória. Na mesma linha argumentativa, conclui-se que é vedado ao empregador, com recurso às centrais telefónicas, aceder a comunica-

---

[7] 5.ª Edição, págs. 129 e 130.

ções ou promover a utilização de dispositivos de escuta, armazenamento, intercepção e vigilância das mesmas.

O n.º 2 do preceito visa repor um justo equilíbrio entre a tutela do direito à confidencialidade de que goza o trabalhador, por um lado, e a liberdade de gestão empresarial, no polo oposto. A reserva da intimidade da vida privada do trabalhador não prejudica a possibilidade de o empregador estabelecer regras de utilização dos meios de comunicação e das tecnologias de informação e de comunicação manuseados na empresa, nomeadamente através da imposição de limites, tempos de utilização, acessos ou sítios vedados aos trabalhadores. O preceito em causa não estabelece a forma pela qual tais regras devem ser concebidas e comunicadas. Também neste caso (à semelhança do disposto no n.º 3 do preceito anterior) vigora o princípio do consensualismo: qualquer meio utilizado será lícito, desde que se revele adequado para que se torne possível o seu conhecimento por parte dos trabalhadores da empresa. Admite-se, porém, que o regulamento da empresa se afigure o meio por excelência a adoptar para o efeito» (Fim de transcrição).

Júlio Gomes aborda a problemática dos direitos de personalidade dos trabalhadores e do uso de meios informáticos na empresa (correio electrónico e internet), em "Direito do Trabalho", I, "Relações Individuais de Trabalho", 2007, nomeadamente a págs. 367 a 385.

Alerta para os riscos e perigos, para os trabalhadores e também para os empregadores, da utilização dos meios informáticos na empresa e refere a necessidade de conciliar a defesa dos direitos à reserva e confidencialidade do trabalhador com direitos também eles fundamentais do empregador, como o direito à propriedade privada e à liberdade de iniciativa e de empresa, que justificam medidas de controlo por parte do empregador, medidas que, além de necessárias, hão-de ser proporcionais e adequadas.

Faz depois uma abordagem da situação doutrinária e jurisprudencial em vários países, após o que refere que é aconselhável a elaboração do que designa por "carta das tecnologias da informação", ao menos nas empresas de certa dimensão, em que se definam, com precisão as modalidades de utilização autorizadas dos sistemas de informação e de comunicação da empresa, mormente a Internet e o correio electrónico, estabelecendo, designadamente, se proíbe tal utilização para conexões pessoais ou se as admite e em que termos.

E, neste domínio, escreve, a dado passo:

«Quanto ao correio electrónico parece oportuno que a obrigação de distinguir correctamente correio pessoal e profissional conste do regulamento interno da empresa, obrigando-se o trabalhador a não qualificar informações profissionais como pessoais e vice-versa. A empresa deve poder presumir que não é pessoal todo o correio que o trabalhador não tenha expressamente qualificado como tal. Devem prever-se mecanismos para situações de ausência dos trabalhadores – férias e sobretudo suspensões do contrato por doença e licenças – em que pode ser necessário, sob pena de informações importantes não poderem ser recebidas em tempo útil, aceder ao correio electrónico: convém que os trabalhadores interessados sejam previamente alertados para essa possibilidade e, preferencialmente, tenham dado o seu consentimento prévio. Afora os casos de ausência do interessado, deve prever-se que a abertura excepcional do correio electrónico de um trabalhador, quando motivada por fortes indícios de violação das regras de utilização dos meios informáticos, e mesmo que referida a correio não classificado como pessoal, seja feita na presença do próprio interessado e de um representante dos trabalhadores» (Fim de transcrição).

Mais adiante, abordando o art. 21.º do CT, escreve, de alguma forma sintetizando a sua posição:

«O direito de reserva e confidencialidade é garantido ao trabalhador relativamente ao conteúdo das mensagens de natureza pessoal que envie e receba, bem como relativamente ao acesso a informação de carácter não profissional que consulte (o que abrange a navegação na Internet). Por seu turno, o n.º 2 estabelece que o disposto no n.º 1, "não prejudica o poder de o empregador estabelecer regras de utilização dos meios de comunicação na empresa, nomeadamente do correio electrónico".

Parece-nos resultar deste último preceito que o empregador pode, entre nós, e como já dissemos, proibir, por exemplo, e ressalvados casos excepcionais, o uso de correio electrónico para fins pessoais; como pode atribuir a cada trabalhador dois endereços, um para uso pessoal e outro para uso profissional; pode, igualmente, proibir, aos trabalhadores o acesso à Internet ou permiti-lo com certos condicionalismos (só a certas horas, por um certo período de tempo diário ou semanal, com proibição de acesso a certos sites ou portais). Relativamente ao n.º 1, sublinhe-se que o direito de reserva apenas está garantido quanto às mensagens de natureza pessoal: o preceito não dispensa, pois, a delicada distinção entre mensagens de natureza pessoal e profissional. Os mesmos princípios se aplicam, aliás, a todo o tipo de correspondência: se durante o período de férias do trabalhador, se recebe na empresa um carta, de um cliente, fornecedor, ou das Finanças, endereçada ao "responsável pelo sector de vendas X" ou ao "director dos serviços de contabilidade", mesmo que a designação das funções exercidas pelo trabalhador venha seguida do seu nome, parece-nos que o empregador poderá abri-la, sobretudo se tiver razões para pensar que se impõe responder com alguma urgência. A questão que se coloca é, quanto a nós, a de saber se o empregador podia legitimamente acreditar que a mensagem tinha natureza profissional e se havia uma justificação para que não fosse o trabalhador a responder-lhe (porque, por exemplo, o mesmo se encontrava suspenso preventivamente, ausente em parte incerta ou, talvez até, simplesmente, porque o seu contrato de trabalho a termo caducaria em breve, para dar alguns exemplos). Transpondo esta ideia para o correio electrónico, parece-nos que o empregador poderá abrir as mensagens que pode legitimamente acreditar que não são pessoais. Tal será o caso, designadamente, se não tiver autorizado o uso do correio electrónico para fins pessoais (se do contexto da mensagem não resultar, apesar disso, que é efectivamente pessoal – seja porque foi mesmo qualificada como tal pelo trabalhador, seja porque tal resulta do assunto ou, porventura, do remetente ou do destinatário que é, por exemplo, a mulher do trabalhador) ou se tiver criado dois endereços, um para utilização profissional e outro para uso pessoal, relativamente àquele. Parece já impor-se maior cautela quando o empregador autorize o uso "promíscuo" do correio electrónico» (Fim de transcrição).

Joana Vasconcelos, também citada na sentença, escreve, por seu turno[8]:

"Pode o empregador ler os e-mails pessoais do trabalhador?

"Não, em caso algum. A nossa lei garante, sem mais, o direito à reserva e à confidencialidade de quaisquer mensagens de natureza pessoal – cartas, faxes, correio electrónico, sms, telefonemas, etc. – que o trabalhador envie ou receba no local de trabalho, ainda que utilizando meios de comunicação pertencentes ao empregador.

---

[8] "O Contrato de Trabalho. 100 Questões", 2004, págs. 91 a 93.

As mesmas reservas e confidencialidade são asseguradas relativamente a informação não profissional que o trabalhador receba ou consulte – por ex., via Internet – no local de trabalho.

Esta garantia não cede nem nas situações em que a recepção ou envio de mensagens, ou o acesso a informação não profissional contrarie regras definidas pelo empregador quanto à utilização de meios de comunicação e de tecnologias de informação, e constitua infracção disciplinar. Quando tal suceda, o empregador pode controlar, por ex., o remetente ou o destinatário de mensagens de correio electrónico e o seu assunto, de modo a aferir o seu carácter pessoal, mas nunca o seu conteúdo, tal como pode verificar quais os sites a que trabalhador acedeu, mas não o conteúdo da pesquisa efectuada ou da informação neles obtida. (...)

(...) Pode o empregador proibir a utilização do correio electrónico da empresa para mensagens pessoais?"

Sim. O empregador pode, em geral, estabelecer regras quanto à utilização de meios de comunicação – telefone, fax; telemóvel; correio electrónico – e de tecnologias de informação – ligações à Internet pertencentes à empresa, designadamente proibindo ou restringindo a sua utilização para fins pessoais dos trabalhadores a quem são atribuídos. O desrespeito de tais regras pelo trabalhador constitui infracção disciplinar.

A existência de tais regras – e, sobretudo, o controlo do seu respeito pelos trabalhadores – não afecta, em caso algum, o direito à reserva e à confidencialidade que a nossa lei garante relativamente a mensagens pessoais e à informação não profissional que o trabalhador receba, consulte ou envie, designadamente através de correio electrónico. Mais exactamente, o empregador não pode aceder ao conteúdo de tais mensagens ou de tal informação, nem mesmo quando esteja em causa investigar e provar a eventual infracção disciplinar decorrente do incumprimento de tais regras de utilização".

E Amadeu Guerra[9], cuja posição também vem transcrita na sentença, escreve:

"A verdade é que, tal como defendemos, também a letra do art. 21 afasta a possibilidade de a entidade empregadora ter acesso ao conteúdo de mensagens de natureza pessoal, não se vislumbrando que haja qualquer

---

[9] "A Privacidade no Local de Trabalho – As Novas Tecnologias e o Controlo dos Trabalhadores Através de Sistemas Automatizados. As Alterações do Código do Trabalho", pág. 392.

disposição legal que – mesmo no âmbito de processo disciplinar em curso (v.g. por desconfiança de revelação de segredos comerciais) – permita perscrutar o referido conteúdo. Por isso, a única via para o acesso ao conteúdo passa pelo consentimento do trabalhador."

Feitas estas considerações doutrinárias de enquadramento, passemos a analisar o caso dos autos:

O e-mail foi enviado pela autora, durante o seu horário de trabalho, à sua colega de trabalho e amiga de longa data, a Dr.ª DD, utilizando computador pertencente à ré e a partir do seu posto de trabalho, sito na Divisão de Marketing e Vendas, para o endereço electrónico interno DAV/Pecas...@....

Este endereço está afecto à Divisão de Após Venda da Toyota, sendo para ele dirigidas todas as mensagens que se destinem a essa divisão.

Por regra, é a Dr.ª DD quem acede a esse endereço electrónico, para ver e processar as mensagens enviadas, sendo ela quem tem conhecimento privilegiado da necessária password, podendo alterá-la a qualquer momento.

Em todo o caso, a Dr.ª DD, também por regra, revela a password de acesso àquele endereço electrónico a funcionários que a tenham que substituir na sua ausência, em particular à Sr.ª Dr.ª FF.

No dia 16/3/2004, o Director da Divisão de Após Venda da R., por a Dr.ª DD se encontrar ausente por motivo de férias e pretender verificar a correspondência recebida no DAV/Pecas ...@..., e após se ter informado da password necessária junto de um dos funcionários que dela poderiam ter conhecimento, acedeu àquele endereço electrónico e leu a dita mensagem, tendo dela dado conhecimento ao Vice-Presidente do Conselho de Administração da R. (Sr. Eng.º GG).

A prelecção a que a A. faz referência no seu e-mail consistia numa conferência a que havia sido especialmente convidada a assistir, sob o tema "Toyota Way", do Vice-Presidente da Toyota Motor Marketing Europe (TMME) – Sr. HH.

O "..." a que aí se refere é o Adjunto da Administração – Sr. Eng.º BB – neto do Presidente do Conselho de Administração (Sr. CC) e filho do Vice-Presidente.

O "..." aí referido é o citado Vice-Presidente – Sr. Eng.º GG.

Este o quadro factual a atender.

E, perante ele, e à semelhança do que fez a sentença, há que qualificar a mensagem enviada pelo e.mail como de natureza pessoal (ou privada) – não profissional, portanto – e, como tal, submetida, em princípio, à previsão do art. 21.º do CT.

Na verdade, tratou-se, como o teor do mail revela claramente, de uma vulgar comunicação entre 2 amigas, destinada, provavelmente, a abrir um diálogo entre ambas, não fora a ausência da destinatária (por motivo de férias), em que não se veicula ou se pede ou está em causa qualquer informação de serviço ou outro aspecto que se ligue à execução de qualquer das prestações inerentes à execução do contrato de trabalho, por parte quer da autora, quer da destinatária, Dr.ª DD, ou qualquer assunto atinente ao processo produtivo ou comercial da empresa.

No e.mail, a autora dá conhecimento à Dr.ª DD que vira o Vice--Presidente, o Adjunto da Administração e o Director da Divisão de Após Venda da ré numa reunião a que estivera presente e faz considerações, em tom intimista e jocoso, sobre essa reunião e tais pessoas.

E, como se disse na sentença, não são apenas as comunicações relativas à vida familiar, afectiva, sexual, saúde, convicções políticas e religiosas do trabalhador, e mencionadas no art. 16.º, n.º 2 do CT[10], que revestem a natureza da comunicações de natureza pessoal, nos termos e para os efeitos do art. 21.º.

Como aí se referiu, a definição de natureza particular da mensagem obtém-se por contraposição à natureza profissional da comunicação, relevando, para tal, antes de mais, a vontade dos intervenientes da comunicação, ao postularem, de forma expressa ou implícita, a natureza profissional ou privada das mensagens que trocam.

O art. 21.º do CT situa-se no âmbito da tutela da confidencialidade do conteúdo das mensagens de natureza pessoal, enquanto que o art. 16 visou uma finalidade distinta, a de estabelecer os limites que se impõem a ambas as partes quanto à possibilidade de recolha e divulgação de informações, no âmbito da relação laboral, v.g., aquando do início dessa relação.

E não é pela circunstância dos intervenientes se referirem a aspectos da empresa que, por essa simples razão, a comunicação assume desde logo um carácter profissional, legitimando a sua intercepção pelo empregador.

---

[10] Dispõe o referido art. 16.º: "1. O empregador e o trabalhador devem respeitar os direitos de personalidade da contraparte, cabendo-lhes, designadamente, guardar reserva quanto à intimidade da vida privada. 2. O direito à reserva da intimidade da vida privada abrange quer o acesso, quer a divulgação de aspectos atinentes à esfera íntima e pessoal das partes, nomeadamente relacionados com a vida familiar, afectiva e sexual, com o estado de saúde e com as convicções políticas e religiosas".

E de igual modo, como os autores defendem, de forma pacífica, não é o facto de os meios informáticos pertencerem ao empregador que afasta a natureza privada da mensagem e o legitima a aceder ao seu conteúdo.

Podemos assentar, assim, que a mensagem enviada por e-mail tem natureza pessoal, sendo, por outro lado, que nenhum dos dados de facto apurados permite concluir que a autora tenha tido a intenção de lhe retirar o carácter reservado, confidencial que lhe quis atribuir, alargando-o ao conhecimento de terceiros, que não a Dr.ª DD, nomeadamente a outros colegas de trabalho ou a elementos de órgãos sociais da R..

Repete-se que o mail tinha como destinatária a Dr.ª DD, amiga de longa data da autora e que era quem, em regra, acedia ao respectivo endereço electrónico e tinha conhecimento privilegiado da password de acesso necessária, podendo alterá-la a qualquer momento, embora, em todo o caso e, em regra, a revelasse a funcionários que a tinham que substituir, na sua ausência, em particular a Dr.ª FF.

E foi devido à ausência da Dr.ª DD, por estar de férias, que o Director da Divisão do Após Venda da R., Eng.º EE obteve a password necessária e acedeu ao mail, nos termos referidos no facto 15.

Ora, no quadro factual apurado, é lícito crer – nada havendo em sentido diverso – que a autora desconhecia essa ausência da colega e que, por isso, esta não ia aceder, de imediato, ao mail e, como era previsível, por ser pessoal e face ao seu teor, "apagá-lo", após o ler.

E, assim, não vemos, a este título, qualquer obstáculo à protecção da confidencialidade da mensagem pessoal da autora.

Como resulta do n.º 2 do art. 26.º do CT e tem sido sublinhado pela doutrina[11] – que, aliás, já o entendia antes – o empregador pode, senão proibir, em absoluto, o uso do correio electrónico pelos seus trabalhadores para fins privados, seguramente impor limites a esse uso, v.g. estabelecendo tempos de utilização, temas e endereços vedados, etc..

No caso, não vem provado que a ré tenha usado da faculdade prevista no n.º 2 desse art., regulando a utilização do correio electrónico para fins privados ou pessoais dos seus trabalhadores.

O que, como sublinhou a sentença, exclui a possibilidade de se concluir pela verificação de infracção disciplinar pela A., a esse título, por eventual envio do mail fora das condições permitidas pela R..

---

[11] Vejam-se, por exemplo, Romano Martinez, Júlio Gomes e Joana Vasconcelos, acima citados.

Sendo que, como vimos, cabia a esta a alegação e prova dos respectivos factos, como integradores de uma possível justa causa de despedimento.

Diga-se, aliás, que a própria posição da ré, no processo disciplinar e na presente acção, não foi no sentido de que fosse vedada tal utilização.

Ela insurgiu-se e continua a insurgir-se sim e tão-somente contra o conteúdo da mensagem, que tem como desrespeitosa dos superiores hierárquicos nela mencionados.

Como já dissemos, estamos perante uma mensagem pessoal expedida pela autora para uma amiga mas para um endereço profissional da ré, a que a amiga tinha acesso, através da necessária password, sendo, porém, que outras pessoas, v.g. quem a substituía nas ausências (designadamente, em férias), a ele podiam aceder.

Nesse contexto, e porque não está demonstrado que o e.mail viesse marcado com qualquer referência formal que revelasse a sua natureza pessoal, admite-se, sem rebuço, que o "representante" da ré pudesse aceder ao mesmo, convencido que se tratava de mensagem profissional, referente a assuntos da empresa.

Mas, no caso, esse facto não é, a nosso ver, de molde a retirar a sua natureza pessoal e a consequente tutela de confidencialidade que os preceitos citados, v.g. o n.º 1 do art. 21.º, lhe atribui.

Não o consente os termos amplos e não restritivos em que esse preceito se exprime ("o trabalhador goza do direito de reserva e confidencialidade relativamente ao conteúdo das mensagens de natureza pessoal ... – o sublinhado é nosso).

Na verdade, nada no preceito parece revelar que a falta de marca prévia, expressa e formal, da "pessoalidade" da mensagem, afaste a tutela aí prevista.

A nosso ver, acontece é que essa confidencialidade há-de operar, pela própria natureza das coisas, em momento e termos diversos, sem prejudicar o trabalhador.

Tendo alguém da ré (no caso, o Director de Divisão do Após Venda), mesmo que de boa fé, acedido ao mail, a natureza pessoal deste e a sua inerente confidencialidade, impunham-lhe que desistisse da leitura do seu conteúdo logo que se apercebesse dessa natureza e, em qualquer caso, que não divulgasse esse conteúdo a terceiros.

Essa obrigação legal resulta, tanto quanto entendemos, da própria natureza e finalidade da tutela constitucional e ordinária.

Relembremos que o n.º 1 do art. 34.º da Constituição tutela como direito pessoal o sigilo da correspondência e de outros meios de comunicação privada, estabelecendo que são invioláveis, o que significa que a lei só os pode restringir nos casos expressamente previstos na Constituição, e com as restrições necessárias à salvaguarda de outros direitos ou interesses constitucionalmente protegidos (n.º 2 do seu art. 18.º).

Ora, não vislumbramos norma constitucional nem norma ordinária emitida ao seu abrigo que, no caso em apreço, retire a tutela da confidencialidade à mensagem pessoal enviada pela A..

E o próprio art. 194.º, n.ºs 2 e 3 do Cód. Penal confirma a acima apontada obrigação legal, ao incriminar quem, no que respeita a telecomunicações que não lhe sejam dirigidas, e sem consentimento, se intrometa no seu conteúdo, ou dele tome conhecimento ou divulgue o respectivo conteúdo[12-13].

E, assim, a apontada tutela impedia, como bem sublinhou a sentença, que o envio da mensagem, ou melhor até, que o envio da mensagem com aquele conteúdo pudessem constituir o tema ou objecto do processo disciplinar, com base no conhecimento que dela teve o Eng. EE e subsequente divulgação por ele feita, dando conhecimento ao Vice Presidente do Conselho de Administração da R..

Revela-o também o disposto no arts. 32.º, n.º 8 da Constituição, ao estabelecer, em sede de garantias em processo criminal, que "são nulas todas as provas obtidas mediante abusiva intromissão na correspondência ou nas telecomunicações"[14].

---

[12] Dispõe o referido art. 194.º: "1. Quem, sem consentimento, abrir encomenda, carta ou qualquer outro escrito que se encontre fechado e lhe não seja dirigido, ou tomar conhecimentos, por processos técnicos, do seu conteúdo, ou impedir, por qualquer modo, que seja recebido pelo destinatário, é punido com pena de prisão até 1 ano ou com pena de multa até 240 dias. 2. Na mesma pena incorre quem, sem consentimento, se intrometer no conteúdo de telecomunicação ou dele tomar conhecimento. 3. Quem, sem consentimento, divulgar o conteúdo de cartas, encomendas, escritos fechados, ou telecomunicações a que se referem os números anteriores, é punido com pena de prisão até 1 ano ou com pena de multa até 240 dias".

[13] Sobre a reserva pelo destinatário de cartas-missivas confidenciais e sobre o uso pelo destinatário de cartas-missivas não confidenciais, vejam-se, respectivamente, os arts. 75.º e 76.º e o art. 78.º do Cód. Civil.

[14] Lembre-se que o n.º 4 do art. 34.º da Constituição permite a ingerência das autoridades públicas na correspondência, nas telecomunicações e nos demais meios de comunicação nos casos previstos na lei em matéria de processo criminal.

Nesse sentido, veja-se o ac. n.º 241/02 do Tribunal Constitucional, de 29.05.2002, no DR, II, de 23.7.2002, pág. 12825, que julgou inconstitucional a norma da al. b) do n.º 3 do art. 559.º do CPC, por infracção ao disposto nos arts. 26.º, n.º 1 e 34.º, n.ᵒˢ 1 e 4 da Constituição, quando interpretada no sentido de que, em processo laboral, podem ser pedidas por despacho judicial, aos operadores de telecomunicações informações relativas aos dados de tráfego e à facturação detalhada de linha telefónica instalada na morada de uma parte, sem que enferme de nulidade a prova obtida com a utilização dos documentos que veiculam aquelas informações.

E pode ler-se, a propósito, no seu sumário:

«I. O sigilo das telecomunicações, garantido nos termos do art. 34.º, n.º 1 da Constituição, abrange não só o conteúdo das telecomunicações, mas também o "tráfego" como tal (espécie, hora, duração, intensidade de utilização).

II. A proibição de ingerência nas telecomunicações, para além de vedar a escuta, intercepção ou vigilância de chamadas, abrange, igualmente, os elementos de informação com elas conexionados, designadamente os elementos técnicos que acompanham qualquer mensagem de correio electrónico e que permitem, em conjunto, proceder à identificação do computador do qual partiu a mensagem, mas não já a autoria da própria mensagem.

(...)

VI. Quando é a própria inviolabilidade das telecomunicações que está em causa, nunca a dispensa de confidencialidade poderia justificar a ordem de prestação de informações constantes dos sistemas informáticos de operadores de telecomunicações, maxime em processo de natureza cível.

VII. A infracção à proibição constitucional de ingerências nas telecomunicações há-de ter nos processos cíveis e em matéria de prova a mesma sanção radical prevista na Constituição em sede de "garantias do processo criminal: a nulidade»[15].

---

[15] Insere-se na linha desta asserção, a al. b) do n.º 3 do art. 519.º do Cód. de Proc. Civil, segundo o qual é legítima a recusa das pessoas, sejam ou não partes na causa, em colaborar na descoberta da verdade se a respectiva obediência importar intromissão na vida privada ou familiar, no domicílio, na correspondência e nas telecomunicações (sublinhado nosso).

Só assim se garante uma efectiva tutela da confidencialidade ou se minimizam os inconvenientes de uma sua violação, mormente se tal violação se repercutir em matérias ligadas a aspectos sancionatórios, como é o caso do processo disciplinar.

Do exposto resulta que o Director de Divisão de Após Venda da ré, pessoa estranha à comunicação de natureza pessoal feita pela A. à sua amiga Dr.ª DD, mesmo que a ela tivesse acedido de boa fé, não podia tê-la divulgado, inclusive a outro elemento dos corpos sociais da R., nem esta podia, com base nessa divulgação, instaurar o processo disciplinar contra a A. e que veio a culminar no despedimento desta, com invocação de justa causa.

Tratou-se de uma divulgação ilícita pelo referido Director e do recurso pela R. a prova nula, por isso inatendível.

E, por isso, a violação, assim feita, da confidencialidade da mensagem, torna inaproveitável, inatendível o envio e conteúdo da mensagem como fundamento da justa causa de despedimento.

O que leva a concluir pela ilicitude do despedimento, nos termos do art. 429.º, n.º 3 do Cód. do Trabalho, com as inerentes consequências, e dita a improcedência da revista, salvo no que respeita ao pedido de indemnização por danos morais, mais concretamente quanto ao montante arbitrado pelas instâncias, que a R. impugna, por o considerar excessivo.

No quadro apontado, é manifesto que não colhe a alegação feita pela recorrente na conclusão 2.ª da revista de que a invocação pela A. do direito à confidencialidade como forma de justificar o cumprimento defeituoso do contrato de trabalho integra uma situação de abuso de direito, figura prevista no art. 334.º do CC.

Na verdade, tendo-se concluído pela inatendibilidade do envio e conteúdo do e.mail, por violação da tutela da confidencialidade, não há, obviamente, que entrar na análise desse conteúdo nem que apurar se esse conteúdo é violador de normas e deveres laborais e se traduz, por isso, um incumprimento contratual ou um cumprimento defeituoso.

Há que abordar agora a última questão em aberto, suscitada pela recorrente: a de saber se é ou não excessivo o montante de 25.000,00 €, arbitrado à A., a título de indemnização por danos não patrimoniais resultantes desse despedimento[16].

---

[16] A R. não impugna na revista o direito da A. a tal indemnização, prevista no art. 436.º, n.º 1, a) do CT, concluído que seja – como aconteceu – que não se verificou a justa causa de despedimento.

Dispõe o n.º 1 do art. 496.º do Cód. Civil que "na fixação da indemnização deve atender-se aos danos não patrimoniais que, pela sua gravidade, mereçam a tutela do direito".

E o seu n.º 3 preceitua que "o montante da indemnização será fixado equitativamente pelo tribunal, tendo em atenção, em qualquer caso, as circunstâncias referidas no artigo 494.º"", ou seja, o grau de culpabilidade do agente, a situação económica deste e do lesado e as demais circunstâncias do caso.

No caso, apurou-se, com interesse:

A A. sempre foi considerada pela Ré como uma trabalhadora zelosa, disponível para o desempenho das funções que lhe eram atribuídas, merecendo a maior consideração e apreço por parte dos seus superiores hierárquicos, e da própria administração da R..

O despedimento foi comunicado à A. por carta registada datada de 26.5.2004.

Com o despedimento, a A. passou a sentir-se insegura na vida, dorme mal, sente-se deprimida e ofendida na sua dignidade, necessitando de acompanhamento médico.

Há ainda que ter em conta o grau acentuado de culpabilidade da R. na aplicação do despedimento, como resulta do que foi dito acima, a propósito da ilicitude dessa sanção.

É de ponderar também, como se consignou na sentença, que, sendo facto notório que a R. se insere num grupo económico dos mais prestigiados do país, é de considerar elevada a sua situação económica.

E, também como referiu a sentença, face ao salário auferido pela A., é lícito concluir que tem um nível de vida acima da média.

É neste quadro que há que fixar a indemnização.

E é de reconhecer que os danos morais acima descritos, sofridos pela A., são gravosos.

Entendemos, contudo, que a indemnização arbitrada se mostra excessiva, face aos padrões valorativos que têm sido seguidos nesta Secção Social.

Embora tais danos se mostrem gravosos e como tal merecedores da tutela ressarcitória, de acordo com o disposto no n.º 1 do art. 496.º do CC – aspecto este que, aliás, não vem questionado no recurso – e tendo ditado a necessidade de acompanhamento médico à A.(não estando, porém, apurados melhores dados quanto a esse acompanhamento, nomeadamente, os termos e frequência com que ocorreu ou tem ocorrido), o certo é que não se vislumbram elementos que permitam concluir por uma gravidade tal que justifique a indemnização arbitrada.

Assim, tudo visto, entendemos que é de arbitrar à A. a indemnização por danos morais de 5.000,00 €.

V. Assim, acorda-se em conceder parcialmente a revista, condenando-se a R. a pagar à A. a quantia de 5.000,00 € (cinco mil euros), a título de indemnização por danos não patrimoniais.

No mais, confirma-se o douto acórdão recorrido.

Custas da revista e nas instâncias a cargo de A. e R., na proporção do respectivo decaimento.

Lisboa, 5 de Julho de 2007
Mário Pereira (Relator)
Sousa Peixoto
Maria Laura Leonardo

ÍNDICE GERAL

Justiça e Sociedade – Apresentação 7
Rui Manuel de Freitas Rangel

O Apelo 17
D. Duarte de Bragança

Sociedade e Cidadania 21
José Eduardo Sapateiro

Da Confiança A Pessoa Idónea À Confiança Com Vista A Futura Adopção   71
Jorge Duarte Pinheiro

Pecado e Crime 83
Moisés Espírito Santo

Consciência do Cidadão, Consciência do Cientista – Impacte na Justiça ...   91
A. M. Nunes dos Santos

Psicologia Forense: Função Intercontributiva dos Territórios da Justiça 105
Carlos Alberto Poiares

Juízes, Júris e Tribunais no Século XIX 129
Maria Filomena Mónica

A Representação Psico-Social do Crime 137
José António Barreiros

A Perspectiva Filosófica sobre Justiça e Sociedade 145
Mendo Castro Henriques

A Sociedade Civil e a Justiça (Social) No Século XXI 167
Fernando Nobre

Da Esmola ao Direito, Prolegómenos 195
Fernanda Câncio

Pleito, Pedagogia e Parábola em "À Porta Da Lei" de Franz Kafka
(1883-1924) 205
Christopher Auretta

Parecer Número 7 sobre "Justiça e Sociedade" 223
Conselho Consultivo Dos Juízes Europeus (CCJE)

Cartoons sobre Justiça e Tribunais 245
Jorge Delmar e Antero Valério

Crime de discriminação racial e direito, liberdades e garantias 255
Ac. da 1.ª Vara Criminal de Lisboa de 14/10/2008

Confiança Judicial de Menor 377
Sentença do Tribunal das Caldas da Rainha de 1/9/2007

Direito à não privação dos filhos e confiança judicial 395
Ac. da Relação de Lisboa de 10/7/2008

Videovigilância, informação e utilização de imagens como meio de prova 411
Ac. da Relação de Lisboa de 30/10/2008

Praxes Académicas 417
Ac. da Relação do Porto de 24/11/2008

Processo disciplinar laboral e acesso ao correio electrónico 453
Ac. do S.T.J. de 5/7/2007